STUDIA JUDAICA AUSTRIACA

Bd. XIII

SPHARADIM – SPANIOLEN
DIE JUDEN IN SPANIEN –
DIE SEPHARDISCHE DIASPORA

herausgegeben von

FELICITAS HEIMANN-JELINEK

und

KURT SCHUBERT

EISENSTADT 1992

Mitarbeiter:
Dr. Felicitas Heimann-Jelinek
Univ.-Lektor Dr. Dr. h. c. Ursula Schubert
Beide: Institut für Judaistik der Universität Wien,
Ferstelgasse 6/12, A-1090 Wien, Tel. (0222) 401 03/2502 (Sekretariat)

ISBN 3-900907-03-X

Umschlag; Pink House Studio, 1090 Wien
Impressum: Eigentümer, Herausgeber und Verleger:
Österreichisches Jüdisches Museum in Eisenstadt,
Unterbergstraße 6, A-7000 Eisenstadt
Für den Inhalt verantwortlich: o. Univ.-Prof. Dr. Kurt Schubert,
Österreichisches Jüdisches Museum
Druck: Agens-Werk Geyer + Reisser, A-1051 Wien

Inhaltsverzeichnis

SPANISCHES UND SPANIOLISCHES JUDENTUM

Wenn sich auf engem Gebiet wie Wien und Eisenstadt (Entfernung etwa 50 km) zwei jüdische Museen befinden, ist es sinnvoll, wenn diese nicht nur allgemein zusammenarbeiten, sondern auch einander ergänzende Ausstellungen präsentieren. Dafür bietet das Gedenkjahr 1992 einen geeigneten Anlaß. Vor 500 Jahren, am 31. März 1492, unterschrieben die „Katholischen Könige" Ferdinand und Isabella in der Alhambra in Granada das Ausweisungsdekret. Bis zum 31. Juli 1492 hatten alle Juden Spanien zu verlassen. Die formelle Voraussetzung dafür war die im Jänner 1492 erfolgte Eroberung von Granada, der letzten muslimischen Position auf der Iberischen Halbinsel. Jetzt sollte und konnte die Idee eines lupenreinen katholischen Staates in Spanien verwirklicht werden. Die 100.000 bis 200.000 Juden in Spanien hatten nur die Möglichkeit des Übertritts zum Christentum oder zum Verlassen ihrer Heimat.

Damit aber begann erst jenes Phänomen, das man die Kultur der Spaniolen nennt. Über Norditalien und Nordafrika wanderten viele Sepharden in das Osmanische Reich aus, von wo sie als türkische Juden ihren Einfluß über den osmanisch beherrschten Balkan bis in die Länder der Habsburgermonarchie erstreckten. Als 1497 ein ähnliches Schicksal auch die Juden in Portugal traf, setzte deren Wanderbewegung über die Niederlande, Hamburg-Altona bis hin nach Kopenhagen ein. Als Folge von Verhandlungen des Sepharden Manasse ben Israel, der noch 1604 als Sohn einer portugiesischen Marranenfamilie geboren wurde und 1657 in Middelburg in den Niederlanden starb, mit Oliver Cromwell wurden Juden – zunächst waren es Sepharden – wieder in England zugelassen, wo sie seit Ende des 13. Jahrhunderts vertrieben waren. Durch ihre Beziehungen in die spanischen und portugiesischen Gebiete in Übersee waren die Sepharden – vor allem in Holland – für den wirtschaftlichen Aufschwung der Länder, in denen sie Aufnahme fanden, wesentlich mitverantwortlich.

Die Sepharden behielten ihre eigene kulturelle Identität in den Ländern ihrer Diaspora, im Nahen Osten und am Balkan ebenso wie in Wien oder in Italien oder in den Ländern, in die sich vorwiegend Auswanderer aus Portugal begaben. Wie das Jiddische die Sprache der aschkenasischen Juden in Osteuropa war, war es das Spaniolische, das die Sepharden zu einer in sich geschlossenen Einheit verband und vielfach auch heute noch verbindet. Die kulturelle Prägung, die sie auf der Iberischen Halbinsel erhalten hatten, bestimmte und bestimmt noch immer das sephardische Selbstbewußtsein.

Das Österreichische Jüdische Museum in Eisenstadt, das traditionsgemäß neben seinen ständigen Ausstellungen jährlich auch eine Sonderausstellung veranstaltet, widmet heuer diese thematisch der Kultur des spanischen Judentums und dessen Schicksal auf der Iberischen Halbinsel. Im Anschluß daran veranstaltet das Jüdische Museum der Stadt Wien eine Ausstellung über Bedeutung und Kultur der Spaniolen. Beide Ausstellungen zusammen zeigen, wie sehr die jüdische Kultur einerseits mit der ihrer jeweiligen Umgebung verflochten und andererseits Ausdruck für die Darstellung der eigenen Identität ist.

Die beiden Museen danken folgenden Instituten und Einzelpersonen sowohl für Leihgaben als auch für das Recht, aus Originalen in deren Besitz geeignete Photographien herstellen und darbieten zu dürfen:

Akademie der Wissenschaften, Budapest
Allgemeines Veranstaltungsarchiv, Wien
Astrologo-Fonzi Laura, Rom
Berger Trude, Wien
Biblioteca Ambrosiana, Milano
Biblioteca Apostolica Vaticana
Bibliothéque Nationale, Paris
Biblioteca Palatina, Parma
Biblioteca Silvestriana, Rovigo
Bodleian Library, Oxford
British Library, London
Cusin Silvio G., Triest
Dokumentationsarchiv des österreichischen Widerstandes, Wien
Foto Arte San José, Toledo
Frankl Jeanne, Wien
Haus-, Hof- und Staatsarchiv, Wien
Hebrew Union College, Cincinnati

Historisches Museum der Stadt Wien
Hofkammerarchiv, Wien
Israelitische Kultusgemeinde, Wien
Israel Museum, Jerusalem
Jewish Historical Museum, Belgrad
Jewish National and University Library, Jerusalem
John Rylands Library, Manchester
Joods Historisch Museum, Amsterdam
Jüdische Gemeinde von Ancona
Königliche Bibliothek, Kopenhagen
Musée National du Moyen Age – Thermes de Cluny, Paris
Museo Sefardi, Toledo
Museum für hamburgische Geschichte, Hamburg
Nationalmuseum Sarajevo
Österreichische Nationalbibliothek, Wien
Papo Luise, Wien
The Jewish Museum of Greece, Athen
The Library of the Jewish Theological Seminary of America, New York
Universitätsbibliothek Wien
Verlag Lunwerg, Madrid
Wiener Stadt- und Landesarchiv

Ganz besonders danken die Herausgeber dem Fonds zur Förderung der wissenschaftlichen Forschung in Österreich. Nur seiner großzügigen Hilfe ist es zu verdanken, daß durch das Projekt P5421 HIS eine Photosammlung illustrierter und illuminierter hebräischer Handschriften angelegt werden konnte, die die Voraussetzung für die Ausstellung in Eisenstadt boten. Durch das Projekt P7683 HIS unterstützte der Fonds die notwendigen Vorarbeiten für die Ausstellungen selbst.

Dr. Felicitas Heimann-Jelinek
o. Univ.-Prof. Dr. Dr. h. c. Kurt Schubert

José Luis Lacave

DIE JUDEN IN SPANIEN BIS 1492

Mit der Vertreibung der Juden, die im Jahre 1492 von den katholischen Königen dekretiert wurde, endete die etwa 1500 Jahre währende Geschichte jüdischen Lebens in Spanien und zugleich ein überaus wichtiges Kapitel jüdischer Geschichte – jenes der jüdischen Diaspora auf spanischem Boden.
Auf den folgenden Seiten soll die Geschichte der spanischen Juden in groben Zügen dargestellt werden, wobei wir zunächst auf die allgemeinen Charakteristika einzugehen und danach verschiedene Aspekte der jüdisch-spanischen Gesellschaft zu analysieren versuchen.

Die Geschichtsperioden

Die Geschichte der Juden in Spanien kann, grob gesprochen, in drei große Perioden eingeteilt werden.
I. Die Anfänge: von den Ursprüngen bis zum 8. Jahrhundert. Dieser Zeitraum läßt sich in zwei Etappen unterteilen: 1. vor der Bekehrung Rekkareds II. zum Katholizismus (586), 2. nach der Bekehrung Rekkareds II.
II. Das islamische Spanien: vom 8. bis zur Mitte des 12. Jahrhunderts.
III. Das christliche Spanien: vom Ende des 10. Jahrhunderts bis zur Vertreibung. Auch diese Periode läßt sich weiter unterteilen: A. bis zu den letzten Jahrzehnten des 13. Jahrhunderts; B. bis zum Jahre 1391, mit einem Epilog bis 1420; und C. bis zur Vertreibung. Hier soll indessen nach der Periode A. vor allem das Zusammenleben zwischen Juden und Christen sowie das Ende dieses Zusammenlebens, das die Vertreibung bedeutete, analysiert werden.
Was die drei großen Perioden anbelangt, so sind unsere Quellen in den ersten beiden Fällen dürftig, wohingegen wir in der dritten – vor allem in ihren letzten Etappen – über zahlreiche Dokumente verfügen. Daher wird sich die Analyse der jüdischen Gesellschaft in Spanien hauptsächlich auf diejenige im christlichen Spanien konzentrieren.

Die Anfänge

Über die Ankunft der Juden in Spanien haben sich im Laufe der Zeit verschiedene Legenden gebildet. Ihnen zufolge sollen die ersten Juden zur Zeit König Salomons nach Spanien gekommen sein, wobei sie sich die Reisen der Phönizier zunutze machten, oder – nach einer anderen Version – als Nebukadnezar die Bevölkerung Judas deportierte. Es ist nicht unmöglich, daß bei jenen Gelegenheiten einige, vereinzelte jüdische Familien auf die Iberische Halbinsel einwanderten; doch die historisch verläßlichen Quellen weisen auf einen Zuzug größeren Ausmaßes – in mehr oder weniger organisierter Form – erst nach der Zerstörung des Tempels in Jerusalem, 70 nach unserer Zeitrechnung, hin.
Wie dem auch sei, sicher ist, daß die ersten jüdischen Gemeinden sich an der Mittelmeerküste niederließen und sich von dort aus langsam über den Rest der Halbinsel ausbreiteten. Nach den Cánones des Konzils von Elvira (306) und anderen verfügbaren Quellen zu urteilen, war die jüdische Bevölkerung im 4. Jahrhundert bereits ausgesprochen zahlreich und widmete sich hauptsächlich der Landwirtschaft. Für das Ende des Römischen Reiches läßt sich definitiv feststellen, daß die jüdischen Gemeinden in Spanien bereits völlig konsolidiert und in diesem Land etabliert waren.
Unter der Herrschaft des Römischen Reiches hatten die Juden in Spanien keine größeren Probleme als auch in anderen Ländern. Dasselbe gilt vom westgotischen Königreich, solange dieses sich offiziell zum Arianismus bekannte. Die Situation der Juden änderte sich jedoch grundlegend, als König Rekkared II. sich im Jahre 586 zum katholischen Glauben bekehrte. Von diesem Zeitpunkt an versuchten die westgotischen Könige die religiöse Einheit ihres Landes unter der Fahne des Katholizismus herzustellen und begannen, die Juden zu verfolgen und ihnen das Leben schwer zu machen. Mehr als hundert Jahre lang waren sie den ihnen feindlichen westgotischen Gesetzen unterworfen, welche die Juden jeglicher Art von Bedrängnis und Demütigung aussetzten. König Egica ordnete sogar an, daß sie auf den Stand ständiger Knechtschaft beschränkt werden sollten.

Das islamische Spanien

Die Eroberung Spaniens durch die Araber im Jahre 711 bedeutete für die Juden daher eine Befreiung. Es ist also nicht verwunderlich, daß sie ihre Dienste alsbald den neuen Herren zur Verfügung stellten. Die Araber ihrerseits waren numerisch in der Minderheit und benötigten vor allem in der ersten Zeit eine ihnen treu ergebene Bevölkerungsgruppe, auf die sie sich stützen konnten. So entwickelten sich zwischen den beiden Völkern die ersten freundschaftlichen Bande.
Obwohl die uns zur Verfügung stehenden Informationen äußerst spärlich sind, weiß man, daß im Laufe des 8. und 9. Jahrhunderts eine starke jüdische Immigration von Nordafrika auf die Iberische Halbinsel stattfand und daß die Zahl der Juden in der zweiten Hälfte des 9. Jahrhunderts ausgesprochen groß war. So groß, daß einige Städte, wie etwa Granada, Tarragona oder Lucena, von arabischen Geographen als „Jüdische Städte" bezeichnet wurden, womit sie andeuten wollten, daß der jüdische Bevölkerungsanteil an diesen Orten beträchtlich war.
Es ist auch bekannt, daß die Judenheit Spaniens während des gesamten Mittelalters die zahlreichste und auf ökonomischem sowie kulturellem Gebiet bedeutendste von ganz Europa war. Für die Araber war das Judentum eine tolerierte Religion, und die Juden selbst eine Minderheit, die ihnen ergeben war. Die Juden ihrerseits hatten sich zu diesem Zeitpunkt bereits damit abgefunden, außerhalb eines eigenen Staates zu leben, wenn auch die Sehnsucht, eines Tages in das erträumte Jerusalem zurückzukehren, stets wach blieb. Als die Verstädterung des islamischen Spaniens mit der Zeit voranschritt, ergab sich ein steigender Bedarf an Menschen, die sich dem Handel und den Verwaltungsaufgaben widmeten. Da aber weder die Araber noch die Berber besondere Neigung zu diesen Berufen verspürten, ergaben sich für die Juden neue Möglichkeiten. Sie wurden für die arabischen Herrscher zu wertvollen Gehilfen und zu Experten in administrativen Belangen.
Mit dem Kalifat von Córdoba im 10. Jahrhundert beginnt das goldene Zeitalter der spanischen Juden, die im islamischen Spanien – sowohl im Kalifat als auch in den Taifas[1] – während des 10. und 11. Jahrhunderts den größten Wohlstand und das höchste kulturelle Niveazu erlangten, das Juden bis zum 18. Jahrhundert jemals außerhalb ihres eigenen Landes besaßen. Zu jener Zeit gab es Juden, die Minister der muslimischen Monarchen waren, wie z. B. Chasdai ibn Schaprut oder Schmuel ibn Nagrela, der Herr und Gebieter im Königreich Granada. Damals verlagerte sich auch das religiöse und kulturelle Zentrum des Judentums vom Orient nach Spanien, und die rabbinischen Akademien von Córdoba und Lucena legten die religiösen Richtlinien für das Leben der Juden in aller Welt fest.
Mit der Ankunft der Almoraviden, die fremden Religionen gegenüber unduldsamer waren, begann sich die Lage zu ändern. Die Verzweiflung, wie sie etwa in den Versen der großen Dichter Jehuda Halevi und Mosche ibn Ezra anklingt, bemächtigte sich damals vieler Juden, und nicht wenige von ihnen flohen in den christlichen Teil Spaniens.
Doch die Situation verschlimmerte sich noch mit der Ankunft der Almohaden. Dieses Volk war so sehr von radikalem religiösen Fanatismus durchdrungen, daß sie von all ihren Untertanen die Bekehrung zum Islam forderten. Der Großteil der Juden verließ daraufhin das islamische Spanien, und die Mehrheit von ihnen suchte in den Königreichen von Kastilien, Aragón und Navarra Zuflucht, die sie mit offenen Armen aufnahmen.
Von da an war das islamische Spanien praktisch von Juden verlassen. Ein Beweis dafür ist die Tatsache, daß im 13. Jahrhundert, als die großen Städte Andalusiens in die Hände der Christen fielen, die Anzahl der dort lebenden Juden so gering war, daß die Könige Juden aus anderen Gebieten ansiedeln mußten, um die Judenviertel wieder zu bevölkern. Denselben Tatbestand finden wir übrigens auch in Valencia und auf Mallorca vor.

Das christliche Spanien

Während die Juden im islamischen Spanien den eben beschriebenen Grad an Wohlstand und Kultur erreichten, gab es in den kleinen christlichen Königreichen im Norden nur einige, wenige Ansiedlungen von Juden, die verstreut und im allgemeinen klein waren. Die größte unter ihnen war die Gemeinde von Barcelona, und außerhalb Kataloniens befanden sich die meisten in den Handelszentren entlang des „Camino de Santiago“[2], wobei diejenige von León besondere Beachtung verdient. Die juridische Situation der Juden in den christlichen Königreichen war von Anfang an eine spezielle: Sie wurden als zur königlichen Kammer gehörig angesehen, also als persönliches Eigentum des Monarchen betrachtet, wodurch sie eine Zwischenstellung zwischen Freien und Unfreien einnahmen[3]. Daß diese Position aber auch ihre Vorteile hatte, werden wir später – im Kapitel über das Zusammenleben zwischen Juden und Christen – noch sehen.

Ende des 11. bzw. Anfang des 12. Jahrhunderts hatte die christliche Reconquista[4] die ersten beachtlichen Erfolge zu verzeichnen. Alfonso VI. eroberte Toledo, und die Königreiche von Katalonien und Aragón verleibten ihren Territorien das Ebrotal ein. Auf diese Weise wurde ein nicht unerheblicher Teil der jüdischen Bevölkerung zu Untertanen der christlichen Könige. Diese Vorstöße der Reconquista brachten für die christlichen Monarchen aber auch schwerwiegende Probleme mit sich, die gelöst werden wollten. Die eroberten Gebiete mußten besiedelt, die Verwaltung und Verteidigung der großen, eingenommenen Städte organisiert sowie die Regierung über die nun viel größeren und volkreicheren Staaten neu geordnet werden. Die Könige trachteten demgemäß, sich für diese Aufgaben aller erreichbaren Mittel zu bedienen – auch der Juden. Viele von ihnen, vor allem jene, die aus dem islamischen Spanien kamen, waren Experten in Verwaltungsbelangen, und so etablierten sie sich in öffentlichen Ämtern, insbesondere als Steuereintreiber. Auch ihr medizinisches Wissen und ihre Arabischkenntnisse ermöglichten den Juden den Zutritt zum Königshof. Einige von denen, die sich auf diese Weise am Hof oder in den öffentlichen Ämtern bewährt hatten, machten so ihr Glück und wurden in der Folge zu Finanziers des Königreiches. Manche nahmen bei den Königen von Kastilien und Aragón sogar Positionen ein, die wir heutzutage als „Finanzminister“ bezeichnen würden. Der erste von ihnen war Josef ben Ferruziel, auch Cidello genannt, Schatzmeister bei Alfons VI. von Kastilien.

Mitte des 13. Jahrhunderts war bereits die gesamte Halbinsel mit Ausnahme des Königreichs von Granada in den Händen der Christen. Diese Periode – unter der Regierung von Alfonso X. und Jaime I. – war für die Juden die Zeit größten Wohlergehens in Kastilien und Aragón. Damals lebten berühmte Rabbiner, Literaten, Finanziers und Staatsmänner, wie Ben Schoschan und Ben Zaddoq, beide Minister von Kastilien. Ähnlich war die Lage in Barcelona und Saragossa unter der Krone von Aragón, wo die Juden Alazár und Jehuda de la Caballería Ministerposten bekleideten. Zu jener Zeit lebten etliche für das gesamte Judentum wichtige Männer, wie Nachmanides von Gerona und Schlomo ben Adret von Barcelona.

Das Zusammenleben zwischen Juden und Christen:

Licht- und Schattenseiten

Im allgemeinen pflegt man das Zusammenleben zwischen Juden, Muslimen und Christen in Spanien als vorbildlich hinzustellen – und in vielfacher Hinsicht gewiß mit Recht. Die Realität ist jedoch etwas komplizierter. Die Beziehungen zwischen Juden und Christen – auf die wir uns hier beschränken wollen – ist in den spanischen Königreichen ein Wechselspiel von Licht und Dunkel; doch dies ist vielleicht nicht anders denkbar in einer Welt, in der die Religion einen derart beherrschenden Einfluß ausübte. Außerdem haben wir zwischen der Behandlung, die die Christen den Juden als Gruppe zuteil werden ließen und ihrem Umgang mit einzelnen Individuen zu unterscheiden.

Sicher scheint mir, daß die juridische Situation, der rechtliche Status, den die jüdischen Gemeinden in Spanien genossen, zu den „Lichtblicken“ in den wechselseitigen Beziehungen gehören, vor allem, wenn man ihre Lage mit der zur selben Zeit im Rest Europas üblichen Rechtspraxis vergleicht. Es stimmt zwar, daß die Juden im christlichen Spanien (eine ähnliche Praxis war übrigens auch im islamischen Spanien in Kraft) als zur königlichen Kammer gehörig, also als persönliches Eigentum des Monarchen betrachtet wurden und somit eine Zwischenstellung zwischen Freien und Unfreien einnahmen, doch hatte diese Position auch ihre Vorzüge. Da sie persönliches Eigentum des Königs waren, war dieser auch an ihrem Schutz und der Förderung ihres Wohlstandes interessiert. Außerdem verschaffte ihnen die Zugehörigkeit zur königlichen Kammer einen direkten Zugang zum Herrscher, was ihnen juridische Vorteile verschaffen konnte und auch tatsächlich verschaffte.

Seit der Eroberung von Toledo, Ende des 11. Jahrhunderts, waren die spanischen Könige von der Idee der Reconquista durchdrungen, d. h. von der Vorstellung, all jene Gebiete, die einst zum „gotischen Reich“ gehört hatten und nun in den Händen der Muslime waren, zurückzuerobern. Dies bedingte die Verfolgung einer bestimmten Politik – der Politik der Reconquista.

Die territorialen Vorstöße im 11. und 12. Jahrhundert stellten die Könige zunächst vor eine gewaltige juridische Aufgabe. Sie mußten Stadtrechte *(Fueros)* erlassen, um das Leben in den neu gegründeten oder soeben eroberten Städten zu regeln. Diese *Fueros* definierten im wesentlichen, wie die Beziehungen zwischen Christen, Juden und Muslimen, zwischen den Untertanen und dem König sowie zwischen den Gemeindeangehörigen und der Munizipalität auszusehen hatten.

Was nun die Juden anlangt, so ist es bemerkenswert, daß die Paragraphen, die sie angehen, nicht in einem eigenen – nur sie betreffenden – Kapitel zusammengestellt sind, sondern sich meist verstreut in verschiedenen Teilen der *Fueros* finden. Allgemein werden diese Gesetzeswerke auch von der Idee der Rechtsgleichheit von Juden und Christen geleitet. So waren z. B. in einem Rechtsstreit zwischen einem Juden und einem Christen beide Parteien – der Kläger und der Angeklagte – dazu verpflichtet, ihre Behauptung durch Zeugen – und zwar einen Juden und einen Christen oder auch zweier Juden und zweier Christen – zu beweisen. Die Justizbehörde in diesen Streitfällen war also einfach ein Schiedsgericht, das aus einem Christen und einem Juden, welche von den Streitparteien selbst ausgewählt waren, bestand. Konnte man auf diesem Weg zu keiner Einigung gelangen, so blieb als letzter Ausweg eine Berufung beim König.

Die Reconquista machte aber auch die Wiederbesiedlung weiter Landstriche nötig, wobei den Juden dieselben Möglichkeiten offenstanden wie den Christen. Sobald eine Stadt erobert war, wurden den Juden ebenso wie den Christen Grundstücke zugeteilt, auf denen sie ihre Häuser errichten, und in den Geschäftsvierteln Plätze angewiesen, wo sie ihre Läden eröffnen konnten. Gewissen Juden schenkte man auch Ländereien, Mühlen und andere Einrichtungen in den eben erst eroberten Gebieten unter der Bedingung, daß sie sich dort niederließen. Das bedeutet, daß die Juden in Spanien Kolonisatoren von Grenzgebieten waren, was einen bemerkenswerten Einzelfall in der jüdischen Geschichte der damaligen Zeit darstellte.

In einem Kapitel über christlich-jüdische Koexistenz muß man aber noch andere Dinge erwähnen, die vor allem in der Epoche, von der wir hier sprechen, eine Besonderheit darstellten. So z. B., daß beinahe im gesamten von uns behandelten Zeitraum der jüdische Schwur auf die hebräische Bibel anerkannt wurde und daß auch jüdische Dokumente, die in hebräischer Sprache abgefaßt waren, allgemeine Rechtsgültigkeit hatten.

Die jüdischen Gemeinden Spaniens waren politisch und juridisch eigenständige Gebilde, völlig unabhängig von der christlichen Stadtverwaltung. Die *Aljama*, eine juridische Parallelorganisation zur christlichen Munizipalität, die alle Juden eines gewissen Gebietes erfaßte und ihr Leben bestimmte, arbeitete eigene Statuten und Richtlinien aus, welche – nachdem sie öffentlich in der Synagoge approbiert worden waren und die königliche Zustimmung erhalten hatten – den Status eines Zivil- und Strafgesetzbuches für das Leben innerhalb der Judenviertel hatten. Diese Verordnungen der *Aljama* beruhten selbstverständlich auf rabbinischen Gesetzen.

Die Streitfälle zwischen Juden wurden vor einem jüdischen Gericht, auf Hebräisch *Bet-Din* genannt, ausgetragen, welches seine Entscheidungen gemäß den rabbinischen Bestimmungen und den Gesetzen der jeweiligen

Gemeinde fällte, ohne die geringste Einmischung von christlicher Seite. Ebenfalls ungewöhnlich im damaligen Europa ist die Tatsache, daß die jüdischen Tribunale auch Strafverfahren verhandeln durften und sogar das Recht hatten, die Todesstrafe zu verhängen, welche anschließend vom König – also vom Staat – vollstreckt wurde.
Als der Einfluß der Kirche auf die Gesellschaft stärker wurde, verschlechterten sich natürlich alsbald auch die Beziehungen zwischen Juden und Christen. Dieser Einfluß setzte sich in Spanien jedoch langsamer durch als in anderen Ländern. Als das vierte Laterankonzil seine deutlich antijüdischen Anordnungen verfügte, widersetzten sich beispielsweise die spanischen Könige – und unter ihnen vor allem jene Kastiliens – diesen Bestimmungen und verhinderten deren Anwendung auf ihren Territorien. Bei der Beurteilung dieser Parteinahme für die Juden muß man allerdings auch bedenken, daß die Haltung der spanischen Könige von der Politik der Reconquista sowie dem permanenten Kriegszustand mit dem islamischen Königreich auf der Iberischen Halbinsel mitbestimmt war.
Doch im Laufe der Zeit zeigte der Druck der Kirche – erst unter der Krone von Aragón und später auch in Kastilien – seine Wirkung und verursachte so (zusammen mit anderen Faktoren) den Verfall und schließlich Untergang des spanischen Judentums. In Aragón verloren die Juden gegen Ende des 13. Jahrhunderts das Recht, öffentliche Ämter zu bekleiden. In Kastilien gab es zwar weiterhin Juden in hohen Positionen – wie z. B. Josef de Ecija, Schmuel Halevi oder Meir Alguadex – doch sowohl am Hofe von Kastilien wie auch an jenem von Aragón wurden unausgesetzt Anträge auf Diskriminierungsmaßnahmen gegen sie eingebracht. Es stimmt zwar, daß die Monarchen solchen Anträgen für gewöhnlich kein Gehör schenkten und, wenn sie es taten, blieben die beschlossenen Maßnahmen oft nur auf dem Papier bestehen und hatten keinerlei praktische Konsequenzen. Aber nichts desto trotz hatten sie zur Folge, daß unter dem einfachen Volk die Feindseligkeiten gegen Juden ständig wuchsen. Und Vorfälle, wie die Pest Mitte des 14. Jahrhunderts, mit der antijüdischen Propaganda, die sie mit sich brachten, trugen entscheidend dazu bei, diese Animositäten noch zu verstärken.
Als Propagandawaffe wurden antijüdische Parolen in Kastilien erstmalig offen und wirksam im Thronfolgestreit zwischen den Anhängern des Königs, Pedro des Grausamen[5], und seinem Stiefbruder, Enrique von Trastámara, eingesetzt. Letzterer verkündete – zweifellos weil er sich eines positiven Echos im kastilischen Volk sicher sein konnte –, daß der König und mit ihm das ganze Land von Juden manipuliert werde, eine unerträgliche Situation, von der er Kastilien befreien wolle. Sobald er den Thron bestiegen hatte, änderte er seine Haltung zwar augenblicklich, doch der Schaden, den eine derartige Propaganda angerichtet hatte, ließ sich nicht wieder gutmachen – das Zusammenleben zwischen Juden und Christen war vergiftet.
Parallel zu diesen äußeren Veränderungen trat innerhalb der jüdischen Gemeinden ein spiritueller Verfallsprozeß ein. Viele, vor allem die gebildeten und mächtigen Juden, hatten ihren Glauben verloren, wie etwa aus der anonymen Schrift „ha-Qane" und dem Werk „Tseda la-Derekh" von Menachem ben Zerach hervorgeht. Um jenen geistigen Verfall und den Verlust des Glaubens innerhalb des Judentums richtig bewerten zu können, genügt es, die Folgen der Disputation von 1263, die unter der Herrschaft von Jaime I. in Barcelona zwischen Nachmanides (auf jüdischer Seite) und dem jüdischen Konvertiten Pablo Christiano (auf christlicher Seite) stattfand, mit jener von Tortosa in den Jahren 1413–1414 zu vergleichen. Während die erste auf die jüdische Gemeinde offenbar keinen Eindruck machte und daher auch keine Konsequenzen nach sich zog, bewirkte die zweite den Übertritt einer nicht unwesentlichen Anzahl von Juden zum Christentum.
Die Atmosphäre war also in jeder Beziehung günstig für die Ereignisse von 1391. Die Hetzreden, die der Erzdiakon von Sevilla, Ferrán Martínez, bereits jahrelang von der Kanzel hinab gehalten hatte, führten 1391 schließlich dazu, daß die Christen das Judenviertel von Sevilla überfielen und zahlreiche Menschen töteten. Die Überfälle auf Judenviertel verbreiteten sich in der Folge wie ein

Flächenbrand über ganz Spanien. Córdoba, Toledo, Valencia, Palma de Mallorca, Barcelona, Gerona und viele andere Städte waren die Schauplätze für gewalttätige Ausschreitungen gegen Juden. Angesichts dieser Vorfälle entschloß sich eine ansehnliche Zahl von Juden dazu, die Taufe einem möglichen Martyrium vorzuziehen. So geschah es, daß in diesem Schicksalsjahr ganze jüdische Gemeinden von der Landkarte verschwanden, und einige Städte – wie z. B. Barcelona oder Valencia – verweigerten anschließend die Wiederzulassung einer jüdischen Ansiedlung auf ihrem Gebiet.

Während des gesamten 15. Jahrhunderts bemühten sich die spanischen Juden, unterstützt von den Herrschern, um den Wiederaufbau und die Reorganisation jüdischen Lebens. In gewisser Hinsicht erholten sich die Beziehungen zwischen Juden und Christen auch wieder, und vor allem in kleineren Orten war das Klima wenn schon nicht von Freundschaft, so doch wenigstens von Toleranz geprägt. Aber das Problem hatte sich nun ins Innere der christlichen Gesellschaft verschoben, um sich später indirekt wieder auf die Juden auszuwirken.

Mit der Zeit entstanden in der christlichen Gesellschaft des 15. Jahrhunderts zwei Parteien: die der „Altchristen" und die der zum Christentum bekehrten Juden. Getrieben von dem Wunsch, aus den letzteren „gute Christen" zu machen, begannen die Kirche und die Krone nun das jüdische Leben zu beschränken, da sie überzeugt waren, daß aus den Konvertiten niemals wahre Christen werden würden, solange sie fortfuhren, mit den Juden zusammenzuleben. So trafen sie beispielsweise die Entscheidung, daß die Juden in eigenen, abgegrenzten Vierteln zu leben hätten, ein Befehl, der allerdings bis 1480 nicht wirksam wurde.

Damals, in den Jahren 1478–1481, wurde auch die spanische Inquisition eingesetzt und nahm ihre Arbeit auf, die letztendlich der spanischen Judenheit den Todesstoß versetzen sollte. Gewiß wurde diese Institution nicht gegründet, um die Juden zu verfolgen. Ihre Absicht war es vielmehr, Kryptojuden zu entlarven, d. h. jene zum Christentum bekehrten Juden, die von der Kirche als Häretiker betrachtet wurden, da sie insgeheim die religiösen Bräuche des Judentums weiter praktizierten. Doch mit der Zeit kamen die Inquisitoren zu der Überzeugung, daß es unmöglich sei, jene Häresie – das Kryptojudentum – auszurotten, solange praktizierende Juden sich vor den Augen der Konvertiten ihrer Freiheit erfreuten.

Die Vertreibung

Der Einfluß der Inquisitoren war zweifellos von ausschlaggebender Bedeutung für die Entscheidung der katholischen Könige, die Juden zu vertreiben. Das Vertreibungsdekret wurde am 31. März 1492 unterzeichnet und einen Monat später bekanntgemacht. Es gewährte denjenigen, die sich nicht zum Christentum bekehren wollten, nur die kurze Frist von drei Monaten, um das Land zu verlassen. Die Vertreibung aus Navarra erfolgte erst einige Jahre später, nämlich 1498.

Die Mehrheit der Vertriebenen wandte sich nach Portugal; als sie wenig später auch von dort ausgewiesen wurden, siedelten sie sich in Nordafrika, vor allem im heutigen Marokko und Teilen von Algerien, an. Ein anderer Strom zog nach Italien und ein weiterer nach Frankreich. Im Verlauf des 16. Jahrhunderts breiteten sie sich an beiden Seiten des Mittelmeers aus, wobei der Großteil im ottomanischen Reich eine neue Heimat fand und dort nochmals eine Blütezeit erlebte. Jene Vertriebenen und ihre Nachkommen sind die Sepharden, die dank der Kultur, welche ihnen ihre jüdisch-spanischen Vorfahren vererbt hatten und dank ihrer gemeinsamen – auf dem Spanischen basierenden – Sprache, in welcher sie vom 18. bis zum 20. Jahrhundert eine beachtenswerte Literatur schufen, ihre Einheit bewahren konnten.

Die hispano-jüdische[6] Gesellschaft

Klarerweise war die jüdische Gesellschaft in Spanien im Laufe so vieler Jahre einem starken Wandel unterworfen. Die Bevölkerungszahl, die geographische Ausbreitung sowie die Berufsverteilung, die Struktur der Gesellschaft wie auch ihre Organisation erfuhren in einem derart langen Zeitraum natürlich zahlreiche Veränderungen. Im Rahmen des Möglichen werden wir uns dieser Tatsache bei der Analyse einiger Aspekte der hispano-jüdischen Gesellschaft stets bewußt bleiben. Aber, wie bereits angedeutet, werden sich die nun folgenden Aussagen aufgrund der Quellenlage hauptsächlich auf die Epoche des christlichen Spaniens beziehen.

Demographie

Obwohl die Quellen, die uns für diesen Zeitraum zur Verfügung stehen, äußerst dürftig sind, weist einiges darauf hin, daß die jüdische Bevölkerung auf der Iberischen Halbinsel bereits im 4. Jahrhundert recht zahlreich war. Wir wissen auch, daß sich in den ersten Jahrhunderten islamischer Herrschaft eine starke Immigrationswelle aus Nordafrika über Spanien ergoß, und daß im 10. und 11. Jahrhundert in einigen Städten, wie etwa Córdoba, Sevilla, Granada, Lucena oder Saragossa, die Dichte der jüdischen Bevölkerung ausgesprochen hoch war. Was konkrete Bevölkerungszahlen anbelangt, können wir allerdings keinerlei Aussagen über den gesamten Zeitraum machen, da wir keine ausreichenden Unterlagen besitzen.
Vom natürlichen demographischen Wachstum ausgehend, ließe sich vermuten, daß die jüdische Bevölkerung der christlichen Königreiche im Spätmittelalter mindestens doppelt so groß war wie in islamischer Zeit. Dieser Zahl sind aber noch die Juden der neuen Immigrationswellen, diesmal aus dem christlichen Europa, vor allem aus Frankreich, hinzuzufügen, denn viele der zu Beginn des 14. Jahrhunderts aus diesem Land (Frankreich) Vertriebenen flüchteten nach Spanien (hauptsächlich nach Katalonien, Aragón und Navarra), wo sie im allgemeinen von den Herrschern gut aufgenommen wurden. Es besteht kein Zweifel, daß Spanien – gemeinsam mit Portugal – im Spätmittelalter (wie auch schon früher) mit Abstand die größte jüdische Bevölkerungsrate Europas aufwies. Selbst die Juden Deutschlands und Frankreichs waren der Meinung, daß auf der Iberischen Halbinsel „eine große Menge Juden" lebten. Doch wie viele Juden waren es tatsächlich, die im 13., 14. oder 15. Jahrhundert die spanischen Königreiche bevölkerten?
Diese Frage heute auch nur einigermaßen präzise zu beantworten, ist ein Ding der Unmöglichkeit. Wir verfügen über Dokumente, die uns die genaue Anzahl von Juden zu einem bestimmten Zeitpunkt an einem bestimmten Ort angeben. Andere informieren uns über die Anzahl der Häuser in einem bestimmten Judenviertel und damit auch über die Zahl der Familien, da wir wissen, daß die Häuser im Mittelalter gewöhnlich Einfamilienhäuser waren. Doch all dieses Material ist viel zu unvollständig, um daraus allgemeine Schlüsse ziehen zu können, die einigermaßen verläßlich wären.
Generell müssen wir uns zur Erhebung der jüdischen Bevölkerungszahl im Spanien des Spätmittelalters auf fiskalische Dokumente stützen, die jedoch leicht zu falschen Schlußfolgerungen führen können. Wir müssen uns also damit zufriedengeben, jene Schätzungen darzulegen, die heute allgemein akzeptiert werden.
In jüngster Zeit haben einige Wissenschaftler versucht, die Zahl der Juden zu bestimmen, die zum Zeitpunkt der Vertreibung in Spanien lebten. Obwohl es natürlich gewisse Differenzen zwischen den einzelnen Autoren gibt, scheint die plausibelste Ziffer bei etwa 100.000 Personen zu liegen, von denen zwei Drittel in Kastilien, etwa 25.000 in Aragón und an die 4.000 in Navarra gelebt haben dürften. Die Wissenschaftler sind sich aber größtenteils darüber einig, daß die jüdische Bevölkerung Mitte des 14. Jahrhunderts größer gewesen sein dürfte. Die Verfolgungen, die seit der Pest von 1348–1350 über die spanische Judenheit hereinbrachen und vor allem die zahlreichen Konversionen zum Christentum seit dem Jahre 1391 haben die Zahl der Juden sicher stark reduziert. So wurde beispielsweise im Falle von Navarra, das in gewisser Hinsicht am einfachsten zu quantifizieren ist, gezeigt, daß die jüdische Bevölkerung im 14. Jahrhundert weit größer war als in den letzten Jahren vor der Vertreibung.
Doch um diese Zahlen richtig einschätzen zu können, müssen wir sie ins Verhältnis zur Gesamtbevölkerung Spaniens in der damaligen Zeit setzen. Für die erste Hälfte des 14. Jahrhunderts schätzen die Wissenschaftler den Anteil jüdischer Einwohner auf ca. 3,5 Prozent der Bevölkerung und für die Periode knapp vor der Vertreibung auf 1,5–2 Prozent. Vergleicht man diese Prozentsätze nun mit jenen anderer Länder zur damaligen Zeit oder auch heutzutage (mit Ausnahme Israels selbstverständlich), so

wird man sich ihrer Bedeutung erst richtig bewußt.
Noch viel interessanter und eindrucksvoller werden die Daten, wenn man die Zahl der Juden und ihren Anteil an der Gesamtbevölkerung nicht auf das ganze Gebiet Spaniens im Spätmittelalter, sondern auf einige konkrete Städte bezieht. Es gibt z. B. eine beachtliche Anzahl von Städten mit 1500–2000 Einwohnern, in denen jüdische Gemeinden von ca. 50 Familien – das sind 150–200 Personen – beheimatet waren. Das bedeutet, daß der Prozentsatz der jüdischen Bevölkerung zwischen 8 und 10 Prozent lag. Wir sollten uns auch vor Augen halten, was in einer Stadt von 1500 Einwohnern, wo also alle einander kannten, 100 oder 150 Juden bedeuteten. Dies macht die Zahl noch viel bemerkenswerter!
In einigen spanischen Städten war zu verschiedenen Zeitpunkten die Dichte der jüdischen Bevölkerung besonders hoch. 2500 bis 3000 oder mehr Juden, was im Mittelalter eine höchst beachtliche Zahl war, lebten in Toledo, Barcelona, Saragossa, Valencia, Mallorca, Tudela, Sevilla, Córdoba, Granada und Lucena.

Die geographische Verteilung der Judenstädte

Unsere lückenhafte Kenntnis über die erste Zeit des Aufenthalts der Juden auf spanischem Boden erlaubt uns nur festzustellen, daß sich die ersten Ansiedlungen jüdischer Gemeinden an der Mittelmeerküste und an wenigen Punkten im Landesinneren befanden. Von den ersten Jahrhunderten an gesichert erscheint die Existenz von jüdischen Siedlungen in Tarragona, Tortosa, Menorca, Elche, Adra, Mérida, Elvira (Granada) und eventuell in Toledo.
Auch die geographische Verteilung der Judensiedlungen in der islamischen Epoche ist nicht gut dokumentiert. Man behauptet allgemein, daß es in jeder Stadt und in allen wichtigeren Orten Judenviertel gegeben habe, aber wir verfügen nicht über ausreichende Belege, um eine gesicherte Liste aller jüdischen Siedlungen jener Zeit zusammenzustellen. Wir beschränken uns daher auf eine Aufzählung jener Städte, von denen man sicher weiß, daß sie während des Kalifats oder der Taifas eine bedeutende jüdische Population beherbergten. Diese sind: Córdoba, Sevilla, Granada, Lucena, Almería, Jaén, Jerez, Mérida, Badajoz, Toledo, Saragossa, Huesca, Tudela, Lérida, Tortosa, Tarragona, Valencia, Denia und Mallorca.
Zur selben Zeit, also im 11. Jahrhundert, gab es auch jüdische Ansiedlungen in einigen Städten der damals noch sehr kleinen und im Norden der Halbinsel gelegenen christlichen Königreiche. Hauptsächlich in Katalonien, im Gebiet der Pyrenäen oder Vorpyrenäen sowie im Königreich von León und an einigen Stellen entlang des gerade im Entstehen begriffenen *Camino de Santiago*. Hervorzuheben sind dabei besonders die Judenstädte von Barcelona, Gerona und León.
Ende des 13. Jahrhunderts können wir feststellen, daß es in allen größeren und mittleren Städten des christlichen Spaniens – mit Ausnahme von Galizien und den gebirgigen Zonen im Norden, wo traditionell wenig Juden lebten – jüdische Ansiedlungen gab. Die größte Konzentration jüdischer Siedlungen befand sich zur damaligen Zeit im Erzbistum von Toledo sowie in Altkastilien, Navarra, Aragón und Katalonien.
Im Königreich von Kastilien war die mit Abstand größte und wichtigste jüdische Gemeinde diejenige von Toledo, welche quer durch die Jahrhunderte Geschichte machte und wo auch die vornehmsten und berühmtesten Juden lebten, die sich auf dem Gebiet der Politik, Wirtschaft und Kultur ebenso wie in der rabbinischen Gelehrsamkeit hervortaten. Ihr folgten – in gehörigem Respektabstand – Burgos, Cuenca, Valladolid, Carrión, Ávila, Segovia, Medina del Campo, Soria und Nájera. Auf leonesischem Territorium sind León, Salamanca, Zamora, Toro und Astorga erwähnenswert. In Andalusien waren die einzigen Gemeinden von Bedeutung damals in Sevilla, Córdoba und Jerez. Und in Extremadura sind Mérida, Badajoz, Plasencia und Cáceres hervorzuheben. Allen bisher genannten wäre noch Murcia hinzuzufügen.
Die größte jüdische Siedlung in Aragón war die von Saragossa, gefolgt von der in Calatayud und Huesca und vielen kleineren über das gesamte Gebiet verstreuten Gemeinden. In Katalonien sticht Barcelona besonders hervor, das seine

Bedeutung – ähnlich wie Toledo – nicht nur seiner großen Bevölkerungszahl zu verdanken hatte, sondern ebenso der Tatsache, daß es der Wohnsitz vornehmer Juden, unter ihnen Rabbiner, Literaten, Wissenschaftler und Höflinge, war. Darauf folgten – ebenfalls in großem Abstand – Gerona, Lérida, Tortosa und viele andere in allen bedeutenden Städten.

Im Königreich von Valencia lebte eine große jüdische Gemeinde mit ständig wachsender Bevölkerungszahl in der Hauptstadt Valencia; doch auch die Ansiedlungen in Játiva, Sagunto, Castellón de la Palma und Burriana waren von einiger Wichtigkeit. Auf den Balearen existierte eine große Gemeinde in Palma de Mallorca und daneben einige andere sehr kleine.

Im Königreich von Navarra gab es ebenfalls viele Ansiedlungen, die mit Ausnahme der gebirgigen Zone im Nordwesten über das gesamte Territorium verstreut waren. Herausragend unter ihnen ist jene von Tudela, aber auch die von Pamplona und Estella waren nicht unwichtig.

Die Ereignisse des Jahres 1391 und die anschließenden Konversionen zum Christentum wirkten sich gravierend auf die Wohnsitzverteilung der Juden aus. Die geographische Distribution der jüdischen Ansiedlungen änderte sich so sehr, daß wir im 15. Jahrhundert eine von den vorangegangenen Jahrhunderten stark unterschiedliche Situation vorfinden.

Zwei Tatsachen springen dabei besonders ins Auge. Einerseits werden die großen Judenstädte wie Toledo, Burgos u. a. entvölkert und bleiben während des 15. Jahrhunderts auf kleine und kleinste Gemeinden beschränkt. Andere große Ansiedlungen, wie etwa die von Barcelona und Valencia (und etwas später auch diejenige von Mallorca) verschwinden vollkommen, ebenso auch einige etwas kleinere Gemeinden. Dagegen erfahren jene Siedlungen, die bis dahin klein und vor allem in unbedeutenden Dörfern angesiedelt waren, ein erstaunliches Wachstum. Das auffälligste Beispiel hierfür ist vermutlich die Gemeinde von Maqueda (in Toledo), doch gibt es noch viele andere.

Der zweite Effekt von großer Wirkung ist die maximale Zerstreuung der Juden über die gesamte Landkarte Spaniens, und besonders innerhalb Kastiliens. In zahlreichen Orten von Extremadura, La Mancha, La Rioja, Álava und den heutigen Provinzen von Kastilien und León, wo es vor dem 15. Jahrhundert niemals jüdische Siedlungen gegeben hatte, tauchten sie nun auf. Es hätte keinen Zweck, diese Seiten mit einer Aufzählung der Vielzahl von Städten und Dörfern zu füllen, in denen Juden während des letzten Jahrhunderts ihres Aufenthalts in Spanien wohnten. Zur Illustration des Gesagten sei nur erwähnt, daß in der heutigen Provinz Álava, wo es davor nur in Vitoria und Laguardia (welches bis Mitte des 15. Jahrhunderts zu Navarra gehörte) Judensiedlungen gab, in den Steuererhebungen des 15. Jahrhunderts bis zu 20 Judengemeinden auftauchen. In Galizien, wo früher – wie schon erwähnt – kaum Juden lebten, finden sich nun drei jüdische Siedlungsschwerpunkte: einer in Orense (mit Monforte de Lemos, Ribadavia und Allaríz), einer in La Coruña (mit Betanzos, Ribadeo und Puentedeume) und der dritte in Tuy und Bayona. Und in Vizcaya, wo es niemals Juden gab, siedelten sie sich in Valmaseda und Orduña an. In Guipúzcoa, eine Provinz, auf die dasselbe zutrifft, in Mondragón und Segura.

Die Berufe

Vermutlich haben sich die hispanischen Juden in der ersten Zeit ihres Aufenthaltes auf der Iberischen Halbinsel ebenso wie die übrigen Einwohner hauptsächlich von der Landwirtschaft ernährt. Einige Urkunden belegen zwar, daß sie auch als Landverweser, Rechtsvertreter und in anderen Berufen tätig waren, doch bildete die Landwirtschaft zweifellos ihre Haupterwerbsquelle.

Die sozialen und historischen Umstände bedingten aber, daß die Juden – sowohl in Westeuropa als auch in den islamischen Ländern – während des Frühmittelalters zu Stadtbewohnern par excellence wurden. Aus verschiedenen Gründen, die hier nicht weiter erörtert werden können, fühlte sich die Mehrheit der Juden zum Handel und anderen „städtischen Berufen“ hingezogen, so daß die Landwirtschaft aufhörte, ihre primäre Nahrungsquelle zu sein, und die Stadt langsam ihren Lebensstil zu prägen begann. Wir haben bereits gesehen, daß die Juden im islamischen Spanien sich beim

Anwachsen der Städte verstärkt Verwaltungsaufgaben zuwandten. Unter den administrativen Tätigkeiten ist die Steuereintreibung besonders hervorzuheben, doch sie füllten auch eine Reihe anderer Berufe aus, die es erlauben, sie ganz allgemein als Staatsbeamte zu bezeichnen. Im christlichen Spanien waren die Juden in fünf Berufssparten tätig: als Steuereinheber und Beamte, als Händler, Geldverleiher, Handwerker und Ärzte.

Als die Juden im 12. Jahrhundert in größerer Zahl aus dem islamischen Spanien flohen, kamen unter ihnen viele Spezialisten für Steuereintreibung und Verwaltungsbelange in den christlichen Teil Spaniens. Wie bereits ausgeführt, bedienten sich die christlichen Könige der Erfahrung der Juden bei der Regierung ihrer Staaten. Während des 12. und 13. Jahrhunderts finden wir daher zahlreiche Juden, die in jenen Bereichen tätig waren. Später, als die Christen in jene Positionen hineindrängten, verschwanden beispielsweise im Königreich Aragón die jüdischen Beamten. In Kastilien und Navarra gab es sie allerdings weiterhin, vor allem in der Funktion der Steuereintreiber.

Einige der Steuereintreiber waren auch Kaufleute. Und die erfolgreichen unter ihnen konnten Besitz erwerben und zu Finanzfachleuten werden, die einander bei der Vergabe der königlichen Steuerpacht überboten. So wurden sie mit der Zeit zu Höflingen, Verwaltern der Güter des Königs oder verschiedener Adeliger und Obersteuereintreiber. Für sie arbeiteten viele andere Juden, die sich um die praktische Durchführung der Steuereinhebung und der Verwaltung kümmerten.

Unter den Beamten sollen hier wegen ihrer Besonderheit nur die Übersetzer aus dem Arabischen erwähnt werden, die während der Eroberung im 12. und 13. Jahrhundert bei der Wiederbesiedlung und Verwaltung der eroberten Gebiete wichtige Dienste leisteten. Diese Dolmetscher konnten fallweise, wie z. B. im Königreich von Valencia, auch öffentliche Ämter bekleiden, so etwa das des Landrichters.

Was den Handel anbelangt, so waren die Juden in so gut wie allen Sparten vertreten, am häufigsten jedoch im Handel mit Leinen, Tuch und Leder – also auf dem Bekleidungssektor. Und auch in der Lebensmittelversorgung waren sie sehr aktiv. Manchmal, wenn die Handelsgeschäfte florierten, bildeten sich richtiggehende Handelsgesellschaften, die sich auch in den internationalen Handel einschalteten und sowohl den Orient als auch Europa (z. B. Bristol und Flandern) versorgten.

Ohne Zweifel war die Geldleihe (gegen Zinsen) im Spätmittelalter – in Spanien ebenso wie in anderen Ländern – ein typisch jüdischer Beruf. Den Christen war dieses Geschäft aus religiösen Gründen verboten, aber Kredite gewannen, besonders in der Landwirtschaft, eine immer größere Bedeutung. In einigen Fällen, wo die Herrscher die Geldleihe unterbinden wollten, versagten ihre Mittel angesichts des großen Bedarfs. Es war zweifellos ein sehr risikoreiches Geschäft, da es oft schwierig sein konnte, die Zinsen einzutreiben und die Rückerstattung des Kapitals zu erreichen. Es muß aber auch erwähnt werden, daß die Zinsen in der Regel sehr hoch waren (in Kastilien bis zu 33 Prozent) und das Geschäft im allgemeinen florierte. Unter den spanischen Juden gab es Geldverleiher jeglichen Ranges: von jenen, welche große Kapitalmittel zur Verfügung hatten und Könige, Adelige sowie kirchliche Würdenträger zu ihren Schuldnern zählten, bis zu solchen, die ihr Dasein in kleinen Dörfern mit dem Verleihen geringer Geldsummen fristeten. Fallweise wurden auch Kreditgesellschaften gegründet, denen – mehr oder weniger heimlich – auch Christen angehörten. Juden, die sich als Geldverleiher betätigten, übten meist auch noch einen anderen Beruf aus – sei es den eines Händlers, eines Handwerkers oder Arztes. Der Grund dafür dürfte darin zu sehen sein, daß die Geldleihe – vor allem in kleineren Orten – nur als Zusatzverdienst angesehen werden konnte oder, was noch wahrscheinlicher ist, weil das hohe Risiko dieses Geschäftes die Juden dazu zwang, sich auch nach anderen Erwerbsquellen umzusehen.

Was die Handwerksberufe anbelangt, taten sich die Juden in all jenen hervor, die mit Leder, Tuch und Leinen zu tun hatten sowie auch im Juweliergewerbe. So war z. B. die Gerberei in vielen Städten ein typisch jüdischer Beruf. Aber es gab auch zahlreiche Kürschner, Schneider, Weber, Schuster, Färber und Sattler sowie Juweliere, Gold- und Silberschmiede. Auch Spezialisten für Lederfeinverarbeitung (wie etwa Handschuhmacher) und Buchbinder fanden sich unter ihnen.

Zahlreich waren Juden auch unter den Krämern und Gewürzhändlern vertreten, doch auch als Töpfer, Schmiede, Tischler und sogar Baumeister traten sie in Erscheinung.

Ein anderer Beruf, der in gewisser Weise als typisch jüdisch gelten kann, ist der des Arztes. In fast jeder Judenstadt gab es einen Arzt, der vielfach auch nichtjüdische Patienten behandelte und fallweise sogar ein Gehalt von der christlichen Stadtverwaltung bezog. Jene jüdischen Ärzte – wie auch z. B. Wissenschaftler und Astronomen –, die einige Berühmtheit erlangten, traten in die Dienste von Adeligen und Bischöfen oder des Königs.

Zu all den bisher erwähnten Berufen kommen natürlich noch die für die Aufrechterhaltung einer jüdischen Gemeinde notwendigen hinzu: der Rabbiner und der Synagogendiener, für deren Unterhalt die jeweilige Gemeinde aufkam; jene, die mit der jüdischen Fleischhauerei befaßt waren – also der Schlächter und der Metzger – sowie selbstverständlich die Toragelehrten, deren Aufgabe das beständige und ununterbrochene Studium des jüdischen Gesetzes war.

Die Sozialstrukturen

Im Spätmittelalter bildeten die Juden jeder Stadt und jedes Dorfes eine in sich geschlossene religiöse und soziale Gemeinschaft, völlig losgelöst von den christlichen und islamischen Körperschaften, was aber nicht heißt, daß es zwischen Juden und Christen bzw. Juden und Muslims keine freundschaftlichen Beziehungen gab. Als Gemeinde waren sie aber vollkommen eigenständig, direkt dem König unterstellt, und genaugenommen hatte die Verwaltung der Stadt, in der sie lebten, keinerlei Autoritätsgewalt über sie. Wir haben ja bereits gesehen, wie sie sich nach ihren eigenen Gesetzen und mit eigenen Gerichtshöfen selbst verwalteten.

Eine allgemeine Charakteristik der spanischen Juden im Spätmittelalter ist – mit Ausnahme von Katalonien und teilweise von Mallorca – ihre hochgradige Arabisierung. Sie behielten während all der Jahrhunderte ihre arabischen Familiennamen und ihre kulturelle Tradition bei und perpetuierten das Gesellschaftsmodell der großen jüdischen Gemeinden von al-Andalus. Es gab nicht wenige – sogar in Navarra – die sich ihrer Herkunft etwa aus Lucena oder Granada brüsteten und in ihren Familien Ehrentitel arabischen Ursprungs weiterführten. Das Arabische war auch bis weit ins 14. Jahrhundert hinein die Umgangssprache der spanischen Juden. Erst im 15. Jahrhundert hatten sie sich in ausreichendem Maße ihrer jeweiligen Umgebung angepaßt, ohne allerdings auf verschiedene Charakteristika des arabischen Judentums zu verzichten. In Katalonien, vor allem in der heutigen Provinz Barcelona und Gerona sowie zum Teil auf Mallorca war die Situation, wie schon erwähnt, eine andere. In diesen Gebieten assimilierten sich die Juden rasch und übernahmen die Sprache, die Namen und auch etliche juridische Einrichtungen ihrer Umgebung. Die katalanischen Juden und mit ihnen jene Mallorcas orientierten sich im allgemeinen mehr an Mitteleuropa als am andalusischen, d. h. arabischen Judentum.

In allen jüdischen Gemeinden, aber vor allem in den größeren, gab es eine strikte Klasseneinteilung. Auf der einen Seite standen einige wenige Familien, die die herrschende Schicht ausmachten – jene Reichen, Mächtigen und Gebildeten, deren Wort sogar am Königshof Gewicht hatte und aus deren Familien die bedeutendsten Rabbiner hervorgingen – und auf der anderen Seite der gesamte Rest des Volkes. Diese mächtige und einflußreiche Schicht bildete bis zu einem gewissen Grad ebenfalls eine geschlossene Gemeinschaft. Sie hatten fast nur mit ihresgleichen Kontakt, heirateten nur untereinander, machten gemeinsam Geschäfte, lebten in denselben Gegenden usw. Und da sie nicht nur reich und mächtig, sondern auch gebildet waren und aus ihren Familien jene hervorgingen, die in der hebräischen Literatur und der rabbinischen Gelehrsamkeit brillierten, besetzten sie auch die wichtigsten Stellen in der jüdischen Gemeindeverwaltung, der *Aljama*. In der Regel akzeptierten die „unterworfenen" Juden jenes Herrschaftssystem, das einigen wenigen Familien uneingeschränkte Macht über alle anderen zubilligte, als selbstverständlich. Denn diese privilegierten Familien stellten nicht nur die Sachverständigen auf dem Gebiet des jüdischen

Gesetzes, die in religiösen Fragen unterweisen und Streitigkeiten schlichten konnten, sondern sie waren aufgrund ihrer Bildung und Kultur auch in der Lage, bei Hof zu intervenieren, wenn es Probleme zwischen Christen und Juden gab.
Die Situation erfuhr im 14. Jahrhundert im Königreich Aragón leichte Veränderungen. Dort entbrannten in den größeren jüdischen Gemeinden wahre soziale Kämpfe. Diese waren zwar teilweise rein religiös motiviert, aber meistens ging es um die Steuern oder um die Macht in der *Aljama*, die einen direkten Einfluß auf die Verteilung der Steuerlast hatte. In der Folge wurde die jüdische Gemeinschaft, ähnlich der christlichen, in drei Klassen eingeteilt: die „Oberschicht" (die ökonomisch und sozial Mächtigen), die „Mittelschicht" und die „Unterschicht" (die Witwen und Waisen sowie die Armen). Die sozialen Spannungen waren zwar zeitweise sehr intensiv und heftig, doch im Normalfall hatte die Oberschicht, oftmals von der Mittelschicht unterstützt, die Organisation und Führung der Gemeinde fest in der Hand.
Vom ökonomischen Standpunkt aus betrachtet ist festzustellen, daß es während des gesamten Zeitraumes sowohl in Kastilien als auch in den übrigen Königreichen, in jeder größeren Gemeinde eine gewisse Zahl von Reichen, teilweise sogar ausgesprochen Vermögenden gab, wohingegen die Mehrheit der Bevölkerung von ihrer Hände Arbeit lebte. Es gab aber auch ziemlich viele Bettelarme, zu denen insbesondere die Witwen und Waisen zählten.
Die *Aljama* war – wie bereits erläutert – ähnlich der Munizipalität bei den Christen, die juridische Körperschaft, die die Juden eines Ortes zusammenfaßte und ihr Leben bestimmte. Auch die Regeln und Statuten, die gemeindeintern als Zivil- und Strafgesetzbuch dienten, wurden von ihr ausgearbeitet.
Die *Aljama* als Institution trug also dafür Sorge, daß ihre Untertanen ihre Regeln befolgten und ein dem jüdischen Gesetz und Brauchtum angemessenes Leben führten. Sie bestrafte z. B. jene, die am Schabbat etwas Verbotenes taten, solche, die mit anderen Streit anfingen und diejenigen, die sich nicht an die Speisevorschriften hielten. Zu diesem Zweck verfügte sie über wirkungsvolle Druckmittel. Diejenigen, die sich eines Vergehens schuldig gemacht hatten, bestraften sie – je nach der Schwere des Delikts – mit einer Geldstrafe, mit öffentlicher Ermahnung und in den schwersten Fällen mit dem Bannfluch oder der Exkommunikation (*Cherem*). Letzteres war eine sehr gefürchtete Strafe, denn sie konnte den sozialen und wirtschaftlichen Ruin des Betroffenen zur Folge haben. Derjenige, über den der Cherem ausgesprochen war, wurde nämlich von der Gemeinschaft isoliert, und kein Jude, auch nicht seine eigenen Familienangehörigen, durfte irgendeine Art von Kontakt zu ihm haben, ja nicht einmal mit ihm sprechen.
Die *Aljama* kümmerte sich auch um den Unterhalt der Rabbiner und der Synagogendiener sowie um die Aufrechterhaltung kommunaler Einrichtungen, wie etwa Kindererziehung und Wohlfahrt. Zu diesem Zwecke hob sie ihre eigenen Steuern ein, mit denen sie den Verkauf von Fleisch und Wein belastete, doch gab es auch andere Einnahmequellen, wie z. B. Hochzeiten und Reisen.
Da für die spanischen Juden die Gesetze bezüglich Familie, Heirat und Erbschaft sehr wichtig waren, widmeten die Verordnungen der *Aljama* ihnen viel Raum. Wer erbberechtigt war, was mit der Mitgift der Braut passieren sollte, die Modalitäten einer Scheidung und viele andere Dinge waren in diesen Codices festgelegt.
Die Juden hatten aber auch Vereinigungen, die Zünfte genannt werden können: manche von ihnen waren Nachahmungen der christlichen Zünfte und nach Berufsgruppen organisiert, wie etwa die Zunft der Schuster, der Schneider usw. Andere wiederum dienten wohltätigen Zwekken: sie unterstützten die Armen, kümmerten sich um die Begräbnisse und Krankenbesuche, stellten die Aussteuer von Waisenmädchen bereit und anderes mehr.
Um das Bild der jüdischen Gesellschaft in Spanien zu vervollständigen, müssen wir selbstverständlich auch erwähnen, daß die Gemeinden darauf bedacht waren, die Ernährung in Übereinstimmung mit den jüdischen Speisegesetzen zu gewährleisten. Abgesehen von den Einrichtungen der *Aljama*, die den Verkauf von Fleisch und Fisch regelten, trachteten daher alle Bewohner einer Judenstadt – unabhängig von ihrem eigentlichen Beruf – danach, ein Stück

Land und einen Weingarten zu erwerben, um ihren persönlichen Lebensmittelbedarf decken zu können.

Die Organisation der *Aljama*

Alle mittelalterlichen jüdischen Gemeinden Spaniens waren autonom und voneinander unabhängig. Da jede *Aljama* ihre eigenen Gesetze ausarbeitete, konnten diese in den einzelnen Gemeinden voneinander abweichen. Nichtsdestoweniger lassen sich einige allgemeine Richtlinien über die Organisation der *Aljama* aufstellen.

An der Spitze der Gemeinde standen „die Alten der *Aljama*", ein Ältestenrat bzw. eine Art Senat. Diese Ältesten, die natürlich den wohlhabendsten und einflußreichsten Familien angehörten, traten des öfteren zusammen, um Entscheidungen zu fällen und verteilten alle Ämter innerhalb der *Aljama*. Obwohl er üblicherweise aus sieben Mitgliedern bestand, konnte die Zahl auch variieren. Als Folge sozialer Spannungen oder Kämpfe wurden die Sitze im Ältestenrat zeitweise unter den drei Klassen – Ober-, Mittel- und Unterschicht – aufgeteilt, wobei sich aber die Oberschicht, wie bereits ausgeführt, immer den größten Einfluß zu sichern wußte.

Wie eben erwähnt, verteilte der Ältestenrat die Ämter in der *Aljama*. Das angesehenste Amt war jenes der *Adelantados* (Hebräisch: *Muqdamim*), die die exekutive Macht in der *Aljama* ausübten. Dann folgten die Richter (*Dayyanim*), die sich zu dritt zum Gericht (*Bet-din*) zusammenfanden und die Streitfälle unter Juden gemäß den rabbinischen Vorschriften und der Gemeindeordnung schlichteten. Außerdem gab es noch Schatzmeister, Schätzmeister, die festsetzten, wieviel Steuern jeder aufgrund seines Einkommens abzuführen hatte, Armenbetreuer bzw. mit der Wohlfahrt Betraute und den Amtsschreiber oder Notar der *Aljama*, dessen Aufgabe darin bestand, Dokumente in Übereinstimmung mit den rabbinischen Formulierungen zu redigieren und das Gemeinderegister zu führen. In manchen *Aljama*s übten die *Adelantados* zusätzlich einige oder sogar alle anderen Funktionen aus, so daß sie fallweise mächtiger waren als der Ältestenrat.

Wir haben betont, daß die jüdischen Gemeinden autonom und voneinander unabhängig waren. Trotzdem waren z. B. bei der Aufbringung der königlichen Steuern den größeren Gemeinden die kleineren sie umgebenden in der Regel angegliedert. Außerdem erfreuten sich die großen Judenstädte eines höheren Prestiges, wodurch sie die kleineren beeinflußten, welche daher oftmals die Verordnungen der größeren übernahmen. In Kastilien bildete sich im 14. Jahrhundert eine föderative Struktur aus, die alle *Aljamas* des Königreichs umfaßte. Diese Entwicklung fand ihren Höhepunkt im 15. Jahrhundert, als 1432 in Valladolid eine allgemeine Verordnung – mit hebräischen Buchstaben in einer Mischung aus Hebräisch und spanisch geschrieben – für die jüdischen Gemeinden Kastiliens ausgearbeitete wurde. Andererseits gab es aber in Kastilien wie in den anderen Königreichen einen „Rab de la Corte" (zu Deutsch: „Hofrabbiner"), der vom König nominiert wurde und die höchste Autorität über eine Gruppe von *Aljama*s oder sogar über alle Gemeinden des Königreiches innehatte. Außer seiner Funktion als Berufungsrichter für alle Juden war er beauftragt, das jüdische Leben zu überwachen und die Verwaltung der *Aljama*s, ihrer Finanzen, Steuern usw. zu kontrollieren. Der „Rab de la Corte" war aber ein Beamter des Königs, der das Vertrauen des Herrschers genoß und übte also kein Amt aus, das aus der Struktur der jüdischen Gemeinden hervorgegangen wäre.

Das Judenviertel und seine Institutionen

Egal, ob es Gesetze gab, die den Juden verboten, sich in einem beliebigen Teil der Stadt anzusiedeln, zeigte sich eine Tendenz zur Konzentration auf eigene Viertel, die Judenviertel, die je nach Stadt, sehr verschieden sein konnten. Die großen Judenviertel waren meist sehr geräumig – außer in Barcelona, wo die Gemeinde (auch „call" genannt) immer mit Platzproblemen zu kämpfen hatte. Die kleineren bestanden dagegen oft nur aus einer einzigen Straße.

Normalerweise lag das Judenviertel im Herzen der Stadt, in einer „sicheren" Zone, neben der Stadtmauer oder den Befestigungsanlagen. In einigen Städten, wie z. B. Tudela oder Soria, lebten die Juden sogar innerhalb der Burg. Abgesehen von den großen Judenstädten bestand das Judenviertel üblicherweise aus einer Hauptstraße („calle mayor de la judería“ und „plaza mayor de judería“), um die herum sich eine Reihe kleiner und größerer Gassen gruppierte, die teilweise Sackgassen waren. Im 15. Jahrhundert wurden die Juden allerdings in vielen Städten gezwungen, ihre Viertel zu verlassen und sich in anderen anzusiedeln, die damals am Stadtrand lagen.

Was die Häuser angeht, so sahen sie meist wie die anderen Durchschnittshäuser der Stadt aus, ohne daß man irgendwelche besonderen Merkmale finden könnte. Manchmal leistete sich eine reiche Familie ein großes Haus, doch achtete man darauf, daß die Fassade nicht zu auffällig war.

Die Hauptsorge der Einwohner eines Judenviertels war, über die nötigen kommunalen Einrichtungen zu verfügen, für welche sie um die entsprechenden Privilegien beim König ansuchen mußte. Diese Einrichtungen waren: die Synagoge mit ihren Nebenräumen, zu denen gewöhnlich eine Talmudschule (*Talmud Tora*) oder eine Religionsschule für Kinder zählten, der Sitz des rabbinischen Tribunals (*Bet-din*), das Ritualbad (*Miqwe*), das meist auch in den Nebenräumen der Synagoge untergebracht war, die koschere Fleischhauerei und der Friedhof vor den Toren der Stadt, oft auf einem nahegelegenen Hügel oder in der Nähe eines Flusses gelegen. Mit anderen Worten: alles, was man braucht, um als Jude geboren zu werden, zu leben und zu sterben.

Das kulturelle Leben

Die jüdische Kultur ist im mittelalterlichen Spanien, vor allem vom 10. bis zum 12. Jahrhundert, von außerordentlicher Vielfalt. Nicht umsonst nannten die deutschen Hebraisten des 19. Jahrhunderts diese Epoche das „Goldene Zeitalter der hebräischen Literatur“. Den auslösenden Impuls verdankte diese einzigartige kulturelle Blütezeit dem Wirken von Chasdai ibn Schaprut, dem Arzt des Kalifen Abderrahman III., dank dessen Mäzenatentum die Poesie und die hebräische Grammatik einen ebenso großen Aufschwung erfuhr wie biblische Kommentare und talmudische Studien. Zu diesen Gebieten gesellten sich später noch die Philosophie, die Kabbala, die Geschichtswissenschaft, die Maqamas[7] und die Übersetzungen. Auf wissenschaftlichem Gebiet lag der große Beitrag der spanischen Juden in der Medizin und der Astronomie.

Die ersten großen Poeten, die sich der hebräischen Sprache bedienten, waren die Schützlinge Chasdais, Menachem ben Saruq und Dunas ben Labrat. Ihnen folgte eine Unzahl anderer Dichter, von denen Jehuda Halevi, Schlomo ibn Gabirol, Schmuel ibn Nagrella und Mosche ibn Ezra besonders hervorzuheben sind, da sie sich einen Namen am Olymp der hebräischen Dichtung aller Zeiten erkämpft haben.

Menachem ben Saruq und Dunas ben Labrat waren auch Bahnbrecher auf dem Gebiet der hebräischen Grammatik in Spanien. Nach ihnen kamen große Grammatiker wie Jehuda Chajudsch, Jona ibn Janach und – besonders bekannt – David Qimchi und Abraham ibn Ezra. Diese Schriftsteller waren gleichzeitig allesamt Bibelkommentatoren, wobei in diesem Fach Abraham ibn Ezra wegen seiner Originalität hervorsticht. Später sollten Nachmanides und Nissim ben Reuben Gerundi auf diesem Gebiet besonderen Ruhm erlangen.

Auch die talmudischen Studien waren für die spanischen Juden von außerordentlicher Wichtigkeit. Bedeutende Codices des jüdischen Gesetzes wurden auf der Iberischen Halbinsel redigiert. Die ersten großen Vertreter dieses Faches waren Isaak Alfasi und sein Schüler Josef ibn Migas. Doch über ihnen allen stand natürlich die Persönlichkeit des Maimonides. Später erhielten die rabbinischen Studien neue Impulse durch Autoren vom Format eines Nachmanides, Ascher ben Jechiel, Jakob ben Asher, Schlomo ben Adret, Isaak ben Scheschet, Menachem ben Zerach und – bereits außerhalb Spaniens lebend – Josef Caro.

Der brillanteste Vertreter der Philosophie war selbstverständlich Maimonides. Doch dürfen deshalb andere ausgezeichnete Männer wie Schlomo ibn Gabirol, Bachja ibn Paquda, Abraham ibn Daud, Chasdai Crescas oder Josef Albo nicht vergessen werden.

Obwohl die Kabbala in der Provence entstand, kann man sie ruhig als genuin spanisches Genre bezeichnen. Die hervorragendsten Vertreter dieser heutzutage für das Judentum als so typisch angesehenen Mystik waren Nachmanides und Azriel von Gerona in Katalonien sowie Mosche de León in Kastilien.

Von den anderen literarischen Gattungen wollen wir, um den Rahmen nicht zu sprengen, als typische Repräsentanten lediglich die Übersetzer Al-Charizi, die Historiographen Abraham ibn Daud und Abraham Zakut sowie die Reisebeschreibungen des Benjamin von Tudela erwähnen. In der Medizin müssen wir wiederum Maimonides als bahnbrechend hervorheben und in der Astronomie Abraham Zakut.

Den Schlußpunkt der großen jüdischen Kultur in Spanien können wir an der Person Isaak Abrabanels festmachen, der als Bibelkommentator und Historiograph berühmt wurde. Außerhalb Spaniens blühte diese Kultur allerdings in Männern wie dem Talmudisten Josef Caro und den Kabbalisten von Safed weiter.

[1] Islamische Teilreiche nach dem Zerfall des Kalifats von Córdoba im Jahre 1031 (Anmerkung der Übersetzerin).

[2] Pilgerweg im Nordwesten Spaniens (Anmerkung der Übersetzerin).

[3] Diese Rechtssituation entspricht in etwa der 1236 von Friedrich II. (dem Hohenstaufen) eingeführten Kammerknechtschaft in Mitteleuropa (Anmerkung der Übersetzerin).

[4] „Rückeroberung“ der Iberischen Halbinsel von den Muslimen (Anmerkung der Übersetzerin).

[5] Pedro I. (1334–1369) mußte seinen Thronanspruch gegen seinen Stiefbruder Enrique von Trastámara verteidigen, wurde 1366 vom Thron vertrieben und nach einer Niederlage in einer Schlacht von Enrique ermordet (Anmerkung der Übersetzerin).

[6] Das im Deutschen eher unübliche Adjektiv „hispanisch“ bezeichnet die Gesamtheit der christlichen Territorien auf der Iberischen Halbinsel (mit Ausnahme von Portugal), die damals noch keine politische Einheit bildeten (Anmerkung der Übersetzerin).

[7] Literarische Gattung, gereimte Prosa (Anmerkung der Übersetzerin).

David Románo

DIE JÜDISCHE GESCHICHTE IN DEN STAATEN DER KRONE VON ARAGÓN

0. EINFÜHRUNG UND GRUNDSÄTZLICHE FRAGEN

0.0 Vorwort

Im Mittelalter gab es im christlichen „Spanien“[1] einige Minderheiten, von denen zwei – nämlich die Juden und die Muslime – wegen ihrer religiösen Überzeugung marginalisiert wurden. Ich möchte darauf hinweisen, daß die Juden zwar im gesamten Gebiet der Krone von Aragón gleichzeitig mit den Christen – und in manchen Regionen auch mit den Muslimen (die als Minderheit in christlichen Territorien „Mudéjares“ genannt wurden) – lebten. Mir scheint dieser Zustand (außer in wenigen Einzelfällen) allerdings besser durch das Wort „Koexistenz“ als durch das gebräuchlichere „Zusammenleben“ gekennzeichnet zu sein.

Schon vor langer Zeit hatten sich die Juden auf der Iberischen Halbinsel angesiedelt, ohne daß man bis heute genauer wüßte, wann.

In den christlichen Territorien bildeten die Juden eine Minderheit, die durch mindestens zwei Merkmale gekennzeichnet war: Erstens durch die Tatsache, daß sie eine tolerierte Minderheit darstellten, die in ihrer überwiegenden Zahl Kammerknechte waren, obwohl es – was oft vergessen wird – auch „Herren“ unter ihnen gab; als Minderheit waren sie auch Feindseligkeiten und Attacken ausgesetzt, die man aber als Judenfeindschaft und nicht, wie es so häufig geschieht, als Antisemitismus bezeichnen sollte. Zweitens waren die Juden Stadt- und niemals Landbewohner; sie waren eine städtische Minderheit, aber ihre Mitglieder wurden nicht als „Stadtbürger“ angesehen, weshalb sie zusätzliche Abgaben – in beträchtlicher Höhe – zu leisten hatten.

Zum besseren Verständnis dessen, was ich auszuführen gedenke, wären zahlreiche Präzisierungen vonnöten. Vorerst will ich mich allerdings auf eine einzige beschränken (eine weitere folgt im Punkt 0.1): ich spreche bewußt nicht von „spanisch“, sondern von „hispanisch“, da „spanisch“ für die damalige Zeit anachronistisch und mißbräuchlich verwendet wäre. Américo Castro, Sánchez Albornoz und viele andere, die ihnen in Zustimmung oder Ablehnung ihrer Thesen folgten, mißbrauchten den Terminus, da für sie Spanien gleichbedeutend mit Kastilien war. Ich dagegen werde die Krone von Aragón behandeln, welche zweifellos außerhalb Kastiliens, aber innerhalb der Grenzen des heutigen Spaniens liegt. Es muß allerdings darauf hingewiesen werden, daß viele Dinge, die sich über die Juden der Krone von Aragón aussagen lassen, auch für die anderen christlichen hispanischen Nationen zutrifft, nicht aber für den islamischen Herrschaftsbereich der Halbinsel.

0.1 Die Krone von Aragón: Einheit und Verschiedenheit

Nun ist es Zeit für eine weitere Präzisierung, die ich oben bereits angekündigt habe. Die Krone von Aragón war ein Konglomerat von Staaten, die einzig durch den gemeinsamen Herrscher zusammengehalten wurden. Zunächst gehörten ihr nur das Königreich Aragón und die Grafschaft Barcelona (zusammen mit mehreren annektierten Grafschaften) an, während Mallorca und Valencia noch unter islamischer Herrschaft waren. Später wurde diese Einheit um jene zwei Gebiete erweitert: 1229 wurde das Königreich von Mallorca und 1238 jenes von Valencia gegründet. Es muß darauf hingewiesen werden, daß Roussillon bis 1659 zu Katalonien gehörte, obwohl es einige Zeit (zwischen 1276 und 1349) auch Teil des unabhängigen Königreichs Mallorca mit den zwei Hauptstädten Mallorca und Perpignan und von 1473 bis 1493 an Frankreich abgetreten war. Ich spreche überdies von Staaten und nicht Königreichen, da zweiteres nicht auf alle zutreffen würde. Zutreffend wäre es für Aragón und später für Mallorca und Valencia, ebenso wie für die in Italien gegründeten Königreiche, die hier nicht weiter behandelt werden. Doch Katalonien war weder ein Königreich noch eine Grafschaft. In

Wahrheit handelte es sich dabei um die Grafschaft Barcelona, die sich andere Grafschaften einverleibt hatte und nun mit ihnen zusammen eine Einheit bildete, die gemeinhin als Katalonien bezeichnet wurde, obwohl der offizielle Titel des Herrschers ein anderer – nämlich Graf von Barcelona und der verschiedenen anderen Grafschaften (Gerona, Urgel, Roussillon, Cerdagne usw.) – war. Um Ungenauigkeiten und Mißverständnisse zu vermeiden, spreche ich daher von „Staaten“, die zusammen die Nation, die man „die Krone von Aragón“ nennt, bildeten. Ich möchte daran erinnern, daß mit diesem Terminus ein räumlich und zeitlich weit ausgedehnter Rahmen geschaffen wird, der sich vom 8. bis zum 17. Jahrhundert und in seiner Blütezeit über eine Fläche von mehr als 10.000 km^2 erstreckte.
Außerdem muß erwähnt werden, daß zahlreiche Herrscher der Krone von Aragón in den einzelnen Staaten unterschiedliche Ordnungszahlen erhielten. So war beispielsweise Pedro el Ceremonioso (König von 1336 bis 1387): Pedro IV. von Aragón, Pedro III. von Barcelona, Pedro II. von Valencia und Pedro I. von Mallorca. Ähnlich ergeht es anderen Pedros oder Alfonsos.

0.2 Die demographische Frage: Berechnungs- und Schätzungsmöglichkeiten

Meiner Meinung nach sind die Möglichkeiten, eine Demographie der Juden aufzustellen, äußerst beschränkt. Ich habe bereits des öfteren darauf hingewiesen, daß das, was man im allgemeinen als solche auszugeben pflegt, in Wahrheit eher an Taschenspielertricks erinnert. Denn es wird dabei mir nichts dir nichts mit Zahlen herumjongliert, ohne daß man je zur Angabe konkreter Ziffern gelangte. Die einzige Ausnahme finden wir Mitte des 14. Jahrhunderts, wo die Anzahl der in Katalonien lebenden Juden auf 10.000–12.000 geschätzt wird, was auf die gesamte Krone von Aragón übertragen etwa 30.000 Juden bedeuten würde.
Doch selbst wenn wir diese Zahlen akzeptieren, ist damit noch nichts über den Prozentanteil der Juden an der Gesamtbevölkerung ausgesagt, da wir auch die Zahl der christlichen Bewohner des Landes nicht kennen. Die eben zitierte Schätzung könnte nur auf andere Weise – nämlich von konkreten Daten ausgehend – bestätigt werden. Es ist mir bekannt, daß in der Stadt Jaca im Jahre 1377 117 jüdische Familien lebten. Dies kann man durch Sammlung und Analyse von Namenslisten erfahren. So findet man etwa – um mich auf einige wenige Beispiele zu beschränken – im Jahre 1353 in Lérida 70 jüdische Namen; in Cervera gab es im Jahre 1385 52 jüdische Namen und ein Jahrhundert später, im Jahre 1454, waren es immerhin noch 51. In Barcelona konnte man aufgrund des Aufruhrs von 1391 eine Liste von 195 Namen von Juden zusammenstellen. Jahre später, nämlich 1413, finden wir in Perpignan, das damals zur Krone von Aragón gehörte, 125 Namen dokumentiert. Durch die Sammlung solcher konkreter Daten wäre es möglich, zu genaueren Vorstellungen über die Demographie zu gelangen.
Andererseits muß ein Koeffizient gefunden werden, mit welchem die Anzahl der Familien zu multiplizieren ist, um die Gesamtzahl der Juden zu erhalten. Normalerweise multipliziert man mit vier oder fünf, da man behauptet, daß die Juden fruchtbar seien, doch ist diese Zahl umstritten.

0.3 Historische Quellen

Gleich zu Beginn muß auf ein wesentliches Merkmal hingewiesen werden: Im Gebiet der Krone von Aragón sind – im Unterschied zur Krone von Kastilien und den Königreichen Navarra und Portugal – ausgesprochen viele Dokumente erhalten. Um diese Quellen für die jüdische Geschichte im Gebiet der Krone von Aragón bemühe ich mich seit Jahren. Als ein mögliches Einteilungskriterium kann die Unterscheidung von hebräischen und anderssprachigen Quellen dienen.
Hebräische Quellen sind prinzipiell niemals christlichen Ursprungs; doch ist ihre Zahl insgesamt ziemlich beschränkt. So gut wie alle sind editiert, einschließlich der unter dem Namen „Responsen“ bekannten, auch wenn jene kaum zur historischen Forschung herangezogen wurden.
Neben diesen hebräischen Quellen gibt es auch solche in Latein oder in der Volkssprache, die normalerweise von Christen stammen. Ich betone „normalerweise“, da sich auch welche

jüdischen Ursprungs finden, wie z. B. die Verordnungen der „Aljamas“ (siehe 3.1.1.). Die christlichen Quellen lassen sich wiederum in zwei Gruppen einteilen – nämlich in offizielle und inoffizielle Dokumente. Zu den offiziellen zählen staatliche Urkunden der Magistratsbehörden, zu den inoffiziellen Notariatsakte sowie verschiedene in kirchlichen Archiven aufbewahrte Dokumente.

1. PERIODISIERUNG DER GESCHICHTE

1.0 Vorbemerkungen

Von 876 bis zu ihrer allgemeinen Vertreibung im Jahre 1492 ist die Anwesenheit von Juden an praktisch allen Orten der Krone von Aragón dokumentiert. Sie lebten in Judenstädten, deren Lage uns bekannt ist. Man kennt sogar die Lage einiger Friedhöfe, so etwa dessen von Barcelona, auf welchem auch menschliche Überreste gefunden wurden, die beweisen, daß die Juden sich in ihrer physischen Gestalt nicht von den Christen unterschieden. Die größten Siedlungskerne waren in den sogenannten Aljamas organisiert.

In der Geschichte der Krone von Aragón muß man sich einige Daten, die ich nun in umgekehrter chronologischer Reihenfolge zitieren werde, ins Gedächtnis rufen. Diese sind:

Die Vertreibung der Juden im Jahre 1492 (aus Roussillon 1493) ist ein Datum, welches auch für die Krone von Kastilien, nicht aber für das Königreich Navarra und Portugal, gilt. Es ist dies ein allgemeines Faktum, das aber leichte zeitliche Varianten aufweist.

Ein anderes Ereignis, welches ein Jahrhundert früher – im Jahre 1391 – stattfand, sind die allgemeinen Übergriffe gegen Juden auf dem gesamten Gebiet der Krone von Kastilien sowie der Krone von Aragón (mit Ausnahme einiger Siedlungen im Königreich Aragón), von denen aber die Juden von Navarra und Portugal verschont blieben.

Wieder ein Jahrhundert früher, in den Jahren 1283 und 1284, erließen die verschiedenen Staaten der Krone von Aragón restriktive Gesetze, die die Rolle der Juden beschränkten, indem sie dekretierten, daß Juden keine öffentlichen Ämter mehr bekleiden dürften. Diese Gesetze hatten weder auf dem Territorium der Krone von Kastilien noch in Navarra und Portugal eine Parallele. (Man muß sich ganz allgemein vor Augen halten, daß Navarra immer eine von den anderen hispanischen Staaten verschiedene Entwicklung durchmachte, nicht nur, was die Judenfrage anbelangt).

In der Zeit vor diesen drei Ereignissen – oder genauer den zwei Ereignissen und dem Gesetzeswerk – gibt es eigentlich kein Datum, das für die jüdische Geschichte von Bedeutung wäre, es sei denn, man will einen nur urkundlich belegten Orientierungspunkt dazurechnen – nämlich die Errichtung der Staatskanzlei für die Krone von Aragón um das Jahr 1252. Doch es ist offensichtlich, daß es sich hierbei um ein zufälliges Ereignis handelte, das historische Konsequenzen nach sich zog. So mußte die Suche nach einem Fixpunkt, der zur weiteren Einteilung der jüdischen Geschichte dienen könnte, also fortgesetzt werden. Und ich sehe einen solchen bis jetzt – ich betone „bis jetzt“ – nur im Jahre 1213, in dem die Regierungszeit von Jaime I. begann.

Anhand der eben angeführten Daten ergeben sich also vier Perioden: 1. bis 1213; 2. 1213–1283; 3. 1284–1391; 4. 1391–1492. In der Folge sollen die wichtigsten – für die jüdische Geschichte relevanten – Charakteristika dieser vier Epochen aufgezeigt werden. Der übrige Teil dieser Abhandlung, d. h. die Analyse der Sozialgeschichte, basiert allerdings ausschließlich auf den letzten drei Geschichtsperioden.

1.1 Die Anfänge (bis 1213)

Bis zum Jahre 850 sind wir mit dem vollkommenen Fehlen von Informationen über die Juden in den Ländern der Krone von Aragón konfrontiert. Wir besitzen aus dieser Zeit weder Dokumente noch das, was ich unter Texten verstehe (nämlich religiöse, juridische oder historische Aufzeichnungen). Ab diesem Datum (850) verfügen wir über einige konkrete Angaben, deren Anzahl ab der 2. Hälfte des 11. Jahrhunderts zunimmt. Nach diesem Zeitpunkt sind die überlieferten Daten zwar zahlreicher, aber immer noch nicht ausreichend, um sich ein abschließendes realistisches Urteil über diese

Epoche zu erlauben. Andernorts habe ich diese Periode als eine Zeit bezeichnet, von welcher nur „spärliche und unvollständige Unterlagen ohne die wünschenswerte Kohärenz" erhalten sind. In diesem Lichte scheint es verständlich, daß ich mich ausschließlich auf die Analyse einiger weniger Aspekte beschränken werde.

Am besten sind die Grafschaften Kataloniens dokumentiert. Sie unterhielten Beziehungen zum Kalifat von Córdoba, und auch der Aufenthalt des berühmten Chasdai ibn Schaprut[2] in Barcelona läßt sich nachweisen. Auch Berichte über das jüdische Leben in Barcelona und Gerona (was auf eine städtische Lebensweise schließen läßt), die Existenz eines jüdischen Friedhofes, den Besitz von semiruralen Gütern, eine akzeptable juridische Situation (kaufen, verkaufen, mieten, vererben, leihen) sowie Belege über einen Goldschmied, der Münzen prägte, sind uns überliefert. Von Barcelona ist uns aus dem Jahre 1079, als der Kodex „de los usatges" bereits veröffentlicht war, ein Zensus enthalten, der von 50 bis 60 Juden spricht. Es gibt auch Belege von der Übertragung der Münzprägung an die Juden, über jüdische Ärzte und Bedienstete des Grafen, vor allem nach der Vereinigung der Grafschaft von Barcelona mit dem Königreich von Aragón (1137). Der erste Jude, der einen offiziellen Titel verliehen bekam war *Alaçar nostro repositorio* (Alaçar, unser Schatzmeister), der Schatzmeister von Ramón Berenguer IV., dem Grafen von Barcelona. Später war die Vergabe von Ehrentiteln an Juden ausgesprochen häufig, wenn es auch nur in den seltensten Fällen möglich ist, die Biographie dieser Männer zu rekonstruieren. Es sollte aber dennoch erwähnt werden, daß sie zeitweise auf Hebräisch unterzeichneten.

In diese Epoche fällt auch die erste Erwähnung des Terminus „call" (Gerona, 1160) bzw. „cuyraça" in Lérida (1189). Auch der Ausdruck „aljama" tauchte bereits auf, doch es ist ungewiß, ob damit schon eine Aufteilung der Funktionen (im späteren Sinn) bezeichnet wurde.

1.2 Das goldene Zeitalter: Die jüdischen Beamten (1213–1283/84)

Die zweite Periode – von 1213 bis 1283 – umfaßt praktisch das gesamte 13. Jahrhundert. In den Staaten der Krone von Aragón ist dies die Zeit, in welcher Juden den größten sozio-politischen Einfluß erlangten und zahlreiche jüdische Administrativbeamte und Finanziers in den Diensten der Könige standen. Es darf dabei freilich nicht übersehen werden, daß das eben Gesagte nur auf eine zahlenmäßig sehr beschränkte Elite zutraf, doch möglicherweise wirkte die Position dieser Elite sich in irgendeiner Art auch auf die allgemeine Lage ihrer Glaubensbrüder aus.

Diese Periode wird mit der Thronbesteigung von Jaime I. im Jahre 1213 eingeleitet. Nur wenig später (1215) fand das vierte Laterankonzil statt, bei welchem Richtlinien festgesetzt wurden, die auf Jahrhunderte die Grundlage des Verhaltens der Christen den Juden gegenüber sein sollten. Als Folge davon legte im Jahre 1218 das Konzil von Tarragona den maximalen Kreditzinssatz auf 20 % des Kapitals fest. Diese Regelung wurde später auf alle Länder der Krone von Aragón ausgedehnt, während unter der Krone von Kastilien der Höchstzinssatz 33,3 % betrug. Ebenfalls in die ersten Jahre dieses Zeitabschnittes fällt die Etablierung der mittelalterlichen Inquisition. Soweit uns heute bekannt ist, wurden die Bestimmungen des Laterankonzils mit – wie ich es an anderer Stelle einmal ausdrückte – der typischen hispanischen Laxheit angewandt. Ich bezog mich zwar damals hauptsächlich auf den Bereich der jüdischen Beamten, doch gilt dies natürlich auch für viele andere Gebiete. Allgemein könnte man sagen, daß einige der Verordnungen ausgeführt wurden, während man andere ignorierte, je nach den Umständen.

Erst die restriktiven Gesetze von 1283/84 (in Aragón mit dem „Privilegio General" eingeführt, in Valencia mit der Übernahme der Codices von Aragón gemeinsam mit den „Furs valencianos" und in Katalonien auf der Grundlage des „Recognoverunt proceres" von Barcelona, welches später auf ganz Katalonien ausgedehnt wurde) verboten in allen Ländern der Krone von Aragón das jüdische Beamtentum, das bis dahin eine nicht unwesentliche Rolle gespielt hatte. Ich habe daher wiederholt darauf hingewiesen, daß das 13. Jahrhundert als das „Goldene Zeitalter" des Judentums in den Ländern der Krone von Aragón anzusehen ist. Die restriktiven Gesetze, welche diese Periode beendeten, wurden während der kurzen Regierungszeit von Pedro dem Großen (1276–1285) verkündet. Ich möchte mich hier jedoch nicht weiter über dieses Thema verbreitern, zumal ich dies bereits mehrmals an anderer Stelle getan habe. Es sei nur auf die herausragende Rolle der Familie Ravaya und insbesondere von Jucef Ravaya, welcher der erste Schatzmeister in den Ländern der Krone von Aragón war, hingewiesen. Was die übrigen jüdischen Beamten betrifft, sind ihre Funktionen dem untenstehenden Organigramm zu entnehmen.

Abschließend sei noch bemerkt, daß während dieses Zeitraums – nämlich im Jahr 1263 in Anwesenheit von Jaime I. – auch die „Indoktrination von Barcelona“ stattfand, auf die ich im folgenden noch näher eingehen werde.[3]

Organigramm der jüdischen Funktionäre zur Zeit Pedros des Großen

Die Situation im Jahre 1280

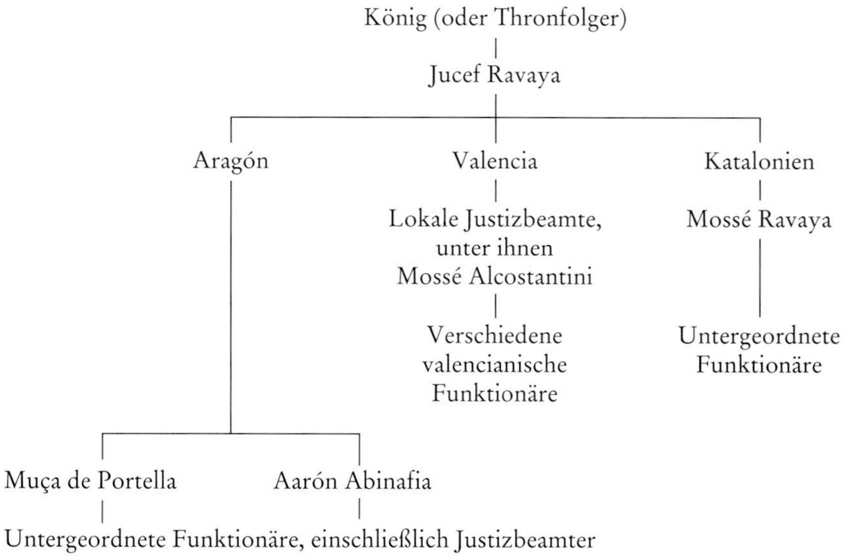

Die Situation im Jahre 1283

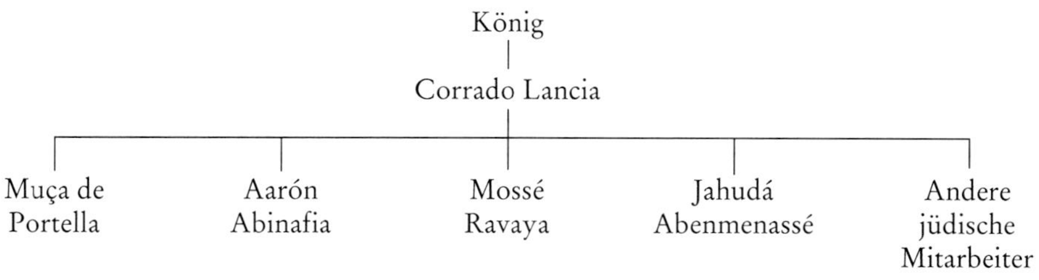

1.3 Die Juden als Einnahmequelle für die Herrschenden (1284–1391)

Die dritte Periode, von 1284 bis 1391, deckt sich praktisch mit dem 14. Jahrhundert, und fast die Hälfte dieser Jahre fällt unter die Regierungszeit von Pedro IV. (el Ceremonioso, 1336–1387). Obwohl es in dieser Epoche keine jüdischen Beamten und Würdenträger mit offiziellen Titeln mehr gab, füllten einige Juden halboffizielle Funktionen aus.

In diesem Zeitabschnitt fehlen große Linien und signifikante Ereignisse in der Geschichte der Juden in den Ländern der Krone von Aragón. Um ihn zu charakterisieren, könnte man ihn höchstens als jene Periode definieren, in welcher die Juden zu einer Einnahmequelle der Krone wurden.

Unter Umständen sollte man auch die Vorfälle rund um die Pest von 1348 erwähnen, deren Ausbruch den Juden zugeschrieben wurde. Dies bot – zumindest im westlichen Teil Kataloniens (in der heutigen Provinz Lérida) und in Barcelona – Anlaß zu antijüdischen Ausschreitungen, die man meiner Meinung nach aber nicht als wirkliche Pogrome bezeichnen kann. Als Folge dieser Ereignisse wurde das Amt des „Protector aljamanarum judearum terre nostre“ geschaffen – ein Amt, das bis jetzt noch wenig erforscht ist und von dem auch nicht sicher ist, ob es der Mühe lohnt.

Während der Regierungszeit von Pedro IV. erstellten zwei Juden astronomische Tabellen – einer in Barcelona und der andere in Perpignan (vgl. auch 5.2.4).

Das Ende dieser Periode wird durch die Ereignisse des Jahres 1391, welche die Mehrzahl der jüdischen Ansiedlungen auf der Iberischen Halbinsel betraf, eindeutig definiert. Dieses Datum markiert gleichzeitig den Anfang vom Ende des jüdischen Lebens in den Staaten der Krone von Aragón sowie praktisch auf der gesamten Halbinsel. In den Ländern der Krone von Aragón bedeutete es die Auslöschung der Aljamas in den großen Städten Valencia und Barcelona. Auch einige kleinere Aljamas verschwanden von der Landkarte – trotz der unermüdlichen Bemühungen des Höflings Chasdai Cresquas[4]. Dieser erreichte aber, daß die Aljamas von Aragón und speziell jene von Saragossa die politische und intellektuelle Führung des gesamten Judentums der Krone übernahmen.

Um einen oft wiederholten Irrtum zu korrigieren, ist es wichtig darauf hinzuweisen, daß bei diesen Ausschreitungen nur wenige Menschen den Tod fanden und es daher inkorrekt ist, sie als Pogrome zu bezeichnen. Die große Verfolgungswelle des Jahres 1391, welche dem spanischen Judentum den Todesstoß versetzte, war zweifellos von sozio-ökonomischen Motiven getragen. Einige wenige starben dabei, viele emigrierten – vor allem nach Nordafrika – manche nahmen das Christentum an und andere überlebten, ohne vom Judentum abzufallen.

Aufgrund der mehr oder minder zahlreichen Konversionen zum Christentum – einschließlich der eines berühmten Rabbiners – waren die Folgewirkungen für das jüdische Leben katastrophal. Es muß aber auch betont werden, daß viele Aljamas von Aragón – unter ihnen auch jene von Saragossa – von den Angriffen verschont blieben.

1. 4 Von den Ausschreitungen von 1391 bis zur Vertreibung (1391–1492/93)

Die vierte und letzte Periode der jüdischen Geschichte in den Staaten der Krone von Aragón beginnt nach den antijüdischen Krawallen von 1391 und dauert bis 1492, mit anderen Worten, das gesamte 15. Jahrhundert. Auffällig ist dabei der zahlenmäßige und damit auch ökonomische Niedergang. Wir können eine Verkleinerung von Aljamas beobachten und in manchen Fällen sogar ihre vollständige Auflösung, wie etwa in Barcelona und Valencia im Jahre 1391 und etwas später (1435) in Palma de Mallorca. Der Schwerpunkt des jüdischen Lebens verlagert sich in jene Aljamas des Königreichs Aragón, die von den Ausschreitungen verschont worden waren. Doch die Juden, die ihrem Glauben treu geblieben waren, hatten insgesamt keine große Bedeutung mehr. Unter ihnen sticht allerdings ein Mann heraus – Cresquas Abnarrabí, ein Arzt, der in Saragossa und Lérida studiert hatte und König Juan II. an grauem Star operierte. In dieser Zeitspanne ist auch eine merkliche Zunahme von Konversionen zum Christentum zu verzeichnen, womit ein neuartiges Problem auftaucht. Unter den Konvertiten finden sich die Namen berühmter Familien – wie etwa Caballería, Sánchez und Santángel –, die hohe Posten in der Verwaltung innehatten und denen man auch energische Unterstützung für die Entdeckungsfahrten des Kolumbus nachsagt. In gewisser Weise kann man die Ausschreitungen von 1391 als gewaltsamen Bekehrungsversuch verstehen. Wenn man dies annimmt, so entsprachen die Resultate ganz offensichtlich nicht den Erwartungen. Daraufhin versuchte man, mit friedlicheren Mitteln zum Ziel zu gelangen. Der erste Schritt in diese Richtung war die Separation der Juden und Konvertiten, oder besser gesagt, die Absonderung der Juden, wie sie die kastilische Herrscherin Doña Catalina in den Dekreten von 1412 angeordnet hatte. Diese Regelung wurde in den Ländern der Krone von Aragón durch ihren Schwager Fernando I. von Antequera eingeführt und durch die Gesetze des Gegenpapstes Benedikt XIII. generalisiert. Benedikt XIII., ein Aragonier, der sich schließlich auch unter den Schutz der Krone von Aragón stellte, favorisierte mit der „Indoktrination von Tortosa“ eine neue – und endgültige – Lösung des Problems (vgl. 5.1.5).

Das 15. Jahrhundert ist ein Zeitraum, der noch vieler Detailstudien bedarf. Zweifellos wurde das religiöse Problem durch die Tatsache verschärft, daß es oft innerhalb ein und derselben Familie Mitglieder gab, die ihrer Religion treu blieben, während andere sich – mehr oder weniger aufrichtig – zum Christentum bekehrt hatten. Darum erachtete man es schließlich für notwendig, die Judenstädte abzuschließen, um den Kontakt zwischen den beiden Gruppen bzw. den möglichen Einfluß der Juden auf die eben erst Bekehrten zu vermeiden. Doch trotz all dieser Maßnahmen konnte das Problem mit den Konvertiten, das auch nach der Vertreibung von 1492 weiterbestehen sollte, nicht beseitigt werden. In letzter Zeit habe ich versucht, die Glaubensinhalte und religiösen Praktiken der Juden von Valencia in den letzten Jahrzehnten des Jahrhunderts, d. h. am Vorabend der Vertreibung, genauer zu studieren.

In das letzte Viertel dieses Jahrhunderts fällt auch die Einsetzung der spanischen Inquisition (nicht zu verwechseln mit der mittelalterlichen!), die sich in den Ländern der Krone von Aragón allerdings nur schwer und gegen starken Widerstand durchsetzen konnte. Obgleich schon 1478 gegründet, konnte sie erst 1481 in den Ländern der Krone von Kastilien und in jenen der Krone von Aragón nicht vor 1482 Fuß fassen.

Bezüglich des Vertreibungsdekrets gibt es einiges zu sagen: Erstens ist uns das Original dieser rechtlichen Verfügung, die ihrem Wesen nach wohl allgemein und umfassend gehalten war, nicht überliefert. Doch weist zweitens alles darauf hin, daß man ihr im nachhinein – war es wirklich erst im nachhinein? – die Form eines Rundschreibens gab, welches an alle Städte und Dörfer, in welchen Juden (oder andere davon betroffene Personen) lebten, gerichtet war. Abgesehen von dem Text, den Amador de los Ríos publizierte (wobei es sich nicht um ein Dokument, sondern um die Abschrift einer Kopie aus der Nationalbibliothek in Madrid handelt), sind uns nur die Kopien – leider keine Originale! –, die an bestimmte Städte (z. B. Avila, Burgos, Toledo usw.) gerichtet waren, erhalten. Sonderbarerweise kenne ich kein Beispiel in den Ländern der Krone von Aragón, was aber nicht heißen soll, daß es das nicht gäbe. Das in diesem Zusammenhang relevante Datum ist das Jahr 1492. Es ist sowohl das Jahr, in dem das Dekret ausgefertigt wurde als auch das seiner Realisierung in allen Ländern der Krone von Kastilien und in fast allen Gebieten der Krone von Aragón – mit Ausnahme von Roussillon, wo es erst 1493 in Kraft trat, da das Land bis zu diesem Zeitpunkt an den König von Frankreich abgetreten war. Im Königreich von Navarra erfolgte die Vertreibung im Jahre 1498 und im benachbarten, unabhängigen Königreich von Portugal wurde sie 1496–1497 verfügt. Es handelt sich also um ein allgemeines Ereignis, das aber gewisse chronologische Abstufungen aufweist.

2. GEOGRAPHISCHE VERTEILUNG UND SIEDLUNGSFORMEN

2.0 Die Problemstellung

Das gesamte Territorium der Krone von Aragón war von Juden besiedelt. Doch war ihre geographische Verteilung alles andere als homogen, da sie aus begreiflichen Gründen des Selbstschutzes eine Neigung zur Ballung hatten. Dies erklärt zwei Dinge: einerseits das Fehlen von jüdischen Ansiedlungen auf dem Land und andererseits ihre Konzentration in den Städten.

2.1 Das Fehlen von Siedlungen im ländlichen Raum

Eine meiner Forschungsarbeiten bezüglich hispanischer Juden und ländlichem Wohnraum führte zu folgenden Resultaten, welche ohne weiteres auf die Länder der Krone von Aragón übertragbar sind. Es ist bewiesen, daß Juden in der Regel kleinere Ländereien und Gärten, Wein- und Olivenpflanzungen besaßen, die sie durch Kauf, Erbschaft bzw. Schenkung erworben hatten oder die ihnen unter Umständen bei Uneintreibbarkeit von Schulden zugefallen waren. Die Bodenbestellung erfolgte allerdings nur auf kleinen Flächen und war für Juden niemals eine Hauptbeschäftigung, sondern lediglich eine Nebenerwerbsquelle. Die wenigen großen Landgebiete, die sich in jüdischem Besitz befanden, waren der Viehzucht vorbehalten. Schließlich gibt es überhaupt keinen Beweis für jüdische Ansiedlung im ländlichen Raum, und alle Hinweise, die man diesbezüglich in der Ortsnamenkunde entdeckt zu haben glaubte, stellten sich als trügerisch heraus.
Um einen weitverbreiteten und oftmals wiederholten Irrtum zu begegnen, möchte ich betonen, daß der Besitz von Ländereien weder notwendigerweise ihre Kultivierung impliziert noch daß man sich auf den jeweiligen Besitzungen ansiedelt.

2.2 Ansiedlungen im städtischen Raum und ihre verschiedenen Typen

Aus Mangel an Beweisen muß die Theorie, daß Juden in ländlichen oder semiruralen Gebieten siedelten, ausgeschlossen werden. So kommt man im Gegenteil zu der Ansicht, daß sie sich im städtischen Raum zusammenballten – und zwar in drei verschiedenen Siedlungsformen: 1. in einem Viertel, das von einer größeren Anzahl von Juden bewohnt wurde, die normalerweise eine Aljama bildeten; 2. in einer Straße, der entlang sich Juden niedergelassen hatten, deren Zahl jedoch nicht ausreichte, um sich in einer Aljama zusammenzuschließen; und 3. vereinzelte Juden, die in christlicher Umgebung siedelten (wobei unterschieden werden muß zwischen Juden, die sich mehr oder weniger zufällig an einem Ort aufhielten, und solchen, die in diesem Ort wohnten).
Um meine Hypothese bezüglich der Siedlungsgebiete in Vierteln oder Straßen zu beweisen (oder zu verwerfen), müßte man archäologische Forschungen durchführen. Bedauerlicherweise ist dies oft sehr schwierig, da der mittelalterliche Stadtteil meist zerstört oder abgerissen wurde (wie z. B. in Saragossa), obwohl es einige Fälle gibt, wo er, wenn schon nicht intakt, so doch wenigstens gut erhalten ist (wie in Barcelona und Gerona).
Auf die Organisation der Gemeinden möchte ich hier nicht näher eingehen, da sie andernorts (vgl. 3.1) besprochen wird.

2.3 Die Judenviertel (Juderías)

Der Rahmen, innerhalb dessen sich jüdisches Leben abspielte, war ein Viertel (oder eine Straße) – begrenzt, jedoch nicht abgeschlossen, obwohl man sie hätte abschließen können, da sie Tore hatten. Die Mehrheit der Juden lebte innerhalb dieser begrenzten Gebiete, doch gab es auch Personen – wie z. B. Ärzte –, denen es erlaubt war, sich außerhalb des Viertels anzusiedeln. Die Judenviertel besaßen auch ein Kastell (von dem wir nicht wissen, ob es ausschließlich den Juden diente), doch gibt es keinen Zweifel daran, daß sich im Inneren der Judenstädte kein christliches Gebäude befand.
Die Bezeichnung für diese Viertel war in Katalonien *call* (welches manche aus dem lateinischen *callem* ableiten, während andere wegen der Übereinstimmung mit dem Hebräischen *qahal* [Gemeinde] dieses als Etymon annehmen), mit Ausnahme von Lérida, wo sie *cuyraça* genannt wurden. In Aragón und Valencia sprach man allgemein von *juderías* (Judenstädten), mit leichten Abweichungen nur in Tortosa, wo die Bezeichnungen call und judería gleichzeitig gebraucht wurden. In Aragón finden sich außerdem noch andere Bezeichnungen, wie z. B. ebreismo.
In manchen Städten gab es sogar zwei *calls*. In Barcelona etwa existierten gleichzeitig die *call*

major (*call de ça Volta* oder *call de les Voltes*) und eine *call menor* (*call de Sanahuja* bzw. *call de na Angela*), die zwar benachbart waren, einander aber nicht berührten. Dies ist durch eine Stadtverordnung aus dem Jahre 1374 belegt, worin ein Ortswechsel von einem Viertel ins andere an Sonn- und Feiertagen untersagt ist. Auch in Cervera gab es zwei *calls*: eine *call antic* und eine *call nou*. Und in Saragossa fand sich neben der judería noch ein jüdisches Viertel, das *los callizos* (aragonesisch für: enge Gäßchen) genannt wurde.

Innerhalb des Judenviertels befanden sich alle öffentlichen Gebäude, fast alle Wohnhäuser und die Mehrzahl der Geschäfte. Außerhalb lagen einige kleinere Geschäfte und der Friedhof.

Es wird letzthin viel von archäologischen Funden, die Juden betreffend, gesprochen. Der interessanteste Fall ist hierbei jener von Gerona, wo man die Lage der *call* genau feststellen konnte. Eine Identifikation von einzelnen Gebäuden halte ich dagegen für ein sehr gewagtes Unterfangen, da man von den baulichen Resten in der Zone nicht mit Bestimmtheit aussagen kann, ob sie von jüdischen Häusern stammen. Die Urkunden sprechen zwar von einer Synagoge, einer Fleischhauerei, Bädern, einer Bäckerei, einer Fischhandlung usw., doch habe ich meine Zweifel, ob es sich dabei immer um **Häuser** im eigentlichen Sinne handelt. Ich glaube vielmehr, daß es sich um Fragmente, Teile, Treppenabsätze oder Flügel eines Gebäudes handeln könnte. Außerdem muß man sich vor Augen halten, daß die damaligen Gebäude keinen regelmäßigen Grundriß hatten, sondern völlig unregelmäßige Polygone waren.

Das wichtigste Gebäude der Judenviertel war selbstverständlich die Synagoge (auf Katalonisch: *scola*, auf Aragonesisch: *sinoga*, doch ist auch die Bezeichnung *oratorium* geläufig). In den großen Städten sprechen die Urkunden von mehr als einer Synagoge, doch können wir von keinem der real erhaltenen Reste definitiv aussagen, daß es sich hierbei um eine Synagoge handelte. (In diesem Zusammenhang muß auch darauf hingewiesen werden, daß die liturgische Funktion einer Synagoge nicht dieselbe ist wie die einer christlichen Kirche.) Die Synagoge war das Zentrum des bürgerlichen Lebens. In ihr fanden auch die Versammlungen der Aljama statt, vermutlich deshalb, weil sie eine der wenigen Plätze war, die eine größere Zahl von Personen fassen konnte (in Barcelona wurde einmal eine Sitzung im Kastell abgehalten). Es gab auch Räumlichkeiten für die Bruderschaften, die wohltätigen Zwecken dienten (hebräisch: *heqdesch*).

Die Urkunden belegen auch die Existenz von öffentlichen Lokalen, doch sind davon keine Überreste erhalten geblieben. Es gab Fleischhauereien für den Verkauf von koscherem Fleisch und möglicherweise eigene Backöfen für das Backen der Mazzot für Pesach, wenn ihre Zubereitung in den herrschaftlichen Backstuben nicht gestattet war. Die Dokumente sprechen auch von Tavernen, in denen koscherer Wein (als *vi jueusc / vino judiego* [jüdischer Wein] bezeichnet) konsumiert wurde.

Es ist wahrscheinlich, daß man auch über eigene Bäder verfügte. So ist für das Jahr 1339 ein rituelles Bad in Lérida dokumentiert. Auch die *Miqwe* (rituelles Bad) von Besalú, mit der einige archäologische Funde identifiziert werden, ist berühmt. Diese rituellen Bäder wurden nur von jüdischen Frauen benützt. Für den täglichen Gebrauch bedienten sich die Juden der (öffentlichen) Bäder der Munizipalität, deren Gebrauch nach Tagen eingeteilt war.

Die Judenstädte wurden auch bewacht. Es gibt keine Zeugnisse, die eine Bewachung im Inneren der Viertel belegen, wohl aber solche von außen (wie z. B. in Ejea de los Caballeros und in Villafranca del Penedés). Die Wachen waren Christen, die aber von Juden für ihre Dienste bezahlt wurden.

Der jüdische Friedhof (in Katalán und Aragonés: *fossar*) befand sich immer außerhalb des Viertels, in manchen Fällen gab es auch zwei für eine Gemeinde. Von vielen sind uns Belege erhalten, und von einigen kennen wir auch die genaue Lage. Mehr oder weniger brauchbare Ausgrabungen wurden allerdings nur auf Teilen des Friedhofs von Barcelona durchgeführt, wo man Grabsteine, Luxusartikel (wie Ringe, Ohrgehänge und Stoffe) und auch menschliche Überreste fand. Das wichtigste Ergebnis dieser Ausgrabung war aber zweifellos die Feststellung, daß es keine physischen Unterschiede zwischen Juden und Christen gab. (Nebenbei sei nur erwähnt, daß es hoch an der Zeit ist, diese

Ausgrabung in Barcelona zu Ende zu führen und eine ähnliche – von mir angeregte – in Gerona zu beginnen.)
Abschließend möchte ich noch darauf hinweisen, daß der Wohnort der Juden die call oder judería war, sie aber gleichzeitig eine juridische Körperschaft bildeten, die *Aljama* genannt wurde und auch aus zwei calls bestehen konnte. Auf die Institution der Aljama werde ich weiter unten (vgl. 3.1) eingehen.

3. ZUSAMMENSCHLÜSSE UND JURIDISCHE STRUKTUREN

3.0 Allgemeines

Über die isoliert lebenden Juden besitzen wir keinerlei Informationen. Eine erste Art von Zusammenschluß stellt das dar, was man heute „Siedlungskern" zu nennen pflegt, das heißt eine kleine Gruppe von Personen, in deren Gesellschaftsstruktur es noch keine Funktionsteilung gab und die daher eigentlich noch keinen Rechtsstatus besaß. Die Quellen beziehen sich auf sie mit Formulierungen wie *judei Minorise*. Ein zweifelsfrei wohlorganisierter Zusammenschluß war dagegen die *Aljama*, die aufgrund dessen auch genauer behandelt wird.
Der *Aljama* übergeordnet gab es auch noch andere wichtige juridische Vereinigungen, die allerdings weit weniger bekannt und erforscht sind. Diese sollen zu Ende dieses Abschnitts zur Sprache kommen.

3.1 Die Organisation der jüdischen Aljama

3.1.1 Allgemeine Bemerkungen

„Jüdische *Aljama*" ist eine Bezeichnung, die in allen Staaten der Krone von Aragón (sowie auf dem Rest der Iberischen Halbinsel) einheitlich verwendet wurde. Es handelt sich hierbei um eine unabhängige und autonome Einheit, mit eigenen Institutionen und Aufgabenteilung, die in großen und größeren Städten anzutreffen war. Sprachlich wird es mit dem Genetiv-Plural gebraucht, wie z. B. in der Konstruktion: *aljama judeorum Valencie.*
Diejenigen Aljamas, die explizit in Texten Erwähnung finden, sind natürlich leicht zu identifizieren. Doch um mittels Eliminiationsverfahren feststellen zu können, an welchen Orten keine Aljama, sondern nur ein Siedlungskern (dessen Wohnort anzunehmenderweise eine Judenstraße war) ohne besondere Bezeichnung vorlag, müßte man eine Liste aller bekannten Aljamas aufstellen, wobei die Geographie und Chronologie natürlich zu berücksichtigen wären.
Die Juden gehörten nicht zur Kategorie der Stadtbürger (nur in einem einzigen Fall wurden sie in einer Urkunde von Mallorca als *cives* bezeichnet), sondern bildeten eine eigene, mehr oder minder autonome Gruppe innerhalb der Stadt.
Die Aljama, die oberste Körperschaft der Juden, war analog zur christlichen Munizipalität aufgebaut. Sie war nach dem Prinzip der Aufgabenteilung strukturiert. Man spricht von der *aljama et singulares eiusdem*, wobei *singulares* keineswegs alle Mitglieder beinhaltet, sondern nur die Familienoberhäupter (in manchen Fällen auch die Frauen, aber niemals die Kinder), und auch hierbei war man sich bezüglich der Armen nicht immer einig. Sicher ist auch, daß die freien (in Saragossa die Familien Alazar und Caballería) sowie die steuerbefreiten Juden (z. B. die Funktionäre) nicht zu den Mitgliedern der Aljama gezählt wurden.

3.1.2 Gesetze, Verordnungen und Privilegien

Die Gesetze, Statuten und Privilegien, die in der Aljama herrschten, hatten die verschiedensten Bezeichnungen. Man sprach von: *Taqqanot* (hebräisch: Statut, Satzung), *Haskamot* (hebräisch: Zustimmung) usw. – eine Nomenklatur, die einmal wissenschaftlich untersucht werden müßte. Die Regeln innerhalb der Aljama fußten einerseits auf einer impliziten jüdischen Struktur – d. h. auf den Gesetzen der Bibel und des Talmuds – über welche ein Netzwerk von anderen – ebenfalls jüdischen – Bestimmungen gelegt war. Die letzteren wurden von der jeweiligen Aljama (bzw. dem Rat der Aljama oder ihren Sekretären) erlassen, fallweise vom Rabbiner genehmigt (dieser Vorgang war jedoch nicht obligatorisch) und durch den Gemeinderat approbiert. Das bemerkenswerteste Beispiel für dieses System im 14. Jahrhundert waren die Verordnungen der Aljama von Barcelona aus den Jahren 1327 und 1386. Die erstere, d. h. jene aus dem Jahre 1327, diente den 1364 in Valencia und den 1374 in Huesca erlassenen Reglements als Vorbild, welche beide – sogar die von Huesca[5] – in Katalanisch abgefaßt waren. Eine eigene Gruppe bildeten die Verordnungen der Aljama von Saragossa aus dem Jahre 1382 und diejenigen von Barcelona (1386), zwischen welchen möglicherweise eine Verbindung besteht. Abgesehen von dieser jüdischen Struktur existierte auch eine vorherige oder implizite christliche Gesetzgebung; und zwar einerseits die kirchliche, die für alle Staaten mehr oder minder gleich war, und andererseits die zivile, welche sich – besonders was die Privilegien, d. h. die königlichen Konzessionen, betraf – von Staat zu Staat unterschied.

3.1.3 Die Institutionen: Versammlung, Rat, Sekretäre und andere zivile bzw. religiöse Ämter

Was die Institutionen anlangt, so lag theoretisch alle Macht beim Plenum, bei der Versammlung der Aljama. Außer dieser Versammlung gab es aber auch einen Rat, mehrere Sekretäre und andere Ämter.

Die Versammlung und die „Hände“[6]. – Die Versammlung wurde von allen Mitgliedern der Gemeinde (mit Ausnahme der bereits erwähnten) gebildet und hatte die Aufgabe, Verordnungen zu approbieren, Bevollmächtigte zu ernennen, die außerordentlichen Abgaben festzusetzen und anderes mehr. In gewisser Hinsicht (ökonomisch, sozial bzw. sozioökonomisch) bestand die Versammlung aus Klassen – einer Ober-, Mittel- und Unterschicht. In der Realität gab es allerdings nur eine Ober- und eine Unterschicht, da Mittel- und Unterschicht meist zusammenfielen. Dies ist für Aragón gut belegt, es finden sich aber auch Beispiele für Valencia und Mallorca und einige wenige für Katalonien.

Die eigentliche Bedeutung der Versammlung liegt in ihrem Recht, die Ratsmitglieder und Sekretäre zu ernennen.

Der Rat: die Ratsmitglieder. – Der Rat wurde durch die Ratsmitglieder – eine Art Beauftragte der Versammlung – gebildet. Ihre Zahl war je nach Aljama verschieden. In Barcelona, Mallorca und Valencia nannte man sie „haschloschim“ (hebräisch: die dreißig) – die 30 Ratsmitglieder; in Gerona waren es 26 bzw. 16 (plus zwei für die *colecta*[7]), in Saragossa 25, in Perpignan und Cervera 20, in Huesca 12 usw.

Um in den Rat nominiert zu werden, mußte man bestimmte Bedingungen erfüllen. Eine davon war beispielsweise die Beschränkung, daß niemals zwei Mitglieder derselben Familie gleichzeitig im Rat vertreten sein durften. Die Ratsmitglieder wurden im allgemeinen für drei Jahre bestellt. Die Beschlußfassung erfolgte durch einfache Mehrheit. Die ihnen übertragenen Aufgaben waren verschiedener Art: sie hatten Richter, Schatzmeister, Rechnungsprüfer, Gesandte, Syndici, Prokuratoren und Funktionäre zu ernennen; Verordnungen und Regeln für die Gemeinde auszuarbeiten, sich um die Vermögensverteilung sowie die Deklarationen für das Steueraufkommen zu kümmern und für die Einhaltung der Gesetze zu sorgen.

Die Sekretäre. – Die eben genannten Aufgaben erfüllten die Ratsmitglieder gemeinsam mit den Sekretären. Diese wurden in Katalonien als *secretaris* (auf hebräisch: *ne'emanim*) bezeichnet und sind für Barcelona, Gerona, Tárrega, Valls u. a. ebenso wie für Perpignan und Mallorca belegt. Im Königreich Aragón (Saragossa, Teruel, Borja, Alcañiz usw.) nannte man sie *adelantados* und in Valencia (Alcira, Elche, Játiva, Valencia-Stadt) *adenantats* (auf hebräisch: *muqdamim*).

Es pflegten ihrer drei oder fünf zu sein. Aus erhaltenen Verordnungen wissen wir etwa, welche Bedingungen ein Mann erfüllten mußte, um zum Sekretär ernannt zu werden. Diese sind je nach Aljama verschieden. Allen gemeinsam war jedoch das Verbot, daß zwei Angehörige derselben Familie zur selben Zeit diese Funktion innehatten. Außerdem scheint eine gewisse Tendenz, die Sekretäre unter den drei Klassen aufzuteilen, vorhanden gewesen zu sein.

Die Sekretäre stellten das Exekutivorgan der Gemeinden dar und hatten im wesentlichen drei Funktionen inne: 1. gemeinsam mit den Ratsmitgliedern bzw. in Akzeptanz ihrer Vorschläge die Amtsträger der Aljama zu designieren ; 2. die ökonomischen Angelegenheiten zu regeln (obwohl auch diese Aufgabe theoretisch den Ratsmitgliedern zufiel); und 3. gewisse juridische Streitigkeiten schlichten, wie z. B. Diskussionen zwischen Juden über Geld, Verträge, Eigentum, Innenhöfe oder Synagogensitzplätze.

Andere zivile oder religiöse Ämter. – Was die übrigen zivilen und religiösen Ämter anbelangt, die von untergeordneter Bedeutung waren, soll nur erwähnt werden, daß sie zivilen ökonomischen oder administrativen Charakter hatten. Zu ihnen gehörten etwa die Schätzmeister, die den Anteil des einzelnen am Gesamtsteueraufkommen festzulegen hatten, und die Steuereinnehmer. Während die bis jetzt genannten Ämter jeweils nur für die Dauer des auszuführenden Auftrags vergeben wurden, waren die *clavarios* (Schlüsselmeister) – einer, zwei oder drei an der Zahl – die eigentlichen Schatzmeister der Aljama und wurden normalerweise für ein Jahr bestellt. Sie unterlagen der Kontrolle von Inspektoren, welche in Katalonien und Valencia als *reebedors de comptes* und in Aragón als *oidores de cuentas* (Finanzauditoren) bezeichnet wurden.

Was die religiösen Ämter anbelangt, so sind an erster Stelle natürlich die Rabbiner zu nennen, obwohl man in diesem Fall klar zwischen Titel und Amt unterscheiden muß, da nicht jeder Jude, der den **Titel** Rabbiner trug, auch das **Amt** eines solchen innehaben mußte. In den Urkunden werden sie *mestre / maestro / magister* genannt. Vielleicht nicht in allen Aljamas, aber doch in vielen, gab es auch eine Funktionstrennung zwischen dem Rabbiner, der die Gebete leitete (hebräisch: *Chazan*), jenem, der die Kinder unterrichtete und dem in Saragossa belegten *„rabí de la degüella"*[8].

Auch andere Ämter, wie z. B. das des Richters, Notars oder Synagogendieners, erforderte religiöse bzw. juridisch-religiöse Kenntnisse.

3.2 Überregionale Zusammenschlüsse

Ähnlich wie in den anderen hispanischen Nationen gab es auch in den Ländern der Krone von Aragón Beispiele für überregionale Zusammenschlüsse, die meist – um nicht zu sagen immer – zu fiskalischen Zwecken gebildet wurden. Diese sind die folgenden:

1. die *colecta* (lateinisch: *collecta* oder *commune*, katalonisch: *collita* oder *col-lecta*) war ein Zusammenschluß von mehreren Siedlungskernen und einer Aljama, die dem ganzen Gebilde den Namen gab – so spricht man etwa von der „collecta aljama judeorum Catataiubii". Bis jetzt ist die Größe, di eine colecta haben kann, nicht bekannt. Wir kennen nur das Beispiel von Gerona, wo die colecta knapp vor 1342 aus der Aljama von Gerona sowie den Siedlungskernen von Bañolos, Figueras, Camprodón, Olot, Sant Llorenç de la Muga und Besalú bestand. (Letzteres wurde im Jahre 1342 unabhängig und verwandelte sich in eine eigene Aljama.)

2. Es existierten auch Zusammenschlüsse nach Staaten[9], deren einziger Zweck die Aufbringung außerordentlicher Abgaben war. In jedem Staat, d. h. in Aragón, Katalonien und Valencia (Mallorca wurde fast immer Katalonien zugerechnet), versammelten sich die Repräsentanten der Aljamas bzw. der colectas, um die Höhe der von ihnen zu leistenden Abgaben zu diskutieren (besser gesagt: zu akzeptieren oder mit dem Herrscher zu verhandeln) und anschließend auf die einzelnen Gemeinden zu verteilen. Wenn sie auch in derselben Stadt zusammenkamen, fanden die Verhandlungen doch für alle Staaten der Krone getrennt statt. Obwohl die zeitgenössischen Urkunden jene Versammlungen selten erwähnen, wissen wir beispielsweise von einer Zusammenkunft der „communi iudeorum Catalonie" im Jahre 1268.

3. Noch seltener erfolgt die Erwähnung der „centena aljamarum". In Wahrheit wissen wir nicht, was es eigentlich war.

4. Was einen nationalen Zusammenschluß[10] anbelangt, so müssen wir uns zunächst vor Augen halten, daß die Länder der Krone von Aragón – mit Ausnahme der päpstlichen – keiner einheitlichen Gesetzgebung unterworfen waren. Nur ein einziges Mal in ihrer Geschichte (und auch das ist nicht gesichert!) versuchten die Aljamas einen Zusammenschluß auf nationaler Ebene. Unsere einzige Quelle hierzu – ein hebräischer Taqqanot-Text[11] aus dem Jahre 5115 (d. h. 1354–1355) berichtet, daß die Juden der vier Staaten, die damals die Krone von Aragón bildeten, sich versammelten und Delegierte nominierten: und zwar je zwei für Katalonien und Aragón sowie je einen für Valencia und Mallorca. Zum Zeitpunkt der Unterzeichnung des Abkommens fanden sich

allerdings nur Katalonien und Valencia ein. Es scheint, daß zu einem späteren Zeitpunkt, Ende des 14. bzw. Anfang des 15. Jahrhunderts, Chasdai Cresquas einen ähnlichen Zusammenschluß zustande zu bringen versuchte.

3.3 Bemerkungen zum juridischen System

Das Rechtssystem war äußerst komplex, und eine Schematisierung erscheint daher schwierig. Es ist offensichtlich, daß man zwischen den Fällen, wo beide Streitparteien Juden waren, und solchen, wo einer es nicht war, unterscheiden muß.
Für den ersten Fall existierte eine zweifache Rechtsprechung: einerseits durch christliche und andererseits durch jüdische Richter, wobei uns nicht bekannt ist, wer wann agierte.
In der jüdischen Rechtsprechung gab es zwei Instanzen: die erste Instanz bildete das *bet-din* (hebr. für „Gericht") und die zweite ein Berufungsrichter. Auch im Falle einer Intervention christlicher Richter existierten zwei Instanzen, da hier der König (bzw. sein Bevollmächtigter) die Berufungsinstanz darstellte. Abgesehen davon gab es auch eine „freiwillige" Rechtsprechung, die darin bestand, daß sich beide Parteien an einen Schiedsrichter wandten und ihn um einen Schiedsspruch baten.
War allerdings eine der beiden Parteien ein Christ (oder Maure), gab es eine verbindliche Rechtssprechung, die selbstverständlich in beiden Instanzen von Christen exekutiert wurde. Die Möglichkeit einer „freiwilligen" Jurisdiktion war aber auch in diesem Fall gegeben. Das *bet-din* wurde vom Rat der Aljama gewählt, und im konkreten Fall von Barcelona bestand es aus fünf Mitgliedern, deren Mandat ein Jahr lang währte. Das Rechtssystem in Barcelona war allerdings komplexer. Es gab nämlich auch sogenannte *brure-'abheroth* (hebr. für „Strafgericht"), d. h. aus je drei Richtern bestehende Gruppen, die sich mit Strafrecht – hauptsächlich in religiösen Belangen – befaßten, und *brure-tbhi'ot* (hebr. für „Zivilgericht"), welche sich mit Zivilrecht beschäftigten, aber wenig bekannt und erforscht sind.
Am besten sind die Aktivitäten jüdischer Richter bei ihrem Auftreten gegen die *malschinim* (hebr.: Denunzianten), d. h. die Verräter, innerhalb des Judentums belegt.

4. WIRTSCHAFT UND ERWERBSTÄTIGKEIT

4.0 Zu behandelnde Punkte

Alle Beziehungen zwischen den Juden und dem Herrscher drehten sich um Steuern, da die Juden „nostre cofre e tresor" (unser Schatzkästchen und Reichtum) waren. Ein Großteil der vorhandenen Strukturen diente hauptsächlich ökonomischen Zwecken – nämlich der Verteilung der für die Steuern aufzubringenden Geldsumme. Diese Situation wird vom 14. Jahrhundert an besonders deutlich, da wir für diesen Zeitraum über eine große Menge von Urkunden verfügen. Daher ist es wichtig, die Berufe der Mitglieder der Aljama genauer zu studieren, da sie die Quelle ihrer Einkünfte waren und somit bestimmten, welcher Anteil am Steueraufkommen der Aljama ihnen zufiel.

4.1 Finanzen und Steuersystem

Zu Beginn muß darauf hingewiesen werden, daß es vom fiskalischen Standpunkt aus verschiedene Gruppen von Juden gab. Zunächst waren da die freien Juden, die keine Abgaben an den König zu entrichten hatten. In Saragossa gehörten dazu vor allem zwei Familien (Alazar und Caballería), einige in Calatayud und weitere in anderen Städten des Königreichs Aragón, für das allein diese Bestimmung Gültigkeit hatte. Zweitens gab es (zeitweise) steuerbefreite Juden. Das waren vor allem (bzw. ausschließlich) solche, die in den Diensten des Königs standen. Und schließlich der Rest – die Steuerpflichtigen, die in Aragón *pecheros* (Tributpflichtige, Hörige) genannt wurden. Die letzteren waren zu Abgaben an den König, in einigen seltenen Fällen auch an die Stadtbehörde und natürlich – zur Aufrechterhaltung der Infrastruktur der jüdischen Gemeinde – an die Aljama verpflichtet.
Eine Aljama hatte verschiedenste Auslagen, von denen die Abgaben an den Herrscher den größten Teil ausmachten. Einerseits gab es ordentliche Abgaben, wie etwa den Tribut an den König, die Königin und den Kronprinzen, die entweder als *pecha* oder in Form von *cenas*[12] abzuleisten waren. Ab dem 14. Jahrhundert wurde es zusehends schwieriger, die Gemeinde-

ausgaben zu decken. Abgesehen von den bereits genannten hatten die Aljama auch außerordentliche Abgaben – *subsidia* genannt – zu leisten. Diese Auslagen wurden sowohl durch direkte Steuern, die je nach Vermögen aufgeteilt waren, als auch durch indirekte – hauptsächlich auf Konsumgüter – die man in Aragón *sisas* (Verbrauchersteuer) nannte, gedeckt.
Über jene Personen, die mittels verschiedenster Tätigkeiten dafür sorgten, daß die finanziellen Lasten einigermaßen gerecht verteilt wurden, habe ich bereits im vorigen Kapitel gesprochen (vgl. 3.1.3).

4.2 Berufe, Ämter und Beschäftigungen

Die sozio-ökonomische Situation der Juden war außerordentlich differenziert. Genaugenommen sind die einzigen Berufe, in denen Juden nicht zu finden sind, jene, welche sie, solange sie ihrer Religion treu blieben, unmöglich ausüben konnten[13]. Aber auch beim Militär gab es keine Juden, und die Belege, die von ihrer landwirtschaftlichen Tätigkeit berichten, sind ebenfalls sehr rar. Von einem bestimmten Zeitpunkt an konnten sie auch keine öffentlichen Ämter mehr innehaben, da dies – wie bereits erwähnt (vgl. 1.2) – durch die restriktiven Gesetze aus den Jahren 1283/1284 untersagt worden war.
Nichtsdestoweniger haben wir Kenntnis von Höflingen, die im Dienste des Königs bzw. von Mitgliedern des Königshauses halboffizielle Funktionen ausübten. Zu dieser Gruppe gehören: 1. die Ärzte (praktische Ärzte und Chirurgen); 2. die geldverleihenden Finanzfachleute und 3. die Berater – nicht „Ratgeber" – des Königs in jüdischen Angelegenheiten. Viele von ihnen waren von den Bekleidungsvorschriften befreit[14] und mußten weder Judenmantel noch Judenfleck tragen, welche Juden normalerweise anzulegen hatten, wenn sie sich innerhalb der christlichen Stadt aufhielten.
Eine zweite Gruppe bildeten jene Juden, die sich mit Handel und Geschäften befaßten, wobei unter „Handel" sowohl Fern- (z. B. mit Valencia, Marseille und dem Orient) als auch Binnenhandel und regional begrenzte Geschäfte zu verstehen sind. Es sind auch Verträge von richtiggehenden Handelsgesellschaften erhalten. „Händler" war eine sehr allgemeine Berufsbezeichnung – es gab Seiden-, Leder- und Gewürzhändler, aber auch solche, die mit Büchern handelten. Zudem ist die Beschäftigung der Juden mit verschiedenen Händler- und Maklertätigkeiten belegt: Eisenhandel, Handel mit Waren aus der Levante (hauptsächlich) Gewürze), Viehhandel, Bücher- sowie Immobilienhandel. Abgesehen davon ist das Engagement der Juden auch in der Steuerpacht und der Munizipalbesteuerung dokumentiert.
Der Großteil der aktiven jüdischen Bevölkerung war als Handwerker in den unterschiedlichsten Sparten tätig, deren Aufzählung eine lange Liste ergäbe, die nur schwer zu klassifizieren ist. Für Barcelona sind mehrere Arten von Arbeitsverhältnissen belegt, und zwar, systematisch aufgezählt, die folgenden: das Lehrlingsverhältnis, Arbeit gegen Entlohnung und Arbeit ohne Entlohnung bzw. Auftragsarbeiten mit Gewinnbeteiligung. Bezüglich der verschiedenen Handwerkssparten und Berufe könnte eine erste annäherungsweise Klassifikation etwa so aussehen: 1. Schuster und Berufe, die im weitesten Sinne mit der Textilverarbeitung zusammenhängen, wobei man unterscheiden kann zwischen den üblichen (wie z. B. Färber, Weber und Schneider), den spezialisierten (wie Knopfmacherin und Knopflochnäherin – diese Tätigkeiten wurden allem Anschein nach nur von Frauen ausgeübt –, Gardinennäher, Weißzeugmacher, Bemaler von Wollstoffen und Kürschner) und solchen, die Luxusartikel herstellten (wie etwa Seidenweber); 2. Arbeiter in der Metallverarbeitungsbranche – entweder allgemein (z. B. Schmiede) oder spezialisiert (Anker- und Messerschmiede, Hersteller von Waagen und Laternen) oder Erzeuger von Luxusgütern (wie Gold- und Silberschmiede; beispielsweise die Kunsthandwerker, die Ketten („paternosters") für die Königin wie auch christliche Kultgegenstände herstellten); 3. Handwerker, die verschiedenste Materialien bearbeiteten, wie Korallenschnitzer und Würfelmacher sowie Spezialisten wie jener Jude, der den Stoßzahn eines Elefanten für die Königin bearbeitete; ebenso Drechsler (wobei die Urkunden offen lassen, ob sie Holz oder Metall bearbeiteten); und schließlich 4. diverse andere Berufe, z. B. Hausangestellte (Diener und

Ammen – selbstverständlich nur von jüdischen Kindern) und Lastenträger, wie auch Tätigkeiten, zu deren Ausübung spezielle Kenntnisse (Apotheker und Zimmermann) oder die Beherrschung wenig verbreiteter Techniken erforderlich waren, wie z. B. bei Buchbindern.
Den hier aufgezählten Berufen sind selbstverständlich die bereits erwähnten – wie Rabbiner, Lehrer, Notare und Richter – ebenso hinzuzufügen wie jene, die im Kapitel über Kultur besprochen werden.
Eine Sache muß aber mit aller Deutlichkeit zurückgewiesen werden – die angebliche kaufmännische Fähigkeit der Juden, denn nicht alle Juden waren Händler oder Geldverleiher. Die Geldleihe verdient eine gesonderte Behandlung, welche mit der Feststellung zu beginnen hat, daß das Wort „Geldverleiher“ als Berufsbezeichnung niemals auftaucht.
Die mittelalterliche christliche Gesellschaft stellte sich prinzipiell gegen die Geldleihe und versuchte, den Wucher (d. h. die Zinsen) zu limitieren. Nach kanonischem Recht durfte ein Christ an einen anderen Christen kein Geld (gegen Zinsen) verleihen. Derselbe Rechtsgrundsatz galt für Juden: einem Juden war es verboten, von einem Glaubensgenossen Zinsen zu nehmen. Demgemäß versuchte man in den Ländern der Krone von Aragón (wie auch in allen anderen hispanischen Staaten), die Juden auf die Geldleihe (an Christen!) zu beschränken. Da ich diesem Thema bereits eine Studie gewidmet habe, in der die psychologischen und materiellen Charakteristika der Frage behandelt werden, möchte ich mich hier darauf beschränken zu wiederholen, was bereits angedeutet wurde: daß nämlich die legale Zinsobergrenze in den Ländern der Krone von Aragón mit 20 Prozent festgesetzt war; demgegenüber konnte der Zinssatz in den Staaten der Krone von Kastilien bis zu 33,3 Prozent betragen.

5. RELIGION UND KULTUR

5.1 Der jüdische Glaube und seine Bedrohung von außen

5.1.1 Der absolute Unterschied: die Religion

Während Christen und Juden einander physisch absolut glichen, war vom religiösen Standpunkt aus das einzig Absolute ihre Unterschiedlichkeit.
Für die aussehensmäßige Übereinstimmung gibt es wenigstens zwei Beweise – einen subjektiven und einen objektiven. Was den ersteren angeht, so können wir ihn aus einem der Beschlüsse des vierten Laterankonzils ableiten, welcher die Juden zwang, Erkennungszeichen zu tragen. Welche Erklärung man für diese Tatsache auch finden mag, scheint es sich in Wahrheit doch darum gehandelt zu haben, Personen zu kennzeichnen, die man andernfalls nicht zu unterscheiden vermocht hätte. Den objektiven Beweis lieferten die Analyse und das anschließende Studium der auf dem jüdischen Friedhof von Barcelona entdeckten menschlichen Überreste, die eindeutig ergaben, daß die Juden physisch in nichts von den Christen unterschieden waren.
Im Gegensatz dazu war die Religion der beiden Gruppen völlig verschieden. Dieser Unterschied stellte eine Barriere auf, die durch nichts abzureißen war, nicht einmal durch die Vertreibung. Man gestattete den Juden zwar, ihre Religion auszuüben, und diese Toleranz hatten sie teuer zu bezahlen, doch war ihnen der Versuch, Proselyten zu gewinnen, strengstens untersagt. Zusätzlich waren sie ständig den christlichen Bekehrungsversuchen ausgesetzt, die sich in zweifacher Weise äußern konnten: 1. in Form von friedlichen Predigten, denen die Juden allerdings gezwungenermaßen beiwohnen mußten, oder 2. in Form von brutalen Attacken, wie sie sich in der großen Verfolgungswelle des Jahres 1391 manifestierten. Von diesem Zeitpunkt an verschärfte sich die religiöse Problematik im Verlauf des 15. Jahrhunderts zusehends, da es oft in ein und derselben Familie Mitglieder gab, die ihrem Glauben treu geblieben waren, während andere sich – mehr oder weniger aufrichtig – zum Christentum bekehrt hatten. Dies führte schließlich dazu, daß es für notwendig erachtet wurde, die Judenstädte abzuschließen, um einen möglichen Einfluß der Juden auf die eben erst Bekehrten zu verhindern. All diese Maßnahmen konnten jedoch das Problem der *conversos* (Konvertiten), welches auch nach der Vertreibung von 1492 fortbestehen sollte, nicht aus der Welt schaffen.

5.1.2 Koexistenz – aber nicht Zusammenleben

Unsere Kenntnis der (allgemeinen) Situation legt die Annahme nahe, daß sowohl die Autoritäten als auch die durchschnittliche christliche Bevölkerung den Juden oftmals mit Respekt begegneten. Doch Respekt und Toleranz bedeuten noch lange nicht die Aufhebung aller Unterschiede.

Man pflegt gemeinhin von „Zusammenleben" zwischen Juden und Christen zu sprechen. Doch ich bin der Meinung, daß es an der Zeit wäre, fälschlicherweise als gleichbedeutend und synonym verwendete Ausdrücke ein für alle Mal auseinanderzuhalten. Ich betone: es gab kein **Zusammenleben**, sondern lediglich **Koexistenz**, d. h. Leben zur selben Zeit. Ein eindeutiger Beweis dafür ist die Tatsache, daß niemand je auf den Gedanken gekommen wäre, daß Juden und Christen untereinander heiraten könnten.

Daß das Zusammenleben praktisch inexistent oder doch zumindest eine seltene Ausnahme war, ist durch eine Reihe von Textstellen belegt, von denen ich hier nur zwei zitieren möchte. Im Barcelona des Jahres 1377, anläßlich einer Truppenaushebung, können wir in einem katalonischen Text lesen:

„Man hat vorgeschrieben, daß die Juden sich gemeinsam mit dem Justizwachebeamten und 50 Mann aufmachen sollen, um die vorgeschriebenen Wachen oder Erkundungen durchzuführen. Denn wenn man sie in einen anderen Teil der Stadt versetzte, wäre zu befürchten, daß ihnen die christliche Bevölkerung eben jener Stadt Schaden zufügen könnte."

Es ist hervorzuheben, daß es sich hierbei nicht um einen religiösen oder programmatischen Text handelt, sondern einfach um einen militärischen Zensus, in welchem die Notwendigkeit einer Separation zwischen Juden und Christen betont wird.

Das zweite Zitat stammt aus Gerona aus dem Jahre 1345. Dort wurde ein Jude bestraft,

„weil er einem Fleischhauer von Gerona gesagt hatte, daß er sich eher von Gott und allen Christen[15] lossagen würde, bevor er zuließe, daß sein Bruder den christlichen Glauben annähme".

In beiden Fällen ist die Haltung der jeweiligen Seite eindeutig. Es gibt kein wirkliches Zusammenleben, sondern nur Koexistenz, da die Religion einen absoluten Unterschied zwischen Juden und Christen darstellt.

5.1.3 Toleranz und Intoleranz

Es ist evident, daß das Problem aus der Unterschiedlichkeit der Religionen entspringt, obwohl diese zeitweilig nur als Vorwand benützt wird, um andere Ursachen zu verdekken. Die christliche Haltung den Juden gegenüber leitet sich vom vierten Laterankonzil (1215) ab, in dessen Gefolge sich Toleranz gefolgt von Marginalisierung bzw. umgekehrt, Marginalisierung gefolgt von Toleranz, einstellte. Diese Toleranz wurde allerdings oftmals – wann immer es günstig schien – gebrochen: sei es durch den Willen des Volkes oder durch von oben angestachelte Volkserhebungen, sei es durch die mehr oder weniger offizielle Politik der Kirche oder des Staates bzw. des Herrschers, der von der Kirche dazu gedrängt wurde. Dies zeigte sich vor allem in zwei Dingen: an den Predigten – im eigentlichen Sinne des Wortes – und dem, was ich Indoktrinationen nennen möchte.

Einige Zeit später, gegen Ende des 15. Jahrhunderts, kam noch die spanische Inquisition dazu (die nicht mit der mittelalterlichen zu verwechseln ist und sich von ihr in einigen Punkten beträchtlich unterschied). Im Zusammenhang damit muß vor allem das Mißtrauen der Juden und die Angst der Konvertiten (wie ehrlich ihre Konversion auch gewesen sein mag) bedacht werden.

5.1.4 Christliche Assimilationsversuche: Die Predigten

Der Bruch der Toleranz äußerte sich auf verschiedene Art und Weise. Ein sehr wesentlicher Teil waren die von christlicher Seite angestrengten Versuche, die Juden zur Konversion zu überreden. Die ersten diesbezüglichen Versuche fanden in Form von Predigten statt. Spätestens seit dem 13. Jahrhundert gab es Dekrete, die Altchristen und häufig auch Konvertiten ermächtigten, vor Juden zu predigen, wobei die Ermächtigung sowohl kollektiv als auch nur für einzelne gültig sein konnte. Unter all den erteilten Bevollmächtigungen ist jene, die 1299 an Ramón Llull[16] erteilt wurde, besonders hervorzuheben, da sie Einzelheiten enthält, die die negative Einstellung den Juden gegenüber deutlich macht. Die Predigten hatten an Samstagen in der Synagoge stattzufinden, wobei natürlich – ohne auf Respekt und Toleranz Rücksicht zu nehmen – die religiösen Gefühle der Juden verletzt, ja, ich würde sogar meinen, mit Absicht und aus Bosheit ignoriert wurden. An diesen Predigten nahmen für gewöhnlich auch zahlreiche Christen teil, deren Anwesenheit im besten Falle eine Art Aufruhr provozierte. Dies führte schließlich dazu, daß man die Anzahl der Teilnehmer auf zehn Personen beschränkte.

Während die polemischen Traktate die Aufmerksamkeit der Wissenschaftler bereits auf sich gezogen haben, ist auf dem Gebiet der mündlichen Predigten noch eine Menge Forschungsarbeit zu leisten. Ein ungefähres Bild ihrer Entwicklung kann man sich allerdings auch anhand der Analyse der Indoktrinationen machen.

5.1.5 Christliche Assimilationsversuche: Die Indoktrinationen von Barcelona und Tortosa

Aus Trägheit behält man allgemein die irreführende Terminologie bei und spricht von Disputationen, wo es sich in Wahrheit weder um Disputationen und Kontroversen noch um Streitgespräche handelte, wenn dies auch die äußere Form war, die man den uns überlieferten Dokumenten gegeben hat.

Wenn wir die schriftlichen Polemiken für den Augenblick beiseite lassen und uns lediglich auf die mündlich ausgetragenen beschränken, so finden wir zahlreiche Städte in den Ländern der Krone von Aragón – oder genauer gesagt in Katalonien – die dafür als Szenarium dienten. Abgesehen von einer auf Mallorca abgehaltenen sind die bekanntesten und am besten erforschten jene von Barcelona im Jahre 1263 und von Tortosa 1413–1414, vermutlich weil die Akten dieser beiden erhalten blieben. Obwohl zu der in Barcelona eine reichhaltigere Bibliographie überliefert ist als zu jener in Tortosa, scheint die zweitere doch entscheidender gewesen zu sein. Dies könnte in der Tatsache begründet sein, daß einer ihrer Initiatoren der Gegenpapst Benedikt XIII. war.

Drei Charakteristika lassen sich für beide Fälle ausmachen: 1. war die Anwesenheit der Juden obligatorisch, doch konnten bzw. mußten sie 2. einen Sprecher auswählen (in Barcelona war dies Rabbi Mosche Nen Nachman [Nachmanides]) und in Tortosa eine Gruppe von Rabbinern, unter ihnen Josef Albo). Am wesentlichsten erscheint mir jedoch, daß es 3. (einzig und allein) darum ging, die christliche Wahrheit anhand von talmudischen Texten zu beweisen. Der letzte Punkt ist natürlich der interessanteste. Um keinen Zweifel an den christlichen Intentionen aufkommen zu lassen, möchte ich aus jedem der beiden Akten ein diesbezügliches Textstück nach der lateinischen Version zitieren. In Barcelona hieß es:

> „non ut fides Domini Jesu Christi, quae propter sui certitudinem non est in disputatione ponenda ..., sed ut ipsius fidei veritas manifesteretur propter destruendos Judeorum errores et ad tollendam confidentiam multorum Judeorum, qui cum non possent suos errores deffendere"

und in Tortosa bekannte man noch freimütiger, daß

> „intentionem domini nostri principaliter, non ad disputandum sed ad dictos iudeos in fide catholica convertendum" („convertendum" ist in einer Variante durch „informandum" ersetzt).

Mit anderen Worten: eine Niederlage der christlichen Seite war von vornherein ausgeschlossen. Zu jener Zeit – doch dies gilt vermutlich für die meisten Epochen – war jede von einer der beiden Seiten einberufene Polemik im Grunde nutzlos, da das Ergebnis von vornherein feststand, wenn sie nicht auf neutralem Boden abgehalten wurde. Der einzige Sinn, den solche Zusammenkünfte haben konnten, war der propagandistische Wert. Darum trete ich bereits seit geraumer Zeit für eine Umbenennung dieser Polemiken ein. Statt des üblicherweise verwendeten Wortes „Disputationen" bevorzuge ich den Terminus „Indoktrinationen", da dieser – wie ich eben darzulegen versuchte – eher den Tatsachen entspricht.

Im folgenden möchte ich einige Einzelheiten anführen, die den Charakter dieser beiden

Indoktrinationen erfassen helfen sollen. Die Indoktrination von Barcelona (1263). – Im Jahre 1263 fand in der Stadt Barcelona in Anwesenheit des Königs, Jaime I., eine Zusammenkunft zwischen R. Mosche ben Nachman (im Katalonischen: Bonastruc ça-Porta) aus Gerona und dem Dominikaner und Konvertiten Pau Cristià (oder Pablo Cristiano) statt, bei der es um religiöse Fragen bzw. hauptsächlich oder ausschließlich um den Messianismus ging. Das uns überlieferte lateinische Manuskript wurde vom Protagonisten in tendenziöser Weise redigiert, der hebräische Text gegen Ende des 15. Jahrhunderts überarbeitet. Daß die Zielsetzung dieser Zusammenkunft ganz eindeutig war, geht bereits aus dem Absatz hervor, den ich oben zitiert habe.

Die Indoktrination von Tortosa (1413–1414). – Wie ich bereits erwähnt habe (vgl. 1.4), suchte man nach dem Fehlschlagen der Konversionen, die möglicherweise das Ziel der antijüdischen Unruhen des Jahres 1391 gewesen waren, nach einer Teillösung des jüdischen Problems. Diese sah man im wesentlichen im Unterbinden des Kontaktes zwischen den Konvertiten und ihren früheren Glaubensgenossen, denn es darf nicht vergessen werden, daß im Talmud geschrieben steht: „Ein Israelit bleibt Israelit, auch wenn er gesündigt hat“ (Sanhedrin 44a), und daß Maimonides konstatiert hatte, daß „die durch Zwang vom Glauben Abgefallenen reinen Herzens sind“. Die Christen versuchten daher, den Kontakt zwischen den beiden Gruppen durch zwangsweise Separation zu verhindern (Verordnungen der Doña Catalina). Da der Erfolg dieser Maßnahmen aber von einigen bezweifelt wurde, veranlaßte der Gegenpapst Benedikt XIII. eine Zusammenkunft, deren Ziel die friedliche Konversion der Juden zum Christentum war.

Diese Zusammenkunft fand zunächst in Tortosa statt und wurde im benachbarten San Mateo in den Jahren 1413–1414 fortgesetzt. Der Vertreter der Christen war einmal mehr ein jüdischer Konvertit: der Dominikaner Jerónimo de Santa Fe (vormals: Jehoschua ha-Lorquí). Die jüdische „Verteidigung“ übernahmen acht Rabbiner, unter denen Josef Albo der bekannteste war, wenn auch ein anderer – nämlich Don Vidal benvenist de la Caballería – zum Wortführer erkoren wurde. Außerdem wird auch noch von anderen Teilnehmern gesprochen. Alle Anwesenden waren Untertanen der Krone von Aragón. Und als Resultat dieser Unterweisung konnten zahlreiche Konversionen verzeichnet werden.

5.2 Kulturelle Aspekte

5.2.0 Allgemeine Näherung

Ein abschließendes Kapitel sei der Kultur gewidmet. Ich habe allerdings den Eindruck, daß zur Zeit noch nicht genügend Einzelstudien vorliegen, um zu einer befriedigenden Synthese über die jüdische Kultur bzw. die Juden in den Staaten der Krone von Aragón gelangen zu können. Mit anderen Worten bedeutet dies, daß ich mich darauf beschränken muß, einige Aspekte aufzuzeigen und verschiedene Punkte anzudeuten, also allgemeine Richtlinien für mögliche weitere Forschungsarbeit zu geben.

5.2.1 Gesprochene und geschriebene Sprache

Ich möchte mit der linguistischen Frage beginnen. Während ich die weitverbreitete Meinung vom angeborenen Sprachtalent der Juden auf das entschiedenste zurückweise, mache ich einen Unterschied zwischen gesprochener und geschriebener Sprache. Wie ich bei anderen Gelegenheiten bereits betont habe, muß man annehmen, daß die Juden ein Idiom (und zwar im allgemeinen nur ein einziges) in gesprochener Form benutzten, wohingegen – zumindest die Gebildeten – fähig waren, sich in einer (oder mehreren) Sprache(n) schriftlich auszudrücken. Sie beherrschten also in jedem Fall zwei Idiome: denn sie sprachen die Sprache des Landes, in dem sie lebten, aber sie schrieben in Hebräisch. Wenn sie sich der Landessprache in schriftlicher Form bedienten, so taten sie das in einer charakteristischen Art und Weise: sie schrieben sie mit hebräischen Buchstaben.

Was die Staaten der Krone von Aragón anbelangt, so sprach – mit Ausnahme einiger weniger, die des Arabischen mächtig waren – die überwiegende Mehrheit die lokalen Sprachen[17]. Der momentane Forschungsstand läßt keine Schlüsse auf die Existenz einer jüdischen Variante des Aragonesischen oder Katalonischen zu,

und die Vermutung, daß diese auch niemals existierte, scheint mir trotz der zahlreichen Hinweise auf die Einschaltung hebräischer Wörter in allen hispanischen Sprachen durchaus gerechtfertigt. Für die Koexistenz mehrerer gesprochener Sprachen (zur selben Zeit) gibt es einige Indizien, unter welchen das Vorhandensein von Übersetzern hervorzuheben ist, die zumindest aus dem Arabischen ins Katalonische übertrugen.
Was die geschriebenen Sprachen angeht, so gibt es Belege für die Verwendung des Arabischen und Hebräischen und der hispanischen Sprachen (Aragonesisch und Katalonisch), welche allesamt mit hebräischen Buchstaben geschrieben wurden. Für den Gebrauch des Lateinischen findet sich kein eindeutiger Beleg; es weist im Gegenteil sogar einiges darauf hin, daß sie es eher schlecht beherrschten.

5.2.2 Dichter und Romanciers

Bezüglich der Literatur – im weitesten Sinne des Wortes verstanden – finden wir (von Ausnahmen abgesehen) eine zweifache Tradition vor: eine in Hebräisch verfaßte und eine in den hispanischen Sprachen.
Die weltliche Literatur in hebräischer Sprache umfaßt folgende Gattungen: die **Lyrik**, in der sich die Poeten Schlomo Bonafed (= Astruc Bonafeu) und Schlomo ben Meschullam de Piera besonders hervortaten; anonyme Hochzeitsgesänge und Werke in gereimter Prosa aus der Gattung der *Machbarot*[18], in welcher Männer wie Josef ibn Sabarra, der Autor des *Sefer Scha'aschu'im* (Vergnügungsbuch) glänzten.
Unter der literarischen Produktion in hispanischer Sprache, genauer im Katalonischen, ist das *Llibre de paraules e dits de savis e filòsofs* (Buch der Aussprüche und Sprichwörter von Weisen und Philosophen) von Jafudá ben Astrug Bonsenyor[19] (nicht Jafudá Bonsenyor, wie er irrtümlich oft genannt wird!) hervorzuheben. Außerdem gab es katalonische Texte, die in hebräischer Schrift geschrieben waren. Hierbei sind, abgesehen von Dokumenten, die Hochzeitsgesänge von Mossé Natan de Tárrega (erste Hälfte des 14. Jahrhunderts) erwähnenswert. Auch die Existenz von jüdischen Mimen und Troubadours, die im Dienste des Königs standen, ist belegt. Einer von ihnen war Mahalux Alcoquí (Ende des 13. Jahrhunderts), der möglicherweise auch das Arabische beherrschte.

5.2.3 Religiöse und philosophische Literatur

Es gab zahlreiche Rabbiner, die sich gleichzeitig für die Pflege der biblischen und der talmudischen Literatur einsetzten, obwohl ich sagen würde, daß die talmudische vorherrschte. Allgemein betrachtet, war der bemerkenswerteste Gelehrte des 13. Jahrhunderts der aus Gerona stammende Mosche ben Nachman (= Nachmanides = Bonastruc ça-Porta). Aber auch sein Zeitgenosse R. Schlomo ben Adret (= Raschba) aus Barcelona, der Autor zahlreicher Responsen, genoß im gesamten Mittelmeerraum große Autorität als Rabbiner.
Einer der bedeutendsten Gelehrten des 14. Jahrhunderts war R. Nissim Gerondi (nach dem hebräischen Akronym „Ran" genannt). Der Familienname „Gerondí" taucht allerdings nur in hebräischen Texten auf, während er in historischen Dokumenten einfach „mestre Nissim" genannt wird. Sein Leben und Wirken ist einzig und allein in Barcelona belegt. Dort hat er auch seine *Draschot*[20] sowie biblische und talmudische Kommentare verfaßt. Die Anregung der *Taqqanot* der Jahre 1354–1355 wird ihm allerdings ohne überzeugende Beweise zugeschrieben.
R. Nissim Gerondí hatte zwei berühmte Schüler: R. Isaak Bar Scheschet Perfet (nach dem hebräischen Akronym „Ribasch" genannt) und Chasdai Cresquas. Ersterer lebte bis zum Jahre 1372 in Barcelona und war anschließend erst in Saragossa und dann in Valencia als Rabbiner tätig. Die Ereignisse von 1391 überraschten ihn in Valencia und zwangen ihn zur Konversion. Er kehrte allerdings später – nach seiner Emigration nach Nordafrika – zum Judentum zurück und starb ebendort im Jahre 1408.
Was Chasdai Cresquas anbelangt, so lebte er bis 1384 oder 1386 in Barcelona und übersiedelte anschließend nach Saragossa, wo er 1411 oder 1412 starb. Sein Hauptwerk ist *Or Adonai.*
Sehr berühmt war auch die kabbalistische Schule von Gerona, innerhalb derer Ezra de Gerona und vor allem Mosche ben Nachman

wegen ihrer biblischen Kommentare besonders hervorzuheben sind. Auf dem Gebiet der Philosophie im engeren Sinne müssen wir wenigstens drei Männer erwähnen, die alle im 15. Jahrhundert wirkten: Chasdai Cresquas mit seinem *Or Adonai*; Josef Albo, den Autor der *Iqqarim* und in der Zeit unmittelbar vor der Vertreibung Isaak Arama.

5.2.4 Wissenschaftler und Künstler

Bis zum heutigen Tage ist unsere Kenntnis biographischer Daten von Schriftstellern und Wissenschaftlern äußerst spärlich. Und der Versuch, diese Lücken aufzufüllen, gestaltet sich recht schwierig, da die Tätigkeit der Intellektuellen ja keine schriftliche Erfassung – beispielsweise bei einem Notar – erforderte. Glücklicherweise kennen wir aber ihre Bibliotheken, oder genauer gesagt: die Inventarlisten zweier Bibliotheken von einiger Bedeutung. Die eine war die von Salomó Atzarell, einem Juden aus Santa Coloma de Queralt (Provinz Tarragona) und umfaßte im Jahre 1373 68 Bücher. Die andere, reichhaltigere, zählte mehr als 150 Bände, einschließlich einiger Werke in hebräischer Sprache, und gehörte León Mosconí, welcher 1375 in Palma de Mallorca starb.
Es gibt zahlreiche Erwähnungen jüdischer Ärzte aus Aragón und Katalonien, welche im Dienste des Königs und der königlichen Familien standen. Nichtsdestoweniger wissen wir sehr wenig über ihre tatsächliche medizinische Tätigkeit und ihre theoretischen Schriften. Mehr dagegen ist uns über zwei Astronomen bekannt. Einer von ihnen ist der aus Sevilla stammende Jakob Corsuno/Corsino, der sich in Barcelona niedergelassen hatte und dem Hof von Pedro el Ceremonioso als Astrologe und Übersetzer angehörte. Nach seiner Übersetzung eines Traktats über das Astrolabium aus dem Arabischen ins Hebräische arbeitete er entscheidend an der Endredaktion der *Tablas astronómicas del rey Pedro el Ceremonioso* (berechnet für den Meridian von Barcelona für das Jahr radix 1320) mit, welche auf Hebräisch, Katalonisch und teilweise in Latein erhalten sind. Der andere, etwa zur selben Zeit wirkende Astronom war Jakob ben David ben Jom-Tov (auf Katalonisch Bonet Bonjorn), der astronomische Tafeln für Perpignan für das Jahr radix 1361 berechnete. Auch die Existenz eines etwas zweifelhaften Alchemisten und Schwarzkünstlers mit dem Namen Menachem ist belegt, der erst im Dienste der Könige von Mallorca und später von Pedro el Ceremonioso stand. Wir haben auch Kunde von Übersetzern, unter denen vor allem jener Anonymus, der die astrologischen Werke von Abraham ibn Ezra ins Katalonische übertrug, erwähnt werden muß.
Was die Künstler anbelangt, so möchte ich vorweg betonen, daß es sich bei ihnen nicht um Wissenschaftler handelt (wie so oft behauptet wurde und immer noch wird), sondern eben einfach um Künstler, d. h. um Maler oder Miniaturenmaler. Ich denke hier beispielsweise an Cresquas Abraham und seinen Sohn Jafudá Cresquas, welche Seefahrerkarten illuminierten und auch „Meister des Kompaß" genannt wurden und denen man unter anderem den (sogenannten) katalonischen Atlas aus dem Jahre 1375 zuschreibt. Zur selben Zeit, Ende des 14. und Anfang des 15. Jahrhunderts, wirkten der Kopist Vidal Satorre (tätig in Cervera und Saragossa) sowie jener Jude aus Saragossa, der ein ernsthaftes Problem aufbrachte: war es für einen Juden erlaubt, figurative Darstellungen eindeutig christlichen Inhalts zu malen, wie er es tatsächlich getan hatte? Andererseits gibt es – trotz ihrer jüdisch klingenden Namen – keinerlei Anhaltspunkte dafür, daß Guillén und Juan de Leví Juden oder jüdischer Abstammung waren. Die Arbeit der Kopisten betreffend sollte hier auch noch ein bemerkenswertes Manuskript des *Führers der Unschlüssigen* (hebr.: More Nebhukhim) von Maimonides erwähnt werden, welches sich heute in Kopenhagen befindet. Der hebräische Text wurde in den Jahren 1347–1348, offensichtlich von einem Juden, in Barcelona geschrieben, wohingegen die Illuminationen des Kodex von einem christlichen Künstler stammen.

6. ABSCHLIESSENDE BEMERKUNGEN

In diesem kurzen Überblick habe ich versucht, eine Vorstellung von der Gesamtheit der jüdischen Geschichte in den Ländern der Krone von Aragón zu vermitteln, wobei ich verschiedene Punkte – von der eigentlichen Geschichte bis zu den Siedlungsformen – angeschnitten habe und auch den wichtigsten Einrichtungen der Judenstädte Aufmerksamkeit schenkte. Ebenso habe ich die Frage der lokalen und überregionalen Institutionen behandelt und mein Augenmerk dabei speziell auf die Organisation der jüdischen Aljamas gerichtet. Weiters beschäftigte ich mich mit ökonomischen Fragen und solchen aus der Arbeitswelt und ging auch ansatzweise auf die religiöse und kulturelle Problematik ein. Ich habe versucht, einen allgemeinen Überblick zu geben. Ob mir dies gelungen ist, vermag ich nicht zu sagen, da die Detailaspekte, die man kennen müßte, um ein wahrheitsgetreues synthetisches Bild jener Epoche zu bekommen, zahlreich, ja vielleicht zu zahlreich sind.

7. BIBLIOGRAPHIE

Die Bibliographie bezüglich der Juden in den Ländern der Krone von Aragón ist aufgrund der Anzahl der erhaltenen Dokumente äußerst umfangreich. Die offiziellen und notariellen Urkunden sind überwiegend in Latein und in den hispanischen Sprachen abgefaßt. Obwohl der Großteil des Materials noch unveröffentlicht ist, wurden anhand der publizierten oder bekannten Texte zahlreiche Studien geschrieben, die in der allgemeinen Bibliographie am Ende dieses Abschnitts angeführt sind. Außerdem habe ich mich für meine Überblicksdarstellung mehrerer noch unveröffentlichter Studien von Frau Dr. Asunción Blasco (von der Universität Saragossa) bedient, insbesondere jener, die der Darstellung der Juden in Saragossa von 1327 bis 1415 gewidmet ist. Darüber hinaus habe ich einige meiner früheren, ebenfalls unpublizierten Arbeiten verwendet, welche sich mit dem gesamten hier dargestellten Zeitraum befassen.

BIBLIOGRAPHIE

Bibliographien:
Robert Singerman, The Jews in Spain and Portugal, A Bibliography; Garland. New York 1975. 364 pp. (essentiell).

Wichtigste Zeitschriften:
Revue des Études Juives. Paris, ab 1980.
Sefarad. Madrid – Barcelona (später: Madrid), ab 1941.

Überblickswerke:
Abraham Neumann, The Jews in Spain. Their social, political and cultural life during the Middle Ages. 2 Bde., Philadelphia 1942.
Yitzhak Baer, A History of the Jews in Christian Spain. 2 Bde., Philadelphia 1961, 1966.
José M. Millas Vallicrosa, in: Sefarad 5 (1945), 417–440, und 6 (1946), 163–188.
David Romano, in Sefarad 42 (1982), 180–182.

Wichtige Teilaspekte:
Fritz (Yitzhak) Baer, Studien zur Geschichte der Juden im Königreich Aragonien während des 13. und 14. Jahrhunderts. Historische Studien 106, Berlin, 1913, Nachdruck 1980.
Antonio Pons, Los judíos del Reino de Mallorca durante los siglos XIII y XIV. 2 Bde., Palma de Mallorca 1984. Erstveröffentlichung in: Hispania 16 (1956) und 20 (1960).

Quellensammlungen:
Joseph Jacobs, An Inquiry into the Sources of the History of the Jews in Spain, London 1894.
Jean Régné, History of the Jews in Aragón. Regesta and Documents 1213–1327. Hispania Judaica (1978). Nachdruck des französischen Originals aus Revue des Études Juives 60 (1910) und 78 (1924) mit dem Titel: Catalogue des actes de Jaime Ier, Pedro III et Alfonso III rois d'Aragon, concernant les juifs (1213–1291), und: Catalogue d'actes pour servir à l'histoire des juifs de la couronne d'Aragon sous le règne de Jaime II (1291–1327).

Zum Umgang mit beiden Sammlungen siehe:
David Romano, Análisis de los repertorios documentales de Jacobs Régné, Sefarad 14 (1954), 247–264.
Fritz Baer, Die Juden im christlichen Spanien. Urkunden und Regesten. 1. Bd.: Aragonien und Navarra. Berlin 1929. 2. Bd.: Kastilien, Inquisitionsakten. Berlin 1936. Nachdruck (mit einer Einleitung des Autors und einer Bibliographie von H. Beinart), Gregg. England 1970.

Anmerkungen

[1] Der Ausdruck Spanien ist für die damalige Zeit natürlich ein Anachronismus, wie der Autor weiter unten auch betont. In Ermangelung eines anderen Terminus im Deutschen wurde er jedoch fallweise in der Übersetzung benützt. Die Anführungszeichen sollen dabei auf seine Fragwürdigkeit hinweisen (Anmerkung der Übersetzerin).

[2] Chasdai Ibn Schaprut (915–970), Arzt und Staatsmann in Córdoba; Führer der Judenheit im muslimischen Spanien (Anmerkung der Übersetzerin).

[3] Siehe 5.1.5. Der Autor bezieht sich auf die –

allgemein unter dem Namen „Disputation von Barcelona“ bekannten Ereignisse. Die Gründe für die Umbenennung werden am angeführten Ort erläutert (Anmerkung der Übersetzerin).

[4] Chasdai Cresquas, bekannter unter dem Namen Chasdai Ben Abraham Crescas (1340–1411/12); jüdischer Philosoph; vgl. 5.2.4 (Anmerkung der Übersetzerin).

[5] Huesca liegt nicht in Katalonien, sondern in Aragón (Anmerkung der Übersetzerin).

[6] Der altspanische Ausdruck „manos“ (Hände) drückt eine Einteilung der Gesellschaft in soziale bzw. ökonomische Klassen aus. Im folgenden wurde der Ausdruck sinngemäß mit „Klasse“ oder „Schicht“ übersetzt (Anmerkung der Übersetzerin).

[7] Eine Beschreibung dieser Institution findet sich in Punkt 3.2 (Anmerkung der Übersetzerin).

[8] Ein in einer christlichen Urkunde belegter Ausdruck, der wörtlich übersetzt „Rabbiner des Schlachtens“ bedeutet. Vermutlich handelt es sich dabei um einen *Schochet*, d. h. um einen jüdischen Schlächter (Anmerkung der Übersetzerin).

[9] Unter „Staaten“ sind immer die einzelnen Teile der Krone von Aragón zu verstehen, vgl. 0.1 (Anmerkung der Übersetzerin).

[10] D. h. aller Staaten der Krone von Aragón (Anmerkung der Übersetzerin).

[11] Verordnung der Aljama, siehe 3.1.2 (Anmerkung der Übersetzerin).

[12] *Pecha* war ursprünglich ein Tribut, der in Bargeld, und *cenas* (Abendmahl) einer, der in Naturalien zu entrichten war. Im Laufe der Zeit wurden allerdings auch die *cenas* in Geldesform abgegolten (Anmerkung der Übersetzerin).

[13] D. h. alle Funktionen innerhalb der christlichen Kirche (Anmerkung der Übersetzerin).

[14] Zu den Bekleidungsvorschriften vgl. auch 5.1.1 (Anmerkung der Übersetzerin).

[15] Gemeint sind seine christlichen Freunde (Anmerkung der Übersetzerin).

[16] Ramón Llull, auch Raimundus Lullus (1233–1315), katalonischer Schriftsteller, Philosoph und Missionar; begründete mit der erstmaligen schriftstellerischen Verwendung der Volkssprache (noch vor Dante!) die katalonische Schriftsprache. Nach seiner „Erleuchtung“ im Jahre 1265 widmete er sein Leben zum Großteil der Bekehrung der Muslime. Sein um 1270 in arabischer Sprache verfaßtes „Buch vom Heiden und den drei Weisen“ ist formal eine Imitation von Jehuda Ha-Levis „Kusari“ (Anmerkung der Übersetzerin).

[17] Das von uns als „Spanisch“ und von Spanischsprachigen „castellano“ bezeichnete Idiom ist nur eine von vielen Sprachen, die auf der Iberischen Halbinsel gesprochen wurden und werden. Die spanische Bezeichnung „castellano“ weist bereits auf ihr vorwiegendes Verbreitungsgebiet – nämlich Alt- und Neukastilien – hin. In den Ländern der Krone von Aragón dagegen waren die Hauptsprachen Aragonesisch und Katalonisch (Anmerkung der Übersetzerin).

[18] Liedersammlung; entspricht dem arabischen Diwan (Anmerkung der Übersetzerin).

[19] Arzt und Übersetzer, gestorben 1331; das erwähnte Buch ist ein Auftragswerk für Jaime II. Es handelt sich hierbei um eine Kompilation ethischer Maximen aus lateinischen, arabischen und hebräischen Quellen, die der Autor ins Katalonische übertrug (Anmerkung der Übersetzerin).

[20] 12 Predigten im Stile der philosophischen Literatur, aber mit antiphilosophischem Charakter (Anmerkung der Übersetzerin).

Kurt Schubert

JÜDISCHE PHILOSOPHEN IM MITTELALTERLICHEN SPANIEN

Wie Architektur und Dichtkunst war auch die jüdische Philosophie im mittelalterlichen Spanien von der arabisch-islamischen Umgebung beeinflußt. Die Problemstellung, mit der die jüdischen Philosophen – insbesondere bis Moses Maimonides (1135–1204) – sich auseinanderzusetzen hatten, war von islamischen Philosophen wie ibn Sina (Avicenna) und der Schule des Kalam vorgegeben. Dazu kam, daß es im Judentum keine philosophische Tradition vor der Begegnung mit der islamischen Kultur gab. Die Entwicklung im hellenistischen Alexandrien, die u. a. einen solch bedeutenden Philosophen wie Philon im 1. Jahrhundert n. Chr. hervorbrachte, kann als ephemär bezeichnet werden und hatte keinerlei Nachwirkung auf die sich im Lande Israel und in Babylonien ausbildende rabbinische Gelehrsamkeit. Philosophie galt den Rabbinen des Talmud eher als Versuchung, die man meiden soll, als ein legitimer Weg der Gotteserkenntnis. Das Debakel des jüdischen Aufstandes in der östlichen jüdischen Diaspora, besonders in Ägypten, 115 n. Chr. setzte auch der dort ausgebildeten philosophischen Tradition ein Ende. Die allegorische Exegese Philons beeinflußte daher die Kirchenväter, nicht die Rabbinen.

Anders war es nun, als der Orient islamisch wurde. Jetzt lebten die Juden in einer monotheistischen Umgebung. Die Muslims galten nicht als Götzendiener wie die antiken Philosophen zuvor. Auch waren es drei monotheistische Religionen, die ihrerseits noch in rivalisierende Sekten gespalten waren, Judentum, Christentum und Islam, die alle behaupteten, die einzige wahre Heilslehre zu besitzen. Jetzt mußte philosophische Argumentation zum Werkzeug werden, durch das apologetisch die eigene Religion als die wahre logisch erwiesen werden sollte, während durch eben dieselbe philosophische Argumentation der Irrtum der jeweils anderen Gruppe erwiesen werden konnte. Nur im Nachweis der absoluten Einheit Gottes bestand allgemeine Übereinstimmung. Da, beim Gottesbegriff selbst, setzte aber schon die Problematik ein.

Die antike Philosophie erreichte die Araber und Juden nur durch das Medium christlich-syrischer Vermittlung. Das heißt mit anderen Worten: Juden und Araber lernten die antike Philosophie nur in ihrer postklassischen Form kennen. Aristoteles wurde neuplatonisch umgedeutet. Plotins Enneaden IV–VI galten als Theologie des Aristoteles. So wurde aus dem unbewegten Beweger im System des Aristoteles der eine Gott, dessen absolute und unveränderliche Einheit keinerlei Veränderung zuließ, auch nicht die einer Schöpfung in der Zeit aufgrund einer freien Willensentscheidung des Schöpfergottes. Als in sich absolute und unveränderliche Einheit konnte der Schöpfungsimpuls, i. e. der Schöpfergott, gar keinen Willen haben, da er allein schon durch Erfüllung eines Willensaktes ein anderer geworden wäre, als er vor dessen Erfüllung war. Eine solche Veränderung im Wesen des Schöpfers vertrug sich aber nicht mit seiner vom Neuplatonismus her geforderten Unveränderlichkeit. Daher mußte Gott nach dieser aristotelisch-neuplatonischen Konzeption ständig „in actu“ sein, er mußte ein ewiger Bewegungsvermittler sein. Damit aber mußte es aber auch ein ewig Bewegtes geben, das materielle Grundsubstrat dieser unserer Welt. So entstand die Auffassung der Ewigkeit der Materie, lat. aeternitas mundi, hebr. Qadmut ha'olam. Eine Ewigkeit der Materie vertrug sich aber nicht mit dem biblischen Schöpfungsbericht, dem Juden, Christen und Muslims in gleicher Weise verpflichtet waren.

Mit der Frage, ob Gott die Welt überhaupt in der Zeit geschaffen haben könnte, ob die absolute und unveränderliche Einheit des Schöpfers überhaupt näher definiert werden könnte und wie es sich mit der Vorsehung Gottes verhält, die streng genommen eine ständige Veränderung in Gott impliziert, indem er durch Beachtung der Einzeldinge sich ständig verändern müßte, war eine philosophische Problematik vorgegeben, der sich alle Gläubigen zu stellen hatten. Philosophie wurde nun zum Grundproblem des eigenen religiösen

Selbstverständnisses. Der Beter muß Gott mit Attributen ansprechen, er muß ihn als groß, mächtig usw. bestimmen. Darf er das überhaupt, ohne durch die Fülle der Attribute eine Vielheit im Gottesbegriff zu implizieren, die mit der Einheit Gottes schlechthin unverträglich wären? Kann der eine und unveränderliche stets „in actu" seiende Gott auf die Gebete der Menschen und ihre religiösen Übungen überhaupt achten, ohne dadurch selbst ständiger Veränderung unterworfen zu sein, wodurch er eo ipso nicht mehr Gott wäre? Das sind nun Fragen, denen sich intellektuelle Gläubige, auch Juden, stellen mußten, wollten sie nicht hinter den Problemen ihrer Zeit zurückbleiben.

Am schärfsten formulierte Jehuda Halevi (1080–1141) in der Rahmenerzählung des Kusari diese philosophische Lehre, der er selbst allerheftigst widersprach. So sagte demnach der Philosoph im Kusari: „Bei Gott gibt es weder Verlangen noch Ablehnung, denn er ist erhaben über jede Art von Wunsch und über jede Art von Absicht. Denn eine Absicht weist auf einen Mangel beim Beabsichtigenden, so daß ihm erst die Erfüllung seiner Absicht Vollkommenheit bedeuten würde ... Ebenso ist Gott für die Philosophen über das Wissen der Einzeldinge erhaben, weil diese im Laufe der Zeit Veränderungen unterworfen sind, es im Wesen des Schöpfers aber keine Veränderung gibt ... Wenn die Philosophen sagen, daß er dich erschaffen hat, meinen sie das nur im übertragenen Sinn, weil er die Ursache aller Ursachen bei der Schöpfung alles Erschaffenen ist, nicht aber weil etwas aus Absicht von ihm ausgegangen wäre. Niemals hat er einen Menschen geschaffen, denn die Welt ist ewig, und niemals ist ein Mensch anders geboren worden als von einem Menschen vor ihm ... So bezieht sich alles auf eine erste Ursache, die aber vollkommen absichtslos ist."

Der erste große jüdische Philosoph Spaniens, Salomo ben Jehuda ibn Gabriol (1020 bis etwa 1052), versuchte das Problem so zu lösen, daß er über den gegenseitig einander bedingenden „Form" und „Materie" noch den Schöpfungsgott (primus factor) annahm, der durch seinen Willen (voluntas) die Form so entstehen ließ, daß die von ihr affizierte Materie mit ihr gleichzeitig entstand. Das philosophische Hauptwerk ibn Gabriols, die „Lebensquelle", ist nur mehr in lateinischer Übersetzung erhalten, da der Verfasser auf jedweden Rückgriff auf Bibel oder Talmud und Midrasch verzichtete. So geriet das Werk im jüdischen Raum schnell in Vergessenheit, und Avencebrol galt als muslimischer Philosoph. Erst die Entdeckung einer hebräischen Kurzfassung der „Lebensquelle", die Schem tobh ibn Falaqera verfaßt hatte, gestattete die Identifikation der Avencebrol mit dem bekannten jüdischen Dichter Ibn Gabriol. Doch Ibn Gabriol verfaßte nicht nur ein vom Neuplatonismus bestimmtes philosophisches Werk, sondern er drückte seine philosophische Überzeugung auch in seiner berühmten religiösen Dichtung „Keter Malkhut", „Königskrone", aus, die dann Aufnahme in die Liturgie des Versöhnungstages fand, über Gott sagte er apodiktisch: „Du bist über jeden Gedanken erhaben." Auch preist er ihn als einen, der deshalb so groß, so ehrwürdig und so wunderbar ist, weil schlechthin nichts mit ihm vergleichbar ist. Dazu verhalf ihm das neuplatonische Konzept von der Einheit als Ursache allen Seins. Einige Verse aus dem „Keter Malkhut" sollen dies verdeutlichen. „Du bis ein Einer, Anfang der Zahlenreihe und Ursprung des Werdens. Du bis ein Einer, über das Wesen deiner Einheit staunen die Gelehrten, denn sie wissen nicht, was es ist. Du bist ein Einer, und deine Einheit nimmt weder ab noch zu, kennt weder minus noch plus. Du bis ein Einer, nicht wie Einer, der meßbar und zählbar wäre, du vermehrst dich nicht und veränderst dich nicht, kein Attribut oder Begriff kann dich fassen."

Ein weiterer Neuplatoniker des 11. Jahrhunderts war Bachja ibn Paquda, der sein Hauptwerk, das „Buch der Anleitung zu den Herzenspflichten", um etwa 1080 in arabischer Sprache verfaßte. Über seine Lebensumstände ist wenig bekannt. Jedenfalls lebte er im muslimischen Spanien. Ihm ging es um eine strenge Definition der göttlichen Einheit. Die Erschaffenheit der Welt galt ihm als selbstverständlich. Er führte drei Gründe dafür an: 1. Nichts kann sich selbst erzeugen. 2. Die Grundstoffe sind zahlenmäßig begrenzt (Feuer, Wasser, Erde, Luft). Weil sie zahlenmäßig begrenzt sind, gehen sie auf einen Ersten zurück, vor dem es keinen Ersten gibt. 3. Alles

Zusammengesetzte ist geschaffen. Außerdem sind die vier Grundstoffe Gegensätze, die nicht von selbst Verbindungen eingehen können; daher bedarf es eines Schöpfers, der sie zusammenfügt.
Zur Einheit Gottes formuliert er in I,7: „Wenn wir forschen nach den Ursachen der vier Grundstoffe, kommen wir zu Materie und Form, welche nur zwei sind. Wenn wir weiter forschen nach deren Ursachen, muß diese der Zahl noch weniger sein; und das ist der Wille des Schöpfers, gepriesen sei er, denn es gibt keine Zahl, die weniger wäre als zwei außer eins." Eine Mehrheit von Schöpfern würde auch der Logik widersprechen, da diese auch gegeneinander wirken könnten. Zwei Götter müßten entweder einander gleichen oder voneinander verschieden sein. Im ersteren Fall wäre es eben nur ein Gott, im zweiten Fall keiner ein Gott. So kommt er zur Schlußfolgerung: „Also ist Gott auf alle Fälle ein Einer, ein ewiger, neben dem es keinen anderen Ewigen gibt." Die Einheit Gottes selbst definiert er als eine substantielle und reelle: unwandelbar, unveränderlich und unvergleichbar. So heißt es in I,9: „Wir haben bereits vorausgeschickt, daß je weiter oben es ist, die Ursachen zunächst weniger werden, bis sie an den Anfang des Zählbaren kommen, das die substantielle Einheit ist, und das ist der Schöpfer, gepriesen sei er." Wie das kontigente Sein vom notwendigen Sein bedingt ist, ist auch die Mehrheit ohne die sie erhaltende Einheit, also Gott, unmöglich.
Allerdings läßt Bachja ibn Paquda trotz seiner sehr strengen Definition der göttlichen Einheit drei göttliche Wesensattribute gelten, durch die keine Vielheit im göttlichen Wesen impliziert wird. Es sind die Attribute der Existenz, der Einheit und der Ewigkeit Gottes. Diese Attribute kommen Gott unabhängig von seiner Schöpfertätigkeit zu und werden eigentlich im Sinne einer negativen Theologie verstanden, um „das Gegenteil von ihm, erhaben ist er, abzuweisen" (I,10). Denn „wer von Gott als einem substantiell Einen spricht, behauptet damit auch, daß er existent und ewig ist." Der gläubigen Menge gegenüber ist Bachja ibn Paquda trotzdem liberal. Tätigkeits-Attribute und selbst körperliche Attribute läßt er zu, wenn man dabei nur bedenkt, „daß all dies nur eine analoge Sprechweise und Umschreibung ist".
Jehuda ben Samuel Halevi, der 1080 in dem noch muslimischen Toledo geboren wurde, das fünf Jahre darauf von der kastilischen Reconquista erobert wurde, genoß in seiner Jugend die absolut judenfreundliche Haltung Alfons VI. von Kastilien. Trotzdem übersiedelte er in das muslimische Spanien. Ähnlich wie im Islam Ghazali stellte er sich gegen den Anspruch der Philosophie, ein legitimes Werkzeug der Gotteserkenntnis zu sein. In seinem etwa 1140 abgeschlossenen Hauptwerk, dem „Kusari", formulierte er I,99: „In der Gefolgschaft Gottes gibt es kein Erklären, kein Tüfteln und Deuten. Wenn es nämlich so wäre, dann hätten die Philosophen in der Fülle ihrer Weisheit und ihres Verstandes doppelt soviel erreicht wie die Israeliten." Wenn jemand angefochten ist, dann darf er sich auch mit Philosophie beschäftigen, um die Glaubensaussagen des Judentums verstehen zu können, besser aber ist Glaube ohne Philosophie. Denn (V,21) „könnten wir Gottes wahres Wesen voll erfassen, wäre dies bereits ein Mangel an ihm". Der Philosoph kann im entscheidenden Augenblick Ausflüchte erfinden, um sein nicht recht Handeln zu rechtfertigen, nicht so der gläubige Mensch. So heißt es Kusari IV,16: „Nun habe ich den wirklichen Unterschied zwischen dem Gott des Abraham und dem Gott des Aristoteles erfaßt. Nach dem Einen sehnen sich die Seelen durch Gefühl und Anschauung, der Andere aber ist lediglich das Ziel klügelnder Spekulation. Derjenige, der dieses Gefühl erreicht, gibt Gott leicht sein Leben für seine Liebe hin. Jene Forschungen und Spekulationen führen nur dahin, daß man zwar erkennt, daß man ihn verehren sollte, aber nur so lange, als man dadurch keinerlei Schäden oder Unannehmlichkeiten erleidet."
Bezüglich der Attribute Gottes, derer sich der Beter bedienen muß, sagte er II,3: „Die Attribute sind zahlreich, aber die Substanz ist eine. Es ist so wegen der Verschiedenheit der affizierten Gegenstände, wie auch die Strahlen verschieden sind, die Sonne aber eine einzige ist." Näherhin definiert er die Attribute als pragmatische, akzessorische und negative, also solche, die von der Tätigkeit Gottes abgeleitet sind, solche, die Äußerungen der Ehrfurcht gegenüber Gott

sind, und solche, die das Gegenteil von Gott ausschließen sollen. Sonst war er mehr bemüht, das Mysterium von Israels Existenz unter den Völkern zu verstehen, als sich mit philosophischen Fragestellungen zu beschäftigen. So wanderte er auch selbst nach dem Lande Israel aus, wo er 1141 verstarb.

Abraham ibn Daud war der erste bedeutsame Aristoteliker unter den spanischen Juden. Er wurde 1110 in Córdoba geboren und erhielt seine Ausbildung im muslimischen Spanien. Infolge der Intoleranz der Almohaden wanderte er nach Kastilien aus und ließ sich in Toledo nieder, wo er 1180 als Märtyrer starb. Außer mit Philosophie beschäftigte er sich auch mit Astronomie, Medizin und Geschichtsschreibung. Sein vieldiskutiertes historisches Hauptwerk „Sepher ha-qabbala“, „Buch der Überlieferung“, entstand etwa 1160/61. Darin verteidigte er die Richtigkeit der rabbinischen Tradition gegenüber dem Anspruch der Karäer. Er schloß sein Buch mit dem Bericht über die Zerstörung der jüdischen Gemeinden Andalusiens durch die Almohaden und die Gründung eines neuen rabbinischen Zentrums in Kastilien.

Etwa zur selben Zeit wie das „Buch der Überlieferung“ verfaßte er auch sein philosophisches Hauptwerk „Emuna rama“, „Der erhabene Glaube“, dessen arabisches Original nicht mehr erhalten ist, dafür aber zwei hebräische Übersetzungen aus dem Ende des 14. Jahrhunderts. Gott verstand er aristotelisch als Seinsimpuls, als in sich notwendig Seiendes, von dem alles mögliche Sein seine Selbstvermittlung erhält, also als kontigentes Sein von ihm abhängig ist. In der Aneignung von metaphysischem Wissen sah er den eigentlichen Lebenszweck des Menschen, da die menschliche Seele, deren Intellekt vom Körper unabhängig ist, ihre Erkenntnisse von der untersten der 10 Sphären, dem intellectus agens, erhält und somit unsterblich ist.

Den Höhepunkt – und damit auch das Ende – der jüdischen Philosophie aus dem muslimischen Spanien bedeutete die außerordentliche Persönlichkeit des Moses Maimonides. Er wurde 1135 in Córdoba geboren. Die Familie verließ aber Spanien, nachdem Córdoba 1148 von den Almohaden erobert worden war. Über Zwischenstationen landete Maimonides schließlich und endlich in Fustat (Altkairo), wo er eine viel besuchte ärztliche Praxis eröffnete und auch als Leibarzt an den Hof Sultan Saladins berufen wurde, der 1171 zur Herrschaft kam. Unter seinen Werken seien hier nur erwähnt: 1. sein ursprünglich arabisch geschriebener Mischnakommentar, 1168; 2. „Mischne Tora“, hebräisch geschrieben, 1180; 3. „More nebhukhim“, „Führer der Unschlüssigen“, ursprünglich ebenfalls arabisch verfaßt, 1190. Dieses philosophische Hauptwerk des Maimonides wurde bald ins Hebräische und Lateinische übersetzt. Als „Doctor Perplexorum“ hatte es tiefreichenden Einfluß auf die Scholastik des 13. Jahrhunderts. 1204 verstarb er in Fustat. Seine Leiche wurde nach Tiberias am See Generett überführt, wo das Maimonides-Grab noch heute gezeigt wird.

Maimonides war der erste Philosoph überhaupt, der die Herausforderung der avicennistischen Philosophie nicht nur voll erfaßte, sondern auf sie auch eine Antwort geben konnte, die für seine Zeit nicht nur der jüdisch-biblischen Tradition entsprach, sondern auch den Intellekt voll befriedigte. Von daher rührt auch das hohe Ansehen, das Rabbi Moyses in den philosophisch-theologischen Schriften von Albert dem Großen und Thomas von Aquin genoß.

Im „Führer“ II,1 untersuchte Maimonides den Gottesbegriff, indem er nach dem Beweger der Sphäre, also Gott, fragte. Für ihn konnte dies nur ein außerhalb der Sphäre befindliches unkörperliches separates Wesen sein, d. h. es konnte nicht aus den vier Grundstoffen Feuer, Wasser, Erde, Luft bestehen. Doch schloß er an seinen Gottesbeweis die Bemerkung: „Diese alle sind Beweisgründe für das Vorhandensein eines Gottes, der weder körperlich noch eine körperliche Potenz ist, selbst wenn wir an die Unerschaffenheit der Welt glauben.“ Also der Gottesbeweis ist unabhängig von der Frage, ob die Materie als Substrat der Welt ewig oder geschaffen ist.

Nach der Meinung des Maimonides läßt sich weder die Erschaffenheit der Welt noch ihre Unerschaffenheit philosophisch stringent beweisen. Mehrere Kapitel im 2. Buch des „Führers“ widmete er einer ausführlichen Darstellung dieser Problematik. II,14 stellte er der

Darstellung der aristotelischen Auffassung (wie sie die mittelalterlichen Aristoteliker verstanden) zunächst nur das Bekenntnis zur Erschaffung der Welt entgegen. II,16 und 17 kommt er dann zur näheren Beschreibung seiner eigenen Position. Er unterschied zwischen dem absoluten Werden, das er als göttliche Schöpfung verstand, und dem Werden aus Gewordenem. Die aristotelische Auffassung machte keinen Unterschied zwischen dem absoluten Werden des gesamten Kontingenzzusammenhangs und dem Werden innerhalb dieses Zusammenhangs. Eine solche Auffassung ist nach Maimonides zwar möglich, aber alles eher als wahrscheinlich, denn „unter gar keinen Umständen darf man von der Natur eines Dinges, das bereits geworden ist und seine vollendetste Form erlangt hat, auf seine Beschaffenheit zur Zeit seines Werdens schließen ... Wir sagen nicht, daß die erste Materie geworden ist, wie der Mensch aus dem Samen wird, oder aufhört, wie der Mensch als Staub aufhört, sondern wir sagen: Gott hat sie aus dem Nichts ins Sein gesetzt" (II,17).

Von der nunmehr logisch begründeten Annahme der Möglichkeit einer Weltschöpfung kommt Maimonides auch auf das Problem der Vorsehung zu sprechen, denn Gott kann auch die Einzeldinge erkennen. So formulierte er im „Führer" III,20: „Wir, die Toragläubigen, sagen, daß Gott mit einer einzigen Erkenntnis die Vielzahl der Dinge erkennt und seine Erkenntnis, gepriesen sei er, sich nicht ändert, wenn sich die erkannten Gegenstände ändern, wie das bei uns der Fall ist ... Hier hat die gemeinsame Anwendung des Begriffs ‚Erkenntnis' zum Irrtum geführt, denn die Gemeinsamkeit besteht lediglich im Begriff, der Unterschied aber in seinem Inhalt." Wenn also Gott ein Wissen von den Einzeldingen hat, dann kann er auch eine individuelle Vorsehung walten lassen. Allerdings beschränkte Maimonides diese auf den vernunftbegabten Teil der Schöpfung, also allein auf die Menschen. So im „Führer" III,17: „Ich glaube, daß nämlich die göttliche Vorsehung auf dieser untersten Welt – ich meine damit die Welt unterhalb der Mondsphäre – nur die Individuen der menschlichen Art betrifft ... Was die übrigen Lebewesen betrifft, ... so halte ich dasselbe für richtig wie Aristoteles (nämlich, daß sie nur von einer auf die Erhaltung der Art gerichteten Vorsehung geleitet werden)."

Die Attribute, die der Beter Gott zuweisen muß, versteht Maimonides von seinem intellektualistischen Grundansatz her vorwiegend im Sinne von negativen Attributen. Sie sind die Negation der Privation von dem, was man ohne jedwede Privation annimmt (I,58). Zur Not läßt er daneben als einzige positive Attribute die Tätigkeitsattribute gelten, durch die ebenfalls keine Vielheit im Gottesbegriff impliziert wird, denn diese stammen „von der Vielheit seiner Taten und nicht von einer Vielheit in seinem Wesen". Wesensattribute und Relationsattribute werden von ihm grundsätzlich abgelehnt, denn (so I,52) „es gibt keine reale Verbindung zwischen ihm und irgend etwas von dem, was er geschaffen hat ..., denn der Herr, gepriesen sei er, ist von notwendiger und alles Andere nur von möglicher Existenz".

Die rationalistische Bewältigung der aristotelischen Anfechtung durch Maimonides fand jedoch nicht überall ungeteilte Zustimmung. Der Rabbiner von Montpellier, Salomo ben Abraham, wandte sich im Jahre 1232 sogar mit der Bitte um Verbrennung von Handschriften des „Führers der Schwankenden" an die Inquisition, weil darin von der Kirche verbotenes aristotelisches Gedankengut enthalten sei. Die Inquisition entsprach seiner Bitte. Besonders für die Aschkenasen, die durch die aristotelisch-avicennistische Philosophie nicht angefochten waren und auf keine eigene philosophische Tradition zurückblicken konnten, bedeutete das rationalistische System des Maimonides eine intellektuelle Herausforderung. In Spanien selbst nahm im Streit um die religionsphilosophischen Thesen des Maimonides der Philosoph, Kabbalist und Exeget Moses Nachmanides (geb. Gerona 1194, gest. Akko 1270) eine zugleich kritische wie vermittelnde Stellung ein. Er lebte im christlichen Spanien und hatte 1263 als Vertreter des Judentums die Religionsdisputation von Barcelona zu bestehen, in der er den jüdischen Glauben gegen den Anspruch des Christentums, daß der Messias schon gekommen sei, zu verteidigen hatte. Also eine ganz andere Situation als die, aus der heraus Maimonides seinen „Führer der Schwankenden" geschrieben hatte. Zur Zeit des Nachmanides setzten intensive Bekehrungsversuche christ-

licherseits den Juden gegenüber ein. Raimund Martini O. P. verfaßte sein Werk: Pugio fidei adversus Mauros et Judaeos. Diese Umstände waren es auch, die Nachmanides zur Auswanderung in das Land Israel veranlaßten.
Weil die christliche Mission unter den Juden auch die jüdische Tradition mit heranzog, um zu beweisen, daß der Messias schon gekommen sei, verfaßte Nachmanides ein „Sepher ha-ge'ula", „Buch der Erlösung", in dem er auf die noch ausstehende Erlösung hinwies und auch exegetisch jene Stellen bearbeitete, die für seine Deutung wichtig waren. Seinen berühmten Torakommentar verfaßte Nachmanides in schon vorgerücktem Alter, er wurde erst im Lande Israel abgeschlossen. Als erster Exeget brachte er in seinem Kommentar auch kabbalistische Elemente, da zu seiner Zeit seine Heimatstadt Gerona das erste bedeutende Kabbalistenzentrum in Spanien war.
In der zweiten Hälfte des 14. und zu Beginn des 15. Jahrhunderts lebte der Philosoph, Theologe und Staatsmann Chasdai ben Abraham Crescas, der 1340 in Barcelona geboren wurde und 1412 in Saragossa verstarb. Er war Zeitgenosse der schweren Judenverfolgung von 1391, bei der auch sein einziger Sohn in Barcelona ums Leben kam, obwohl Crescas selbst mit dem Königshof von Aragón in bestem Einvernehmen war. Er war es auch, dem nach der Katastrophe von 1391 die Neuorganisation des spanischen Judentums oblag. So verfaßte er zur Unterstützung seiner jüdischen Glaubensgenossen einen Traktat gegen die christlichen Dogmen in spanischer Sprache, der aber nur in hebräischer Übersetzung erhalten ist: „Widerlegung der Grundsätze der christlichen Religion". In seinem philosophischen Hauptwerk „Or Adonai", „Licht der Herrn", war er bemüht, eine Alternative zur aristotelisch-averroistischen Position in der Religionsphilosophie zu finden.
Von besonderer Bedeutung war ein Schüler Chasdai Crescas: Josef Albo. Er wurde in der 2. Hälfte des 14. Jahrhunderts geboren und verstarb um 1440. Als Religionsphilosoph war er vorwiegend ein Apologet des jüdischen Glaubens. Sein magnum opus ist das „Sepher ha-iqqarim", „Buch der Glaubensgrundsätze", das er in Soria in Kastilien im Jahre 1425 abschloß. Diese „Glaubensgrundsätze" bestehen aus vier Abteilungen: einer hermeneutischen Einleitung und drei weiteren Abschnitten, die der Ausarbeitung der „Glaubensgrundsätze" gewidmet sind.
Die jüdischen Glaubenswahrheiten unterteilte Albo in „Allgemeine Glaubensgrundsätze" und „Besondere Glaubensgrundsätze", die er „Wurzeln" nannte. So stellte er drei allgemeine Glaubensgrundsätze und acht Wurzeln auf. Zu den allgemeinen Glaubensgrundsätzen rechnet er: 1. Dasein Gottes, 2. Vergeltung (Lohn und Strafe), 3. Göttliche Offenbarung („Tora vom Himmel"). Um Anteil an der kommenden Welt zu haben, muß man auch die acht Wurzeln akzeptieren, die sich aus den Glaubensgrundsätzen ergeben. Sie sind: 1. Einheit Gottes, 2. Unkörperlichkeit Gottes, 3. Gottes Unabhängigkeit von der Zeit, 4. Gottes absolute Mangellosigkeit, 5. Gottes individuelle Vorsehung, 6. das Wissen Gottes, 7. die Prophetie, 8. die Authentizität derer, die das göttliche Gesetz verkünden. Zu den allgemeinen und besonderen Glaubensgrundsätzen kommen noch sechs „Lehrmeinungen": 1. Schöpfung aus dem Nichts, 2. Besondere Stellung der Prophetie des Moses, 3. Unabhängigkeit und Unaufgebbarkeit des mosaischen Gesetzes, 4. Beobachtung der Gesetze führt zur menschlichen Vollkommenheit und hat damit „Anteil an der kommenden Welt" zur Folge, 5. Auferstehung der Toten, 6. Messias.
In I,7 unterscheidet Albo zwischen dem „natürlichen Gesetz", dem konventionellen Gesetz und dem „göttlichen Gesetz". Das konventionelle Gesetz ist von Ort und Zeit abhängig und bleibt auch nicht immer gleich. Das göttliche Gesetz hingegen stammt direkt von Gott und wird durch eine prophetisch begabte Person den Menschen übermittelt. Das natürliche Gesetz soll die Menschen von Diebstahl, Raub und Mord fernhalten. Es ist notwendig, damit das Leben in der Gesellschaft reibungslos funktioniert. Das konventionelle Gesetz soll die moralischen Grundsätze fördern, dagegen soll das göttliche Gesetz dem Menschen den Weg zeigen, wie er das ewige Leben erlangen kann.
Weil im Religionsgespräch von Tortosa, das von 7. Februar 1413 bis zum 13. November 1414 dauerte, in dem Josef Albo einer der Wortführer

der jüdischen Delegation war, wieder das Thema zur Sprache kam, daß selbst aus dem Talmud bewiesen werden könnte, daß der Messias schon gekommen sei, stellte er das Thema der jüdischen Messiaserwartung nicht in das Zentrum, sondern verstand es nur als Derivat des Vergeltungsgrundsatzes. I,23 formulierte er: Man kann „sich die Grundlagen und Wurzeln der Tora des Moses auch ohne Messiaslehre vorstellen". Einen ausgesprochenen apologetischen Akzent hat III,25 der „Iqqarim". In diesem Abschnitt setzt sich Albo mit den Einwänden der Christen gegen die jüdische Religion auseinander. Im Ganzen gesehen reflektieren Albos „Iqqarim" die prekäre Lage im christlichen Spanien des 15. Jahrhunderts, als die kirchliche Tendenz, die Juden zu missionieren, immer deutlicher spürbar wurde.

In Spanien entstand im letzten Viertel des 13. Jahrhunderts auch das Hauptwerk der Kabbala, das Buch Zohar, das zunächst nur faszikelweise von dem anonymen Verfasser Mosche di Leon verbreitet wurde. Doch Breitenwirkung erlangte die Kabbala erst in der sephardischen Diaspora durch die Kabbalistenschule von Safed in Obergaliläa in der 2. Hälfte des 16. Jahrhunderts.

Die Vertreibung aus Spanien 1492 bedeutete ein jähes Ende einer Periode, deren Frühzeit als „Goldene Epoche" des spanischen Judentums bezeichnet wurde. Der Schwerpunkt der jüdischen Kultur verlagerte sich in die einzelnen Emigrationsgebiete der Sepharden. Eine jüdische Philosophie, die die Probleme weltlicher Wissenschaft reflektierte, gab es erst wieder im vollen Umfang zur Zeit der Aufklärung im aschkenasischen, besonders deutschen, und im italienischen Judentum. Doch die Wechselwirkungen zwischen der intellektuellen Entwicklung in den Zentren der sephardischen Diaspora und dem aschkenasischen und italienischen Judentum darzustellen, ist nicht mehr Gegenstand dieser Übersicht.

Johann Maier

HEBRÄISCHE DICHTUNG IN SPANIEN

1. Einführung

1.1 Allgemeine Voraussetzungen

In Spanien hat es von der Antike her schon in vorislamischer Zeit kleine jüdische Gemeinden gegeben, nur ist über diese selber sehr wenig bekannt. Mehr weiß man über das Verhältnis der Umwelt zu ihnen, denn während der Herrschaft der anfangs arianischen Westgoten gerieten sie in die innerchristlichen Auseinandersetzungen. Die katholische Kirche sah in ihnen eine gefährliche Kraft und faßte antijüdische Synodalbeschlüsse, was unter den letzten westgotischen Königen auch eine entsprechende Verschlechterung der Rechtslage der Juden bewirkt hat. Aus diesem Grund standen sie der 711 einsetzenden arabischen Eroberung der Halbinsel von vornherein positiv gegenüber, was ein ungewöhnlich günstiges Verhältnis zwischen islamisch-maurischer Oberschicht und jüdischer Bevölkerungsgruppe begründete. Da nun das westliche „maurische" Kalifat bewußt einen politisch-kulturellen Kontrapunkt zum östlichen Kalifat setzte, war eine der Konsequenzen, daß man auch in der Duldung der religiösen Minderheiten nicht nachstehen wollte, zumal sich diese für die islamische Herrschaft bereits früh als vorteilhaft erwiesen hatten. Die dünne Erobererschicht war ja auf die Kollaboration der Unterworfenen angewiesen, ob diese sich zum Islam bekehrten oder nicht, und so kam es zu einer wirklichen Symbiose zwischen den vorhandenen kulturell-geistigen Kräften im Rahmen der arabischsprachigen Hochkultur Andalusiens.

Diese politische Ausgangslage war nur eine der Voraussetzungen für die kulturelle Geschichte der Juden im Lande, denn auch religiös konnte der Herrschaftswechsel von den Juden nur positiv gewertet werden. Die Moslems erschienen in jüdischen Augen nämlich als pure Monotheisten und insofern als eine neue Art von Nichtjuden, weil man bislang einfach die götzendienerischen „Völker der Welt" und das erwählte Volk „Israel" gegenübergestellt hatte. Unter monotheistisch-nichtjüdischer Herrschaft zu leben, war nun aber religiös und vor allem religionsgesetzlich von völlig anderer Qualität und erlaubte eine Offenheit für Umweltkontakte, die im Fall einer götzendienerischen Umgebung halakisch ausgeschlossen war. Vieles, was im Sinne der „Fremdkult"-Halakah verboten ist, gilt im Verhältnis zu Monotheisten als erlaubt. Vor allem erweisen sich die Bereiche der Kultur und Zivilisation als religiös weithin neutral, und insofern stand einer vollen jüdischen Teilnahme daran grundsätzlich nichts im Wege. Hingegen hatte man im Blick auf das Christentum noch lange Zeit den Eindruck, es handle sich um eine zumindest verkappt polytheistische Religion, die den einen Gott „verdreifacht", und die visuell wahrnehmbare Frömmigkeitspraxis der Christen wies offensichtlich götzendienerische Züge auf. Mose ben Maimon (Maimonides, geb. 1135 in Córdoba, gest. 1204 in Alt-Kairo) hat das Verhältnis zu den beiden Tochterreligionen in einer auch kulturgeschichtlich aufschlußreichen Art und Weise definiert, allerdings wird er diesbezüglich meist falsch, viel christentumsfreundlicher, zitiert. Die Moslems sind nach ihm zwar keine Götzendiener, aber man soll mit ihnen nicht über biblische Inhalte diskutieren, weil sie über keinen Bibeltext verfügen und daher sofort die grundsätzliche Frage der Offenbarungsautorität zur Sprache käme, was tunlichst zu vermeiden sei. Die Christen hingegen sind tatsächlich Götzendiener, aber sie verfügen über den Bibeltext, den sie allerdings falsch auslegen. Deshalb soll man mit ihren Exegeten darüber diskutieren, um sie von ihren Irrtümern abzubringen und nach Möglichkeit zum Judentum herüberzuziehen. Ansonsten aber gilt im Umgang mit ihnen die „Fremdkult"-Halakah in voller Strenge, und das bedeutet eine Isolierung von der christlichen Lebenswelt in allen Bereichen und Belangen, die irgendwie religiös-kultisch relevant erscheinen. Beide Voraussetzungen, die politische Ausgangslage und diese grundsätzliche Einschätzung der Tochterreligionen, haben im maurischen Spanien zu einem besonderen Klima geführt, das bis in die dreißiger Jahre des 12. Jhs., also bis zur

Herrschaft der religiös intoleranten Almohaden, andauerte. Man hat die Blütezeit dieser Epoche – oft auch übertrieben idealisierend – als „Goldenes Zeitalter" bezeichnet. Aus teilweise guten Gründen, denn die damals aufgekommene jüdisch-maurische Kultur hat qualitativ und wirkungsgeschichtlich tatsächlich einen besonderen Rang. Das gilt auch, wenn man nicht der schwärmerisch verklärenden Einschätzung des 19./20. Jhs. folgt, als man einerseits eine profunde (vor allem auf die „Türken" zielende) Orient-Verachtung und andererseits eine romantische Orient-Schwärmerei pflegte, die insbesondere das maurische Spanien verherrlichte, so daß sich sogar das assimilationsfreudige Reformjudentum gern damit identifizierte.

1.2 Jüdische Besonderheiten

Die jüdisch-maurische Kultur und Literatur Andalusiens und des westlichen Nordafrikas, die auch auf die Juden im christlichen Norden einschließlich Südfrankreich und über das Mittelmeer nach Italien und darüber hinaus in den Orient ausgestrahlt hat, erwuchs nicht einfach aus dem antiken Judentum Spaniens, sondern verdankt ihr Entstehen – wie die meisten großen Kulturleistungen – auch auswärtigen Einflüssen, und sie hat auch selber wieder nach außen gewirkt. Innerhalb der hebräischen Dichtung insgesamt[1] hat die hebräische Poesie in Spanien[2], aber auch Nordafrikas, wo sie ja in der Neuzeit weiterlebte[3], gerade dank dieser Umstände ihren viel gerühmten, eigentümlichen Charakter und auch ihre besonderen poetischen Kunstmittel entfalten können[4].

Erst die jüdische Zuwanderung nach der arabischen Eroberung ab 711 hat aus dem Orient jene jüdische Schicht ins Land gebracht, die im Rahmen der hier entstehenden arabischsprachigen Hochkultur von Anfang an auf eine rege Anteilnahme an der maurischen Umweltkultur Wert legte. Denn diese Zuwanderer brachten nicht nur die traditionelle jüdische Bildung und die synagogale Liturgie aus der babylonischen Tradition mit nach Spanien, auch die ersten literarischen Kontakte zwischen der arabischen und jüdischen Welt hatten ja bereits im Orient stattgefunden[5] und sich von dort her auf den Westen ausgewirkt. Die Ansätze zur „Säkularisierung", welche die jüdisch-maurische Kultur kennzeichnen, liegen also im Osten, doch bot der Westen die günstigeren Voraussetzungen für ihre Entfaltung. Das liegt auch an sozialen Bedingungen, die im Orient so nicht gegeben waren und erst sekundär von Spanien her mit dem Ruhm der spanisch-jüdischen Dichtung auch orientalische Juden (vor allem in Ägypten) als Vorbild gedient hat. Während das Judentum im Orient kulturell durch die großen talmudischen Schulen geformt wurde und folglich vorrangig religiös und halakisch orientiert blieb, entstanden im maurischen Spanien in Analogie zum Hof zu Córdoba und dann zu den einzelnen maurischen Fürstenhöfen auch in der jüdischen Gesellschaft „höfische" Strukturen, die sich auf die Umwelt stärker auswirkten als im Orient. Politisch und ökonomisch potente Juden partizipierten nicht nur am Hof ihrer maurischen Herren, sie hielten in diesem Sinne als Mäzene selber ebenfalls „Hof", und daher ergab sich in dieser „höfischen" Kultur und Dichtung[6] von selbst eine gewisse inhaltliche Akzentverschiebung gegenüber der traditionellen rabbinischen Bildung. Neben dieser traditionellen Bildung im Sinne der orientalischen Schulen wurde in der maurischen Umgebung von Anfang an auch Bildungsgut gepflegt, das man als „säkular" bezeichnen kann. Dabei ist allerdings der schon erwähnte Umstand zu beachten, daß die islamische Kultur für Juden religiös als nicht relevant galt und insofern der Säkularisierungsprozeß nicht in dem Maß als solcher zu Bewußtsein kam, wie er Außenstehenden – z. B. aschkenasischen Juden – auffallen mußte. Im übrigen hatten solche Wandlungen seit den Eroberungswellen auch in der arabischen Dichtung[7] selbst stattgefunden, und Tradition und Neuerungen lagen auch hier im Widerstreit[8]. Nur war die altarabische Dichtung zu der Zeit, als sie am Kalifenhof zu Bagdad ihre große Umwandlung erfuhr[9], im Islam als heidnisch verschrien und bei weitem kein solch verbindliches Vorbild wie der „klassische" Pijjut, der damals im synagogalen Gottesdienst schon seinen festen funktionalen Platz hatte. Insofern waren Ausgangslage und Verlauf der Diskussionen über Tradition und Neuerungen im arabischen und jüdischen Bereich doch recht verschieden.

1.3 Sprachliche Voraussetzungen

Schließlich gehört in diesen Zusammenhang eine seltsame, sehr kennzeichnende Erscheinung auf sprachlich-geschichtlichem Gebiet[10]. Diese offene, das „Säkulare" einschließende, arabischsprachige jüdische Kultur erkor sich für ihre Literatur ausgerechnet das biblische Hebräisch zum Vorbild. Und zwar in der Vokalisierung, die damals – vorwiegend in Palästina! – durch die Masoreten festgelegt wurde, so daß eine Vorbildfunktion der Bibel zustandekam, die jener des Korans für die „klassische" arabische Literatur gleichkommt. Sprachlicher Biblizismus und säkulare Bildungstendenzen gingen also Hand in Hand, wie dann wiederum in der jüdischen Aufklärung und im Zionismus, während die hebräisch-aramäische Sprache der talmudischen Tradition zwar in den traditionellen Bildungsbereichen weiterlebte, aber ästhetisch-qualitativ (und im modernen Säkularismus auch inhaltlich) abgewertet wurde. So entstand nach anfänglichen heftigen Diskussionen über die auf Saadja Gaon fußenden orientalischen Normen ein neues, kritisches Sprachbewußtsein und nach arabischen Vorbildern[11] ein philologisches Normensystem, das für den Charakter der Literatur und Dichtung in diesem Raum von entscheidender Bedeutung war[12]. Und diese Abwertung der talmudischen Sprache traf auch den älteren Pijjut mit seinen sprachlichen Eigentümlichkeiten[13], so daß man in Spanien das subjektiv berechtigte Gefühl hatte, auch in dieser Hinsicht etwas – im Sinne des Ideals der *çachût* (Reinheit) des biblizistischen Hebräisch – Besseres schaffen zu müssen. Das ist schon deshalb psychologisch und letztlich literaturgeschichtlich von Bedeutung, weil der klassische Pijjut in seiner orientalischen Ausprägung liturgisch funktional noch derart strikt eingebunden war und so verbindliche Kraft hatte, daß von ihm aus kaum ein angemessener Freiraum für ein schöpferisches dichterisches Schaffen zu erreichen gewesen wäre.

2. Von synagogaler zu religiöser und säkularer Dichtung

Alle diese Voraussetzungen sind in der Tat nur im maurischen Spanien so zum Zuge gekommen, daß sie zusammenwirkend jene Basis bildeten, die auch eine besondere Schule der hebräischen Dichtung möglich machte. Sie wird durch völlig widersprüchliche Merkmale gekennzeichnet, ergibt aber dennoch eine ästhetisch und aussagemäßig charakteristische Einheit für sich. Man hatte die streng liturgisch-funktional gebundene synagogale Dichtung des Orients mit den anderen Traditionen nach dem Westen gebracht und knüpfte selber schöpferisch daran an, ließ es aber dabei nicht bewenden, sondern schuf eine eigene poetische „Schule", die, über das Synagogale hinausgreifend, das individuelle Moment so betonte, daß eine nicht funktional gebundene religiöse Lyrik möglich wurde. Und zugleich entstand eine ausgesprochen säkulare Dichtung. Dabei widersprechen sich die biblizistische hebräische Sprache und die Offenheit für arabische Vorbilder keineswegs, weder formal noch inhaltlich, man eiferte im Hebräischen dem Arabischen vielmehr bewußt nach[14]. Formal war von entscheidender Bedeutung, daß man das arabische Metrum für das Hebräische – sehr vereinfacht – adaptierte und damit ganz neue Möglichkeiten und Konventionen einführte[15], die auch in der synagogalen und religiösen Dichtung angewandt wurden, wo allerdings auch die alte Technik des Silbenmetrums in Verszeilen mit ungefähr gleichen Tonhebungen weiterhin Verwendung fand. Im gleichen Schritt damit verfeinerte sich die Reimtechnik[16]. Diese formalen Neuerungen forderten von den Dichtern mehr technisches Geschick und eben auch größere Sprachgewandtheit bei gleichzeitig strengerer, biblizistisch orientierter Sprachdisziplin[17].

Man studierte die arabische Dichtung, gerade die zeitgenössische, sehr genau, dichtete auch selbst in arabischer Sprache[18] und entwickelte auf dieser Basis nach arabischem Vorbild[19] eine Poetologie, eine kritische Betrachtungsweise auch für die hebräische Literatur[20], worüber Mose ben Jakob ibn Ezra (gest. nach 1139) ein maßgebliches Werk hinterlassen hat[21]. Nachahmungen arabischer Vorbilder erfolgten jedoch nicht aus einem Abhängigkeitsgefühl heraus, auch wenn man sich der größeren sprachlich-poetischen Möglichkeiten des Arabischen im Vergleich zum Hebräischen durchaus bewußt war. Vielmehr wollte man damit gerade das jüdische Selbstbewußtsein stärken und nicht zuletzt durch Werke in hebräischer Sprache eine jüdische Alternative zur arabischen Lektüre bieten. Hier zeigt sich ein fundamentaler Widerspruch im kulturellen Bewußtsein, wie er auch noch bei der Erörterung des Weltverhältnisses aufzuzeigen sein wird: Die eigentümlich weitgehende Teilnahme an der arabischen Umweltkultur wird vom – erfolgreichen! – Bestreben begleitet, ihr eine eigene, möglichst gleichwertige hebräisch-jüdische Kultur zur Seite zu stellen.

3. Formale Eigentümlichkeiten

Dies alles hat gleichzeitig laufend auf die synagogale Dichtung eingewirkt und diese formal so geprägt, daß auch auf diesem Gebiet des Pijjut die spanisch-jüdischen Besonderheiten unübersehbar sind[22]. Wie in anderen Bereichen sind dabei auch einige Gattungen bevorzugt gepflegt worden, andere wurden vernachlässigt, und eine Reihe neuer Gattungen wurde kreiert.

Im Pijjut überwiegen zunächst noch einige Zeit die traditionellen Züge, und die säkulare Dichtung zeigt die ersten bemerkenswerten Ansätze, vor allem dank der Übernahme und vereinfachenden Adaptierung des komplizierten Systems der arabischen Metren, mit der Zählung kurzer und langer Silben in verschiedenen Zusammensetzungen zu Versfüßen und Verszeilen-Typen. Von nun an konnten diese verschiedenen Metren mit der bereits längst eingeführten Reimtechnik verbunden und in strophisch gegliederten Gedichten mit Einführungs- und Zwischenstücken in kunstvoller Weise verbunden und variiert werden.

Dafür war es nötig, die schlichte Struktur der arabischen Qaside[23] mit einheitlichem Reim zu verlassen und eben Gedichte mit strophischer Gliederung zu schaffen, zum Teil verbunden mit Kehrreim-Elementen. Für dergleichen war man nicht auf arabische Vorbilder angewiesen, denn die synagogale Dichtung kannte strophisch gegliederte Dichtungen schon lange, und infolge der Verwendung eines Chors mit dafür gedichteten responsorischen Stücken war auch jene Struktur vorgegeben, die dann im sogenannten profanen „Gürtellied“ auftaucht und als spezifisch maurisch-spanische Erscheinung gilt. Im arabischen Bereich handelt es sich dabei im Ursprung wohl um volkstümliche Lieder, weshalb Strophenschlüsse und Kehrreim-Teile im Fall arabischer und hebräischer Lieder auch oft in der fremden, romanischen Volkssprache gehalten sind[24]. Im Hebräischen lagen aber, wie bemerkt, bereits strukturelle Vorbilder im hochsprachlichen Pijjut vor, und so ergab sich eine andere Ausgangslage. Die säkularen hebräischen „Gürtellieder“ gehen also auf völlig gegensätzliche Wurzeln zurück, die sinnvollerweise nicht gegeneinander ausgespielt werden sollten, weil sie sich beide ausgewirkt haben[25]. Dabei hat man von den arabischen Gürtelliedern (*muwashshach*) vor allem die Technik des Metrums und die Sujets übernommen.

Folgerichtig wurde die synagogale strophische Dichtung selber wieder von solchen profanen „Gürtelliedern“ beeinflußt, was sich in erster Linie in der Verwendung der neuen Metren auch im Pijjut bemerkbar machte. Das wurde nicht immer gern gesehen, weil die Gattung so gestaltet eben doch an ihren eigentlichen „Sitz im Leben“ im fremden volkstümlichen Unterhaltungssektor erinnerte.

4. Perioden und Autoren

(I) Die Anfänge einer hochstehenden hebräischen Dichtung sind in Spanien für das 10. Jh. bezeugt. Am Anfang stehen zwei Autoren, die unter orientalisch-arabischem und jüdisch-orientalischem Einfluß (Saadja Gaon) die spanisch-hebräische Sprache und Literatur entscheidend umgeformt haben: Josef ben Isaak Abitur[26] (ca. 950-1012), der von Spanien stammte, aber im Orient die dortige Entwicklung[27] nach den eingreifenden „Reformen“ des Saadja ben Josef Gaon (gest. 942)[28] wahrnahm und weiter voranbrachte, und Dunasch ben Labrat, der nach vorherrschender Meinung als erster die Anwendung des arabischen Metrums eingeführt haben soll[29].

(II) Die vielgepriesene, zum „Goldenen Zeitalter“ deklarierte Blüteperiode setzt etwa 1020 ein und endet äußerlich gegen 1130 infolge der einsetzenden Almohadenherrschaft, deren Intoleranz das jüdische Leben im maurischen Spanien erstickt und verdrängt hat. Die glanzvolle Frühphase wird durch den „Hof haltenden" Samuel ha-Nagid (gest. 1055/56), Mäzen und Dichter zugleich, bestimmt[30]. Seine Dichtungen[31] sind – schon zu Lebzeiten durch den Sohn Jehosef, der selber dichtete, gesammelt – in jeder Hinsicht meisterhaft gelungen[32], aber vorwiegend weltlicher Natur. Sie enthalten sogar Kriegslieder[33], die dieser erfolgreiche Politiker als Feldherr seines maurischen Fürsten verfaßt hat. Soweit bei ihm religiös gefärbte Nachdenklichkeit zu finden ist, stammt sie meist aus der Weisheit der arabischen wie hebräisch-aramäischen Spruchtradition, die er für seine Gedichte in reichem Ausmaß verwertete. Zu seinem Umkreis gehörte Salomo ibn Gabirol (gest. ca. 1057/58), ein begabter, psychisch empfindlicher und persönlich nicht sehr verträglicher Poet[34], der zwar die profanen Gattungen auch blendend beherrschte[35], doch in intensiverer Weise die synagogale und religiöse Dichtung gepflegt hat[36], wobei er neben traditionellen esoterischen Elementen[37] vor allem seine neuplatonisch-mystisch gefärbte Weltsicht einbrachte[38]. Als religiös ähnlich getönt und daher teilweise sehr beliebt, aber gattungsmäßig und formell weit mehr beschränkt, erweisen sich die Pijjutim des Bachja ben Josef ibn Paqudah[39], Autor des so beliebt gewordenen theologisch-erbaulichen Werkes „Buch der Herzenspflichten".

Im Vergleich zu den beiden Erstgenannten ist der – nur religiöse Gedichte schreibende – Isaak ben Jehudah ibn Ge'at (gest. 1089) zu Unrecht von der modernen Forschung in den Hintergrund gedrängt worden, denn noch immer fehlt eine Sammelausgabe seiner für den spanisch-hebräischen Pijjut so einflußreichen Dichtungen[40].

Schließlich sind auch noch Levi ben Jakob ibn Altabban[41] und der ebenfalls zu wenig beachtete Josef ben Jakob ibn Sahl (gest. 1124) hervorzuheben. Es haben sich also wirkungsgeschichtlich gewisse Präferenzen eingebürgert, die dem viel reicheren historischen Sachverhalt nicht gerecht werden.

Diese Glanzzeit reicht aber literaturgeschichtlich über den Beginn der Almohadenherrschaft zeitlich und geographisch hinaus, weil die späten „klassischen" Dichter noch länger und eben auch an anderen Orten weiterwirkten. So vor allem die beiden großen Zeitgenossen Mose ben Jakob ibn Ezra (gest. nach 1139) und Jehudah Hallevi (gest. 1141), die das erste Drittel des Jahrhunderts mit ihren Schöpfungen zweifellos beherrschten. Mose ibn Ezra[42] war in seinen jüngeren Jahren ein lebensfroher, für alle profanen Wissenschaften und Künste aufgeschlossener Mann, der nicht bloß hervorragende weltliche[43] und synagogale bzw. religiöse[44] Gedichte schuf, sondern auch poetologisch und theoretisch-kritisch tätig war[45].

Als größter hebräischer Dichter des Mittelalters wird jedoch meist Jehudah Hallevi gefeiert, der ebenfalls blendende profane Gedichte geschaffen[46], aber auch die synagogale und religiöse Dichtung[47] mit einer Fülle von formal wie inhaltlich eindrucksvollen Dichtungen bereichert hat. Sein überragender Ruf ist allerdings auch ideologiegeschichtlich bedingt, denn seine „Zionslieder" und seine im Alter unternommene Auswanderung ins Land Israel haben ihn zum mittelalterlichen Vorläufer des modernen Zionismus gestempelt. Er war religiös zwar der Philosophie, soweit sie aristotelisch orientiert war, ganz und gar nicht zugetan und hat dies im „Buch Kuzari" auch entsprechend zum Ausdruck gebracht, aber sein Welt- und Menschenbild[48] ist nicht anders als bei Mose ibn Ezra deutlich neuplatonisch eingefärbt. Diese philosophische Orientierung gilt ebenso für die Dichtungen des Josef ben Jakob ibn Zaddiq (gest. 1149)[49], der formal das Niveau der Genannten zwar nicht erreicht, aber religiös doch eine gewisse Wirkung gezeitigt hat.

Noch länger wirkte und schrieb der vielgereiste, brillante profane Lyriker und religiöse Dichter, der bekannte philosophierende Exeget Abraham ben Meir ibn Ezra (gest. 1164). Seine synagogalen/religiösen Gedichte liegen nun in einer modernen Edition vor[50], die profanen leider noch nicht. Schließlich wäre auch noch auf den als Dichter zu wenig beachteten Exegeten Josef ben Isaak Qimchi (gest. 1170) hinzuweisen.

Die Zahl der damals schreibenden Poeten war beachtlich, fast 190 sind namentlich bekannt[51], und allein dies zeigt den hohen Stand der literarischen Kultur in der damaligen jüdischen Ober- und Mittelschicht an. Die Autoren der folgenden Perioden sind daher wirkungsgeschichtlich – zu einem gewissen Teil zu Unrecht – in den Schlagschatten dieser großen Zeit geraten.

(III) Zwischen 1160 und 1300 hat die „klassische" Dichtung im christlichen Spanien und in Südfrankreich eine reiche Nachfolgerschaft gefunden, aber auch schon auf Italien und in den Orient eingewirkt, nicht zuletzt sogar auf den fernen Jemen. Isaak, der Sohn Abraham ben Meir ibn Ezras, ein Dichter von Rang[52], zog z. B. in den Orient. In dieser Zeit wirkten zahlreiche talentierte und zu ihrer Zeit auch geschätzte Dichter. Die höhere Unterhaltungsdichtung der Zeit vertraten begabte Autoren wie Josef ben Meir ibn Zabara (geb. 1140) mit seinen auch heute noch beliebten „Fuchsfabeln"[53] und der populär gewordene Maqamenübersetzer und -dichter Jehudah ben Salomo Alcharizi (gest. 1235), der seiner hebräischen Übertragung und Bearbeitung der Maqamen des al-Hariri[54] einen eigenen hebräischen Maqamenzyklus folgen ließ[55]. Der dritte Zeitgenosse, der dieses Genre pflegte, war der philosophisch versierte Übersetzer Abraham ben Samuel Hallevi ibn Chisdaj. Dieser hat den alten, in vielen Sprachen verarbeiteten *Barlaam und Josafat*-Stoff, der über indischem Umweg als „Prinz und Derwisch" in der arabischen Literatur auftaucht und allgemein zu einer der meistgelesenen Erzählungen überhaupt wurde[56], aufgegriffen. In seiner meisterhaften hebräischen Fassung dieser literarischen Perle mit dem Titel *Bän ham-mäläk wᵉhan-nazîr*[57] finden sich auch zahlreiche hebräische Gedichte. Er schrieb aber auch religiöse Gedichte im Sinne neuplatonisch gefärbter Frömmigkeit. An Beliebtheit konkurrierte mit dieser alten Erzählung ein überhaupt aus Indien stammender Erzählungszyklus, *Kalilah und Dimnah*, in vielen Sprachen verarbeitet[58], darunter auch hebräisch[59]. Davon hat die Bearbeitung durch den philosophisch gebildeten Grammatiker Jakob ben Eleazar (ebenfalls 12./13. Jh.) besonderen Anklang gefunden[60] und wieder auf die Umweltliteratur eingewirkt[61]. Er war auch ein gediegener Maqamendichter, und sein *Sefär ham-mᵉshalîm*[62] ist in mancher Hinsicht faszinierender als der *Tachkemoni* des Jehudah Alcharizi, weist zudem in eine Richtung, die für die folgenden Jahrhunderte kennzeichnender wird. Hier wurden nämlich profane Liebesgeschichten aufgegriffen und im Sinne einer von der neuplatonisch gefärbten Frömmigkeit und der allegorischen Hoheliedauslegung[63] her bestimmten „geistlichen Liebe"[64] verarbeitet, was in der christlichen Welt seine Entsprechung hatte[65]. Hatte die säkulare Liebesdichtung unter anderem vor allem das biblische Hohelied „mißbraucht", so verwendeten diese Späteren für ihre geistliche Liebesdichtung im Hohelied-Genre durchaus auch unbiblische Liebesliedmotive[66]. Nicht ganz zufällig behaupteten daher einige besonders fromme moderne Autoren, die an säkularer Dichtung Anstoß nahmen, daß man überhaupt alle diese hebräischen Liebeslieder nur als religiöse Allegorien verstehen dürfe und diese auch von den Verfassern nur allegorisch gemeint waren, was sich aber jedenfalls im Fall der eng verwandten Trinklieder als absurd erweist. Es trat also nach der Phase der kühnen Säkularisierung hebräisch-biblischen Erbes auch eine gezielte Hebraisierung und Sakralisierung fremder Traditionen in Erscheinung.

Es gab daneben und später noch andere berühmt gewordene Poeten, die Stoffe und Formen aus der Umwelt aufgriffen, mit Erfolg hebräisch verarbeiteten und dabei auch eigene Dichtungen schrieben. Vor allem Todros ben Jehudah Hallevi Abulafia (gest. nach 1298) mit seinem reichhaltigen *Gan ham-mᵉshalîm wᵉha-chîdôt*[67]. Er wurde oft mit seinem verwandten Zeitgenossen und Namensvetter Todros ben Josef Hallevi Abulafia verwechselt, einen Kabbalisten, der auch einige Gedichte verfaßt hat. Das Genre der Maqame beschäftigte auch Isaak ben Salomo ibn Sahula (1244–??), einen kabbalistischen Exegeten, der am Ende seines beliebt gewordenen Fabelbuches *Mashal haq-qadmônî*[68] das erste Zitat aus dem Buch Zohar gebracht hat[69]. Diese eigentümliche Mode einer teils hebraisierten, teils original hebräischen Unterhaltungsliteratur entsprach also nicht bloß den Bedürfnissen eines säkularisierten Publikums, sondern weit mehr dem Bestreben, die Bildungsschicht für die hebräische Literatur zu gewinnen, was in der folgenden Periode noch stärker fühlbar wird. In diesen Rahmen gehören auch die verschiedenen hebräischen Übersetzungen und Fassungen des

Alexanderromans[70], dem man nachsagt, nach der Bibel die am meisten gelesene Schrift gewesen zu sein.
Im Übergang zum 14. Jh. verfaßte der Philosoph und Übersetzer Schemtob ben Isaak Ardutiel[71] unter anderem erbauliche Schriften, aber auch hebräische Dichtungen, wovon vor allem das Rangstreitgedicht *Milchämät ha-'et wehammisparajim* (Krieg zwischen Feder und Schere)[72] bekannt geworden ist. Er griff aber auch wieder das reichlich vorhandene moralische Spruchgut auf und präsentierte davon eine Auswahl – aber in der Landessprache, als *Proverbios morales*[73], was eine entsprechende Resonanz in der christlichen Umwelt bewirkt hat.

(IV) Der Dichtung der beiden letzten Jahrhunderte vor der Vertreibung aus Spanien werden gemeinhin deutliche Merkmale eines Niedergangs nachgesagt, doch auch da wirken die schon genannten Vorurteile manchmal allzu sehr nach. Gewiß haben die schwieriger werdenden Verhältnisse und die immer mehr fühlbare religiöse Konfrontation offensichtlich ihre Wirkungen auch auf diesem Gebiet gezeitigt und oft genug Anlässe zu *Qînôt*-Dichtungen gegeben[74]. So sind etwa die wenig bekannten Gedichte (davon vier *Qînôt*) des Jechiel ben Ascher, aus der bekannten Halakistenfamilie aschkenasischer Herkunft, ein eindrucksvolles Zeugnis für die Lage im 14. Jh.[75] Insbesondere die Verfolgungen und Vertreibungen, die 1391 die Gemeinden Aragons erschütterten, haben auch in der synagogalen/religiösen Dichtung ihre Spur hinterlassen[76]. Zu wenig beachtet werden auch immer noch die Gedichte des theologischen Polemikers, Wissenschaftlers und Halakisten Simon ben Tzämach Duran (gest. 1444), der 1391 nach Algier flüchtete.

Im Ganzen gesehen bleiben die poetischen Leistungen der späten Autoren noch sehr eindrucksvoll, gerade auch im Bereich der profanen Dichtung. Das gilt vor allem für den sehr geschickten Salomo ben Meschullam Dapiera (gest. ca. 1418)[77], ferner für Salomo ben Reuben Bonafed. Oder für Don Josef Vidal Benbenesht, dessen unterhaltsame *Melîçat 'Ofär wa-Dînah* einst öfters gedruckt worden ist, aber erst neuerdings wieder Beachtung fand[78]; auch er kann zweifellos als Verfasser hervorragender profaner Gedichte gelten[79]. Einer der letzten, der noch auf spanischem Boden schrieb, war Saadja ben Maimon ibn Danan, ein wahrer Polyhistor, der 1492 Granada verließ und nach Nordafrika zog.
Ein ergiebiges Thema für sich wäre das Echo, das die Vertreibung von 1492 in den Dichtungen – meist *Qînôt* (Klagelieder) – der betroffenen Generation hervorgerufen hat.

5. Formen und Inhalte der profanen Dichtung

Die säkulare Dichtung wurde im wesentlichen von den gleichen Tendenzen und Merkmalen geprägt wie im arabischen Bereich. Auch dort hat in Spanien gegenüber der altarabischen Poesie eine erhebliche Erweiterung der formalen, aber auch inhaltlichen Merkmale stattgefunden, weil die neuen Lebensumstände und auch das spezifische Lebensgefühl der maurisch-spanischen Elite-Gesellschaft zum Ausdruck kam. Nicht nur die persönlichen Beziehungen in diesem Rahmen spielten eine gewichtige Rolle, also Freundschafts-, Lob- und Klagedichtungen, auch die natürliche Umgebung wurde wahrgenommen und dichterisch beschrieben, teils nach altarabischen Mustern, teils nach neuen Wahrnehmungen[80]. Erst Jahrhunderte später wurde die Natur in Europa wieder so staunend wahrgenommen und wortgewaltig beschrieben, auch wenn Vieles dabei zur Konvention erstarrte und zum Teil auch einfach Erbe der altarabischen Dichtung war[81]. Der Wind und der Sternenhimmel zum Beispiel gehören zum alten Bestand, auch das Taubengurren, doch die andalusische Landschaft hatte mehr zu bieten[82]. Die Natur wurde im maurischen Spanien zudem in den Kulturraum, in den engeren Lebensraum in Form gepflegter Gärten und Höfe einbezogen, die wieder das Ambiente für ein teilweise recht munteres gesellschaftliches Leben darstellten. Blüten und Blumenbeete, das Gemurmel und Geplätscher des lebenspendenden Wassers und der Gesang der Vögel gehören daher zum neuen Repertoire. Und dazu gehört nun auch das Leben in diesem Rahmen: Trinklieder beschreiben gesellige Gelage, bei denen man auch Dichtungen und

Lieder vortrug, und auch Liebeslieder hatten dabei ihren festen Platz.

Trinklieder sind in dieser Zeit und Region nicht so selten, was für eine islamische Umgebung erstaunt. Aber der andalusische Wein hat mit seinen Vorzügen die Dichter zu geradezu überschwänglichen Worten verleitet. Vieles davon allerdings besteht aus Standardmetaphern, stereotype Aussagen über das Aussehen des Weins im Glas und im Licht und über seine Wirkung. Sehr oft wurde das Trinklied mit dem Genre des Liebeslieds verquickt und mit dem Repertoire der Naturdichtung ausgeschmückt.

Jehudah Hallevi (gest. 1141) übersetzte z. B. aus dem Arabischen sein Gedichtchen *’ashîshôt mib-belî jajin*[83]:

> Schwerfällig sind Pokale ohne Wein,
> Gefäße unter irdenen Gefäßen,
> doch voll mit Wein erheben sie sich leicht
> – so wie der Körper dank der Seele.

Anlässe zum Trinkgelage fanden sich zu jeder Zeit. Zur schönen Frühlingszeit lud Samuel ha-Nagid (gest. 1056) einen Freund mit dem kleinen Gedicht *’Imerû lere‘î* zu sich ein[84]:

> Sag meinem Freund: Im Sharon blüht die Rose
> und der Kranich auf dem Nußbaum gurrt.
> Eil her zum Bruder, bei dessen Gelage kein Zwist und Anstoß, kein Mann von Streit, von Zorn,
> um bei leuchtenden Lilien zu zechen,
> bei Turteltaubengesang –
> ein Festtag, an den wir noch denken
> all unser Leben lang!

Aber die schlechte Jahreszeit ist nicht minder ein Grund dafür, beim Wein Zuflucht zu nehmen, wie derselbe Dichter nicht ohne ironischen Seitenhieb auf die „bürgerliche“ Gesellschaft der Zeit in *Bän metê mûsar* gemeint hat[85]:

> Du Sohn von züchtigen Männern der Zucht
> und Bruder von Edlen und Freunden,
> schau: Beete gleichen tiefen Fluten,
> Gewölk türmt sich wie Felsen auf.
> Erhebe auch du dich und gieß in Humpen
> vom Traubenblut strotzend voll ein,
> denn auch die Wolken, ja, sie gießen
> in die Gassen mit Humpen hinein!

Der Regen hat freilich auch seine positive Seite und gibt insofern noch einen weiteren Anlaß zum Gelage, wie in *Hab-beshachaq bekî*[86]:

> Man hört im Himmel Weinen und Geschrei
> und schweigen soll
> Meraris Sohn, des Samuel und Mose Enkel?
> Geh, Bursche, hin zu „Kanaan“, er leihe dir
> auf Zinsen einen Krug, sogar für Wucher,
> denn Regengüsse rauschen mir im Ohr
> mit meiner Freunde Lied am Feuer und beim Trunk,
> und froher Sinn erfüllt mein Herz, weil nach dem Regen
> die Erde neu belebt wird und ergrünt!

Aber auch der späte Todros ben Jehudah Abulafia (gest. nach 1298) konnte noch recht vorlaut formulieren, wie das kurze Beispiel *Jedîdaj ba-’ashîshôt* zeigt[87].

> Ihr Freunde, stärkt mich mit Pokalen,
> stillt meinen Durst mit Rebensaft,
> sonst klebt die Zunge mir am Gaumen,
> daß ich den Herrn nicht loben kann!

Schon an einigen dieser kleinen Beispiele wird ersichtlich, worin sich die hebräische Dichtung von der arabischen in eindeutiger Weise unterscheidet. Die hebräische Poesie verwendete die hebräische Sprache der Bibel, überhaupt die Bibel selber[88] – wie schon die synagogale Poesie. Nicht nur der Wortschatz der Bibel wurde herangezogen, auch Wortverbindungen, ganze Phrasen und Satzteile tauchen im sogenannten „Musiv-Stil“ mosaikartig verwoben auf, und nicht selten begegnen uns selbst in profanen Gedichten ganze biblische Verse oder Versteile als Strophenschlüsse.

Die biblischen Elemente und Inhalte wurden ohne Rücksicht auf ihren biblischen Kontext

verwendet, meist ganz ins Profane umgedeutet. Diese Art der Verwendung der heiligen Schriften[89] erregte selbstverständlich auch Bedenken und Kritik, aber einzudämmen vermochte man dieses Verfahren nicht mehr. Es blieb später zumindest im gebildeten italienischen Judentum lebendig, wo diese Art säkularisierender biblizistischer Dichtung bis zur Moderne herauf gepflegt wurde und die neuhebräische Literatur in einem bis heute zu wenig wahrgenommenen Maß beeinflußt hat.
Als kennzeichnendes und fast alle Merkmale des neuen Lebensgefühls und Naturverhältnisses widerspiegelndes Beispiel mit säkularisierender Bibelverwendung sei ein schlicht gehaltenes Gürtellied (ohne fremdsprachliche „Gürtel") aus der Kairoer Geniza angeführt. Es nimmt inhaltlich manches voraus, was in deutscher Sprache erst etwa im späten 18. Jh. zum Ausdruck gebracht werden konnte. Es handelt sich um das anonyme Gürtellied *Hit'all*ᵉ*sû dôdîm*[89]:

Seid fröhlich, Freunde, [...] Seele,
die Erde hüllt sich uns in Lust!

Wie schön die Welt, wirft sie den Mantel
der Riedenblüte sich herum,
wie eine Braut tritt vor die Sonne
in Seide sie und Spitzen hin.

Wie schmeichelst du mir, Feld, mit Sträuchern,
mit Blütenkelchen auf dem Grün,
prachtvoll der Blumen Kunst und Fülle
hier gelb, dort rötlich, anzusehn!

Komm, Frühling doch, verzieh nicht länger
und still des Feldes Sehnsucht bald,
das dich begehrt und keinen andern,
als „Wall und Mauer" stets bewehrt.

In deinen Tagen blühen Mandeln –
nimm ein paar Zweige in die Hand
mit Veilchen und mit roten Rosen,
so seh ich Aaron[91] im Ornat!

Den Zitrusbaum ziert er mit Früchten,
unübersehbar, im Gezweig,
der Rebe Knospenhülle sprengend
mehrt er ihr Wachstum und Gestalt.

Denkt, Brüder, an die Rebentochter,
die Heldenkraft den Menschen ruft,
allein sie schenkt mir Licht und Freude,
stimmt die Betrübten licht und froh!

Nur voll gefüllt faß ich den Becher
mit Gil'adbalsam, der mich heilt,
kennten ihn alle, die da ernten –
sie böten keine Traube feil!

Zum Pfand mein Leben der „Gazelle"!
Sie schenkt dem Freund verstohlen ein,
ihr Blick, verdunkelt hinter Schleiern,
verheißt uns, ihn enthüllt zu sehn!

Als abends die „Gazellen" strahlten,
bemerkte ich, wie das Gestirn
nur zögernd und vereinzelt nahte,
indes das „stumme Lamm" aufging.

Die Sonne ruht an ihrer Stätte
im Meer, sonst sorgt sie für ihr Volk.
Den Löwen scheut, reckt er den Rachen
voll Durst bis zu dem „Eimer" hin!

Der Stier stößt gegen Nord und Süden
die Hörner weit zur Venus hoch,
der Mars, barfuß und bloß, schweigt düster –
Ich fürchte, er betrügt ihn noch!

Orions Blick vom Weltenrande
strebt nicht dem Scheideweg mehr zu,
die Bärin streckt sich aus am Himmel –
und die Plejaden meidest du?

[Lücke...]

Ihr Leute, jauchzt, frönt dem Vergnügen,
frohlocket alle beim Pokal
und singt lauthals: „Wie schön und lieblich,
wie göttlich Mond- und Sonnenstrahl"!

Für den modernen Leser klingen solche Dichtungen ungemein blumig, manchmal bestehen sie weithin nur aus Metaphern und Bildern. Darunter auch solche überraschender Natur, aber genauer besehen handelt es sich auch um an sich ebenfalls konventionellen – Pijjut-Technik der *Kinûjjîm* (biblische Chiffren für die verschiedensten Größen und Gegenstände) aufgelockert werden. Im folgenden Lied zum Beispiel wird der Wein wie eine rettende Gottheit gefeiert.

Jehudah Hallevi (gest. 1141), *Bidmê g^ebî'ênû*[92]

Laßt mit der Pokale Blut
löschen unsrer Herzen[93] Glut!

Naß in Karneolgemäße
schenkt rasch dem Verzagten ein,
der Kummer greift mich feindlich an
– wahrlich! – wie ein Pharao!
Doch Mut! Ich überlasse ihn
dem Feuer im Hagelstein[94],
das birgt Heil für meine Leiden,
nur in ihm liegt unsre Lust!

Sonne, die im Kelch gefangen,
scheucht des Menschen Sorgen fort,
über düstre Wüste wirft sie
ihr durchdringend helles Licht,
laufen blitzgleich ihre Strahlen
voller Kraft und voller Heil,
und es ruft der Freunde Runde:
Wahrlich, du verstehst den Freund!

Du erscheinst, gesalbter Kerub,
überstrahlst die Mittagssonne,
vor dir neigt sich alles Licht,
bleich, und du bleibst Augenwonne,
den gesalbt mit Pracht und Anmut
Gott [......] in Machanajim hat.
Und mehrt sich das Heer der Feinde,
wirst zur Hilfe du vermehrt!

Von dir lernten Himmelsheere
edle Sitte voller Hoheit,
dein Ruhm währt, fest eingeschrieben,
Macht, Wunsch und Begier gilt dir,
[.........(Textlücke).................
...............................]
Erhaben bist du, unser Gönner,
unser Himmel, du allein!
Warum weilst du hier auf Erden? –
In den Herzen ist dein Ort!
Dem Gesetz des Herrn der Höhe,
gilt dein Dienst und dein Gesetz,
daß das Herz laut singend rufe,
deine Liebe zu begießen:

Laßt mit der Pokale Blut
löschen unsrer Herzen Glut!

Liebesgedichte und Hochzeitslieder sind häufig völlig „profan" und ebenfalls voll geläufiger Muster nach arabischen Vorbildern[95]. Sie waren wie die Weinlieder, die z.T. im Genre ja damit zusammenfallen, äußerst gefragt, und die Dichter gaben sich offensichtlich Mühe, den Ansprüchen auch gerecht zu werden[96]. Die Verwendung der Bibel ergab dabei aber eine gewisse spezielle Problematik, denn ihre Profanisierung fiel besonders kraß ins Auge, wenn für Liebeslieder Motive aus dem biblischen Hohelied verwendet wurden, das man traditionell nur in der allegorischen Ausdeutung auf die Beziehung Gott – Israel zu lesen gewohnt war. Von den folgenden kleineren Beispielen weisen die ersten beiden noch keine biblischen Motive auf, aber die weiteren lassen die genannte Spannung erahnen.

Jehudah Hallevi (gest. 1141), *'^anî kofär la-'ofär*[97]

Ich, dem Liebsten zu eigen, stand auf in der Nacht,
beim Klang der Zither und Flöten,
den Kelch in meiner Hand sah er und sprach:
Trink Traubenblut von meinen Lippen!
Und der Mond, der stand goldgezeichnet dabei
als ein J(od) auf der Robe des Morgens.

Derselbe, *'ässa' sh^elômî*[98]

Auf Windes Flügel lade ich den Gruß
an den Geliebten mit dem Abendhauch
und bitte ihn, zu denken an den Abschied,
den Bund der Liebe unterm Apfelbaum!

Ders., *'att bên '^açê 'Edän*[99]

Du, blühende Myrte zwischen Edens Gehölz,
strahlender Orion unter Gestirnen,
dir schenkte Gott ein Bündel Perlenmyrrhe,
selbstgemacht, nicht Salbenreiberwerk!
Du Täubchen, das in Myrten nistet,
dir stahl die Myrte Duft, um selbst zu duften!

Bei ihr fragst du nach keinem Sonnenauf-
gang
und sie fragt mit dir auch nach keinem
Mond.

Derselbe, *B^e^kol 'af ja^ca^läh rê^a^ch*[100]

Alles riecht nach Weihrauchduft,
es freit der Morgenstern den Mond,
hell scheint in jeden Erdenteil
ein unbewölktes, klares Licht,
der Liebe frönt ein jedes Herz,
die Zeit frohlockt mit Jubelschwingen. –
Sei heiter und froh, und mit der Verehrten,
der schönsten Prinzessin, trinke dich
satt –
denn Liebe tränkt dich satt an ihren Brüsten
auf üppig aufgeschlag'nem Bett!

Derselbe Dichter beklagt die Unnahbarkeit einer geradezu paradiesischen Schönheit in *Jônah k^e^shämäsh*[101]. Dabei wird der Kinnûj „Taube" verwendet, der in der religiös-allegorischen Deutung des Hohenliedes natürlich „Israel" bedeutet, so auch oft in der synagogalen und geistlichen Dichtung auftaucht, ebenso wie „Gazelle", hier aber auf die angebetete Schöne gemünzt, also zum „Täubchen" säkularisiert wird.

Das „Täubchen" tritt auf wie die Sonne im
Lauf
und beherrscht die Geschöpfe mit
Macht,
der Pfeil ihres Auges trifft ohne zu fehlen
den Mann und mit Härte vergießt sie
sein Blut,
denn sie hat die Wacht ihrer blühenden
Reize
dem zuckenden Flammenschwert
anvertraut.

Im allgemeinen kommt in solchen profanen Gattungen eine recht selbstbewußte Weiblichkeit zu Wort, ein Phänomen, das auch die Umwelt bezeugt[102]. Es versteht sich freilich von selbst, daß dies nur für die Schönen galt, indes Urteile über Frauen ansonsten nicht nur freundlich und oft von stereotyper Natur sind[103], teilweise schon so im reichen Spruchgut vorgegeben. Dergleichen liegt aber weithin auf humoristischer Linie und führte – im Sinne der beliebten allgemeinen Rangstreitdichtung – im 13. Jh. zu einer umfangreichen, unterhaltsamen Streitdichtung über Vorzüge und Nachteile des weiblichen Geschlechts[104], wobei sich ein Autor (Jehudah ben Isaak ibn Shabbetaj) als „Frauenfeind" und ein anderer (Isaak) als „Frauenhilfe" apostrophierte.

Feste Muster finden sich – und zwar noch lange in der Form der Qaside – auch in Freundschaftsgedichten[105], in den artverwandten Lobgedichten[106], die vor allem einem Gönner und Mäzen gelten, und analog im individuellen Klagelied für den – ja ebenfalls stets hochgelobten – Verstorbenen[107].

Eine äußerst beliebte Gattung, im Arabischen zunächst in der Volksdichtung verankert, war die Maqame. Es handelt sich um eine umfangreiche Komposition von unterhaltsamen, teilweise auch durchaus satirisch gehaltenen Erzählungen in Reimprosa, die sich um einen „Helden" ranken, durchsetzt mit Gedichten bzw. Liedern, alles an sich für den mündlichen Vortrag bestimmt. Diese komplexe Gattung wurde poetisch-literarisch aufgegriffen und entsprechend anspruchsvoll gestaltet, so daß zur volkstümlichen funktionalen eine zweite, gesellschaftlich höhere Ebene der Unterhaltung hinzukam[108], was auch eine entsprechende künstleriche Gestaltung der Handschriften nach sich zog[109]. Man hat die Maqame auch ins Hebräische übernommen, zunächst in Form von mehr oder minder bearbeiteten Übertragungen, dann auch immer häufiger auch original hebräische Maqamen verfaßt, die unter der hebräischen Buchbezeichnung *machbärät* allerlei Abwandlungen des Genres und ihrer Inhalte umfassen[110].

6. Lebensgefühl, Weltsicht und Religiosität

6.1 Im profanen Bereich

Nun ist es nicht so, daß die maurische Kultur von einer blinden Weltverfallenheit gekennzeichnet gewesen wäre. Auch in der profanen Dichtung wußte man um die Widersprüchlichkeiten und vor allem um die Vergänglichkeit des Daseins. Dazu trug nicht zuletzt die reiche arabische Spruchweisheit bei, die in die Dichtung einfloß und zu der im jüdischen Bereich die eigene Weisheitstradition hinzukam. Zu den beliebtesten Standardthemen gehört die Klage über die trügerische, rasch verlaufende Zeit, über die Unverfügbarkeit des Daseins[111].

Samuel ha-Nagid (gest. 1056), *L^efanîm w^ehajjôm*[112]

Seit je war es wie heute / im Munde aller Leute
und klar so wie / das Morgenrot:
Wer sich der Zeit ergibt,
dem Meer sich anvertraut,
Königen dient,
der lacht heute / und weint morgen!

Derselbe, *K^ekôkab 'ashär jaça'*[113]

Wie ein Stern aufgeht und untergeht,
der Orion zuweilen leuchtet und erlischt,
so wird der Mensch geboren und stirbt wieder –
Einmal küßt die Zeit und einmal beißt sie zu!

Derselbe, 'ên *ba-'ôlam*[114]

Es gibt in dieser Welt nur Wechselhaftes,
wie Haß und Liebe, Heilung und Ausschlag.
Wer lebt, sieht staunend sich wandeln
Myrrhe und Balsam in Moder und Bittres in Süßes.

Da reicht die Frömmigkeit allein nicht aus zur „Bewältigung" der Wechselfälle des Daseins, derselbe Dichter meint daher, dem Genre der Trinklieder nahekommend, in *'ên tôb l^ebad*[115]:

Nichts Besseres als guter Ruf und Wein, ein Fürst,
der Gutes tut, ein guter Freund, den Morgenbecher trinken,
tagsüber Gott verehren, und dem Becher huldigen
des nachts, solang, bis man den Gram vergißt!

Solch leicht resignierender Ton paßt zu der damals weitverbreiteten Überzeugung, daß die Ereignisse des Alltags weitgehend durch die Sterne bestimmt werden. Das widersprach nicht dem Glauben an Gott, setzte jedoch voraus, daß er etwas von seiner wirksamen Macht an die Gestirnsmächte delegiert hat, so daß man mit diesen eben rechnen muß. Abraham ibn Ezra hat allerlei zur Astronomie und auch Astrologie geschrieben und auch in seinen Gedichten gern auf Letztere auf launige Weise Bezug genommen, (scheinbar) überzeugt, daß ihm kein Stern günstig stehe, wie er es in den folgenden kleinen Gedichtchen ausdrückte[116].

Abraham ben Meir ibn Ezras (gest. 1164), *'Ashkîm l^ebêt has-sar*

Gehe ich früh zu des Fürsten Haus,
sagt man: Er fuhr schon aus!
Komm ich erst gegen Abend hin,
sagt man: Er liegt schon im Bett!
Besteigt er den Wagen,
besteigt er das Bett –
Wehe dem Unglücklichen,
geboren ohne Stern!

Derselbe, *Galgal û-mazzalôt*

Planeten-Sphäre und Tierkreis zusammen
standen nicht richtig zu meiner Geburt:
Hätte ich Kerzen als Handelsware –
die Sonne würde nie untergehn!

Derselbe, *'îga' l^ehaçlî^ach*

Ich plage mich so um Erfolg – doch umsonst,
weil des Himmels Sterne es mir verderben:
Böte ich Leichentücher feil –
es würden keine Menschen sterben!

6.2 Religiöse Weltabkehr und individuelle Frömmigkeit

Die Zuwendung zu Motiven der Natur und nicht religiös bestimmter Lebensbereiche machte sich in den hebräischen Dichtungen umso mehr bemerkbar, weil es der traditionellen Einschätzung des Exildaseins eigentlich widersprach, „normale" Lebensfreude zum Ausdruck zu bringen. Man darf die „säkularen" Züge des maurischen Judentums also nicht einseitig betrachten oder gar verabsolutieren, das Lebensgefühl war vielmehr – vom religiösen Denken hier noch abgesehen – von komplexer und realitätsgemäß auch teilweise widersprüchlicher Natur. Vielleicht sind die religiösen Aussagen sogar eben deshalb dann gelegentlich recht schroff, so exilsbetont ausgefallen, weil man geschichtstheologisch betrachtet das Bewußtsein hatte, sich im Exilsland, das sich in dieser neuen Sicht auch als wunderbare Natur der Schöpfung präsentierte, in unangemessener Weise beheimatet zu fühlen. Und in der Tat war etwa Jehudah Hallevi, der diese Natur so bewundern konnte, in seinem theologischen Werk „Kuzari" so sehr bemüht, die natürlichen Vorzüge des Landes Israel derart herauszustellen, daß die erwählungstheologische Betrachtung in eine schöpfungstheologische Behauptung umzuschlagen scheint.

Schon in einem der frühesten hebräischen Gedichte der Periode, in der Form der Qaside gehalten, kommt das Bewußtsein dieser Diskrepanz zum Ausdruck, wobei der erste Teil alle Klischees der arabischen Gattung enthält, der zweite Teil den jüdischen Protest formuliert.

Dunash ben Labrat, *W^{e}'omer: 'al tîshan*[117]

Er sprach: Laß den Schlaf / und trink alten Wein
unter Zypern und Rosen, / Myrrhen, Aloen,
im Granatapfelgarten / voll Palmen und Reben,
lieblichen Sträuchern / und Tamarisken,
bei Rinnengeplätscher / und Saitengeklimper,
beim Sang der Sänger / zu Lauten und Harfen.
Dort winkt jeder Baum / mit fruchtschwerem Zweig
und Vögel in Fülle / frohlocken im Laub,
die Tauben gurren, / als summten sie Weisen,
und Turteln erwidern / dem Flötenton gleich.
Wir zechen in Beeten, / umrandet von Rosen,
verscheuchen die Sorgen / mit buntem Gesang,
wir naschen vom Süßen / und leeren die Krüge,
halten's wie Riesen / und saufen aus Humpen!
Frühauf am Morgen / schlachte ich Ochsen,
fette, erlesene, / Widder und Kälber.
Mit Duftöl gesalbt / und Riechhölzer räuchernd –
und eh' der Unheilstag / uns ereilt,
laßt es uns noch vollbringen!

Ich schalt ihn: Schweig, schweig! / Wie kannst du so reden,
solange Tempel und Fußschemel / Gottes in Händen von Heiden?
Du hast töricht gesprochen, / Müßiggang dir erwählt,
Nichtigkeiten geredet / wie Spötter und Toren,
und du hast vergessen / die Tora des Höchsten.
Du willst dich freuen, während auf Zion / Füchse sich tummeln?
Wir sollen Wein trinken, / unser Auge erheben? –
Wir sind doch zunichte, / geschmäht und verachtet!

In der Tat war es häufig so, daß die hebräischen Dichter vor allem in jüngeren Jahren der profanen Poesie huldigten und sich später auf religiöse Dichtung konzentrierten, am krassesten geschah dies bei Mose ibn Ezra, der eine geradezu bekehrungsartige Kehrtwendung vollzog. Überhaupt fällt ins Auge, daß die Bußdichtungen, die *S^{e}lîchôt* und speziell die noch persönlicher gehaltenen *Tôchachôt* im spanischen Bereich so intensiv gepflegt wurden und doch wohl eine tatsächlich vorhandene religiöse Stimmung zum Ausdruck brachten[118]. Vergleicht man die religiöse Dichtung inhaltlich mit der profanen, fällt noch eine Diskrepanz ins Auge. Da ist keine Rede von Natur, denn es dominiert das neuplatonisch gefärbte Weltbild mit seiner Abwertung der materiellen Welt und seiner recht asketisch bestimmten Frömmigkeit

„mystischer" Art, Merkmal auch eines guten Teils der islamischen und christlichen geistlichen Dichtung[119].

Auch der in jungen Jahren offenbar recht flott lebende Jehudah Hallevi sagte der „Welt" ab und verfaßte ein Gedicht mit dem auch in der christlichen Dichtung beliebten Motiv der „Frau Welt". Sie verkörpert gerade das als Untugenden, was in der profanen Liebesdichtung gepriesen wird. In diesem Fall verhält sich die verschmähte „Frau Welt" nach jüdischem Brauch und behandelt den Frommen so wie die Witwe den Schwager behandelt, der mit ihr die Leviratsehe nicht eingehen will.

Jehudah Hallevi (gest. 1141), *K^eniddah hajetah*[120]

Die Welt erschien mir als unreines Weib,
weil mir die Seele kostbar dünkte,
sie aber hat mir alle Herrlichkeit beschert,
als sie erkannte, daß der HERR mein Teil.
Sollte ich sie, da sie mich wählte, hassen?
Sie mir erwählen als einen Anstoß zur Sünde?
Nun spuckt sie, die ich wie ein Levir verschmäht,
mir den Schuh abstreifend ins Angesicht!

Die Seele und mit ihr das eigentliche Selbst des Menschen steht im seinsmäßigen Gegensatz zur Welt. Die einzelne Seele, die von ihrer himmlischen Heimat durch die Inkorporierung in einen materiellen Leib getrennt, sehnt sich zurück nach „Oben", schmachtet im Kerker des Leibes, fühlt sich gefesselt und gefährdet durch die Sinne, strebt nach Selbstvervollkommnung durch Gotteserkenntnis und praktische Frömmigkeit[121].

Mose ben Jakob ibn Ezra (gest. 1135), *Kol hann^efashîm*[122]

Alle Seelen sehnen sich nach ihrem Urgrund,
denn des Menschen Seele ist ein Gotteslicht.
Aus dem Glanze Seiner Herrlichkeit gehauen,
streben und trachten die Seelen in Seinen Rat zurück.
Sie schöpfen aus der Quelle Seiner Hand ihr Leben,
ihr Grund ergießt als Lichtstrom sich aus Seinem Grund,
denn des Menschen Seele ist ein Gotteslicht.

Ähnlich formulierte Jehudah Hallevi in Anlehnung an Ps 116,7 mit *Shûbî j^echîdah*[123]:

Kehr um, du „Einzige", an den Ort deiner Ruhe, kehr um,
bleib für immer beim göttlichen Thron!
Irdische Sitze laß sein, denn wisse:
Zur Höhe wirst du emporgeführt!
Bete an, gib Gott und seiner Stärke die Ehre,
bring Lob mit Gottessöhnen dar!

Aber auch ohne diese besondere Seelenvorstellung konnte persönliche Frömmigkeit lyrisch zum Ausdruck gebracht werden, etwa in Jehudah Hallevi's *B^ekol libbî 'æmät*[124]:

Von ganzem Herzen, wahr, mit aller Kraft,
lieb ich dich, offen und verborgen.
Dein Name stets vor mir – wie ginge ich allein?
Er ist mein Freund – wie kann ich einsam bleiben?
Er ist mein Licht, wie kann mein Licht sich trüben?
Wie kann ich fallen, wenn Er Halt und Stütze ist?
Die mir fluchen, wissen nicht, daß Schmach
um Deines Namens willen für mich Ehre ist!
Dich, meine Lebensquelle, lob ich all mein Leben,
dir spiele ich mein Lied, so lang ich bin!

7. Heilsgeschichtliche Aspekte

Dieser stark individualistische Zug wird aber aufgewogen durch das Kollektivbewußtsein als „Israel" im Exil, so daß sich eine Analogie zwischen dem Schicksal der Einzelseele und dem Geschick des erwählten Volkes ergab, so intensiv, da das „Ich" solcher Gedichte einmal die Seele, einmal das Gottesvolk und nicht selten beide zusammen repräsentiert. So sehnt sich Israel im Exil unter dem drückenden Joch der Weltreiche nach dem Muster des Danielbuchs[125], zuletzt eben Edoms (der christlichen Weltmacht) und Ismaels (der islamischen Weltmacht) nach der messianischen Erlösung, nach der Vollendung der Heilsgeschichte, zurück nach Zion, zur wiederaufgebauten Stadt Jerusalem mit dem neuen Heiligtum[126]. Jehudah Hallevi dichtete nicht bloß in diesem Sinne „Zionslieder", er zog im Alter daraus sogar die Konsequenzen und zog nach Zion, blieb freilich in Ägypten bei seinen dortigen Bewunderern und Freunden allzulange hängen.

Jehudah Hallevi hat die Fragestellung, die im oben zitierten Gedicht *B^ekol libbî* anklingt, in dem umfangreicheren Gedicht *'Attah nerî*[127] ebenfalls aufgenommen. Der Eingangsvers fragt noch in derselben Weise, doch schon der Anfang der nächsten Strophe zeigt, daß es nicht mehr um die Einzelperson geht, denn das sprechende „Ich" ist Jerusalem/Israel.

Du bist meine Leuchte –
    wie könnte mein Licht dunkeln?
Dein Name ist mein Diadem –
    wie soll mein Schmuck nicht funkeln?

Da Fremde meine Krankheit gesehen,
überhoben sie sich, in meinem Erbteil zu wohnen –
Nie sollten sie wagen, auf meine Stufen zu steigen!
    Nicht länger mein „Fels", laß Fremden mein Kleinod,
    dort, meine Myrrhe, im Bündel verborgen!

Die durch meine Schuld über mich sich erheben,
die mich trennen wollen von meinem Herrn,
die Götzen, was geht sie mein Tempel an?
    Gil'ad ist mein Gebirge, Hazor und Zur ist mein Hof!
    Sin ist meine Wüste und der Eufratstrom mein Strom!

Für mich ist Gott ein „kleines Heiligtum" in den Ländern,
denn er erlöst, er sammelt die Zerstreuten
meiner Verbannung, diese zu lieben, und zu vermehren
    mein zerstreutes Volk, sein Name nur meine Hilfe!
    Es kennt mein „Fels" den Balsam für mein Weh!

Sprich zu mir, des Bundes eingedenk der Jugend:
„Kehr um zu mir – ich kehre zurück in den Tempel,
bring in den Tempelraum wieder die beiden Kitze[128].
    Wie kann ich grausam sein zu meinem Erstgeborenen?
    Meiner Kammer Zier sei meiner Herrlichkeit Zier[129]!

Erhebt hoch das Panier, versammelt meine Frommen,
denn keiner drängt und knechtet meine Diener mehr!
Wie einst in Chanes[130] ruft der Tochter meines Freundes:
    Wach auf, wach auf! Schau aus vom Senirgipfel[131],
    auf!, leucht auf, das Freijahr ist gekommen!

Jehudah Hallevi hat mit *'êkah j^echîdah*[132] ein liturgisches Klagelied (*Qînah*) zum 9. Ab (Gedenk- und Fasttag zur Tempelzerstörung) verfaßt, in welcher der stereotype Zeilenanfang "Wie„/"Wehe„ an die biblischen Klagelieder erinnert.

Wie wurde die Liebste unter den Töchtern
    Sklaven zur Magd hingegeben,
wie ward in Trauer verwandelt
    Liederklang und Gesang,
wie haben mich Fremde verwüstet,
    kam alles Unglück auf mich,
wie ist zur Dirne geworden
    die Stadt, die getreue!

Wie stahl sich an mir mein Geliebter vorbei
    und keiner sorgt sich um mich,

wie stille ich meine Verstörtheit,
das Unheil so nah und so ferne der Trost,
wie ertrage ich nur diesen Anblick
des Untergangs meiner Heimat,
wie nur, zu sehen das Böse,
das über mein Volk ist gekommen!

Wie spotten meiner die Jungen,
Spielzeug des Spottes geworden,
wie goß der Bewährte am Tag
des Zorns auf mich Güsse des Grimmes,
wie zornig verfinstert der HERR Zions Tochter
und wie schwarz ist geworden ihr Gold,
wie einsam liegt nun die Stadt,
die einstens volkreiche, da!

Ganz einsam sitzt sie darnieder
und hat nur Dich mehr als Zuflucht,
denn deckst du, "Fels", ihre Taten auf
und ihr unreines Treiben,
siehe, so bleibt ihr
kein Schirm außer dir!
Herr, mein Gott, willst du denn
sie völlig vernichten?

Vertrieben aus deinem Haus,
verstoßen, wehe, nach draußen,
zum Gerede und zum Gespött
für die Spötter geworden!
Kehrst du dich nicht wieder zu
deiner Gemeinde in Huld,
wem willst die kleine Herde du
weiter noch preisgeben?

Zu deiner herrlichen Stätte
kehre wieder, mein Gott,
und richte meine Bedrücker,
wenn du mich rufst zu dem Fest,
wenn Du aus Zion erscheinst
und mit Rache dich gürtest,
um aus der Stadt heraus
uns zu Hilfe zu kommen!

Abraham ben Meir ibn Ezra (gest. 1164) hat in *'Ajjeh n^e^bû'ôt*[133] die heilsgeschichtliche Thematik aufgegriffen, die in der synagogalen Gattung der *G^e^'ûllah* (ähnlich in der *'Ahabah*) zum *Sh^e^ma'*-Komplex einen festen Platz hatte. Der Dichter setzt aber einen eigenen Akzent, indem er Gott in der vierten Strophe einen Verstoß gegen die eigene Tora vorhält: Er habe Israel an Fremde verkauft.

Wo sind die Prophetien der alten Propheten
für das Volk, das unter die Völker zerstreut?
In Exil und in Armut sitzt es – verstört,
denn lang zog die Zeit sich dort hin.

In Ismaels Hand sind zum Spott wir geworden,
wir flohen nach Edom und konnten nicht leben,
sie sagten nicht: Warum taten wir das?
Wir tragen Schuld um unsere Brüder!

Ihn schreckte die Bosheit des erstgeborenen Bruders[134],
als ins Exil ihn seine Sünde brachte,
die Macht des Vaters konnte ihn nicht retten
und so fraß ihn ein böses, wildes Tier.

Wieso verkaufte er die edle Tochter einem Fremden?
Ich weiß doch, daß er in der Tora gelehrt:
Verkauft einer die Tochter und sie geht dadurch
in ein fremdes Volk über, verkauf' er sie nicht[135]!

Verkauft für kein Geld an Haufen von Herren,
häuft er Reden vor dem lebendigen Gott –
daß dieser über ihn sich erbarme
und der Löser kommt, der ihm zunächst[136].

8. Kosmologische und theologische Motive

Manche der traditionellen synagogalen Gattungen (*'Ofan*, *Sillûq*) boten einen festen Platz für Aussagen über den Aufbau der Welt und über die himmlischen Sphären mit ihren Engeln. Die *'^A^bôdah* zum Versöhnungstag enthielt überhaupt eine relativ umfangreiche Darstellung der Schöpfungs- und der Weltgeschichte, die in der

Gründung des Zeltheiligtums am Sinai, also in der Kultgründung gipfelt, als eine Art Vorspann zur Schilderung des Versöhnungstag-Rituals nach Lev 16 und dem Mischnatraktat Joma. In Spanien wurde der pijjutische Beitrag zur Liturgie des Versöhnungstags vor allem mit der umfangreichen und komplizierten *Ma'amad*-Komposition vermehrt, die Raum für individuelle, kollektiv-heilsgeschichtliche und eben auch kosmologische Aspekte bot.
Mose ben Jakob ibn Ezra (gest. 1139) hat für den Versöhnungstag zum *Qerobah*-Komplex ein Stück hinterlassen, das mit *Ha-'el hat-tôläh* beginnt[137]. Hier klingen einige dieser Motive an, obschon sonst alles noch den geläufigen Mustern der Frömmigkeit und des Heilsgeschichtsdenkens entspricht. Der Ansatzpunkt ist die Erhabenheit Gottes im Gegensatz zur menschlichen Natur.

Der Gott, der hinhängt / die Welt übers Nichts,
wie eine Traube hält / er sie ohne Seil,
schwindet sie wie die Motte / Seine Kraft schwindet nie.
Er kennt und entdeckt / des Guten und Bösen Geheimstes
wie Gedanken von Menschen, / denn nichtig sind sie.

Aus dem Fleisch schaue ich / ohne Auge den Schöpfer,
sehe mich als verächtlich / und mein Ende als Nichts,
da mein Wissen gering, / mein Trieb stark gerüstet,
drum weine ich Blut / mit meinen Tränen,
wende mich an den Seher, / ohne Wein trunken,
schmerzergriffen, mit Kummer und Trauer verschwistert.

Ohne Heil im Gebein durch meine Sünde,
an Fleisch und Leib / heillos durch mein Leid,
drum strömt mein Blut / in meine Tränen.
Was tu ich, steh ich / vor Gericht für mein Tun?
Wenn meine Schuld und mein Blut / mir begegnen?
Zu wem soll ich fliehn / vor ihnen als Zeugen,
da ich Eitlem hinterher / lief in dieser Welt.

Wach auf, wecke neu / die Liebe der Gazellenzeit!
Im Rachen des knurrenden Leu, / in den Krallen der Löwin,
des Feindes Maul offen / für das Blut der Gefangnen,
fürchte ich zu vernichten / den fruchtbaren Weinstock,
im Sturmmeer der Fremde / geborsten das Schiff,
ohne Ruder und Tau, / der Kapitän ratlos –
wie Gedanken von Menschen, / denn nichtig sind sie.

Salomo ben Jehudah ibn Gabirol (gest. ca. 1058) hat öfters theologische und kosmologische Motive poetisch verarbeitet. In solchen Dichtungen haben gattungsbedingt schon früh auch alte esoterische Traditionen über die himmlische Welt Aufnahme gefunden, und Ibn Gabirol machte davon Gebrauch und fügte sie in sein neuplatonisch-aristotelisch fundiertes Weltbild ein.

Salomo ben Jehudah ibn Gabirol, *Kol b^{e}rû'e ma'lah*[138]

Alle Geschöpfe oben und unten
bezeugen einhellig und künden:
Der HERR ist *Einer* und sein Name *Einer*!

Zweiunddreißig Pfade Deines Weges lehren
jedem Deine Größe, der ihr Geheimnis kennt.
Aus ihnen erkennt man: Alles ist Dein,
und Du, Gott, der *eine* König!

Betrachtet man den Bau der Welt,
ist alles veränderlich außer Dir,
nach Zahl und Maß alles bemessen,
alles von *einem* Hirten gegeben!

Von Anfang bis Ende tragen Dein Zeichen
Norden und Westen, Osten und Süden,
Himmel und Erde bezeugen Dich treu
als *Einen* dort und *Einen* hier!

Durch Dich sind alle Dinge gegeben,
sie müssen vergehen, Du bleibst bestehen,
drum gibt Dir die Ehre jedes Geschöpf:
Ein Vater ist es – von Anfang bis Ende!

Ähnlich klingt es in *Shib'ah sh^{e}chaqîm*[139]:

Dich fassen selbst die sieben Himmel nicht,
denn Du trägst sie, nicht sie ertragen Dich,
sie preisen Dich, seit Du sie Dir erschaffen,
sie müssen vergehen, Du bleibst bestehen,
Herr mein Gott, Du bist so groß!

Dich ehren die himmlischen Tafsarim[140],
der Schin'an lobt Dich im innersten Raum,
voll Scheu, Dich zu schaun – wer könnte dies?
Groß ist der Herr und hoch gepriesen

Wer könnte, ohne zu verstummen,
Deine Macht preisen bei Tag und bei Nacht,
da Dein Name erhaben über alles Lob,
das erkennt meine Seele sehr wohl

Unendlich ist Deine Herrlichkeit groß,
wie sollte sie wohnen in Zelt und in Bau?
Dich trägt nicht einmal die Bewegende Sphäre,
denn Du bist zu gewaltig dafür!

Mächtiger, Prächtiger auf den vier Tieren,
Zerstreute sammle von den vier Winden,
ruf das Freijahr aus den wie Schafe Verirrten,
deren Anblick so elend und schlecht!

Ibn Gabirol hat aber noch eine große Dichtung für den Versöhnungstag verfaßt, die sogenannte „Königskrone“, in der er in ausführlicherer Weise seine Gottes- und Schöpfungslehre, sein Welt- und Menschenbild dargelegt hat. Daraus einige einschlägige Strophen (in leicht revidierter Übersetzung)[141]:

IX. Gottes Weisheit und Wille und die Schöpfung:

Du bist weise, als lebendiger Quell
ergießt sich die Weisheit aus Dir,
vor Deiner Weisheit steht der Mensch
als Tor.
Du bist weise, früher als alles Frühe,
und die Weisheit war Zögling bei Dir.
Du bist weise, hast nur von dir selber gelernt,
erwarbst Weisheit von Dir allein!
Du bist weise, aus Deiner Weisheit strömst du
den bestimmten Willen aus
als Schaffenden und Künstler:
Um den Strom des Seins aus dem Nichts zu ziehn,
wie dahinströmt das Licht, das dem
Auge entstrahlt,
schöpft Er ohne Eimer aus der Quelle des Lichts
und schafft das All ohne Werkzeug,
Er gräbt und furcht ein,
er reinigt und läutert,
Er ruft dem Nichts – und es ist zweigeteilt,
dem Sein – und es ist aufgestellt,
der Welt – und sie steht da,
setzt Himmel mit der Spanne fest,
fügt mit der Hand das Zelt der Sphären,
zurrt der Schöpfung Gezelt fest mit
Schlingen der Macht,
deren Kraft bis zum Rande der
Schöpfung hin reicht,
der niedersten, äußersten, letzten
Plane in der Verbindung!

X. Die Erde und die vier Elemente:

Wer erzählt Deine machtvollen Taten,
wie Du den Erdball zweigeteilt,
halb Festland und halb Wasser?
Du wölbtest übers Wasser die Sphäre des Windes,
„ständig kreisend weht der Wind
läßt sich auf seinen Kreisen nieder“,
über den Wind wölbest Du die Sphäre
des Feuers.
Diese vier Elemente haben einen einzigen Grund,
ihr Ursprung ist einer,
von ihm gehen sie aus und erneuern sich,
von dort aus erfolgt die Trennung
und es entstehen vier Teile.

XV. Die Sonnensphäre

Wer begreift Dein Geheimnis,
da Du über der Sphäre der Venus
die vierte Sphäre gewölbt,
in welcher die Sonne.
Sie kreist um die ganze Sphäre in einem vollen Jahr,
ihr Körper 170mal größer als der Körper der Erde,
nach Beweisen des Verstandes und der Vernunft.
Sie verteilt Licht an alle Sterne des Himmels
sie schenkt Königen Sieg,
und Hoheit, Herrschaft und Furcht.
Sie wirkt Wunder in der Welt,
zu Frieden oder zu Krieg,
Sie stürzt Königreiche, gründet und erhebt andere an ihrer Statt.
Sie hat die Macht, nach Willkür
zu erniedrigen und zu erhöhn –
und all das durch den Willen des,
der sie in Weisheit schuf!

XXIV. Die Vernunftsphäre

Wer begreift die Geheimnisse Deiner Schöpfung,
da Du über die neunte Sphäre
die Sphäre der Vernunft gesetzt hast?
Sie ist das „innere Heiligtum" –
die „Zehnte, heilig dem Herrn!".
Sie ist die Sphäre, die über das Höchste erhaben,
die der Gedanke nicht mehr erreicht,
und dort liegt die geheime Statt,
die Sänfte Deiner Herrlichkeit.
Du hast sie aus Silber der Wahrheit gegossen,
aus Gold der Vernunft ihre Decke gemacht,
auf Säulen des Rechts sie gestellt.
Aus Deiner Kraft entstammt ihr Sein,
ihr Ziel führt von Dir aus zu Dir
und auf Dich hin ihr Streben.

9. Kabbalistische Dichtung

Im Norden Spaniens, in Gerona, hat der als Bibelexeget berühmt gewordene, aber bereits kabbalistisch engagierte Mose ben Nachman (gest. 1270) auch einige Gedichte verfaßt, in denen er zum Teil deutlicher als in seinen Bibelkommentaren kabbalistische Motive verarbeitete. In einem dieser seiner – wenigen – Gedichte spricht zunächst die Seele für sich, danach geht es um die Seele im Leib, um den Menschen. Die neuplatonisch definierte Herkunft der Seele gewinnt hier ein besonderes Kolorit, denn der kabbalistische Dichter spricht in einer ihm ungewöhnlich deutlichen Weise vom Ursprung der Seele aus den „Stufen" der emanierenden göttlichen Wirkungskräfte (Sefirot), wohin sie auch wieder zurückkehren soll. Die Sefirot bilden in ihrem emanatorischen Zusammenhang ein System von Strömen, die das Ganze wieder als „Garten" bewässern, sofern keine Störung durch die Sünde und böse Mächte eintritt. Die Sünde beeinträchtigt also nicht nur den Gang der Heilsgeschichte oder das Schicksal der Einzelseele, sie wirkt auf die göttlichen Kräfte der Sefirotwelt ein – so wie die Torafrömmigkeit positiv einwirkt.
Damit zeichnet sich eine völlig neue Welt- und Lebensauffassung und ein neues Selbstbewußtsein ab. Alle vorhandenen Traditionen, angefangen vom biblischen Text selbst bis hin zu den neuplatonischen Vorstellungen werden in dieses imponierende spekulative System eingebaut und einer kontemplativen und gleichzeitig auf die strenge Praxis der Tora ausgerichteten Frömmigkeit dienstbar gemacht. Die Kabbalisten haben nur wenig gedichtet[142], sie konnten nämlich alles Vorhandene, und nicht zuletzt die neuplatonisch gefärbten synagogalen und religiösen Dichtungen, leicht im Sinne kabbalistischer Symbolistik – alles auf die Sefirot beziehend – lesen und verstehen.

Mose ben Nachman, *Me-ro'sh miqqadmê 'ôlamîm*[143]:

Vom Anfang her, von Uran-Ewigkeiten,
lag ich in seinem versiegelten Schatzhaus,
aus Nichts hat er mich hervorgebracht, und am Zeitenende
werde ich wieder eingefordert vom König.

Meine Lebenskette zieht sich aus der Schöpfung Grund,

hervorzubringen ein Abbild im vorgefertigten Bild,
gewogen durch des Kunstwerks Meister,
um es zu bringen ins Schatzhaus des Königs.

Er erschien, zu offenbaren, was er verborgen,
zog von Links es heraus, von der Rechten,
auf den Stufen, die herunterführen vom
Bewässerungsteich zum Garten des Königs.

In den Staub gewirkt, dein Geist mir eingehaucht,
erkennst du mich als einen Fremdling auf Erden:
„Wie lange währt dein Lauf und wann kehrst du zurück,
daß gut es sei vor dem König?"

Ein Licht gesetzt hast du für meinen Fuß und Pfad,
durchdringst den ganzen Leib mit meiner Seele Geist,
und als ich auszog von dir, hast du mich vermahnt:
Fürchte, mein Sohn, den HERRN und König!

Du gabst dem Herzen Waage und Gewicht des Rechts,
führt es zur Gnade mich, frohlocke ich,
doch wenn zum Bösen, gibt es Spott und Hohn,
denn das kam nicht von seiten des Königs!

Angstumschlungen eil ich, meine Schuld zu beichten,
ehe jäh meine Ehre ins Grab sinkt,
wo mein Zeichen mich klagt, denn wer mißachtet
schon Verordnungsschreiben des Königs?

Durch Entschluß der Seele ins Land der Betrübnis geraten,
wurde ich fast in den Gräbern der Begierde begraben,
doch nach meiner Umkehr bereute ich, daß ich
mißachtet hatte die Weisung des Königs.

Der Welt Begehren wurde ins Herz mir gesenkt,
den Tagen nachzujagen, ihren Eitelkeiten.
Ja, werde ich für alles Unbewußte auch gerichtet,
so fürchte meinen Herrn ich, den König!

Seine Sünde erkennend, voll Angst ob der Schuld,
harrt er deiner Huld, traut nicht eigenem Gut,
erschrocken vor dir – denn wie könnte erscheinen
ein Frevler vor den Augen des Königs?

Dein Erbarmen neige die Waage zum Guten,
wird des Knechtes Schuld gewogen, der dem Herrn bekennt
und gezwungen wird, Rechnung zu legen
vor den Augen des Königs.

Dein, HERR, ist die Gnade – in ihr seine Zuflucht,
Dein, HERR, ist Gerechtigkeit – sie ist sein Schutz,
Dein, HERR, ist Vergebung – sie füllt seine Werke
auf zum (geforderten) Maße des Königs.

Auf dich gestützt bau ich nicht auf meine Werke,
da ich sage: Die Welt wird durch Gnade erbaut!
Bevor ich noch rufe, erhörst du mich doch,
der sich schämt, zu bitten den König!

Mich trösten deine Wege, denn ich hörte: Du erläßt Schuld!
In dir birgt sich meine Seele und wird nicht zuschanden,
da der Leib gefesselt ins Gefängnis kommt
und sie in die Hallen des Königs.

Sie weiß, wenn du ins Verderben mich tauchst,
daß du – auch wenn ihr Gewand ganz verderbt –
ihr es vergiltst, nachdem sie gelitten –
als Urteil, gefällt durch den König!

Festige die schwache Hand und stärke sie wieder,
und wenn alle Dinge zurückkehren zu ihrem Sein,
verwandle zum Heil sie vom Hausgarten aus,
vom Prachtgarten aus des Königs!

Anmerkungen

[1] Zum Überblick: *A.M. Habermann*, A History of Hebrew Liturgical and Secular Poetry (hebr.), I,

Ramat Gan 1970; *J. Schirmann*, Studies in the History of Hebrew Poetry and Drama (hebr.), I, Jerusalem 1979; *E. Fleischer*, Hebrew Liturgical Poetry in the Middle Ages (hebr.), Jerusalem 1975 (mit Bibliographie).

2 *M. Sachs*, Die religiöse Poesie der Juden in Spanien, Berlin 1901²; *J. M. Millàs Vallicrosa*, La poesia sagrada hebraico-española, Madrid 1940; *M. Alvar*, Poesia tradicional de los judíos españoles, Mexico 1966; *D. Goldstein*, The Jewish Poets of Spain, London 1971²; *A. Mirski*, 'Ärkê hash-shîrah ha-'ibrît biSfarad, in: *R. D. Barnett*, The Sephardi Heritage, London 1971, 186–274; *R. Castillo*, Cuatro poetas hebraico-españoles, Madrid 1973.

3 *H. Zafrani*, Études et recherches sur la vie intellectuelle juive au Maroc, II: Poésie juive en occident musulman, Paris 1977.

4 *D. Yellin*, Tôrat hash-shîrah has-s^efaraddît, Jerusalem 1978²; Kitbê David Yellin III: Hash-shîrah ha-'ibrît biSfarad, Jerusalem 1975; *S. Abramson*, Bilshôn q^edûmîm, Jerusalem 1965; *Pagis D.*, Chiddûsh û-masôrät b^eshîrat ha-chôl ha-'ibrît, Jerusalem, 1976; *E. Fleischer*, The „Gerona School" of Hebrew Poetry, in: I. Twersky (ed.), Rabbi Moses Nachmanides, Cambr./Mass. 1983, 35–50.

5 *R. Drori*, Re'shît ham-magga'îm shäl has-sifrût haj^ehûdît 'im has-sifrût ha-'^arabît bam-me'ah ha-'^asîrît, Tel Aviv 1989.

6 *J. Weiss*, Tarbût chaçranît w^eshîrah chaçranît, Jerusalem 1948 (nur 13 Seiten, aber gewichtig).

7 Zur Orientierung: *F. Sezgin*, Geschichte des arabischen Schrifttums, II. Poesie, Leiden 1975; *E. Wagner*, Grundzüge der klassischen arabischen Dichtung, II, Darmstadt 1988; *J. T. Monroe*, Hispano-Arabic Poetry, Berkeley 1974; *H. Peres*, La poésie andalouse en arabe classique au XIe siècle, ses principaux thèmes et sa valeur documentaire, Paris 1953².

8 *M. Ajami*, The Neckveils of Winter. The controversy over natural and articial poetry in Medieval Arabic literary criticism, Leiden 1984.

9 *S. Pinckney Stetkevych*, Abî Tammâm and the Poetics of the 'Abbâsid Age, Leiden 1991.

10 *E. Y. Kutscher*, A History of the Hebrew Language, Leiden 1982.

11 *J. Owens*, Early Arabic Grammatical Theory, Amsterdam 1990.

12 *C. Del Valle Rodriguez*, La escuela hebrea de Córdoba, Madrid 1981; *Ders.*, Die grammatikalische Terminologie der frühen hebräischen Grammatiker, Madrid 1982; *J. Lewin*, Mib-boqär la-'äräb, Jerusalem 1982.

13 *Z. Malachi*, 'Abraham 'ibn 'Ezra' nägäd 'El'azar ha-Qalîr, in: Päläs. Mächqarîm ... l^ezekär Sh"J Pnueli, Tel Aviv 1980, 273–296.

14 *A. Schippers*, Arabic Tradition and Hebrew Innovation, Amsterdam 1988; *S. Somekh* (ed.), Studies in Medieval Arabic and Hebrew Poetics, Leiden 1991.

15 *D. Yellin*, Tôrat hash-shîrah has-s^efaraddît, Jerusalem 1940; *Ders.* (Hrsg.), Mishqal ham-mashma'ût û-mashma'ût ham-mishqal, Beer Sheba 1973; *J. Yahalom*, Re'shîtah shäl hash-sh^eqîlah ham-m^edûjjäqät, Leshonenu 47 (1982/83), 25–61; *F. Corriente*, Métrica hebrea cuantitativa, métrica de la poesía estrófica andalusí y „arud", Sefarad 46 (1986), 123–132.

16 *S. Mirski*, Mashma'ût hä-charûz b^eshîrat S^efarad, Leshonenu 33 (1968/69), 150–195.

17 *D. Pagis*, Change and Tradition in the Secular Poetry: Spain and Italy (hebr.), Jerusalem 1976.

18 *S. M. Stern*, Arabic Poems by Spanish-Hebrew Poets, Romanica et Occidentalia. Études dédiés à la mémoire de H. Peri (Pflaum), ed. M. Lazar, Jerusalem 1963, 254–263.

19 *A. Trabulsi*, La critique poétique des Arabes jusqu'au Ve siècle de l'Hégire, Damaskus 1956; *W. Heinrichs*, Arabische Dichtung und griechische Poetik, Beirut 1969; *G. E. Grunebaum* (Hrsg.), Arabic Poetry. Theory and Development, Wiesbaden 1973; *V. Cantarino*, Arabic Poetics in the Golden Age, Leiden 1975 (Texte); *M. Ait El Ferrane*, Die Ma'nâ-Theorie bei 'Abdulqâhir al-Gurgânî, Frankfurt./M. 1990; *G. J. H. van Gelder*, Beyond the Line, Leiden 1982.

20 *S. Somek* (Hrsg.), Studies in Medieval Arabic and Hebrew Poetics, Leiden 1991; *E. Chazan*, The Poetics of the Sephardi Piyut (hebr.), Jerusalem 1986.

21 Siehe unten Anm. 43.

22 Eingehend beschrieben von *E. Fleischer*, Hebrew Liturgical Poetry in the Middle Ages (hebr.), Jerusalem 1975, 333–421. Für die theologisch wie formal-poetisch hochinteressanten *Jôçer*-Kompositionen und die Gattungen in ihrem Rahmen s. ebenfalls *E. Fleischer*, Haj-jôç^erôt, Jerusalem 1984, 473–604.

23 *R. Jacobi*, Studien zur Poetik der altarabischen Qaside, Wiesbaden 1971.

24 *J. M. Sola-Solé*, Corpus de Poesia mozarabe. Las hargas andalusies, Barcelona 1973; *L.-F. Compton*, Andalusian Lyrical Poetry and Old Spanish Love Songs, New York 1974; *A. Jones*, Romance Kharjas in Andalusian Arabic Muwassah Poetry, London 1988.

25 Siehe zuletzt: *T. Rosen Moked*, La'^azôr shîr, Haifa 1985. Zum Stand der Diskussion: *S. L. Einbinder*, The Current Debate on the Muwashshah, in: Prooftexts 9 (1989), 161–177.

26 *E. Fleischer*, Hebrew Liturgical Poetry in the Middle Ages (hebr.), Jerusalem 1975, S. 381-386; *J. M. Tarragona Borras*, Breves notas sobre Yosef ibn Abitur, MEAH 31, 2 (1982), 53–85.

[27] Dazu siehe *M. Zulay*, Ha-'askôlah hap-pajtanît shäl Rab Sa'adjah Ga'ôn, Jerusalem 1964.

[28] *I. Davidson – S. Assaf – I. Joel*, Siddûr R. Sa'adjah Ga'ôn, Jerusalem 1985[5]; *Y. Tobi*, Pijjûtê Rab Sa'adjah Ga'ôn, Jerusalem 1982.

[29] Zu ihm siehe nun ausführlich *C. Del Valle Rodriguez*, El Divan poetico de Dunash ben Labrat, Madrid 1988

[30] *L. J. Weinberger*, Jewish Prince in Moslem Spain, Alabama U. P. 1973.

[31] *D. Yarden*, Dîwa'n Sh[e]mû'el han-Nagîd, Jerusalem 1966; S. Abramson, Ben Mishlê, Tel Aviv 1949; *Ders.*, Ben Qohälät, Tel Aviv 1953.

[32] *A. Zemach*, J[e]çîrah m[e]chukkämät, Jerusalem 1983.

[33] *A. M. Habermann*, Shîrê milchamah, Tel Aviv 1963[2].

[34] *R. Loewe*, Ibn Gabirol, London 1989; *Z. Malachi* (Hrsg.), Mächqarîm bijçîrat Sh[e]lomoh 'ibn Gabîrôl, Tel Aviv 1985.

[35] *Ch. (J.) Schirmann*, Shîrê ha-chôl, Jerusalem 1975; *D. Yarden*, Shîrê ha-chôl, I–II, Jerusalem 1975/76 (1984[2]). – *A. Tsämach*, K[e]shôräsh 'eç, Merhavya/ Tel Aviv 1973.

[36] *D. Yarden*, Shîrê haq-qodäsh, I–II, Jerusalem 1971/ 1973 (1980[2]). - *Z. Breuer*, Poetic Principles of the Liturgical Poetry of Salomon Ibn Gabirol (hebr.), Diss. Jerusalem 1982.

[37] *J. Lewin*, Has-sôd w[e]haj-j[e]sôd, Lod 1986.

[38] *J. Schlanger*, La philosophie de Salomon ibn Gabirol, Leiden 1968; *K. Dreyer*, Die religiöse Gedankenwelt des Salomo ibn Gabirol, Leipzig 1933.

[39] *Y. Peles*, Bachja 'ibn Paqûdah, Shîrê qodäsh, MA.-Thesis Univ. Tel Aviv 1977; *Ch. (J.) Schirmann*, Shîrîm ch[a]dashîm ... Jerusalem 1966, S. 203 f.

[40] Siehe vorläufig: *M. Schmelzer*, The Piyyutim of Isaac Ibn Giat, in: *M. A. Friedman* (ed.), Cairo Geniza Studies (T[e]'ûdah) 1, Tel Aviv 1980, 89–95; zuletzt: *A. Saenz Badillos*, Nuevos poemas ..., MEAH 30, 2 (1981), 5–35; *Ders.*, Cinco nuevos poemas ..., a. a. O. 31, 2 (1982), 31–52.

[41] *D. Pagis*, Shîrê L[e]vî 'ibn 'al-Tabba'n, Jerusalem 1968.

[42] *A. Diez Macho*, Mose Ibn 'Ezra como poeta y precepista, Madrid 1953.

[43] *H. Brody*, Shîrê ha-chol, I–II, Jerusalem 1935/42, III (hrsg. von D. Pagis), Jerusalem 1978.

[44] *S. Bernstein*, Shîrê qodäsh, Tel Aviv 1957.

[45] *A. S. Halkin*, Liber Discussionis et Commemoratiuonis (Poetica Hebraica), Jerusalem 1975 (Arab. und hebr.). – *D. Pagis*, Secular Poetry and Poetic Theory. Moses ibn Ezra and His Contemporaries (hebr.), Jerusalem 1970; *J. Dana*, Poetics of Medieval hebrew Literature according to Moshe ibn Ezra (hebr.), Jerusalem/Tel Aviv 1982.

[46] *H. Brody*, Diwan des Abû-Hassân Jehuda ha-Levi, I–IV, Berlin 1901/09/11/30. Seither sind zahlreiche neu entdeckte Gedichte publiziert worden.

[47] *D. Yarden*, Shîrê haq-qôdäsh liJhûdah hal-L[e]vî, I–III, Jerusalem 1978/79/82.

[48] *J. M. Millàs Vallicrosa*, Yehuda ha-Levi como poeta y apologista, Madrid 1947; *Ch. Schwarz* (ed.), Mishnatô ha-h[a]gûtît shäl J[e]hûdah hal-L[e]vî, Jerusalem 1979; *A. Doron*, Yehudah ha-Levi, Repercusion de su obra, Barcelona 1985; *Dies.*, J[e]hûdah hal-L[e]vî, Tel Aviv 1988.

[49] *J. David*, Shîrê Jôsef 'ibn Çaddîq, Jerusalem 1982.

[50] *J. Lewin*, Shîrê haq-qôdäsh shäl 'Abraham 'ibn 'Ezra', I–II, Jerusalem 1976/80.

[51] *Ch. (J.) Schirmann*, Ham-m[e]shôr[e]rîm b[e]nê dôram shäl Moshäh 'ibn 'Ezra' wiJhûdah hal-L[e]wî, in: J[e]dî'ôt ham-makôn l[e]cheqär hash-shîrah ha- 'ibrît 2 (1938), 117–194; 6 (1946), 249–347.

[52] *M. H. Schmelzer*, Isaak ben Abraham ibn Ezra, Shîrîm, Jerusalem 1980/81.

[53] *I. Davidson*, Sepher Shaashuim, New York 1914 (hebr. und engl.); *M. Hadas*, The Book of Delight, New York 1932 (engl.); *M. Forteza-Rey*, Libro de los entretemientos, Madrid 1983 (span.); *E. Piatelli*, Ibn Zabara, Il libro delle delizie (ital.). – Nun siehe v. a.: *J. Dishon*, Sefär sha'[a]shû'îm, Jerusalem 1985.

[54] Hrsg. *J. Peretz*, Machbärät 'Itî'el, Tel Aviv 1951/52; s. dazu auch *J. Schirmann*, Die hebräische Übersetzung der Makamen des Hariri, Frankfurt/M. 1930.

[55] *J. Toporowski*, Tachk[e]mônî, Tel Aviv 1952; engl.: *V. E. Reichert*, The Tahkemoni of Judah al-Harizi, I–II, Jerusalem 1965/73.

[56] Vgl. zuletzt *T. Bräin*, La version provencale de B..., Konstanz 1990.

[57] Zahlreiche Ausgaben. Zuletzt: *A. M. Habermann*, Tel Aviv 1951. – Dazu: *J. Chotzner*, Hebrew Humor, London 1905, 117–126.

[58] Zur Orientierung vgl. *A. Hottinger*, Kalila und Dimna, Bern 1958.

[59] *J. Derenbourg*, Deux versions hebraïques du Calila et Dimnah, Paris 1881.

[60] Text: *J. J. Riblin*, Jerusalem 1938.

[61] *J. M. Sola-Solé*, El Calila e Digna castellano, in: Hispania Judaica 3 (1984), 101–131.

[62] Teiledition: *Ch. (J.) Schirmann*, J[e]dî'ôt ham-makôn l[e]cheqär hash-shîrah ha-'ibrît 5 (1939), 209–266.

[63] *S. Salfeld*, Das Hohelied Salomos bei den jüdischen Erklärern des Mittelalters, Berlin 1879.

[64] Darüber siehe die hervorragende Monographie von *G. Vajda*, L'amour de Dieu dans la théologie juive du Moyen Age, Paris 1957, und dazu noch speziell *J. Schirmann*, L'amour spirituel dans la poésie hébraïque médiévale, in: Les lettres romaines 15 (1961), 315–323.

[65] *F. Ohly*, Hoheliedstudien, Wiesbaden 1958; *U. Küsters*, Der verschlossene Garten, Düsseldorf 1985; *E. A. Matter*, The Voices of my Beloved. The

Song of Songs in Western Medieval Christianity, 1990.

[66] Siehe allgemein zur Orientierung *P. Dronke*, The Song of Songs in Medieval Love-Lyric, in: W. Courdaux (Hrsg.), The Bible in Medieval Culture, Leuven 1979, 236–262.

[67] Hrsg. von *D. Yellin*, I–III, Jerusalem 1932/37.

[68] *J. Zemora*, Tel Aviv 1953.

[69] *G. Scholem*, P[e]raqîm ..., Kiryath Sepher 6 (1929/30), 109–118.

[70] Darüber s. *J. Dan*, '[A]lîlôt 'Aleksander Moqdôn, Jerusalem 1969 (Einleitung!).

[71] *S. Shepard*, Shem Tov – His World and Words, Miami 1978.

[72] Text: *J. Nini – M. Fruchtman*, Tel Aviv 1980.

[73] *G. Alvarez*, Sem Tob de Carrion, Proverbios morales, Salamanca 1970; *A. García Calvo*, Don Sem Tov, Glosas de sabiduria o proverbios morales, Madrid 1983.

[74] *S. Bernstein*, 'Al n[a]harôt S[e]farad, Tel Aviv 1956.

[75] *J. David*, Shîrê R. J[e]chî'el bän ha-R'SH, Jerusalem 1986.

[76] *D. Pagis*, Qînôt shäl g[e]zêrôt QN"', Tarbiz 37 (1967/1968), 355–373.

[77] *S. Bernstein*, Dîwa'n ..., New York 1942.

[78] *M. Hoss*, Jerusalem (MA-Arbeit an der Hebrew Univ.), 1984.

[79] *D. Yarden*, Shîrê '[a]habah ch[a]dashîm l[e]Dôn Vîda'l Benbenesht, Mo'znajim 36, 2 (1972/73), 98–104 (16 Stück).

[80] *G. Schoeler*, Arabische Naturdichtung, Beirut 1974.

[81] *W. Hoenerbach*, Dichterische Vergleiche der Andalus-Araber, (I–II), Bonn 1973.

[82] *W. Schmidt*, Die Natur in der Dichtung der Andalus-Araber, Kiel 1971.

[83] *H. Brody*, Diwan des Abû-Hassân Jehuda ha-Levi, II, Berlin 1909, 269.

[84] Text: *D. Yarden*, Dîwa'n Sh[e]mû'el han-Nagîd, Jerusalem 1966, 292.

[85] A. a. O. 293.

[86] A. a. O. 292.

[87] *D. Yellin*, Gan ham-m[e]shalîm w[e]ha-chîdôt, I, Jerusalem 1932, 55.

[88] *A. Diez Macho*, Biblia y Poesia sefardi, 'ôçar J[e]hûdê S[e]farad 3 (1959/60), 26–40.

[89] *J. Ratzhaby*, Qôdäsh k[e]chôl, in: Bar 'Ilan 7–8 (1969/1970), 178–203.

[90] Text: *Ch. (J.) Schirmann*, Shîrîm ch[a]dashîm ..., Jerusalem 1965/66, 343–346. Leicht revidierte deutsche Übersetzung aus: Judaica 31 (1975), 97 bis 108.

[91] Wörtlich: *mazzäh*/„Sprengender", also der den Sühneritus vollziehende Priester – auf den Frühling umgemünzt!

[92] Text: *H. Brody*, Diwan des Abû-Hassân Jehuda ha-Levi, II, Berlin 1909, 326 f.

[93] Wörtlich: Rippen.

[94] Der Rotwein im Glas als Feuer in der Hagelschlosse war ein gängiges Bild.

[95] *Z. Ogen*, The Impressions of Ibn Hazm's Book „The Ring of the Dove" on the Amatory Hebrew Poetry in Spain (hebr.), MA-Thesis an der Universität Tel Aviv 1977; *J. Lewin*, Biqqashtî 'ät shä-'ah[a]bah nafshî, Ha-Sifrut 3 (1970/71), 116–146.

[96] *D. Pagis*, K[e]chût hash-shanî. Shîrê '[a]habah 'ibrijjîm mis-S[e]farad, Tel Aviv 1979; z. T. auch in: *Ch. Toren*, Shîrê '[a]habah b[e]Jisra'el, Jerusalem 1956^2.

[97] Text: *H. Brody*, Diwan des Abû-Hassân Jehuda ha-Levi, II, Berlin 1909, S. 270.

[98] A. a. O. 21.

[99] A. a. O. 37.

[100] A. a. O. 56–57.

[101] A. a. O. 45.

[102] Vgl. *D. Earnshaw*, The Female Voice in Medieval Romance Lyric, New York – Bern 1988.

[103] *N. Roth*, The „Wiles of the Women" Motif in the Medieval Hebrew Literature of Spain, Hebrew Annual Review 2 (1978), 145–165; *T. Rosen*, On Tongues Being Bound and Let Loose, in: Prooftexts 8 (1988), 67–87.

[104] *I. Davidson*, Parody in Jewish Literature, New York 1907, 8–14; *H. Groß*, Die Satire in der jüdischen Literatur, Augsburg 1908, 18–21; *T. Fishman*, A Medieval Parody of Misogyny, Prooftexts 8 (1988), 89–111.

[105] *A. Mirski*, Ham-mibnäh b[e]shîrê haj-j[e]dîdût, Sinai 81 (1977/78), 103–128.

[106] *A. M. Habermann*, 'Al shîrê j[e]dîdût wa-shäbach, Sinai 87 (1979/80), 100–104; *K. B. Starkova*, Das Panegyrion in der mittelalterlichen hebräischen Poesie, in: Die sowjetische Orientalistik 4 (1947), 135–156.

[107] *Y. Lewin*, 'Al mawät, Tel Aviv 1973.

[108] Im Arabischen sind insbesondere die Maqamen des al-Hamdani (gest. 1008) im Orient und die des al-Hariri (gest. 1122) im Westen vorbildlich geworden. Deutsche Übertragungen: *G. Rotter*, al-Hamadhânî, Vernunft ist nichts als Narretei, Tübingen 1982; *F. Rückert*, Die Verwandlungen des Abu Seid von Serug, Stuttgart 1964^4; ferner s. *F. de la Granja*, Maqamas y risalas andaluzas, Madrid 1976.

[109] *O. Grabar*, The Illustrations of the Maqamat, Chicago 1984.

[110] *J. Schirmann*, Die hebräische Übersetzung der Maqamen des Hariri, Frankfurt/M. 1930 (71–87, 111–132 mit Listen der hebr. Maqamendichter), dazu: *Ders.*, Shîrîm ch[a]dashîm ... Jerusalem 1966, 375–417. *Y. Ratzhaby*, Jalqût ham-maqa'mah ha-'ibrît, Jerusalem 1974.

[111] *N. Roth*, The „Ubi sunt" Theme in Medieval Hebrew Poetry, Hebrew Studies 19 (1978), 56–62.

[112] Text: *S. Abramson*, Ben Qohälät, Tel Aviv 1953, 95.

[113] A. a. O. 87.

[114] A. a. O. 19.

[115] A. a. O. 19.

[116] *Ch. (J.) Schirmann*, Hash-shîrah ha-'ibrît biSfarad û-b^{e}Provence, I, Jerusalem – Tel Aviv 1959^2, 575–576.

[117] Leicht revidierte Übersetzung aus Judaica 27 (1971), 33 ff.

[118] *M. Jitzchaki*, Ha-chaj gäfän w^{e}ham-mawät bôçer. 'Ijjûnîm b^{e}pijjûtê tôkachah mis-S^{e}farad, Lod 1987.

[119] *E. Meyerovitch*, Mystique et poésie en Islam, Paris 1972; V. a. siehe die meisterhafte Illustration dessen durch *A. Schimmel*, As Through a Veil. Mystical Poetry in Islam, New York 1982. Für die christliche Seite vgl. *W. Wetherbee*, Platonism and Poetry in the Twelfth Century, Princeton 1972.

[120] Text: *H. Brody*, Diwan des Abû-Hassân Jehuda ha-Levi, II, Berlin 1909, 292. Eine Nachdichtung bei *F. Rosenzweig*, Neunzig Hymnen, Berlin o. J. 68 (und dazu 208–210).

[121] *R. P. Scheindlin*, Redemption of the Souls in Golden Age Religious Poetry, Prooftexts 10 (1990), 49–67.

[122] Text: *S. Bernstein*, Shîrê haq-qodäsh, Tel Aviv 1956/57, S. 111. Übersetzung aus: Judaica 27 (1971), 181–184.

[123] Text: *H. Brody*, Diwan des Abû-Hassân Jehuda ha-Levi, II, Berlin 1909, 217. Eine Nachdichtung bei *F. Rosenzweig*, Neunzig Hymnen, Berlin o. J. 81 (dazu 216 f.).

[124] Text: *H. Brody*, a. a. O. 221. Eine Nachdichtung bei *F. Rosenzweig*, a. a. O. 34.

[125] *J. Maier*, Die Vorstellung von den Weltreichen in der frühen hebräischen Dichtung des Mittelalters, In: Zeitschrift des Aachener Geschichtsvereins 84/85 (1977/78), 181–200.

[126] *N. Allony*, Çijjôn wiJrûshalaim b^{e}shîrat S^{e}farad, Môräshät J^{e}hûdê S^{e}farad w^{e}ham-mizrach, ed. I. Ben-Ami, Jerusalem 1982, 235–259.

[127] Text: *D. Yarden*, Shîrê haq-qodäsh, III, Jerusalem 1982, 845 f.

[128] Vgl. Hohel. 4,5 und I Kön 6,27.

[129] Vgl. Hohel. 1,4 und Jes 4,2.

[130] Ägypten, nach Jes 30,4.

[131] Vgl. Hohel. 4,8 und Num 23,9.

[132] Text: *D. Yarden*, Shîrê haq-qodäsh, II, Jerusalem 1980, 551–553.

[133] *J. Lewin*, Shîrê haq-qôdäsh shäl 'Abraham 'ibn 'Ezra', II Jerusalem 1980, 396 f.

[134] Esau, Ahnvater Edoms, und Edom ist traditionelle Chiffre für „Rom".

[135] Vgl. Ex 21,7 f.

[136] Vgl. Lev 25,15.

[137] Text: *S. Bernstein*, Shîrê haq-qodäsh, Tel Aviv 1956, 240.

[138] Text: *D. Yarden*, Shîrê haq-qodäsh II, 566 f. (Nr. 211).

[139] A. a. O. 325-327 (Nr. 88).

[140] Tafsarim und Shin'anim (folgende Zeile) sind Engelklassen.

[141] Deutsche Übersetzung: *J. Maier*, Die „Königskrone", Judaica 18 (1962), 1–55; verschiedene Übertragungen: *P. O. Benardete – D. N. Barocas*, Salomon ibn Gabirol, Keter malkuth, New York 1972.

[142] Ziemlich irreführend ist der Titel des Buches von *M. Wiener*, Die Lyrik der Kabbalah, Wien 1920.

[143] Text: *Ch. (J.) Schirmann*, Hash-shîrah ha-'ibrît biSfarad û-b^{e}Provence II/1, Jerusalem – Tel Aviv 1960^2, 322–325; *Ch. D. Chavel*, Kitbê ha-RMB"N, I, Jerusalem 1968^3, 392–394; auch: *M. Sachs*, Die religiöse Poesie der Juden in Spanien, Berlin 1901, hebr. 50 f. Eine deutsche Nachdichtung und Erklärung von *G. Scholem* befindet sich im Almanach des Schocken-Verlags für 5696 (1935/1936), 86–89.

Kurt Schubert

I, 1 ANFANG UND ENDE

Juden sind auf der iberischen Halbinsel seit dem 1. Jahrhundert n. Chr. belegt. Der älteste Beleg ist eine dreisprachige Inschrift (I.1,1), die in Tarragona gefunden wurde. Unter den 81 Canones des gesamtspanischen Konzils von Elvira (306) beschäftigen sich 4 mit Juden. Kanon 16 bestimmt, daß man Töchter nicht mit Juden oder Ketzern verheiraten darf. Kanon 49 bestimmt, daß man seine Feldfrüchte nicht von Juden segnen lassen darf. Kanon 50 verbietet Mahlgemeinschaften mit Juden. Und Kanon 78 lautet: „Wenn ein verheirateter Gläubiger sich mit einer Jüdin oder heidnischen Frau eingelassen hat, soll er exkommuniziert sein." Daraus geht hervor, daß in der Spätantike das spanische Judentum gesellschaftlich bereits eine ansehnliche Rolle spielte. Zu dieser Zeit waren die spanischen Juden wohl hauptsächlich in der Landwirtschaft tätig. Die Spanien beherrschenden Westgoten waren zunächst Anhänger des Arianismus und führten als solche eine judenfreundliche Politik. Erst als unter Reccared im Jahre 586 Spanien katholisch wurde, setzte eine repressive Politik gegen die Juden ein. Im Jahre 613 verordnete Sissebut, daß die Juden das Christentum anzunehmen hätten. Als Folge davon wanderten viele Juden nach Nordafrika aus oder wurden Protomarranen, d. h. sie blieben im Geheimen ihrem Judentum treu.

Nach der muslimischen Invasion 711 ergaben sich für die Juden neue Chancen in Spanien, was zu einer Einwanderung aus Nordafrika im 8. und 9. Jahrhundert führte. Ein arabischer Geograph nannte Tarragona und Granada „jüdische Städte". Die muslimische Eroberung stellte auch eine engere Bindung als bisher der spanischen Juden mit dem babylonischen jüdischen Bildungszentrum her. Selbst der Hofkaplan am karolingischen Hof, Bodo, begab sich in das muslimische Saragossa, wo er zum Judentum übertrat, den Namen Eleazar annahm und eine Jüdin heiratete. Unter dem Kalifen Abd al Rahman III. (912–971) wurde durch die Wirksamkeit des Hofjuden Chasdai ibn Schaprut Córdoba zu einem geistigen Zentrum für das spanische Judentum (vgl. I.1.2). Mit dem Niedergang des Kalifats von Córdoba wurden andere Städte Zentren jüdischer Gelehrsamkeit, besonders Granada und Saragossa.

Ende des 11. Jahrhunderts sind Juden (erste Nachrichten schon ab 850) auch in Katalonien belegt, wo im 11. Jahrhundert bereits eine bedeutende Gemeinde in Barcelona bestand. Weitere jüdische Gemeinden entstanden entlang der Straße nach Santiago. Ähnlich den Verhältnissen im mitteleuropäischen Raum gehörten die Juden zur königlichen „Kammer", das heißt: sie hatten dem Fiskus Geld und Know-how zur Verfügung zu stellen. Ebenso wie z. B. in Österreich mußte für die Ermordung oder Verwundung eines Juden eine Strafsumme an die „Kammer" entrichtet werden.

1085 eroberte Alfons VI. von Kastilien Toledo und Anfang des 12. Jahrhunderts Alfons I. von Aragon Tudela und Saragossa. Kurz darauf eroberte der Graf von Barcelona, Ramon Berenguer IV., Tortosa und Lerida. In den von der Reconquista eroberten Gebieten erhielten die Juden die gleichen Rechte, die ihre Glaubensbrüder in den altchristlichen Gebieten im Norden der iberischen Halbinsel hatten. Da die maurische Verwaltung in diesen Gebieten nicht mehr existierte, nahmen vielfach Juden offizielle Stellen in der Verwaltung von Kastilien, Aragón und Katalonien ein.

Inzwischen aber verschlechterte sich die Lage der Juden im muslimischen Spanien, wo sich ab 1146 die unduldsamen Almohaden in Andalusien festsetzten. Als im 13. Jahrhundert die meisten andalusischen Städte von den Christen erobert wurden, gab es dort keine Juden mehr. Sie mußten von den christlichen Königen neuerlich angesiedelt werden. So entstand im christlichen Spanien eine Art von jüdischer Aristokratie, die als Steuerpächter und in der Verwaltung eine bedeutende Rolle spielten. In Kastilien wirkte unter Alfons VIII. der Steuerpächter Joseph ibn Schoschan, der in Toledo eine Synagoge erbauen ließ, die dann in die Kirche Sta Maria la Blanca umgewandelt wurde. Doch mußten schon im 13. Jahrhundert die spanischen Könige die Juden vor Übergriffen schützen. Das 4. Laterankonzil von 1215 mit seinen antijüdischen Bestimmungen wirkte sich auch auf die Lage der Juden in den christlich-

spanischen Staaten aus. Wegen der Nähe zu Südfrankreich war die Animosität gegen Juden zunächst in Aragón stärker als in Kastilien. Der Dominikaner San Ramon de Penyaforte war bemüht, die Bestimmungen des 4. Laterankonzils voll zur Geltung zu bringen. Das Religionsgespräch von Barcelona 1263 war ein Schritt zur immer deutlicher werdenden Verschlechterung der Lage für die Juden in Spanien.
Die Diskussion zwischen Maimunisten und Antimaimunisten führte schlußendlich dazu, daß 1305 die bedeutendste jüdische Autorität Spaniens, der Rabbiner von Barcelona, Salomo ben Adret, einen Bann gegen alle Juden verfügte, die sich vor dem 25. Lebensjahr mit nicht religiösen Wissenschaften beschäftigten. Doch konnte er damit die Entwicklung nicht aufhalten.
Im 14. Jahrhundert waren Juden Kastiliens als Steuerpächter für den Fiskus in Spannungen zwischen König und Adel involviert. Die Synode von Zamora 1313 bestimmte, daß die kirchlichen Vorschriften über die Juden streng einzuhalten seien, Juden mußten ein jüdisches Zeichen tragen, durften keine neuen Synagogen bauen und alte nicht reparieren, an Sonn- und christlichen Feiertagen nicht arbeiten, mußten die Karwoche in ihren Häusern bleiben und am Karfreitag die Fenster geschlossen halten. Antijüdische Schriften erschienen, zum Teil auch aus der Feder jüdischer Konvertiten zum Christentum, z. B. von Abner, der in Burgos Rabbiner war und 1321 mit der Taufe den Namen Alfonso de Valladolid annahm. Dennoch waren Juden noch immer für fiskalische Aufgaben unentbehrlich. Samuel Halevi, der Erbauer der Synagoge El Transito in Toledo, hatte sich so sehr an Hofintrigen beteiligt, daß Pedro I. ihn 1361 verhaften und von Toledo nach Sevilla bringen ließ, wo er gefoltert und exekutiert wurde. In Aragón kam es zu einem wirtschaftlichen Verfall des dortigen Judentums, doch muß es noch immer wirtschaftlich potente Auftraggeber für die meistens in Barcelona hergestellten illustrierten Pesach Haggadot gegeben haben (vgl. Abt. I.6).
Die bedeutendste jüdische Autorität im 14. Jahrhundert stammte aus Deutschland. Es war Ascher ben Jechiel, die geistliche und rechtliche Führerpersönlichkeit für die kastilischen Juden am Anfang des 14. Jahrhunderts. Sein Sohn Jakob ben Ascher wurde Verfasser der Arba'a Turim. Die führende geistige Persönlichkeit in Aragón war Chasdai Crescas, der mit König Pedro IV. und der königlichen Familie gut stand. Pedro IV. war nicht nur selbst sehr kultiviert, sondern er umgab sich auch mit Gelehrten inklusive jüdischen Ärzten, Astronomen und Geographen.
Mit der Tätigkeit des Fernando Martinez, der 1390 den vakanten Bischofsstuhl von Sevilla betreute, setzte 1391 eine antijüdische Verfolgungswelle ein, die in vielen jüdischen Gemeinden Todesopfer forderte. Einige Juden entschlossen sich auch, das Christentum nach außen hin anzunehmen. In Barcelona z. B. wurden etwa 400 Juden getötet, der Rest wurde getauft, die jüdische Gemeinde von Barcelona hörte zu existieren auf.
Aus den Flüchtlingen entstanden im 15. Jahrhundert neue Gemeinden. Juan I. von Aragón bediente sich dabei der Hilfe des Chasdai Crescas. Valencia und Barcelona aber blieben weiterhin ohne Juden. Die getauften Conversos boten ein neues Problem, da etliche von ihnen innerlich am angestammten Glauben festhielten (Marranen) und sie auch die bisherigen familiären Bindungen aufrecht erhielten.
1411 trat ein weiterer antijüdischer Prediger auf, es war der zelotische Vinzenz Ferrer. Als Folge seiner Predigten verschwanden einige Gemeinden Kastiliens und Aragóns für immer. In Toledo wurde die Synagoge zur Kirche Sta Maria le Blanca umfunktioniert. In Kastilien wurden am 2. Jänner 1412 antijüdische Gesetze erlassen. 1412/13 fand ein Religionsgespräch in Tortosa statt, als dessen Folge es ab März 1413 weitere Conversos gab. Trotz der sich ständig verschlechternden Lage der Juden in Spanien wurde Mose Arragel von Guadalajara vom Großmeister des Calatravaordens beauftragt, die Bibel vom Hebräischen ins Kastilianische zu übersetzen (vgl. I.3.2). Diese Arbeit dauerte von 1422–1433. Doch die Conversos boten für die Altchristen immer neue Probleme. Gegen die Häresie der Conversos predigte der Franziskaner Alfonso de Espina.
1469 kam es zur Hochzeit von Ferdinand und Isabella. In Kastilien wirkte noch ein bedeutender jüdischer Finanzmann, Isak Abravanel. Er

war der letzte Hofjude in Spanien. Am 1. Jänner 1481 begann in Sevilla die spanische Inquisition ihre Tätigkeit aufzunehmen. Zwischen 1481 und 1488 wurden mehr als 700 Marranen verbrannt. Ferdinand und Isabella bestellten 1483 Thomas de Torquemada als Großinquisitor. Am 2. Jänner 1492 wurde die letzte muslimische Bastion auf spanischem Boden, Granada, erobert. Dort unterzeichneten Ferdinand und Isabella am 31. März das Vertreibungsdekret. Am 31. Juli 1492 hatte der letzte Jude, der nicht bereit war, die Taufe anzunehmen, Spanien verlassen. Es handelte sich etwa um 100.000 bis 200.000 Personen.

I, 1.1 Toledo, Museo Sefardi: Sarkophag
Ältestes Zeugnis für Juden in Spanien. Hebräische, griechische und lateinische Inschrift. Pfau und Menora (siebenarmiger Leuchter) sind Symbole für das ewige Leben. Weiteres Motiv möglicherweise Lebensbaum. Die hebräische Inschrift lautet: „Friede über Israel und über uns und unsere Kinder."

I, 1.2 Österreichische Nationalbibliothek, Wien: Dioskorides
Der Dioskorides „De Materia medica" ist ein griechisches pharmakologisches Handbuch, das in der 2. Hälfte des ersten Jahrhunderts n. Chr. verfaßt wurde. Ein Exemplar brachte ein Gesandter des byzantinischen Kaisers als Geschenk an den Kalifen Abd al Rahman III. nach Córdoba. Da im ganzen Reich von Córdoba niemand die griechische Sprache beherrschte, nahm sich der im Jahre 910 geborene Hofjude Chasdai ibn Schaprut der Sache an.
Chasdai ibn Schaprut war einerseits das Oberhaupt der jüdischen Gemeinde von Córdoba und hatte andererseits wegen seiner Kenntnis der lateinischen Sprache auch diplomatische Missionen im christlichen Spanien zu erfüllen. Die griechische Sprache erlernte Chasdai ibn Schaprut von einem byzantinischen Mönch, der auch Latein konnte und den der byzantinische Kaiser nach Granada geschickt hatte, um Chasdai ibn Schaprut zu unterrichten. Dieser übersetzte dann den Dioskorides vom Griechischen ins Arabische. Auch sonst war Chasdai ibn Schaprut noch vielseitig tätig. Zu Beginn der vierziger Jahre des 10. Jahrhunderts wurde er Hofarzt und verantwortlich für die Zölle des Reiches.
Auch mit Deutschland unterhielt Chasdai ibn Schaprut diplomatische Beziehungen. Der Grund dafür waren Raubzüge von sarazenischen Seeräubern, die im Jahre 939 sogar bis St. Gallen kamen und das Kloster von St. Gallen plünderten. Um die Raubzüge zu unterbinden, schickte Otto I., (936–973) eine Gesandtschaft an den Kalifen nach Córdoba mit der Bitte, das Seeräuberunwesen verhindern zu helfen. 950 schickte dann Abd al Rahman III. eine Gesandtschaft an Otto I, die 953 aus Deutschland nach Córdoba zurückkehrte. Mit ihr kam eine deutsche Gesandtschaft zum Kalifen nach Córdoba. Chasdai ibn Schaprut wurde vom Kalifen beauftragt, mit dieser Gesandtschaft zu verhandeln.
Mit Chasdai ibn Schaprut begann die spanisch-jüdische Kulturepoche. Talmudhandschriften wurden aus Babylonien nach Spanien gebracht. In den fünfziger Jahren des 10. Jahrhunderts kam aus Italien der berühmte jüdische Gelehrte Mosche ben Chanokh und wurde Leiter der rabbinischen Akademie von Córdoba. Chasdai ibn Schaprut war auch Mäzen für jüdische Dichter und Schriftsteller seiner Zeit.
Lit.: *Eliyahu Ashtor*, The Jews of Moslem Spain, I, Philadelphia 1973, bes. 155–227.

I, 1.3 Toledo, Museo Sefardi: Grabstein
Der Grabstein stammt aus Manzon de Campos (Palenzia) und ist datiert in das Jahr 1097. Die hebräische Inschrift lautet: „Das ist das Grab des Rabbi Samuel ben Schealtiel, des Fürsten (nasi), über dem das Haus zusammenstürzte, so daß er darunter starb, Dienstag den 12. des Monats Elul des Jahres 4857."

I, 1.4 Navarra, Zentralarchiv: Heiratsurkunde (Ketubba) aus Tudela aus dem Jahre 1324

I, 1.5 Die spanische Staatenwelt und die Reconquista
Die wichtigsten Daten der Reconquista sind: Toledo 1085; Saragossa 1118; Tortosa 1148; Balearen 1229–1235; Córdoba 1236; Valencia 1238; Murcia 1243; Sevilla 1248; Granada 1492.

I.1.6 Granada, Saal der Botschafter in der Alhambra

Hier unterzeichneten Ferdinand und Isabella am 31. März 1492 das Ausweisungsdekret für die spanischen Juden, die nicht bereit waren, zum Katholizismus überzutreten.

I, 1.7 New York, Jewish Theological Seminary, Ms L6, Bibel

I, 1.7a fol. 381r, Kolophon

Diese Bibel wurde von Abraham Kalif in Toledo geschrieben und abgeschlossen im Nisan (etwa April) des Jahres 5292 (i. e. 1492). „Am 7. Abh. desselben Jahres (i. e. 31. Juli 1492) zogen die aus Jerusalem Exilierten, die in Spanien waren, auf Befehl des Königs beunruhigt und vertrieben weg." Chaim ibn Chaim schrieb dann die Massora und Textkonkordanzen im Jahre 5257 (i. e. 1497) in Konstantinopel.

I, 1.7b fol. 1b. Textkonkordanzseite

Inés Müller

I, 2 DIE MAURISCHEN SYNAGOGENBAUTEN IN SPANIEN

Einführung

Aus der Blütezeit der islamischen Herrschaft in Spanien unter den Omaijaden (Kalifat von Córdoba 755–1031) sind keine Synagogenbauten erhalten, über ihr Aussehen ist nichts Näheres bekannt. Da aber zu dieser Zeit die jüdische Kultur in Literatur, Philosophie und Wissenschaften sehr bestrebt war, dem arabischen Vorbild qualitativ zu entsprechen, kann man annehmen, daß auch die Synagogenbauten dieser Zeit schon im Stil der Herrscher und wohl auch in Anlehnung an Moscheen errichtet wurden.

Nach dem Ende des Kalifats der spanischen Omaijaden und der kurzen Zeit der „Reyes de Teijas" (1031–1086) schränkten die aus Nordafrika kommenden Almoraviden (1086–1147) und die nachfolgenden Almohaden (1150 bis 1250), die eine Stärkung und Erneuerung des Islam anstrebten, das Leben der jüdischen Bevölkerung durch Verfolgungen und Zerstörungen stark ein. Die Synagogen der vorangegangenen Jahrhunderte wurden in dieser Zeit vernichtet.

Die erhaltenen Synagogen von Toledo und Córdoba entstanden unter der Herrschaft der katholischen Könige von Kastilien und León, die allerdings an der unter den Omaijaden geübten Toleranz festhielten und ihren jüdischen und maurischen Untertanen große Freiräume und Privilegien gewährten.

Angesichts der im maurischen Stil erbauten Synagogen muß man sich mehrerer Voraussetzungen bewußt sein: zum einen war dieser Stil ein über Jahrhunderte in Spanien gewachsener und gefestigter, der sich mit westgotischen und einheimischen Elementen verbunden hatte und längst nicht mehr als fremder „Erobererstil" empfunden wurde. In der Omaijadenzeit entstanden Kirchen im stark maurisch geprägten sogenannten „mozarabischen Stil" („Mozaraber" wurden Araber genannt, die den christlichen Glauben angenommen hatten); der ebenfalls christliche, rein maurisch-arabische „Mudéjar-Stil" (von spanisch „mudjelat", unterworfen) läßt sich bis weit ins 16. Jahrhundert hinein verfolgen. Zum anderen ist es an sich nicht weiter bemerkenswert, daß Synagogen (so wie Kirchen, Moscheen, öffentliche und private Gebäude) im maurisch geprägten Spanien auch im maurischen Baustil errichtet wurden und sich kein eigener „Synagogenstil" entwickelte. Auch alle anderen Synagogen, die vor dem 19. Jahrhundert in Europa entstanden – in guten oder schlechten Zeiten –, wurden in dem einen und für alle Baugattungen einzig gültigen Stil erbaut, der zeit- und landesüblich war: in Worms (nach 1150), Speyer (um 1100) und Prag (um 1300) romanisch bzw. gotisch, in Amsterdam und Venedig barock und im Polen und Litauen des 18. Jahrhunderts in der dort typischen Holzbauweise. Die Vorstellung, es gäbe zwar, zum Beispiel, *den* Kirchenbaustil (die Gotik), aber keinen typischen „Synagogenstil", die heute noch weitverbreitet ist, gründet sich auf die historistischen Stildefefinitionen des 19. Jahrhunderts (gotisch-christlich) und entbehrt eigentlich einer historischen Grundlage. Laut Cantera Burgos gibt es neben Toledo, das seit 1085 wieder christlich war, keine zweite mittelalterliche Stadt Europas, von deren jüdischer Gemeinde so viele schriftliche Quellen und Gebäude erhalten geblieben sind. Von Toledo wissen wir durch die Elegie Ya'aqob Albenehs auf die jüdischen Märtyrer der ersten großen Verfolgungswelle 1391 von fünf einfachen Bethäusern (Midraschim) und zehn Synagogen, die namentlich aufgezählt werden. Ob man die heute noch existierende Synagoge aus der Zeit um 1200 (Santa Maria la Blanca) mit der dort genannten „Sinagoga Mayor" oder mit dem „Templo Nuevo" in Übereinstimmung bringen kann, ist noch nicht geklärt. Die zweite erhaltene Synagoge aus dem 14. Jahrhundert (Santa María del Tránsito) ist durch ihre Stiftungsinschrift eindeutig als die in der Elegie genannte „Synagoge des Fürsten Samuel ha-Levi" identifizierbar. „Überlebt" haben diese Bauten, wie auch alle weiteren in Spanien erhaltenen Synagogen der Zeit vor 1492, durch ihre Umwandlung in christliche Kirchen, die zumeist nicht allzu stark in die synagogale Bausubstanz eingriff.

Nicht nur stilistisch kann man bei den Synagogen des maurischen Spanien die islamische Moschee als Vorbild erkennen. Die ältere der toledanischen Synagogen beispielsweise bezieht ihren im Synagogenbau einzigartigen Grundriß offensichtlich von der Großen Moschee in Córdoba. Aber auch Details beweisen den großen islamischen Einfluß: Die Toraschreinnische in der Synagoge Samuel ha-Levis oder die Nische der Westwand der Synagoge in Córdoba sind einer Gebetsnische *(Mihrab)* vergleichbar, und in der erstgenannten Synagoge werden kufische Inschriften und islamische Segenssprüche als dekorative Stukkaturen verwendet. Eine weitere, sehr aufschlußreiche Übernahme aus dem Islam ist die Gestaltung der Bima, des Toralesepultes, die offenbar meist wie die islamische Kanzel (Mimbar) aussah; eine erhöhte Plattform, zu der eine schmale Holzstiege hinaufführt. R. Wischnitzer bildet die Miniatur aus einer katalanischen Handschrift des 15. Jahrhunderts ab, die den kleinen „Jesus bei den Schriftgelehrten" in einer Synagoge auf einer ebensolchen hölzernen Kanzel zeigt. Als „Turm aus Holz" wird die Bimah auch in der Stiftungsinschrift in der El Tránsito-Synagoge beschrieben, und auch die spanische Haggada Or. 2884 des British Museum aus der Mitte des 14. Jahrhunderts zeigt eine solche Kanzel islamischen Typs.

Auch die größeren Mikwaot (rituelle Bäder) scheinen nach dem Vorbild arabischer Bäder (*hammam*) erbaut worden zu sein (z. B. Barcelona), wobei es allerdings umstritten ist, ob es sich um normale Badeanlagen der jüdischen Wohnviertel oder tatsächlich um Mikwaot gehandelt hat.

Literatur (Auswahl):
Francisco Cantera Burgos, Sinagogas Espanolas, Madrid 1984 (Nachdruck der Erstausgabe von 1955); *Elie Lambert*, Les Synagogues de Toledo, in: Revue des Etudes juifes, 84 (1927); *Rachel Wischnitzer*, The Architecture of the European Synagogue, Philadelphia 1964, 18–43; *Brian de Breffny*, The Synagogue, New York – London 1964, 69–76; *Carol Herselle Krinsky*, Europas Synagogen, Stuttgart 1988, 326–334; *Hannelore Künzl*, Islamische Stilelemente im Synagogenbau des 19. und frühen 20. Jahrhunderts. Bern 1984, bes. 71 ff.; *Hannelore Künzl*, Der Synagogenbau im Mittelalter – Synagogen im sephardischen Raum: Spanien und Portugal, in: Hans-Peter Schwarz (Hrsg.), Die Architektur der Synagoge, Ausst.-Kat., Frankfurt – Stuttgart 1988, 69–76.

I, 2.1a Übersichtskarte mit urkundlich bekannten oder erhaltenen Synagogenbauten in Spanien
(nach Cantera Burgos)

I, 2.1b Pessach-Haggada, Spanien, Mitte 14. Jh., Inneres einer Synagoge mit Gläubigen und Rabbiner auf der Bima
(London, British Museum, Or. 2884, 17v)

TOLEDO
SANTA MARIA LA BLANCA

Baugeschichte

Die Synagoge wird mit dem „Templo Nuevo", aber auch mit der „Sinagoga Mayor" identifiziert, die in der Elegie von 1391 von Ya'aqob Albeneh genannt werden. Als Erbauer oder Wiedererbauer nach einer Zerstörung gilt der *Almojarife* (Finanzminister) des Alfonso VIII. von Kastilien (1158–1214), Josef ibn (ben) Schoschan (auch Yussef Abenxuxen), dessen Grabinschrift mit dem Hinweis auf eine Synagogenstiftung in einem Manuskript in Turin erhalten ist. Er starb um 1205; der Synagogenbau wird, auch aufgrund stilistischer Beurteilung, um 1200 datiert. Ob Joseph ben Schoschan die Synagoge als Stiftung für die jüdische Gemeinde oder als Privatbethaus errichten ließ, ist nicht bekannt.

Die Enteignung der Synagoge durch Vincent Ferrer im Jahre 1411 wird heute als Legende betrachtet, sicher ist aber die Umwandlung des Gebäudes in eine Kirche Anfang des 15. Jahrhunderts. Von der zweiten Hälfte des 15. Jahrhunderts an bis um das Jahr 1600 wurde die nunmehr „Santa Maria la Blanca" genannte ehemalige Synagoge als Kloster verwendet, später als einfache Kapelle. Um 1790 scheint der verfallende Bau ein Obdachlosenasyl gewesen zu sein, bevor 1798 der *Intendente* der königlichen Armee und General der Provinz Toledo, Don Vincente Dominguez de Prado, die Ruine als Lagerhaus für königlichen Besitz instand setzen ließ.

1842 wurde eine Innenansicht der ehemaligen Synagoge in „Espana artística y monumental" publiziert und das Gebäude damit wieder in das allgemeine Interesse gerückt. 1851 erfolgte die Deklaration als spanisches Nationaldenkmal und 1856 eine umfassende Restaurierung unter dem Architekten Francisco Enríquez Ferrer, die stark in die erhaltene historische Bausubstanz eingriff.

Beschreibung

Den Grundriß der Synagoge bildet ein unregelmäßiges Rechteck (26/28 x 19/23 m), das in west-östlicher Richtung von vier Stützenreihen in fünf annähernd gleich breite Schiffe unterteilt wird. Die insgesamt 27 oktogonalen Pfeiler bestehen aus verputzten Ziegeln, ihre Basen sind mit glasierten Ziegeln verkleidet. Die Kapitelle mit Rankenwerk, Pinienzapfen und Voluten sind aus Stuck geschnitten. Die Pfeiler werden miteinander durch Hufeisenbogen verbunden, die Wandflächen darüber sind mit Ornamentalfeldern und -bändern sowie Blendarkaden aus Stuck verkleidet. Über diesen Blendarkaden befindet sich die Holzdecke mit geschnitzten Balken (*Artesonado*-Decke). Der Fußboden wird von glasierten Ziegeln in kleine rechteckige Felder geteilt.

Die Kapitelle, die Stuckornamente, die Holzdecke und die Fußbodenkacheln wurden bei der Restaurierung in der Mitte des vorigen Jahrhunderts dem Zeitgeschmack entsprechend stark überarbeitet und ergänzt, so daß eine stilistische Beurteilung dieser Bauteile nur mit Vorsicht vorzunehmen ist.

Die ursprüngliche Ostwand der Synagoge mit dem Aron haqodesch wurde im 15. Jahrhundert durch den Anbau von drei Apsiden für die Altäre zerstört; auch die Inschriftenbänder, die sich auf den Wandflächen zwischen den Ornamentfeldern befunden haben müssen, sind nicht erhalten geblieben.

Die unterschiedlich hohen Schiffe des Baues (Mittelschiff 12,5 m, innere Seitenschiffe ca. 10 m, äußere Seitenschiffe ca. 7 m) mit ihrer basilikalen Staffelung veranlaßten Otto Czekelius zu einer Rekonstruktion des ursprünglichen Zustandes mit Fenstern unter dem Dachansatz, der aber umstritten ist.

Der Innenraum der Synagoge mit den fünf schmalen Schiffen und den zahlreichen Säulen ist mit keinem anderen bekannten Synagogenbau vergleichbar, wobei es aber müßig zu sein scheint, solche Vergleiche zu suchen. Viel sinnvoller ist es auch angesichts der typisch maurischen Ornamentik und der bekannten Tatsache, daß sich die jüdische Kultur in Literatur und Philosophie sehr eng an die arabische anlehnte, Vorbilder für den „Templo Nuevo" in Toledo unter den Moscheen Spaniens und Nordafrikas zu suchen. So werden auch die Tinmal-Moschee (1153) und die Kutubia-Moschee (um 1150) in Marrakesch in der Literatur als Vergleichsbauten genannt. Viel näher liegt aber der Vergleich mit der großen Moschee in Córdoba, deren Gründungsbau ins Jahr 785 datiert und die bis Ende des 10. Jahrhunderts vergrößert und ausgestaltet wurde. Die vielen parallel verlaufenden Schiffe und vor allem der berühmte „Säulenwald" dieser

Moschee könnten in der Synagoge von Toledo ein kleines Abbild haben.
(Lit.: *F. Cantera Burgos*, 56–64; *C. Krinsky*, 326–330; *B. de Breffny*, 74 f.; *R. Wischnitzer*, 20–26).

I, 2.2 Toledo – Santa María la Blanca

I, 2.2a Toledo, Santa María la Blanca, um 1200, Grundriß
(Maße: Länge 26 bzw. 28 m; Breite 19 bzw. 23 m; Höhe der Schiffe 12,5 m, 10 m, 7 m)

I, 2.2b Córdoba, Große Moschee, Gründungsbau, ab 785/86, Grundriß
Der Vergleich der Grundrisse der toledanischen Synagoge und der Moschee von Córdoba, die bis ins 10. Jahrhundert ständig erweitert wurde und die die größte und berühmteste Moschee im maurischen Spanien war, zeigt die grundlegende Übereinstimmung der beiden Bauten mit ihren parallel verlaufenden Schiffen, die durch Säulenreihen getrennt sind. Diese Ähnlichkeit mag nicht nur aus einem kulturellen Einfluß, sondern auch aus einer ähnlichen Funktion von Moschee und Synagoge als Versammlungsort der Gemeinde resultieren.

I, 2.2c Toledo, Santa María la Blanca, um 1200, Rekonstruktion des Daches nach O. Czekelius (1932)
Die unterschiedlich hohen Schiffe des Baues (Mittelschiff 12,5 m, innere Seitenschiffe ca. 10 m, äußere Seitenschiffe ca. 7 m) veranlaßten Otto Czekelius zu einer Rekonstruktion des ursprünglichen Zustandes als eine Art Basilika mit Fenstern im Mittelschiff und den inneren Seitenschiffen unter dem Dachansatz (Pfeile). Diese Rekonstruktion wurde allerdings von R. Wischnitzer angezweifelt, da sie davon ausgeht, daß im christlichen Toledo die Anzahl der Außenfenster gesetzlich beschränkt war und außerdem ein großes, alle Schiffe überspannendes Satteldach dort üblicher war (*R. Wischnitzer*, 24–25).

I, 2.2d Toledo, Santa María la Blanca, um 1200, Eingangstür
Das Äußere der Synagoge ist, wie auch der Außenbau der jüngeren Synagoge El Tránsito in Toledo, sehr schlicht. Der einfache Ziegelbau ist ebenfalls mit Gebäuden der maurisch-islamischen Kultur zu vergleichen, deren innere Prachtentfaltung oftmals mit dem unscheinbaren Äußeren kontrastiert (vgl. z. B. Alhambra, Granada).

I, 2.2e Toledo, Santa María la Blanca, um 1200, Mittelschiff nach Osten
Am östlichen Ende des etwas breiteren Mittelschiffes befindet sich heute noch der im 16. Jahrhundert eingebaute Hauptaltar, die ursprüngliche Ostwand der Synagoge mit der Tora-Nische wurde zerstört.

I, 2.2f Toledo, Santa María la Blanca, um 1200, Innenraum, Einblick
Schrägeinblicke in den Innenraum waren im 19. Jahrhundert ein beliebtes Motiv für romantische Veduten, vergleichbar mit dem berühmten „Säulenwald“ der großen Moschee in Córdoba.

I, 2.2g Toledo, Santa María la Blanca, um 1200, Innenraum, Einblick

I, 2.2h Toledo, Santa María la Blanca, um 1200, Innenraum, Mittelschiff nach Nordwesten

I, 2.2i Toledo, Santa María la Blanca, um 1200, Innenraum, Einblick

I, 2.2j Toledo, Santa María la Blanca, um 1200, Kapitell eines freistehenden Pfeilers

I, 2.2k Toledo, Santa María la Blanca, um 1200, Kapitell eines Wandpfeilers.
Die aus Stuck geschnittenen Kapitelle wurden während der Restaurierung 1856 stark überarbeitet. Ihre charakteristische Abwandlung klassischer korinthischer Kapitelle durch Rankenwerk, Blattvoluten und vor allem die Pinienzapfen kann man mit den Kapitellen in der ehemaligen Synagoge in Segovia (Corpus Christi) vergleichen. Dort wurden außerdem die Schiffe ebenfalls von oktogonalen Pfeilern und Hufeisenbögen getrennt. Sie dürfte etwa gleichzeitig wie die Synagoge in Toledo entstanden sein, wurde aber 1899 durch einen Brand stark beschädigt (*F. Cantera Burgos*, 285–290; *R. Wischnitzer*, 24, 26).

TOLEDO
EL TRANSITO DE NUESTRA SENORA

Baugeschichte

In der Elegie des Ya'acob Albeneh wird dieser Bau als „Synagoge des Fürsten Samuel ha-Levi“ bezeichnet. Samuel ha-Levi Abulafia (1361 hingerichtet) war Finanzminister des Königs Pedro I. El Cruel (der Grausame) von Kastilien (1350–1368). Die Synagoge wurde vor 1360 als Privatbethaus für den Erbauer geplant, sie war vom Palast Abulafias aus direkt zugänglich. Im heutigen Casa del Greco neben der Synagoge sind Fragmente dieses Palastes erhalten. Lambert nennt einen jüdischen Baumeister Don Meir Abdeli.
Nach 1494 wurde die Synagoge ein Kloster des Ritterordens Calatrava mit dem Namen „Nuestra Senora de San Benito“, im späten 18. Jahrhundert erhielt die Kapelle den Namen „El Transíto de Nuestra Senora“. Auf die zahlreichen hebräischen Schriftzeichen des Baues wurde man früh aufmerksam, als Francisco Pérez Bayer sie erstmals 1752 kopierte. Aus dem gleichen Jahr stammen auch die Zeichnungen des Gebäudes von Francisco Santiago Palomares, die 1784 veröffentlicht wurden. 1877 wurde die ehemalige Synagoge zum Nationaldenkmal erklärt und 1880 die Restaurierung beschlossen, die 1883 abgeschlossen und 1905 ergänzt wurde. Seit den sechziger Jahren unseres Jahrhunderts dient das Gebäude als jüdisches Museum.

Beschreibung

Der Außenbau der Synagoge ist wie der ältere „Templo Nuevo“ ein unscheinbarer Ziegelbau; der Glockenturm über dem Portal gehört zu einer der späteren Kirchenadaptionen.
Der Innenraum ist ein Rechteck von 23 x 12 m in westöstlicher Richtung mit der südlich angebauten Frauenabteilung, von der aus sich emporenartig Fenster in den Hauptraum öffnen. Auch an der Nordseite befinden sich Anbauten. In 9,5 m Höhe wird der Raum von einer kunstvoll geschnitzten Holzbalkendecke überspannt. Über den Fenstern zu den Frauenräumen umläuft ein Stuckfries den gesamten Raum und schließt mit einem Gesims ab, über dem sich die ebenfalls umlaufende Fensterreihe direkt unter der Holzdecke befindet. Die Fenster wechseln mit Blendarkaden ab. Doppelsäulchen tragen die Zackenbögen, die Zwikkelfelder sind reich mit Stuckornamenten verziert. Unter und über dem Ornamentfries sowie über der Fensterzone befinden sich Bänder mit hebräischen Inschriften.
Die Ostwand ist besonders reich mit gerahmten Ornamentfeldern aus Stuck geschmückt. Der Toraschrein besteht aus einer von schlanken Säulen in drei Arkaden geteilten Nische, die von zwei Inschrifttafeln mit dem Wappen des Königreiches Kastilien-León und der Widmung des Erbauers Samuel ha-Levi Abulafia flankiert wird. Die übrigen Wände des Raumes haben im unteren Bereich keine Stuckfelder, es ist nicht gesichert, ob sie zerstört wurden oder ob, wie auch in Moscheen üblich, die Wände mit Teppichen behangen oder mit glasierten Kachelmosaiken verkleidet waren. Die Sakristeitür und die Rahmung eines Seitenaltares aus der Renaissance sind christliche Zubauten.
Stilistisch entsprechen die sehr feinen und kleinteiligen Ornamente denjenigen der etwa zur gleichen Zeit entstandenen Alhambra in Granada, und wie dort auch muß man sie sich in den Farben Rot, Blau und Gelb bzw. vergoldet vorstellen. Farbreste sind bei manchen Details in Toledo noch zu erkennen.
(Lit.: *F. Cantera Burgos*, 65–149; *C. Krinsky*, 330–334; *B. de Breffny*, 75 f.; *R. Wischnitzer*, 31–33)

I, 2.3. Toledo – Santa María del Tránsito

I, 2.3a Toledo, El Tránsito, um 1360, Grundriß nach Palomares
Maße des Hauptraumes 23 m Länge, 12 m Breite und 9,5 m Höhe. Erklärung des Grundrisses, der die Situation im 18. Jahrhundert wiedergibt: A: Haupteingang. – F und E Hauptaltar an der Ostwand. – G Altar „Nuestra Senora del Tránsito“. – H Tür zur Sakristei. – L Archiv des Calastrava- und Alcántara-Ordens. Auf der Südseite befindet sich über dem Haupteingang und der ehemaligen Sakristei die Frauenempore, im ehemaligen Ordensarchiv sind heute die Ausstellungsräume des jüdischen Museums untergebracht.
(*F. Cantera Burgos*, 78, Fig. 17a)

I, 2.3b Toledo, El Tránsito, um 1360, Inschrifttafel an der Ostwand rechts von der Toranische

An der Ostwand befindet sich links und rechts von der Toranische am unteren Rand des Ornamentfeldes über einer Widmungsinschrift je eine Stucktafel mit dem Wappen des Königreiches Kastilien-León (je zwei dreitürmige Burgen und erhobene Löwen), das die hohe staatliche Stellung des Stifters Abulafia anzeigt. Der Text dieser Inschrift lautet:

„Sehet das Heiligtum, das geheiligt ist in Israel /
Und das Haus, das gebaut hat Samuel /
Und der Turm aus Holz für die Lesung der Schrift darin /
Und die Schriftrollen und Kronen für El [Gott] /
Und die Gefäße und Leuchter, die Licht spenden /
Und seine Fenster wie die Fenster Ariels [Gottes]“

Die Inschrift der anderen Tafel links von der Toranische lautet:

„Und seine Hallen für die Verehrer der vollkommenen Lehre /
Und seine Sitze für jeden, der sitzt im Schatten Gottes /
Und es sagen jene, die es sehen, es sieht aus /
Wie ein Werk, das Bezalel gemacht hat /
Ziehet hin, ihr Völker, und gehet ein in seine Tore /
Suchet Gott, denn es ist ein Haus Gottes wie Bet El.“

I, 2.3c Toledo, El Tránsito, um 1360. Außenansicht nach F. S. Palomares, 1752

I, 2.3d Toledo. El Tránsito, um 1360, Längsschnitt nach F. S. Palomares, 1752

I, 2.3e Toledo, El Tránsito, Detail der Fensterzone nach F. S. Palomares, 1752

I, 2.3f Toledo, El Tránsito, um 1360. Altar an der Ostwand nach F. S. Palomares, 1752

I, 2.3g Toledo, El Tránsito, um 1360, Außenansicht

Der Vergleich mit der Außenansicht von Palomares zeigt, daß der heutige Glockenturm nach 1752 entstanden ist und über dem Portal zu dieser Zeit noch maurische Ornamentreliefs und Wappen zu sehen waren.

I, 2.3h Toledo, Casa del Greco, Innenhof mit einer Türrahmung vom Palast Samuel ha-Levi Abulafias, vor 1360

Die Privatsynagoge war mit dem angrenzenden Palast Abulafias durch einen direkten Zugang verbunden. Im heute an seiner Stelle stehenden Casa del Greco wurden Baufragmente des Palastes wiederverwendet.

I, 2.3i Toledo, El Tránsito, um 1360, Innenraum nach Osten

Die Nische für die Torarolle war ursprünglich wahrscheinlich mit Holzverkleidungen und Holztüren versehen. Wie vieles in den maurischen Synagogen ist auch diese Nische mit der Gebetsnische *(Mihrab)* von Moscheen vergleichbar. An der Ostwand befinden sich nur zwei Fenster in der Mitte über der Toranische, vielleicht um deren Bedeutung hervorzuheben.

I, 2.3j Toledo, El Tránsito, um 1360, Innenraum nach Südosten

An der Südwand sind unter den Fenstern der Frauenempore die Tür zur Sakristei und die Rahmung des früher dort eingerichteten Altares „Nuestra Senora del Tránsito“ aus dem 15. Jahrhundert zu sehen.

I, 2.3k Toledo, El Tránsito, um 1360. Innenraum, Blick zur Decke

Die kostbare Artesonado-Decke besteht aus geschnitzten und mit Elfenbeinintarsien verzierten Holzbalken, auf denen sich ebenfalls hebräische Inschriften verschiedener biblischer Texte befinden.

I, 2.3l Toledo, El Tránsito, um 1360, Ornamentfries unter der Fensterzone, Detail

Das ornamentale Stuckfries unter der Fensterzone wird oben und unten von Bändern mit hebräischen Inschriften aus Psalmen und anderen biblischen Texten eingefaßt. Zwischen stilisiertem Rankenwerk mit Pinienzapfen formen verschlungene Bänder, die in kufischer Schrift mit den arabischen Wörtern „Glück und

Wohlstand (Erfolg)“ beschriftet sind, Kartuschen mit der dreitürmigen Burg aus dem königlichen Wappen. Die Stukkaturen waren ursprünglich mehrfarbig.
(Lit.: *F. Cantera Burgos*, 80)

I, 2.3m Toledo, El Tránsito, um 1360, Fensterzone

I, 2.3n Toledo, El Tránsito, um 1360, Frauenempore, Detail des Stucks

I, 2.3o Toledo, El Tránsito, um 1360, Frauenempore, Detail des Stucks
Die an geschützterer Stelle, unter der Decke in den Räumen der Frauenemporen, liegenden Stukkaturen zeigen noch deutliche Farbspuren, die die ursprüngliche Buntheit der Wanddekorationen belegen. Die Medaillons mit arabischen Segenssprüchen, die in die Rankenfriese zwischen den hebräischen Inschriftbändern eingefügt sind, finden sich in ähnlicher Weise auch in mozarabischen Kirchen dieser Zeit und dokumentieren die engen kulturellen Verflechtungen und Abhängigkeiten, sogar unter christlicher Herrschaft.

CÓRDOBA

Baugeschichte

Laut der Inschrifttafel an der Ostwand wurde diese Synagoge im Jahre 5075, als 1314/15, von „Jizchak Mocheb Sohn des Herrn Efraim“ erbaut. Wahrscheinlich war er der Stifter des Baues.
Nach 1452 wurde das Gebäude ein Hospital unter dem Patronat der hl. Quiteria, 1588 bekam es die Schuhmacherzunft als Kapelle „San Crispín y San Crispiniano“. Nach einigen baulichen Veränderungen im 18. Jahrhundert, bei denen die alte Holzdecke zerstört wurde, erklärte man die ehemalige Synagoge nach der Wiederentdeckung durch einige Forscher 1885 zum Nationaldenkmal; 1900 und 1928 wurde sie restauriert.

Beschreibung

Die Synagoge ist ein kleiner, fast quadratischer Raum mit den Maßen 6,95 x 6,37 m, der mit seinen Nebenräumen schräg zur Gasse liegt. An der Südseite befindet sich ein eingeschossiger Anbau mit der Frauenempore, die mit drei Fenstern zum Hauptraum hin geöffnet ist. Die ziemlich tiefe Nische für den Toraschrein ist in die Ostwand eingelassen, gegenüber auf der Westwand befindet sich eine kleinere Nische unter einem Zackenbogen, in der vielleicht aufgrund des sehr beschränkten Platzes die Bima zur Lesung der Tora stand. Die Wände sind wie in Toledo mit kleinteiligen, gerahmten Ornamentfeldern aus Stuck und hebräischen Inschriftenbändern verkleidet, darüber befindet sich, ebenfalls mit Toledo vergleichbar, eine umlaufende Reihe aus Rundbogenfenstern.
(Lit.: *F. Cantera Burgos*, 3–32; *B. de Breffny*, 72–73; *R. Wischnitzer*, 28 ff.).

I, 2.4 Córdoba, Synagoge

I, 2.4a Córdoba, Synagoge, 1315, Grundriß
Maße: Länge 6,95 m; Breite 6,37 m

I, 2.4b Córdoba, Synagoge, 1315, Südwand mit den Fenstern zur Frauenempore
Stilistisch entsprechen die Stukkaturen der Wände in ihrer Feinheit und Kleinteiligkeit denjenigen der El-Tránsito-Synagoge in Toledo aus der Zeit um 1360; offenbar wurden sie hier in Córdoba erst nach der Fertigstellung des Gebäudes (1315) hinzugefügt.

I, 2.4c Córdoba, Synagoge, 1315, Inneres, Ostwand
Über der Nische für den Toraschrein ist die Wand mit einem Ornamentfeld verkleidet, das über einem Inschriftband von 18 kleinen lanzettförmigen Bögen abgeschlossen wird. R. Wischnitzer sieht darin die Symbolzahl 18, die von den Buchstaben des hebräischen Wortes „chai“ („Leben“) gebildet wird und hier in dem Zusammenhang „Die Lehre schenkt Leben“ (Sprüche 4,22) verwendet worden sein könnte (*R. Wischnitzer*, 28).

I, 2.4d Córdoba, Synagoge, 1315, Inschrifttafel
Diese Tafel befindet sich rechts von der Toraschreinnische an der Ostwand. Der Text lautet:

„Dieses kleine Heiligtum und Versammlungsort hat beendet /
Jizchak Mocheb, Sohn des Herrn Efraim /
Wadawa (?) im Jahre 75. Also siehe /
Herr, und eile herbei, Jerusalem wieder aufzubauen!"

I, .2.4e Córdoba, Synagoge, 1315, Einblick nach Nordwesten

Kurt Schubert

I, 3. ZUSAMMENLEBEN UND KONFRONTATION

Das 13. Jahrhundert bedeutete für das europäische Judentum den Beginn einer Krisenzeit, die im 15. Jahrhundert ihren Höhepunkt erreichte. Es begann mit dem Prozeß gegen den Talmud in Paris 1240 bis 1242, dessen Folgen sich bis 1248 hinzogen. Die Verbrennung von etwa 20.000 hebräischen Handschriften bedeutete praktisch das Ende der rabbinischen Gelehrsamkeit im mittelalterlichen Frankreich. In Deutschland wurde 1236 die „Kammerknechtschaft" zur Rechtsnorm für die Existenz der Juden innerhalb der Gesellschaft. Gegen Ende des 13. Jahrhunderts setzte mit den Judenverfolgungen im fränkischen Raum nach einer Hostienschändungsbeschuldigung in Röttingen im Taubertal im Jahre 1298 eine wahre Welle von Ausschreitungen gegen Juden in Franken ein. Dazu schrieb ein Zeitzeuge: „Die heiligen Gemeinden wurden zerstört, und meine Freunde, das heilige Volk, wurde ermordet ... Insgesamt wurden 146 Gemeinden zerstört. Auf Raub waren sie aus und ließen nichts übrig. Mir, unglücklichem Abersüß, wurden meine Frau und meine beiden Kinder ermordet." Zur selben Zeit etwa wurden auch die Juden aus England (1290) und Frankreich (1306) ausgewiesen. In Frankreich folgten auf weitere Wiederzulassungen auch weitere Wiederausweisungen. Die päpstlichen Gebiete in Südfrankreich waren von den Ausweisungen nicht betroffen.

Es liegt auf der Hand, daß eine derartige Entwicklung an Spanien nicht vorbeigehen konnte. Dort war es in erster Linie die Missionstätigkeit der Dominikaner, die die Juden dem christlichen Glauben zuführen sollte. So fand im Jahre 1263 in Barcelona ein Religionsgespräch statt, das ein jüdischer Konvertit zum Christentum, der Mitglied des Dominikanerordens geworden war, Pablo Christiani, mit dem jüdischen Gelehrten Moses Nachmanides führte. Die Richtigkeit des christlichen Glaubens wollte Pablo Christiani auch aus jüdischen Quellen nachweisen. So diente ihm z. B. als Beweis dafür, daß auch nach rabbinischer Lehre der Messias schon gekommen sei, eine Stelle im babylonischen Talmud, Sanhedrin 98a, gemäß der der Messias am Stadttor Roms mit den Armen und Kranken gesessen sei. Ein weiteres, ebenfalls aus rabbinischen Texten deduziertes Argument lief darauf hinaus, daß es eigentlich der Teufel sei, der an der Existenz des Judentums post Christum interessiert ist.

Hatte die Diskussion von 1263 noch keine schwerwiegenden negativen Folgen für das spanische Judentum, so doch die weitere und intensivierte Missionstätigkeit der Dominikaner. Eine bedeutende Rolle spielte dabei der etwa um 1220 geborene und 1284 verstorbene Raimund Martini. Er war 1264 Mitglied einer Prüfungskommission für jüdische Schriften in Barcelona und unterrichtete dort auch 1281 an der Dominikanerschule Hebräisch. Sein Hauptwerk „Pugio fidei adversus Mauros et Judaeos" war um etwa 1280 abgeschlossen. Bereits der Titel dieses Werkes „Dolch des Glaubens gegen Mauren und Juden" weist auf eine Entwicklung hin, die 1492 zum Abschluß kam.

Ein weiterer radikal antijüdischer Prediger war Fernando Martinez, zunächst nur Generalvikar der Diözese von Sevilla. Als 1390 der Erzbischof starb, wurde Martinez für die Vakanz Verwalter der Diözese Sevilla. In dieser Eigenschaft befahl er die Zerstörung aller Synagogen in Sevilla und Umgebung. Am 4. Juni 1391 erfolgte ein Angriff auf das jüdische Viertel von Sevilla. Viele Juden wurden ermordet, andere retteten ihr Leben durch Annahme der Taufe. Die Synagogen wurden zerstört oder in Kirchen umgewandelt. Am 16. Juni traf die Juden von Córdoba dasselbe Schicksal, am 20. Juni die Juden von Toledo, am 9. Juli jene von Valencia, am 2. August die Juden von Palma und am 7. August die Juden von Barcelona. Etwa 400 Juden wurden getötet, der Rest getauft. Valencia und Barcelona blieben auch im 15. Jahrhundert ohne Juden. Weitere Verfolgungen verursachten 1411 die Predigten des Dominikaners Vinzenz Ferrer. Als Folge seiner Predigten verschwanden einige jüdische Gemeinden in Kastilien und Aragón für immer. In Toledo wurde die Synagoge, die der Hofjude Samuel Halevi im 14. Jahrhundert hatte erbauen lassen, in die Kirche El Tránsito umgewandelt. Vom 7. Februar 1413 bis 13. November 1414 fand in Tortosa ein Religionsgespräch statt, das christlicherseits aggressiv geführt wurde. Schon zu Beginn sagte Papst Benedikt XIII., daß er nicht darüber diskutieren wolle, welche Religion die richtige sei. Der Konvertit Geronimo de Santa Fe habe sich erbötig gemacht, aus dem Talmud zu beweisen, daß der Messias schon gekommen sei. Die jüdischen Gelehrten hätten keine andere Aufgabe, als ihm Rede und Antwort zu stehen. Als Erfolg dieses Religionsgesprächs waren viele Juden zur Annahme der Taufe bereit.

So entstand ein neues Phänomen, das der Conversos. Diese wurden zu einem Problem sowohl für die Altchristen, die diesen Neuchristen mit Skepsis begegneten, als auch für die noch existierenden jüdischen Gemeinden, da die Spaltung in solche, die dem Judentum die Treue hielten, und in Conversos mitten durch die Familien ging. Viele dieser Conversos wollten im Geheimen ihr angestammtes Judentum bewahren. Als Marranen waren sie der Gefahr ständiger Verfolgung ausgesetzt, da sie jetzt als christliche Ketzer galten und nicht mehr unter die Bestimmungen des Judenschutzes fielen. Mit der Einführung der Inquisition in Spanien 1480 (päpstliches Dekret 1478) mußten des Marranentums verdächtigte Conversos mit der Todesstrafe rechnen.

Nach dem Tod des Oberrabbiners von Barcelona, Salomo ben Adret, im Jahre 1310 gab es dort keine bedeutenden jüdischen Gelehrten mehr. Dennoch aber beschäftigten sich Juden mit weltlichen Wissenschaften und zeigten Tendenzen zur Assimilation. Daher ist es nicht zu verwundern, daß gerade in Katalonien, besonders in Barcelona, illustrierte und illuminierte Pesach Haggadot von zum Teil hoher künstlerischer Qualität ihre Auftraggeber und Abnehmer fanden (I, 6). Trotz aller Verfolgungen und Restriktionen entstand noch im Jahre 1476 in La Coruña in Galicia die kunstvoll ausgestattete 1. Kennicott-Bibel (I, 5.1). Noch mehr aber beweist die Übersetzung der Bibel ins Kastilianische durch Moses Arragel in den Jahren 1422 bis 1433 auf Bestellung des Großmeisters des Calatravaordens, Luis de Guzman, ein trotz aller Differenzen positives Verhältnis zu den Juden. Ein Franziskaner illustrierte diese Bibel nach ihm von Moses Arragel mitgeteilten rabbinischen Motiven.

Gegen Ende der spanisch-jüdischen Epoche im 15. Jahrhundert waren Conversos bei Hof oft so tätig wie früher die Hofjuden. Daher kann man die Maßnahmen gegen die Conversos auch als Vorläufer des modernen rassischen Antisemitismus bezeichnen.

I, 3.1 Bibliothek des Escorial Cantigas des Santa Maria

Photo Verlag Lunwerg, Madrid. Apothekerszene: Ein christlicher Arzt besucht einen jüdischen Apotheker.

I, 3.2 Bibel des Herzogs von Alba

Sie wurde von 1422–1433 von Moses Arragel hergestellt aufgrund einer Bestellung des Großmeisters des Calatravaordens. Nach den Angaben des Moses Arragel wurde die Handschrift von dem Franziskaner-Bruder Arias illustriert. Dieser Umstand erklärt die weitgehende Verwendung jüdischen Traditionsgutes in den Illustrationen der Alba-Bibel.

Lit.: *Carl-Otto Nordström*, The Duke of Alba's Castilian Bible, Uppsala 1967.

I, 3.2a Photo Verlag Lunwerg, Madrid. Von der Erschaffung Adams und Evas bis zum Brudermord

Zu beachten ist rechts unten, daß aus dem Geschlechtsorgan des ermordeten Abel ein Kind hervorgeht. Das entspricht der rabbinischen Erklärung von Gn 4,10, wo Gott zu Kain sagt: „Das Blut (im Hebräischen Plural! *deme achikha*) deines Bruders schreit zu mir aus der Erde." Aus der Pluralkonstruktion schloß die rabbinische Exegese, daß auch die mögliche Nachkommenschaft Abels hier mitgemeint ist.

So z. B. Targum Onqelos zu Gn 4,10: „Das Blut des Samens, das aus deinem Bruder in Zukunft hervorgehen sollte, klagt zu mir aus der Erde." Noch deutlicher nennt Targum Jeruschalmi zu Gn 4,10: „Mengen von Gerechten, die noch aus Abel hervorgehen sollten." Ebenso Mischna Sanhedrin IV,5.

I, 3.2b fol. 43v. Jakobs Traum in Bethel
Jakob liegt auf 3 Steinen, die zu einer Einheit zusammengewachsen sind. Hier setzt die rabbinische Deutung bei einer Diskrepanz im biblischen Text ein. Gn 28,11 heißt es: „Und er nahm von den Steinen des Ortes, legte sie sich als Kopfstütze hin und schlief an diesem Ort." Gn 28,18 ist aber nur mehr von einem Stein die Rede. Im Midrasch Bereschit rabba p 68,11 zu Gn 28,11 wird die Meinung des Rabbi Nechemja referiert: „Er hat drei Steine genommen und sich dabei gesagt: ‚Mit Abraham hat Gott seinen Namen verbunden, auch mit Isaak hat Gott seinen Namen verbunden, und was mich betrifft, wenn sich diese drei Steine miteinander verbinden, dann weiß ich, daß Gott auch mit mir seinen Namen verbinden wird.' Weil sie sich tatsächlich verbanden, wußte er, daß Gott auch mit ihm seinen Namen verbindet." Dieses Motiv ist bereits in der Katakombe der Via Latina in Rom, Cubiculum B, aus dem 4. Jahrhundert belegt und wirkte noch in mehreren christlichen Handschriften (*Nordström*, a. a. O. 63–66).

I, 3.2c fol. 127v und 128r. Der Priester Pinchas spießt Zimri und Kozbi auf, die er bei verbotenem Geschlechtsverkehr entdeckt hatte.
Beide Leichen blieben auf seiner Lanze, ohne herunterzurutschen. Auch wird Pinchas nicht durch das Blut der beiden Aufgespießten verunreinigt. Das entspricht der rabbinischen Exegese. Von der Lanze des Pinchas, mit der er Zimri und Kozbi durchbohrte, werden 6 bzw. 12 Wunder berichtet, die Gott zu dieser Stunde gewirkt hatte. Im babylonischen Talmud Sanhedrin 82b findet sich die entsprechende Tradition im Namen des Jochanan bar Nappacha aus der 2. Hälfte des 3. Jahrhunderts: „Sechs Wunder geschahen dem Pinchas: 1. Zimri hätte entweichen können, er entwich aber nicht. 2. Zimri hätte um Hilfe rufen können, rief aber nicht. 3. Er traf die männlichen Geschlechtsorgane des Mannes und die weiblichen der Frau. 4. Sie rutschten den Speer nicht hinunter. 5. Ein Engel kam und hob die Türschwelle hoch (damit die auf dem Speer steckenden Zimri und Kozbi hochgehalten hinausgetragen werden konnten). 6. Ein Engel kam und richtete Verwirrung im Volk an. Die längere Fassung von 12 Wundern findet sich z. B. im Midrasch Bamidbar rabba p. 20,25 und im Tragum Jonathan zu Nm 25,8. Dort heißt es noch als 9. Wunder, daß sie nicht bluteten, damit Pinchas nicht verunreinigt werde. Hier, fol. 128r, bluten sie zwar, aber Pinchas selbst bleibt vom Blute rein. Auch dieses Pinchas-Motiv ist in der Katakombe der Via Latina, Cubiculum B, belegt (*Nordström*, a. a. O. 112–119). Zur Via Latina (zu I, 3.2b, c) vgl. *Ursula Schubert*, Spätantikes Judentum und frühchristliches Kunst, Wien 1974, 24–26, 32–34; *Lieselotte Kötzsche-Breitenbruch*, Die neue Katakombe an der Via Latina in Rom, Münster 1976, 66–70, 85–87. (Etliche Darstellungen in der Via-Latina-Katakombe gehen auf jüdische Bildvorlagen zurück. Vgl. *Kurt Schubert*, Kairos 30/31 [1988/89], 251–253).

I, 3.2d fol. 25v. Im untersten Feld eine Darstellung der Übergabe der kastilianischen Übersetzung der Bibel durch Moses Arragel. Oben der thronende Großmeister des Calatravaordens. Darunter links ein Dominikaner und rechts ein Franziskaner. Dazwischen Angehörige des Calatravaordens bei tätiger Nächstenliebe (Nordström, 26–30).

I, 3.3 Pugio Fidei, Titelseite. Pugio fidei Raymundi Martini Ordinis Praedicatorum adversus Maurus et Judaeos
In dieser Schrift wollte Raimund Martini – im Sinne des Religionsgesprächs von Barcelona 1263 – den Nachweis erbringen, daß selbst die rabbinischen Gelehrten an die Messianität Jesu geglaubt hätten. Um zu beweisen, daß es niemand anderer als der Teufel ist, der an der „Verstockung des Judentums" interessiert ist, berief er sich auf die Legende von Ben Tamalion, dem Dämon, der in die Tochter des römischen Kaisers fuhr, um sich dann von Schimon bar Jochai wieder vertreiben zu lassen, wodurch eine Aufhebung des Verbots der jüdischen

Religion durch die Römer erreicht wurde (babylonischer Talmud Me'ila 17a, b; Adolf Jellinek, Bet ha-Midrasch, Jerusalem[3] 1967, IV., 117f. [hier heißt der Dämon Aschmedai]).
Lit.: *Ruben Bonphil*, Demutah schel ha-jahadut besiphro schel Raymund Martini „pigion ha – emuna", Tarbiz 40 (1970/71), 360–375.

I, 3.4 Christliche Polemik im Bild
Das Bild zeigt den Dominikaner Vinzenz Ferrer, der die Verbrennung jüdischer und maurischer Bücher überwacht. Juden und Mauren mußten dabei hilflos zusehen. Über den brennenden Büchern die Worte, auf die etliche der dargestellten Personen zeigen. Ein Gott, ein Glaube, eine Taufe (Aus *Melveena McKendrick*, Ferdinand und Isabella – Spanien im Spiegel der Zeit, Reutlingen 1969, 122).

Kurt Schubert

I, 4. DIE KULTURELLE BEDEUTUNG DES SPANISCHEN JUDENTUMS

Die Kultur der spanischen Juden war zunächst weitgehend von der ihrer arabischen Umwelt bestimmt. Bis etwa Mitte des 12. Jahrhunderts war das Zentrum jüdischer Kultur in Spanien im Süden der iberischen Halbinsel. Erst die extrem unduldsamen Almohaden, deren Herrschaft im Jahre 1146 begann, bewirkten eine Abwanderung der Juden aus den spanisch-islamischen Herrschaftsgebieten. Einige – wie z. B. die Familie des 1135 in Córdoba geborenen Moses Maimonides – wanderten nach Nordafrika aus. Maimonides starb 1204 in Fustat (Altkairo). Andere, die Mehrheit, fanden Zuflucht im christlichen Spanien, wo es schon im 11. Jahrhundert eine eigenständige jüdische Kultur gab.
Doch der arabische Einfluß blieb weitgehend erhalten. Das beweist nicht nur der maurische Stil spanischer Synagogen. Auch die Philosophie und die Naturwissenschaften waren weitgehend von den Problemen bestimmt, die von islamischen Gelehrten diskutiert wurden. Das brennendste Problem für die Intellektuellen war sicherlich die Frage, ob eine Erschaffung der Welt als Willensakt Gottes überhaupt logisch möglich sei. Gott wurde durch einen aristotelisch verstandenen Neuplatonismus so sehr als das oberste Eine und als „Unbewegter Beweger" verstanden, der ewig aktiv (in actu) ist, daß man sich einen Anfang dieser Aktivität im Sinne des biblischen Schöpfungsberichtes gar nicht vorstellen konnte. Der Ewigkeit Gottes mußte somit auch eine ewige Aktivität und dieser wieder eine ewige Materie als Folge dieser ewigen Aktivität Gottes entsprechen. Diese ewige Materie als Grundsubstrat des Kosmos sollte also ebenso ewig sein wie Gott selbst. Damit aber fällt der von der biblischen Offenbarung gegebene Schöpfungsglaube. Wenn aber Gott nur Schöpfungsimpuls und nicht der persönliche Schöpfergott ist, hat das Befolgen religiöser Vorstellungen keinen Sinn mehr. Diesem Dilemma versuchten die mittelalterlichen Religionsphilosophen mit mehreren Theorien zu begegnen.
Salomo ibn Gabriel, der 1020 in Malaga in Andalusien geboren wurde und nicht viel älter als 30 Jahre wurde, setzte über die sich gegenseitig bedingenden Form (Schöpfungsimpuls) und Materie noch den einen Schöpfergott an, der durch seinen Willen den Schöpfungsanstoß für Form und Materie gab. Jehuda ben Samuel Halevi, der 1080 in Toledo, das fünf Jahre darauf von der Reconquista erobert wurde, geboren wurde und 1141 im Lande Israel kurz nach seiner Ankunft verstarb, versuchte dem Problem dadurch aus dem Weg zu gehen, daß er es als relevant für einen gläubigen Juden in Abrede stellte. Auch der Historiker und selbst dem Aristotelismus verbundene Philosoph Abraham ibn Daud, der 1110 im muslimischen Córdoba geboren wurde und 1180 in Toledo verstarb, fand noch keine befriedigende Antwort auf diese Frage. Erst Moses Maimonides fand in seinem „Führer der Schwankenden", den er im Jahre 1190 in Ägypten abschließen konnte, eine Antwort, indem er meinte, daß die logischen Kategorien, die innerhalb der Schöpfung gelten, nicht auch auf das ganz Andere des

Schöpfungsaktes selbst angewandt werden dürfen.

Natürlich gab es in Spanien auch eine hoch bedeutsame rabbinische Gelehrsamkeit, seit um die Mitte des 10. Jahrhunderts der aus Italien stammende Mosche bar Chanokh in Córdoba eine rabbinische Akademie gegründet hatte. Viele klingende Namen könnten hier genannt werden. Allen voran ist Abraham ben Meir ibn Ezra zu nennen, der 1092 in Toledo geboren wurde, Spanien aber bereits 1140 verließ. Sein Bibelkommentar wird noch heute allen rabbinischen Bibelausgaben beigebunden. Auch fehlte es nicht an Gelehrten, die das talmudische Material unter neuen Ordnungskategorien aktualisieren wollten. Schon im 11. Jahrhundert wirkte der aus Fez stammende Isaak ben Jakob ha-Kohen Alfassi. Er stammte aus der arabischen Welt und wirkte in dieser. Aus Deutschland kam die bedeutendste rabbinische Autorität Spaniens in der ersten Hälfte des 14. Jahrhunderts, Jakob ben Ascher, der Verfasser der Araba'a Turim „Vier Reihen". Auch Maimonides widmete sich in Ägypten dieser Problematik in seinem 14bändigen Monumentalwerk Mischne Tora, das von ihm 1180 abgeschlossen wurde. Philosophie, Exegese und Naturwissenschaften gehörten nach mittelalterlichem Verständnis zusammen, Physik galt als Vorstufe der Metaphysik. Daher ist es nicht zu verwundern, daß spanische Juden auch hier führend tätig waren. So rüstete z. B. der 1450 in Salamanca geborene Samuel Zacuto, der 1510 in der Türkei verstarb, die Expedition Vasco da Gamas nach Indien mit einem selbst angefertigten Astrolab aus.

In Spanien entstand auch um etwa 1300 von dem anonymen Verfasser Mosche di Leon das Hauptwerk der Kabbala, das Buch Zohar. Doch war es die sefardische Diaspora im Lande Israel, durch die die Kabbala im 16. Jahrhundert ihre Hochblüte erreichte.

I, 4.1 Moderne Statue des Salomo ben Jehuda ibn Gabirol in Malaga

Ibn Gabirol wurde etwa 1020 in Malaga in Andalusien geboren, verbrachte aber den Hauptteil seines Lebens in Saragossa, wohin er kurz nach dem Tode seines Vaters auswanderte. 1045 schrieb er in Saragossa ein Werk über die „Seelenqualitäten", eine ethische Schrift, die weit hinter seinen übrigen Werken zurückbleibt. Knapp vor seinem Tod kam er nach Valencia, wo er etwa 1052 starb. Ganz sicher ist sein Sterbedatum nicht. Außer seinem Buch über die „Seelenqualitäten" sind von ihm noch zwei philosophische Werke erhalten, die „Lebensquelle" und die hymnische Dichtung *Keter malkhut*, „Königskrone". Die „Lebensquelle" besteht aus 5 Büchern und ist nach platonischer Art in Dialogform angelegt. In dem Gespräch zwischen Meister und Schüler wird nie auf die Bibel oder auf die rabbinische Tradition hingewiesen. Daher ging dieses Buch auch im Laufe der Zeit im Original verloren, erhalten aber blieb die lateinische Übersetzung mit dem Titel „Fons Vitae" und ein hebräischer Auszug des Schem tobh ibn Falaqera. Seine philosophische Dichtung *Keter malkhut* zeigt wie seine übrigen Gedichte nicht nur seine neuplatonische Einstellung, sondern auch seine hohe dichterische Begabung. Sie ging auch in die Liturgie ein und wird am Ende des Gottesdienstes des Jom Kippur, „Versöhnungstag", gebetet. Zu seinem philosophischen System im Einleitungsteil S. 46.

Textausgaben und Übersetzungen: Avencebrolis Fons Vitae ex Arabico in Latinum translatus, ed. *Clemens Bäumker*, Münster 1892; *Jakob Blobstein*, Meqor chajim lerabbi Schlomo ben Gabirol, Jerusalem 1926; *J. A. Seidmann*, Keter Malkhut, Jerusalem 1950 (und viele weitere Ausgaben, auch in Sammlungen jüdischer Dichter des Mittelalters). Deutsche Übersetzung des Keter Malkhut von *Johann Maier*, Die „Königskrone" des Salomo ben Jehuda ibn Gabriol, Judaica 18 (1962), 1–55.

I, 4.2 Moderne Statue des Moses Maimonides in Córdoba

Moses Maimonides wurde 1135 in Córdoba geboren. Von seinem Vater wurde er schon in früher Jugend im Talmud und in der Mathematik unterrichtet und von arabischen Lehrern erhielt er in etwas reiferen Jahren Unterricht in den Naturwissenschaften und in der Philosophie. Nachdem Córdoba von den unduldsamen Almohaden erobert worden war, wanderte 1148 die Familie des Maimonides aus und ließ sich schließlich gegen 1160 in Fez in Marokko nieder. Dort waren die Juden gezwungen, sich formell zum Islam zu bekennen. Nach 1160 richtete Maimonides eine diesbezügliche Mahnschrift an die jüdischen Gemeinden, in der er diese zum Festhalten an den überlieferten Gebräuchen aufrief. In Fez hatte Maimonides Umgang mit islamischen Ärzten und Philosophen. 1156 wanderte er nach dem Lande Israel aus, doch blieb er auch dort nicht, sondern zog südwärts nach Ägypten weiter. In Fustat (Altkairo) eröffnete er eine gut frequentierte ärztliche Praxis und hielt öffentliche Vorträge über Philosophie. 1168 vollendete er seinen arabisch geschriebenen Mischnakommentar. 1171 kam der liberal gesinnte Sultan Saladin zur Herrschaft, dessen Leibarzt Maimonides wurde. Zu dieser Zeit verfaßte er seinen *Iggeret Teman*, sein Trostschreiben an die Juden des Jemen. 1175 war er als rabbinische Autorität bereits anerkannt. 1180 vollendete er seine hebräisch geschriebene Kodifikation des rabbinischen Rechts und Traditionsguts unter dem Titel *Mischne Tora* und 1190 in arabischer Sprache seinen *More nebhukhim* (hebräischer Titel des Werkes) „Führer der Schwankenden". Dieses Werk wurde unter dem Titel „Doktor Perplexorum" auch ins Lateinische übersetzt und beeinflußte in hohem Maße die Scholastiker des 13. Jahrhunderts. 1204 starb Maimonides in Fustat. Zu seinem philosophischen System im Einleitungsteil S 48 f.

Textausgaben und Übersetzungen (in hebräischer Übersetzung bzw. im hebräischen Originaltext). Iggrot ha-Rambam, Jerusalem 1960. Perusch lemassekhet abhot, Jerusalem 1961; Haqdamot leperusch ha-mischna, Jerusalem 1961; Sepher ha-mitzwot, Jerusalem 1958; Mischne Tora, Jerusalem 1957–1962; *Jehuda ibn Schmuel* (Jehuda Kaufmann), Sepher more ha-nebhukhim (nach der hebräischen Übersetzung des Schmuel ibn Tibbon), Jerusalem 1947, ²1959 ff.; *Sch. Scheier*, Sepher more ha-nebhukhim (nach der hebräischen Übersetzung des Jehuda Alcharizi), Jerusalem 1962; *Joseph David Kapach*, Mosche ben Maimons more nebhukhim (arabischer Urtext mit moderner hebräischer Übersetzung), Jerusalem 1972; Liber More Nebhukim, Doctor Perplexorum, Basel 1629; *Adolf Weiss*, Mose ben Maimon – Führer der Unschlüssigen, 2 Bde., Leipzig 1923/24; *Salomo Munk*, Le guide des égarées, Nouvelle édition, Paris 1963; *Shlomo Pines*, The Guide of the Perplexed, Chicago 1963; *Wolfgang Kluxen*, Rabbi Moyses (Maimonides), Liber de uno deo benedicto, Miscellanea Mediaevalia 4 (1966), 167–182.

I, 4.3 Kopenhagen, Königliche Bibliothek, Cod. hebr. 37. Maimonides „Führer der Schwankenden" in der hebräischen Übersetzung des Schmuel ibn Tibbon

Das Kolophon fol. 316r vermerkt, daß diese Handschrift im Jahre 1348 von Levi bar Isaak Hijo Caro aus Salamanca geschrieben wurde für den Arzt Menachem Bezalel in Barcelona. Ob der Schreiber auch der Illuminator war, wie Edelmann und Haxen vermuten, läßt sich nicht mit Sicherheit entscheiden.

Lit.: *Raphael Edelmann*, An Illuminated Hebrew Manuscript, Fund + Forskning 1 (1954), 123–137; *Bezalel Narkiss*, Hebrew Illuminated Manuscripts, Jerusalem 1969, 76f; *Ulf Haxen*, Kings and Citicens II, New York 1983, No. 6.

I, 4.3a fol. 112v. Ende des ersten Buches

I, 4.3b fol. 114r. Anfang des zweiten Buches
Ein sitzender Gelehrter hält in seiner rechten Hand einen Astrolab und weist mit der linken auf ein aufgeschlagenes Buch, das auf seinem Schoß liegt. Vor ihm zuhörende und diskutierende Schüler.

I, 4.4 Milano, Biblioteca Ambrosiana, Ms X 136, sup, fol. 40r. Maimonides „Führer der Schwankenden" in der hebräischen Übersetzung des Schmuel ibn Tibbon

Die Handschrift entstand wohl in Süditalien um die Wende des 13. zum 14. Jahrhundert. Einleitung des Schmuel ibn Tibbon.

Lit.: *Aldo Luzatto et Luisa Mortara Ottolenghi*, Hebraica Ambrosiana, Milano 1972, 125 f.

I, 4.5 Paris, Bibliothéque Nationale Ms hebr. 685. Maimonides „Führer der Schwankenden" in der hebräischen Übersetzung des Schmuel ibn Tibbon. Italien, 15. Jahrhundert

Wenn auch der „Führer" des Maimonides schon bald auf Widerstand im traditionalistischen Milieu stieß, so fand er doch ungeteilte Zustimmung in den Kreisen, für die er auch gedacht war, die die aristotelische Philosophie, wie sie das Mittelalter verstand, nicht mehr mit ihrem überkommenen Glauben in Übereinstimmung bringen konnten. Schon 1232 wurde der „Führer" von bedeutenden jüdischen Autoritäten Frankreichs mit dem Bann belegt und auf die Bitte des Rabbiners von Montpellier, Salomon ben Abraham, von der Inquisition verbrannt. Die Handschriften des „Führers", die in Italien prächtig ausgestattet wurden, sind ein deutliches Zeugnis für seine Beliebtheit trotz der Kontroverse.

Lit.: *D. J. Silver,* Maimonidean Criticism and Maimonidean Controversy, 1180–1240, Leiden 1965; *Kurt Schubert,* Apostasie aus Identitätskrise – Nikolaus Donin, Kairos 30/31 (1988/89), 1–10, bes. 1–4.

I, 4.5a fol. 58. Ende des ersten und Beginn des zweiten Buches

I, 4.5b fol. 103r. Ende des zweiten und Beginn des dritten Buches

I, 4.6 Jerusalem, Jewish National and University Library, Ms 4° 1193. Maimonides *Mischne Tora.* Geschrieben in Spanien in der ersten Hälfte des 14. Jahrhunderts, illuminiert in Perugia ca. 1400 von einem christlichen Künstler

In klarem Mischnahebräisch wird in *Mischne Tora* die gesamte mündliche Tradition geboten einschließlich auch nicht mehr relevanter Bestimmungen. Das Werk ist nach thematischen Gesichtspunkten aufgebaut und enthält 14 Bücher. Daher wird es auch *Jad* (Zahlenwert 14) ha-chazaqa genannt im Anschluß an Ex 6,1. In diesem Werk wird auf die Wiedergabe der rabbinischen Diskussionen verzichtet, dafür enthält es endgültige Entscheidungen. Eigentlich setzt es Kenntnis und Studium des Talmud nicht voraus. Selbst formulierte es Maimonides so: „Damit auf der (ganzen) Welt bezüglich des Rechts Israels niemand mehr auf ein anderes Werk angewiesen ist ... Aus diesem Grunde nannte ich dieses Werk *Mischne Tora*, weil der Mensch zunächst die schriftliche Tora und dann darin (i. e. Mischne Tora) lesen soll. So lernt er daraus die ganze mündliche Tora kennen und muß dazwischen in keinem anderen Buch lesen". Das 1. Buch *Sepher ha-madda*, „Buch des Wissens", enthält ein komplettes metaphysisches System und das 14. Buch *Sepher schophtim*, „Buch der Richter", ist u. a. der Darstellung des Messianismus und der Widerlegung von Christentum und Islam gewidmet (*Hilkhot melakhim umilchamotehem*).

Lit.: *Fritz Werner,* Der „Schulchan Aruch" und seine literarischen Vorläufer, Kairos 20 (1978), 241–271, bs 250–255; *Alexander Scheiber* (Hg.), The Illuminated Pages of the Kaufmann Mischneh Torah, Budapest 1984, 9.24. *Bezalel Narkiss,* Hebrew Illuminated Manuscripts, Jerusalem 1969, 134.

I, 4.6a fol. 32r. Beginn des 2. Buches ahabha, „Liebe", enthaltend Bestimmungen über Gebete, Gebetsriemen usw.

I, 4.6b fol. 40v. Illustration zum Text: „Beim Morgengebet, beim Musaph und beim Abschluß erheben die Priester ihre Hände"

I, 4.7 Biblioteca Apostolica Vaticana, Cod. Ross 498. Maimonides *Mischne Tora.*

Diese Handschrift aus Oberitalien (Mantua?) aus der 2. Hälfte des 15. Jahrhunderts enthält nur die ersten 5 Bücher von Mischne Tora, ein 2. Teil dieser Handschrift befand sich ursprünglich in der Stadtbibliothek Frankfurt am Main (vgl. *Joseph Baer* u. a. Katalog ^{2}1920, Nr. 6). Heute in Privatbesitz in New York.

Lit.: *Bezalel Narkiss,* Hebrew Illuminated Manuscripts, Jerusalem 1969, 160 f.; *Joseph Gutmann,* Hebrew Manuscript Painting, London 1979, 31; *Leonard Singer Gold* (Hg.), A Sign and a Witness, New York o. J., 166.

I, 4.7a fol. 2v. Zur Initiale *Kol* eine Szene, die einen dozierenden Lehrer vor seinen Schülern zeigt. Der Text beginnt mit den Worten: „Alle Gebote, die dem Moses am Sinai gegeben wurden."

I, 4.7b fol. 13v. Beginn des 1. Buches

Da sich dieses Buch mit zur Zeit des Maimonides aktuellen wissenschaftlichen und philosophischen Fragen befaßt, werden als Illustration vier Astronomen mit verschiedenen Meßinstrumenten dargestellt.

I, 4.7c fol. 43v. Beginn des 2. Buches *ahabha*, „Liebe"
Je drei Reiter treten gegeneinander zum Kampf an. Im *Sepher Chasidim*, „Buch der Frommen", Kap. 359 heißt es: „Schwere Schläge kommen über den Menschen. Er soll dabei daran denken, wie es die Ritter tun. Sie ziehen in den Krieg, um ihre Kraft zu zeigen. Sie flüchten nicht vor dem Schwert, weil sie sich schämen, zu fliehen. Sie werden getötet und verwundet nur aus Furcht vor der Schande. Sie bekommen keinen Lohn von ihrem Herrn für ihren Tod im Krieg. Aber: ‚Wenn er mich tötet, auf ihn hoffe ich' (Hiob 13, 15). So will ich ihm dienen, nicht um dafür Lohn zu erhalten". Das *Schma Israel,* „Höre Israel, der Herr unser Gott, ist ein Gott ..." (Dt 6,4–9), das hier abgehandelt wird, ist das Glaubensbekenntnis des Judentums. Das Bekenntnis zu diesem einen Gott, das das Risiko des Martyriums mit einschließt, wird verglichen mit dem Kampfesmut der Ritter. Daher hat eine Kampfesszene durchaus einen Sinn, wenn der Text vom Schma Israel spricht.

I, 4.8 Bibl. Apostol. Vaticana Cod. Ross 555. Jakob ben Ascher, *Arba'a Turim*
Gemäß dem Kolophon, fol. 440r, wurde die Handschrift von Isaak ben Obhadja in Mantua für Mordechai ben Avigdor geschrieben und nach zehn Monaten am 23. Dezember 1435 beendet.
Die *Arba'a Turim*, „Vier Reihen", des Jakob ben Ascher sind nach den vier Reihen von Edelsteinen auf dem Brustschild des Hohepriesters benannt. Jakob ben Ascher wurde 1269 geboren und war aschkenasischer Herkunft. Sein Vater Ascher ben Jechiel emigrierte mit seiner Familie 1303 nach Spanien, wo er 1305 Rabbiner in Toledo wurde. Die vier Turim, „Reihen", nannte Jakob ben Ascher: *Orach Chajim*, „Weg des Lebens", darin sind die Gesetze für das tägliche Leben, die Sabbate und die Festtage enthalten; *Jore De'a*, „Lehre der Erkenntnis", ein Kodex für die religiöse Praxis; *Ebhen Ha'ezer*, „Stein der Hilfe", die Bestimmungen des Eherechts enthaltend; *Choschen Ha-mischpat*, „Schild des Rechts" mit Bestimmungen des Zivilrechts. Nach Maimonides Mischne Tora waren die Arba'a Turim des Jakob ben Ascher die bedeutendste Gesetzessammlung überhaupt, da er alle religiösen Normen von der talmudischen bis zu seiner Zeit zusammenfaßte und ordnete.
Lit.: *Hans Tietze*, Die illuminierten Handschriften der Rossiana in Wien-Lainz, Leipzig 1911, Nr. 217; *Bezalel Narkiss*, Hebrew Illuminated Manuscripts, Jerusalem 1969, 136 f.; *Joseph Gutmann*, Hebrew Manuscript Painting, London 1979, 104–107; *Fritz Werner*, Der Schulchan aruch und seine literarischen Vorläufer, Kairos 20 (1978), 241–271; bes. 256–259; *Kurt Schubert*, in: Klaus Lohrmann (Hg.), 1000 Jahre österreichisches Judentum, Eisenstadt 1982, 317 f.

I, 4.8a fol. 220r. Beginn von *Ebhen Ha'ezer.* Dazu passend eine Hochzeitsszene.

I, 4.8b fol. 293v. Beginn von *Choschen Hemischpat*
Dazu passend eine Gerichtsszene.

I, 4.9 Rovigo, Bibl. Silvestriana Ms. 220 fol. 1r. Joseph Albo, *Sepher ha-iqqarim*
Geschrieben von einem gewissen Salomon (ohne nähere Angaben). Illustriert im 15. Jahrhundert in Mittelitalien. Zum Sepher Haiqqarim siehe S. 50 f.
Lit.: *Bezalel Narkiss*, Hebrew Illuminated Manuscripts, Jerusalem 1969, 154 f.; *Joseph Gutmann*, Hebrew Manuscript Painting, London 1979, 110 f.

I, 4.10 Budapest, Akademie der Wissenschaften, Sammlung Kaufman Ms A 77/I–IV. Maimonides, Mischne Tora, Fol. II, 188r. David und Goliath
Das vierbändige großformatige Werk wurde – laut Kolophon, IV fol. 143r – von Natan bar Simeon Halevi für seinen Schwager Abraham bar Berechja zwischen April 1295 und August 1296 geschrieben. Die Anfangsseite von jedem der 14 Bücher dieses Werkes ist mit einem reich ornamentierten Feld geschmückt, in dem eingetragen ist, um welches der 14 Bücher des Werkes es sich handelt. Von dem ausgehend rahmen mit

Blättern, Blumen, Tieren und Grotesken geschmückte Ranken die ganze Folioseite. Am unteren Rand jeder Anfangsseite befindet sich eine biblische oder nichtbiblische Szene. Als Entstehungsort wird Köln oder Lothringen (Sed Rajna) angegeben.
Lit.: *Bezalel Narkiss*, Hebrew Illuminated Manuscripts, Jerusalem 1969, 100 f.; *Ursula Schubert,* in: Judentum im Mittelalter, Eisenstadt 1978, 219; *Gabrielle Sed Rajna,* The Illustrations of the Kaufmann Mischneh Torah, Journal of Jewish Art 6 (1979), 64–77; *Ursula und Kurt Schubert,* Jüdische Buchkunst, 1. Teil, Graz 1983 (passim); *Alexander Scheiber* u. a., Kodex Maimuni – The Illuminated Pages of Kaufmann Mischneh Torah, Budapest 1984; *Evelyn M. Cohen,* Moses and the Tablets of the Law in the Kaufmann Mischneh Torah, in: Occident and Orient. A Tribute to the memory of A. Scheiber, Akadémiai Kiadó, Budapest 1988, 53–55.

I, 4.11 Jerusalem, Israel Museum Ms 180/51 (Rothschild Miscellany, fol. 312r). Ibn Sahula, Meschal Ha-qadmoni

Das Manuskript (ohne Kolophon) entstand zwischen 1465 und 1475 und war bestimmt für Mosche bar Jekutiel Ha-kohen, einen aschkenasischen Juden aus der Gegend von Treviso. Nach Luisella Mortara-Ottolenghi (im Einleitungsband zur Faksimileausgabe) wurde es in zwei christlichen lombardischen Ateliers illustriert, bei Bonifacio Bembo und Cristophoro de Predis. Die Handschrift enthält 37 rabbinische Werke, darunter weder kabbalistische Texte noch talmudische Kommentare. Das weit verbreitete Erzählungen, Gleichnisse und Fabeln enthaltende Meschal Ha-qadmoni, das Isaak ben Salomo ibn Sahula aus Guadalajara in Kastilien im Jahre 1281 verfaßt hatte, befindet sich fol. 298v–371r und ist reich illustriert. Diese Illustrationen waren auch das Vorbild für den ersten Druck, der 1491 bei Soncino in Brescia erschien.
Hier eine Szenendarstellung aus Meschal Haqadmoni.
Lit.: *Bezalel Narkiss,* Hebrew Illuminated Manuscripts, Jerusalem 1969, 158 f.; *Joseph Gutmann*, Hebrew Manuscript Painting, London 1979, 112–115; Einleitungsband zur Faksimileausgabe, London 1989.

Ursula und Kurt Schubert

I, 5. BIBELN

In spanischen Bibeln wird vielfach – wohl als Symbol für die messianische Erwartung – dem Text der Bibel eine Darstellung der Tempelgeräte vorangestellt (I, 5.3.4). In der 1. Kennicott-Bibel finden sich diese am Ende der Tora (d. h. nach dem Buch Deuteronomion). Im aschkenasischen Raum findet sich eine solche Darstellung im Regensburger Pentateuch (um 1300), dort ebenfalls nicht am Anfang.
Fortlaufende Szenen mit biblischen Themen sind in den Bibeln selbst nicht belegt, sie finden sich aber in den Illustrationen der Pesach Haggadot am Anfang oder Ende der Handschriften (vgl. I, 6). Dort reichen sie thematisch aber nicht weiter als bis zum Auszug aus Ägypten und zur Wüstenwanderung.

I, 5.1 Oxford, Bodleian Library Ms Kennicott 1. Bibel

Fol. 438r ist im Schreiberkolophon des Mosche bar Jakob Zabara vermerkt, daß diese Bibel am 24. Juli 1476 in La Coruña (Galicia in NW-Spanien) abgeschlossen wurde. Im Kolophon ist auch vermerkt, daß der Auftraggeber dieser aufwendigen Handschrift Jitzchaq ben Don Schlomo di Braga hieß. Mosche Zabara fügte auch die Vokalisation und die Masora selbst hinzu. Der Illustrator war Joseph ibn Chaim, dessen Kolophon mit anthropomorphen und zoomorphen Buchstaben die ganze Seite, fol. 447r, einnimmt. Er fügte zur Bibelhandschrift hinzu das Sepher ha-mikhlol, eine grammatikalische Abhandlung des David Kimchi und verteilte es auf 2 Teile am Anfang und am Ende der Handschrift, fol. 1v–8v und fol. 348v–344r. Der Text des David Kimchi findet sich unter reichlich mit verschiedenem Dekor, Tieren und Drolerien verzierten Architekturrahmen. Besonders bemerkenswert sind fol. 442v und 443r; in fol. 442v rücken Hasen mit Lanzen, an der Spitze ein Hase mit Krone, gegen eine Burg vor, aus deren Turm ein Hund oder Wolf blickt; fol. 434r ist dem Thema des Katzen-Mäuse-Krieges gewidmet: mit Schwertern und Schilden ausgerüstete Katzen bestürmen eine von Mäusen verteidigte Burg.

Als Vorbild für die Illustration der ersten Kennicott-Bibel diente die Cervera-Bibel, die Schmuel ben Abraham ibn Natan im Jahre 1300 in Cervera geschrieben hat, während er einen Beinbruch ausheilte (Lissabon, Biblioteca Nacional Ms. IL72, fol. 434r), und die von Joseph ha-tzorphati (i. e. dem Franzosen) illustriert wurde. Das von Joseph ha-tzorphati geschriebene Kolophon, fol. 449r, enthält ähnliche zoomorphe und anthropomorphe Buchstaben wie dasjenige von Joseph ibn Chaim. Um 1300 und im 14. Jahrhundert waren derartige zoomorphe Buchstaben modern (vgl. Hamilton Siddur, Mocatta Haggada, Goldene Haggada [I, 6.1]). Auch Joseph ha-tzorphati fügte am Anfang und am Ende des Manuskripts eine grammatikalische Abhandlung des David Kimchi hinzu. Auch die Illustrationen in der 1. Kennicott-Bibel finden sich weitgehend schon in der Cervera-Bibel.

Lit.: *Rachel Wischnitzer*, Une Bible enluminée par Joseph Ibn Hayyim, Revue des Etudes Juives 73 (1921), 161–172; *Cecil Roth*, A Masterpiece of Mediaeval Spanish-Jewish Art, Sefarad 12 (1952), 351–368; *ders.*, The Kennicott Bible, Bodleian Picture Book No. 11, Oxford 1957; *Bezalel Narkiss*, Hebrew Illuminated Manuscripts, Jerusalem 1969, 74 f.; *Sheila Edmunds*, A Note on the Art of Joseph Ibn Hayyim, Studies in Bibliography and Booklore 11 (1975), 25–40; *Ursula Schubert*, Judentum im Mittelalter (Katalog zur burgenländischen Landesausstellung im Schloß Halbturn), Eisenstadt 1978, 218; *Joseph Gutmann*, Hebrew Manuscript Painting, London 1979, 58 f. (zur Cervera-Bibel); *Bezalel Narkiss*, The Sign of Yonah, Gesta 18 (1979), 63–76; *Ursula und Kurt Schubert*, Jüdische Buchkunst, Erster Teil, Graz 1983 (passim); *Sheila Edmunds*, The Kennicott Bible and the Use of Prints in Hebrew Manuscripts, Atti del XXIV Congresso Internazionale di Storia dell'Arte, Bologna 10.–18. September 1979, Bologna 1983, 23–29; *Bezalel Narkiss*, Hebrew Illuminated Manuscripts in the British Isles, Oxford 1982, 153–159; *Bezalel Narkiss and Aliza Cohen-Mushlin*, The Kennicott Bible, London 1985 (Einleitung zur Faksimile-Ausgabe); *Ursula Schubert*, Zwei Tierszenen am Ende der Ersten Kennicott-Bibel in Oxford, Journal of Jewish Art 12/13 (1986/87), 83–88; *Thérèse Metzger*, L'illustration biblique dans la bible hébraique Ms. Illuminado 72 de la Bibliothèque nationale de Lisbonne, Revista da Biblioteca Nacional 5 (1990), 61–96 (zur Cervera-Bibel).

I, 5.1a fol. 3r. Verzierter Architekturrahmen

I, 5.1b fol. 7r. Verzierter Architekturrahmen

I, 5.1c fol. 88v. Die Anfänge der Paraschen werden oft durch eine den Inhalt charakterisierende Darstellung hervorgehoben. Hier die Parascha Chuqqat, die von der Roten Kuh handelt (Nm, 19,1 ff.).

I, 5.1d fol. 90r. Anfang der Parascha Balaq, Nm 22,2 ff. Balaq, der König von Moab, wendet sich an Bileam mit der Bitte, die Israeliten zu verfluchen. Bileam hält hier in seiner rechten Hand ein astrologisches Gerät.

I, 5.1e fol. 92r. Als Anfang der Parascha Pinchas, Nm 25,10 ff., der Priester Pinchas mit Speer und Schild.

I, 5.1f fol. 120v. 121r. Am Ende des Deuteronomion folgt ganzseitig eine Darstellung der Tempelgeräte. 120v: Menora (i. e. siebenarmiger Leuchter). 121r: Das übrige Tempelinventar. Der Baum auf einer Bergspitze links oben symbolisiert den Ölberg, von dessen Höhe die auferstehenden Gerechten den Blick in den neu aufgebauten Tempel haben sollen. Dahinter steht das Motiv, daß die Auferstehung im Lande Israel stattfinden soll (Ketubot 111a).

Lit.: *Joseph Gutmann*, When the Kingdom Comes – Messianic Themes in Medieval Jewish Art, Art Journal 27 (1967/68), 168–175 (deutsche Übersetzung in: Lieselotte Kötzsche/Peter von der Osten-Sacken (Hg.), Wenn der Messias kommt, Veröffentlichungen aus dem Institut für Kirche und Judentum, Band 16, Berlin o. J., 19–26).

I, 5.1g fol. 185r. Am Anfang des 1. Buches der Könige der gealterte König David sitzend auf dem Thron mit Krone und Zepter. Das Zepter macht den Eindruck eines knorrigen Stabes. Dies ist wohl eine Folge des Verständnisses des

Wortes *schebhet* im Gn 49,10, wo es heißt, daß das Zepter (Stab/Stock/Zuchtrute) nicht von Juda weichen wird.

I, 5.1h fol. 305r. Zum Anfang des Buches Jonas der Meerwurf des Jonas.

I, 5.1i fol. 442v, 443r. Thema: „Verkehrte Welt" und „Katzen-Mäuse-Krieg".

I, 5.1j fol. 447r. Malerkolophon in zoomorphen und anthropomorphen Zierbuchstaben: „Ich Joseph ibn Chaim habe dieses Buch gemalt und beendet".

I, 5.2 Lissabon, Biblioteca Nacional, Ms il 72, fol. 449r. Cervera-Bibel, 1300.
Malerkolophon: „Ich, Joseph der Franzose, habe dieses Buch gemalt und beendet".

I, 5.3 Parma, Biblioteca Palatina, Ms 2668, fol. 7v, 8r. Bibel, Tempelinventar
Im Kolophon, fol. 383v, ist vermerkt, daß der Schreiber Chaim ben Israel im Jahre 1277 in Toledo diese Bibel beendet hat. Er schrieb sie für Isaak Halevi, Sohn des Schmuel Halevi. Diese Handschrift ist der älteste Vertreter einer Gruppe von spanischen Bibelhandschriften des 13. und 14. Jahrhunderts, deren einziger Dekor in der Wiedergabe des Tempelinventars besteht, das öfters auf einer Doppelseite abgebildet ist, die dem Codex vorangestellt ist. Die Anwendung dieses Ausstattungsprogramms durch die jüdischen Gemeinden Spaniens hat mehrere Ursachen. Einerseits sah man in der Bibel einen Ersatz für den 70 n. Chr. von den Römern zerstörten Tempel und nannte daher die Synagogen, in denen sich die Torarollen befanden, *miqdasch me'at*, „Kleines Heiligtum", andererseits hatten die Tempelgeräte auch messianische Bedeutung. Der Darstellung der Tempelgeräte in dieser Handschrift am nächsten steht jene einer Bibel, die 1299 in Perpignan geschrieben wurde (Paris, Bibliothèque Nationale, Ms 7, fol. 12v, 13r).
Lit.: *Cecil Roth*, Jewish Anticidents of Christian Art, Journal of the Warburg and Courtould Institute 16 (1953), 24–44; *Joseph Gutmann*, Kingdom (I, 5.1 f.); *Carl Otto Nordström*, Some Miniatures in Hebrew Bibles, Synthronon II, Paris 1968, 89–105; *Giuliano Tamani*, Elenco dei Manoscritti ebraici miniati e decorati della „Palatina" di Parma, in: La Bibliofilia, Firenze 1968, No. 1; *Joseph Gutmann*, The Messianic Temple in Spanish Medieval Manuscripts, in: J. Gutmann (Hg.), The Temple of Salomon, Missoula 1976, 125–145; *Ursula Schubert*, Judentum im Mittelalter (I, 5.1, Lit.), 217. *Ursula und Kurt Schubert*, Buchkunst (passim) (I, 5.1, Lit.).
Lit. zum Thema Tempelinventar: *Thérèse Metzger*, Les objets du culte, le sanctuaire du désert et le temple de Jerusalem, dans les bibles hébraiques médievales enlumineés, en orient et en espagne, Bulletin of the John Rylands Library 52 (1969/70), 397–436; 53 (1970/71), 167–209. *Ursula Schubert*, Die rabbinische Vorstellung vom Schaubrottisch und die Bibel von S. Isidoro de Leon, a. d. 960 (Real Colegiata, cod. 2, fol. 50r), Artibus et Historiae 17 (1988), 83–88.

I, 5.4 London, British Library, Kings I, fol. 3v, 4r. Bibel, Tempelinventar
Nach der Angabe im Kolophon, fol. 427r, wurde diese Bibel von Jakob bar Joseph aus Ripoll für Isaak bar Jehuda aus Tulusah (Toulouse) im Dezember 1384 abgeschlossen (wörtl. „geschrieben"). Sie ist ein weiterer Beleg für die Häufigkeit ganzseitiger Darstellungen der Tempelgeräte. Fol. 3v ist eine sehr deutliche durch Beischrift bestimmte Darstellung des Ölberges (vgl. I, 5.1 f.).
Lit.: *Carl Otto Nordström*, Miniatures (I, 5.3); *Bezalel Narkiss*, Hebrew Illuminated Manuscripts in the British Isles, Oxford 1982, 110–113.

Ursula und Kurt Schubert

I, 6. PESACH HAGGADOT

Figurale jüdische Malerei gab es in der Antike. Das beweisen nicht nur archäologische Funde wie die Synagoge von Dura Europos am Euphrat aus der Mitte des 3. Jahrhunderts und

Fußbodenmosaike aus dem Lande Israel vom 4. bis 6. Jahrhundert, sondern auch etliche Texte aus der rabbinischen Tradition. Dann setzte sich ein bilderfeindlicher Trend durch, wohl ideologisch unterstützt von der Bilderfeindlichkeit des aufstrebenden Islam und des Ikonoklasmus in Byzanz (723/26–843). Allerdings erkannten Juden wie Araber bald die Möglichkeit, die hebräischen und arabischen Buchstaben zu ornamentalen Zwecken zu verwenden.

In christlicher bilderfreundlicher Umgebung begannen nun die Juden im Mittelalter, auch ihre Handschriften zu illustrieren, wofür ihnen sicherlich christliche illuminierte religiöse Texte, die auf Zeit als Pfänder in der Hand jüdischer Geldverleiher waren, als Anregung dienten. Den Anfang machten in dieser Hinsicht die deutsch-aschkenasischen Juden im 13. Jahrhundert, also zu einer Zeit, da auch das Pfandleihgeschäft zu einer der wichtigsten Erwerbsmöglichkeiten des Judentums gehörte. Zu dieser Zeit gab es in den jüdischen Gemeinden hoch angesehene Geldverleiher, die mit den Spitzen der christlichen Gesellschaft – trotz aller antijüdischen Affekte besonders im breiten Volk – in guter Geschäftsverbindung waren.

Im spanischen Raum entstand die Buchmalerei etwas später, etwa um die Wende des 13. zum 14. Jahrhundert. Da setzte sie aber mit voller Intensität ein. Die hier gezeigten Pesach-Haggadot stammen alle aus dem 14. Jahrhundert, das heißt aus einer Zeit, da die spanischen Juden ihre kulturelle Hochblüte bereits hinter sich hatten. Der große Maimonides lebte im 12. Jahrhundert. Mit dem Religionsgespräch von Barcelona 1263 und der Missionstätigkeit des Dominikanerordens unter den Juden setzte eine neue, weniger liberale Epoche ein, in der es aber noch immer einflußreiche und wohlhabende Juden gab. Diese waren den christlichen geistigen und kulturellen Errungenschaften gegenüber aufgeschlossen. Einige gingen sogar so weit, daß sie die Taufe anzunehmen bereit waren. Andere, die der eigenen Tradition die Treue hielten, wollten wenigstens kulturell an den Errungenschaften ihrer Zeit partizipieren. Die schönen illuminierten Pesach-Haggadot sind ein deutliches Zeichen für diese Tendenzen innerhalb der gebildeten und wirtschaftlich arrivierten jüdischen Gesellschaft.

Am Anfang der meisten spanischen Pesach-Haggadot befindet sich eine Reihe von Bildseiten, die die biblische Geschichte bis zum Auszug aus Ägypten und zur Wüstenwanderung darstellen. Wenn auch in spanischen Haggadot weniger rabbinischer Erzählstoff abgebildet wurde als in den aschkenasischen, so finden sich dennoch solche Motive auch in den spanischen jüdischen Handschriften. Daraus muß der Schluß gezogen werden, daß die Auftraggeber und Benützer solcher Handschriften trotz aller Sympathie für die christliche Kultur traditionsbewußte Juden waren.

I, 6.1 London British Library Add 27210. Goldene Haggada (vgl. I, 6.7)

Der Haggada, die etwa im 3. Jahrzehnt des 14. Jahrhunderts wahrscheinlich in Barcelona illustriert wurde, sind 14 Pergamentblätter, die Illustrationen enthalten, vorgebunden. Das Pergament ist immer nur auf der Fleischseite bemalt, so daß auf eine Doppelseite mit Bildern eine ursprünglich leere, später aber beschriebene Doppelseite folgt. Die Themen der Bilder sind den Büchern Genesis und Exodus entnommen. Die einzelnen Bilder sind in 4 Felder geteilt. Die Anordnung der Bilder entspricht dem hebräischen Schriftduktus und läuft daher von rechts oben nach links unten. Jedem Bild ist ein Titulus beigegeben. Sämtliche Darstellungen sind auf gemusterten Goldhintergrund gesetzt, was der Haggada den Namen gegeben hat. Die Miniaturen wurden von zwei Künstlern, die aber demselben Atelier angehörten und die dieselbe Vorlage benützten, gemacht, von denen der erste fol. 3v–9r, der zweite fol. 10v–14r gemalt hat. Der zweite Künstler arbeitete eleganter und kapriziöser, der erste eindrucksvoller.

Die Initialworte sind in einem archaischen gotischen Stil dekoriert, wie er typisch für Europa um 1300 ist. Die zoomorphen Buchstaben sind charakteristisch für sephardische Illuminationen des späten 13. und des frühen 14. Jahrhunderts. Vgl. die Cervera-Bibel (I, 5.2). Sie wurden noch im späten 15. Jahrhundert von Joseph ibn Chajim, der sich weitgehend nach dem Vorbild der Cervera-Bibel richtete, kopiert (I, 5.1j).

Lit.: *Narkiss*, Manuscripts, 56 f.; *ders.*, The

Golden Haggadah – A fourteenth Century illuminated Hebrew Manuscript in the British Museum (Einleitung zur Faksimile-Ausgabe), London 1970; *M. Metzger*, Haggada (passim); *Ursula Schubert*, Mittelalter, 197–205; *Gutmann*, Painting, 60–63; *Narkiss*, British Isles, I, 58–67; *Ursula und Kurt Schubert*, Buchkunst (passim).

I, 6.1a fol. 2v. Adam gibt den Tieren Namen; Erschaffung der Eva aus der Rippe Adams und Sündenfall; Opfer von Kain und Abel; Arche Noahs.

I, 6.1b fol. 3r. Noah pflanzt Wein und Noahs Trunkenheit; Turmbau zu Babel; Abraham wird von König Nimrod zum Tode verurteilt und in einen Feuerofen geworfen, aus dem ihm zwei Engel die rettenden Hände entgegenstrekken; Abraham bewirtet die drei Engel in Mamre, hinter der Tür steht Sara.
Bei der Darstellung des Turmbaues zu Babel bekämpfen die Bauleute einander mit Messern, und aus Fenstern des Turmes werden Steine auf den Baumeister und einen Arbeiter geworfen. Das ist ein rabbinisches Legendenmotiv und resultiert aus einem hebräischen Wortspiel (*nabhla* „wir wollen verwirren“, *nebhela* „Leichnam“). Als die Bauleute keine gemeinsame Sprache mehr hatten, brachten sie einander um (Midrasch Bereschit rabba 38,10 zu Gn 11,7) (vgl. I, 6.7c).
Nach der rabbinischen Tradition war Terach, Abrahams Vater, Erzeuger von Götzenstatuen. Als Abraham den Götzenkult seines Vaters lächerlich machte, wurde er von diesem vor König Nimrod angeklagt, der ihn in einen Feuerofen werfen ließ. Doch wurde er von Gott aus diesem auf wunderbare Weise gerettet. Nach einer Variante dieser Legende war Abraham noch ein Kind, als ihn Nimrod in den Feuerofen werfen ließ (Midrasch Bereschit rabba 38,13 zu Gn 11,28. Midrasch ma'ase Abraham abhinu [Jellinek I, 25–34]) (vgl. I, 6.5e; I, 6.7b).
Lit.: *Joseph Gutmann*, Abraham in the Fire of the Chaldaeans, Frühmittelalterliche Studien 7 (1973), 342–352; *Katrin Appel*, Abraham als dreijähriger Knabe im Feuerofen des Nimrod, Kairos 25 (1983), 36–40.

I, 6.1c fol. 4v. Zerstörung von Sodom, Salzsäule, Flucht Lots und seiner Familie; Bindung Isaaks (i. e. Abrahamsopfer); Isaak segnet Jakob statt Esau; Jakobs Traum von der Himmelsleiter.

I, 6.1d fol. 9r. Auffindung des Mosesknaben im Nil, die Tochter des Pharao mit zwei Dienerinnen, nackt im Wasser stehend, greift selbst zum Kästchen, in dem sich der Mosesknabe befindet, im Hintergrund groß Miriam, die Schwester des Moses, sitzend am Ufer des Nil; Die Pharaonentochter bringt den Mosesknaben zu ihrem Vater; Ägypter schlägt Hebräer, Moses tötet Ägypter; Moses hilft den Töchtern des Jitro.
Die nackte Pharaonentochter selbst im Nil badend ist ein rabbinisches Motiv, das mehrfach in sephardischen Pesach-Haggadot dargestellt wurde. Die rabbinische Tradition betont, daß die Pharaonentochter zum Nil ging, um dort Linderung von einem Ausschlag zu erhalten, der Ägypten befallen hatte, oder um sich vom Götzendienst ihres Vaterhauses zu reinigen. Das setzt voraus, daß sie selbst in den Nil stieg, um dort zu baden. Daher meinen auch viele rabbinische Kommentatoren, daß sie selbst ihre Hand ausgestreckt (nicht ihre Magd geschickt) hätte, um den Mosesknaben aus seinem Kästchen zu holen. Diese Deutung ergab sich aus der formalen Ähnlichkeit der Worte für Magd, *ama*, und Elle/Unterarm, *amma*. In der weiteren Entwicklung dieses Motives wurde hervorgehoben, daß sich der Arm der Pharaonentochter wunderbar bis Moses hin verlängert hätte (Sota 12b, Midrasch Schemot rabba 1,23 zu Ex 2,5, Targume zu Ex 2,5). Auch die Darstellung Miriams paßt gut in diesen Zusammenhang. In Megilla 14a heißt es, daß Miriam die Geburt des Moses als Erlöser Israels prophezeit habe, bei dessen Geburt sich das ganze Haus mit Licht erfüllte. Nachdem nun Moses ausgesetzt worden war, stellte sie sich in einiger Entfernung hin, „um zu erkunden, welches Ende ihre Prophezeiung nehmen werde“. Miriams Funktion als Prophetin und somit als eine der Hauptpersonen der Handlung rechtfertigt auch ihre Hervorhebung in dieser Szene.

I, 6.1e fol. 14v. Tod der Erstgeburt (10. Plage); die Israeliten ziehen mit erhobener Hand aus Ägypten; Die Ägypter unter Anführung des gekrönten Pharao verfolgen die Israeliten zum Schilfmeer; Die Ägypter versinken im Schilfmeer, das die Israeliten trockenen Fußes unter Führung des Moses durchquerten.

I, 6.2 Sarajevo-Haggada

Diese Haggada aus der Mitte des 14. Jahrhunderts, die aus Aragón stammt, befindet sich im Nationalmuseum von Sarajevo. Ihr sind 34 Blätter mit Illustrationen auf den Fleischseiten des Pergaments vorgebunden, die biblische Szenen von der Erschaffung der Welt bis zum Segen des Moses über Josua (Dt 34,9) enthalten. Darauf folgen eine Darstellung des wiederaufgebauten Tempels und Pesach-Szenen. Der Text der Haggada ist ebenfalls reichlich illuminiert. Die meisten Bildseiten sind horizontal geteilt, nur die ersten beiden Seiten mit 8 Weltschöpfungsszenen sind vierfach geteilt.
Lit.: *David Heinrich Müller und Julius von Schlosser*, Die Haggadah von Sarajevo, Wien 1898; *Cecil Roth,* Die Haggadah von Sarajevo, Leipzig 1963 (Einleitung zur Faksimile-Ausgabe); *Narkiss*, Manuscripts, 60 f., *M. Metzger*, Haggada (passim); *U. Schubert*, Mittelalter, 208 f., *Gutmann*, Painting, 68–71; *U. und K. Schubert*, Buchkunst (passim); *Eugen Werber*, The Sarajevo Haggadah, Beograd 1985 (Einleitung zur Faksimile-Ausgabe); *Schlomo Zucker*, Haggadat Sarajevo, Tel Aviv 1986.

I, 6.2a fol. 3v. Erschaffung der Eva aus der Rippe des Adam, Sündenfall; und dessen Folgen.

I, 6.2b fol. 16r. Joseph und seine Brüder bei Tisch, vor Joseph groß der Zauberbecher; Der Becher wird im Sack des Benjamin gefunden. Nach der rabbinischen Überlieferung schlug Joseph auf diesen Becher und ordnete so dem Rang nach die Sitzordnung seiner Brüder, denen er sich noch nicht zu erkennen gegeben hatte (Midrasch Bereschit rabba 93,7 zu Gn 43,33. Targum J^1 zu Gn 43,33).

I, 6.2c fol. 20r. Begräbnis des Joseph, die Ägypter legen ihn in einen Sarg, den sie dann nach einer rabbinischen Überlieferung im Nil versenkten; Auffindung des Mosesknaben in den Wassern des Nil. Die Tochter des Pharao steht mit zwei Dienerinnen bekleidet vor dem Kästchen, in dem der Mosesknabe liegt und das sie mit ihrer rechten Hand berührt, rechts davon Jakhebhed und Miriam, Mutter und Schwester des Moses. Die Legende, daß die Ägypter den Sarg des Joseph im Nil versenkt hätten, ist in der rabbinischen Literatur weithin belegt. Der biblische Ansatzpunkt ist Ex 13,19: „Da nahm Moses die Gebeine des Joseph mit sich, denn dieser beschwor die Söhne Israels, indem er sagte: Gott wird euer eingedenk sein, da sollt ihr meine Gebeine von hier mit euch (in das Land Kanaan) mitnehmen." Dieser Wunsch des Joseph wird von der rabbinischen Überlieferung aufgenommen, nach der die Ägypter seinen Sarg im Nil versenkt hätten, damit er nicht aus ihrem Land entfernt werden könne. Doch Moses konnte mittels Beschwörung den schweren Metallsarg des Joseph zum Auftauchen bringen, worauf er beim Auszug aus Ägypten mitgenommen werden konnte (Sota 13ab; Mekhilta de Rabbi Jischmael, Beschallach 1 [Lauterbach I, 176–181]; Midrasch Schemot rabba 20,19 zu Ex 13,19).

I, 6.2d fol. 28r. Die Israeliten durchqueren trockenen Fußes das Schilfmeer, in dem die Ägypter untergehen. Nur ganz am linken Bildrand der Pharao, der als einziger gerettet wurde; Tanz der Miriam unter den Mädchen. Das Motiv von der Rettung des Pharao findet sich ebenfalls in der Midrasch-Literatur. Bereits in Mekhilta de Rabbi Jischmael, Beschallach 7 zu Ex 14,28 (Lauterbach I, 246) wird eine Diskussion zwischen Rabbi Jehuda und Rabbi Nechemja referiert, ob der Pharao mit den Seinen im Schilfmeer untergegangen sei oder nicht. Nach den späteren Pirqe Rabbi Eliezer 43 soll der Pharao wegen tätiger Reue gerettet worden sein, worauf er dann König von Ninive wurde (vgl. I, 6.3e).
Lit.: *Bezalel Narkiss*, Pharaoh is Dead and Living at the Gates of Hell, Journal of Jewish Art 10 (1984), 6–13.

I, 6.2e fol. 13v (des Textteiles). Zum Text: „Und es bedrückten uns (die Ägypter), wie geschrieben steht: Sie setzten über das Volk Aufseher, um es zu unterdrücken mit Zwangsarbeit, und sie bauten für den Pharao Vorratsstädte, Pitom und Ramses." Ober der Initiale jagt ein Hund einen flüchtigen Hasen als Symbol für die Verfolgungen, unter denen die Juden zu leiden haben. Unten die beiden Türme rechts und links symbolisieren die beiden Vorratsstädte.

I, 6.3 Budapest, Akademie der Wissenschaften, Sammlung Kaufmann Ms A422, Kaufmann-Haggada

Diese Pesach-Haggada entstand in Nordspanien wohl zwischen 1360 und 1370. Die Bilderfolge wurde beim Binden der Handschrift vom Buchbinder durch falsches Falten und Zusammenordnen der Blätter in völlige Unordnung gebracht. Daher wurden die 14 illustrierten, auf der Fleischseite des Pergaments bemalten Blätter in 2 Gruppen unterteilt. 10 Blatt wurden dem Haggadatext vorgebunden, und 4 Blatt wurden an den Schluß der Handschrift angefügt. Auch der Haggadatext selbst, fol. 11v–56r, ist reichlich illuminiert. Eine Wiederherstellung der ursprünglichen Ordnung bei Sed Rajna.

Lit.: *Alexander Schreiber*, The Kaufmann Haggadah, Budapest 1957 (Einleitung zur Faksimile-Ausgabe); *Bezalel Narkiss*, Seder ha-tzijjurim be haggadat Kaufmann, Kirjath Sepher 42 (1967), 104–108; *ders.*, Manuscripts, 70 f.; *M. Metzger*, Haggada (passim); *ders.*, Two Fragments of a Spanish XIVth Century Haggadah, Gesta 6 (1967), 25–34; *U. Schubert*, Mittelalter, 206–208; *U. und K. Schubert*, Buchkunst (passim); *Gabrille Sed Rajna,* The Kaufmann Haggadah, Budapest 1990 (Einleitung zur Faksimile-Ausgabe).

I, 6.3a fol. 9v. In der oberen Bildhälfte rechts ein gedeckter Tisch. Hinter diesem sitzen links der Pharao unter einem Baldachin und rechts die Tochter des Pharao. Zwischen ihnen der kleine Mosesknabe, der mit seiner rechten Hand nach der Krone auf dem Kopf des Pharao greift. Links neben dem Pharao kniet mit über der Brust gekreuzten Armen ein Wahrsager, der im Mosesknaben den prophezeiten Unheilbringer über Ägypten erkennt. Links hinter ihm weitere Ratgeber des Pharao.

In dieser Darstellung finden sich mehrere Legendenmotive.

Drei Ratgeber des Pharao werden mit Bileam, Hiob und Jitro identifiziert. Die rabbinische Tradition versteht sie als jene ägyptischen Hofbeamten, zu denen nach Ex 1,10 der Pharao gesagt hatte: „Kommt, wir wollen sie überlisten" (vgl. Targume zu Ex 1,10 und Sota 11a). Nach Josephus Flavius, Antiquitates 2,9,7, setzte der Pharao, „um seiner Tochter gefällig zu sein, aus Scherz (dem Mosesknaben) seine Königskrone auf. Moses aber warf sie zur Erde, rollte sie kindisch umher und trat sie mit Füßen." Darauf wurde er von einem ägyptischen Wahrsager als derjenige erkannt, um dessentwillen die israelitischen Knaben in den Nil geworfen wurden. Nunmehr sollte auch Moses getötet werden, doch die Tochter des Pharao hielt ihre schützende Hand über den Mosesknaben. Aber nach der rabbinischen Tradition setzte nicht der Pharao dem kleinen Moses die Krone auf den Kopf, sondern dieser griff selbst nach der Krone des Pharao. So Midrasch Schemot rabba I,26 zu Ex 2,10: „Der Pharao küßte ihn und umarmte ihn und er nahm die Krone des Pharao und setzte sie auf seinen eigenen Kopf ... Dort waren auch ägyptische Wahrsager, die sagten: ‚Wir fürchten uns vor demjenigen, der deine Krone nimmt und sie auf seinen eigenen Kopf setzt. Das könnte doch derjenige sein, von dem wir gesagt haben, daß er letzten Endes die Herrschaft dir wegnehmen wird.' Einige sagten, er soll getötet werden, andere sagten, er soll verbrannt werden. Jitro war unter ihnen und sagte: ‚Dieser Knabe tut noch nichts aus Absicht. Prüfet ihn und bringt vor ihn Gefäße mit Gold und glühender Kohle. Wenn er seine Hand zum Gold ausstreckt, handelt er aus Absicht, dann könnt ihr ihn töten. Wenn er aber seine Hand nach der glühenden Kohle ausstreckt, handelt er nicht aus Absicht, dann kann es auch kein Todesurteil über ihn geben.' Sofort brachte man (die besagten Gefäße) vor ihn und er streckte seine Hand aus, um das Gold zu nehmen. Da kam Gabriel, stieß seine Hand weg und er griff nach der glühenden Kohle. Er gab seine Hand mitsamt der glühenden Kohle zu seinem Mund und verbrannte seine Zunge. Daher wurde er, schwer an Mund und Zunge' (Ex 4,10)" (vgl. Tanchuma, Schemot 8).

Die untere Hälfte des Bildes entspricht der erwähnten rabbinischen Interpretation. Links stehen fünf Ratgeber des Pharao, die den

Mosesknaben verurteilen sollen. In der rechten Bildhälfte vor einem Becken der Mosesknabe selbst, der mit der rechten Hand in dieses Becken greift und die linke Hand zum Mund führt. Von oben stürzt ein Engel auf Moses hinunter und führt seine linke Hand zu seinem Mund. Rechts hinter Moses der Pharao.

I, 6.3b fol. 11v. Beginn des Textes der Haggada mit Hinweis auf den ersten Becher in der liturgischen Abfolge des Sedermahls.

I, 6.3c fol. 15v. Die Illustration in der Initiale gehört zum Text: „Sklaven waren wir dem Pharao in Ägypten."

I, 6.3d fol. 26r. Illustration zum Text: „Wir schrien zum Herrn, dem Gott unserer Väter."

I, 6.3e fol. 58r. Die Ägypter verfolgen die ausziehenden Israeliten, die dann trockenen Fußes das Schilfmeer durchqueren, in dem die Ägypter untergehen. Nur der Kopf des Pharao über dem Wasser ist auch hier ein Hinweis darauf, daß er allein gerettet wurde (I, 6.2d).

I, 6.4 Manchester John Rylands Library, Ms. hebr. 6 (vgl. I, 6.8)

Diese katalonische Haggada aus der Mitte bis 2. Hälfte des 14. Jahrhunderts enthält vorgebunden beidseitig illustrierte Blätter von fol. 13v–19v. Die meisten bieten Szenen aus dem Buch Exodus von der Berufung des Moses am brennenden Dornbusch über die Knechtschaft in Ägypten, die ägyptischen Plagen und den Auszug der Israeliten bis zum Untergang der Ägypter im Schilfmeer (fol. 19r).

Die letzte Seite (fol. 19v) ist einer Darstellung von Pesach-Szenen gewidmet. Der Text der Haggada selbst ist reichlich durch Randillustrationen geschmückt.

Lit.: *Meir Wallenstein*, The Hebrew Ms 6 in the John Rylands Library, Bulletin of the John Rylands Library 43 (1960), 243–272; *Cecil Roth*, The John Rylands Haggadah, Bulletin of the John Rylands Library 43 (1960), 131–159. *Narkiss*, Manuscripts, 66 f.; *M. Metzger*, Haggada (passim); *U. Schubert*, Mittelalter, 205 f.; *Gutmann*, Painting, 64 f.; *Narkiss*, British Isles, 86–93; *Raphael Loewe*, London 1988 (Einleitung zur Faksimileausgabe).

I, 6.4a fol. 18v. Die Israeliten verlassen Ägypten bewaffnet und mit dem Sauerteig auf dem Rücken; Die Ägypter verfolgen die Israeliten zum Schilfmeer.

Das Wort *chamuschim* in Ex 13,18 deutete die rabbinische Exegese im Sinne von „bewaffnet" oder im Sinne von „eilig" (Mekhilta de Rabbi Jischmael, Beschallaeh 1 [Lauterbach I, 174 f.].

I, 6.4b fol. 19v. Schlachten und Braten des Pesach-Lamms und Bestreichen der Türschwelle mit seinem Blut. Darunter rechts: Der Hausherr hebt den ersten Becher, links davon Familie beim Sedermahl.

I, 6.4c fol. 21v. *Ha lachma anja* Gebet mit der Formulierung: „Heute noch hier, das nächste Jahr im Lande Israel."

I, 6.4d fol. 28v. Rabbi Eliezer und Rabbi Akiba.

I, 6.4e fol. 29v. Illustrationen zum Gebet, das die Großtaten Gottes für die Israeliten preisend hervorhebt. Die Jagdszene unter dem Text enthält offenbar eine jüdische Antwort auf den christlichen Druck, dem die Juden in Spanien, besonders durch den Dominikanerorden, ausgesetzt waren. Jagdszenen bedeuten in hebräischen Handschriften oft einen Hinweis auf die Verfolgung der Juden durch die christliche Staatsgesellschaft. Der Jäger trägt über der rechten Schulter an einem Stock einen bereits erlegten Hasen. Vor ihm jagt ein Hund einen anderen Hasen, den er schon in den linken Hinterlauf gebissen hat, so daß Blut ausströmt. Dennoch gelingt es offenbar dem Hasen, seine Flucht fortzusetzen. Der Hund ist ein Dalmatiner, also weiß mit schwarzen Flecken, offenbar ein Hinweis auf die vom Dominikanerorden getätigte Missionstätigkeit unter den Juden Spaniens. Die Farben des Dalmatiners – weiß und schwarz – sind mit hoher Wahrscheinlichkeit auch eine Anspielung auf die Ordenstracht der Dominikaner, die sich in der Kreuzgangskapelle von Sta. Maria Novella in Florenz selbst als Dalmatiner – als domini canes – darstellten, die die Ketzer jagen.

Lit.: *Kurt Schubert*, Wikkuach-Thematik in der Illustration hebräischer Handschriften, Journal of Jewish Art 12/13 (1986/87), 247–256.

I, 6.5 London, British Library Add 14761. Barcelona-Haggada

Diese Haggada, die wohl nach der Mitte des 14. Jahrhunderts in Barcelona angefertigt wurde, hat 161 Blätter, ist also verhältnismäßig umfangreich und ist zusammen mit der sephardischen Sassoon-Haggada (Jerusalem, Israel Museum Ms. 181/41) die einzige spanische Haggada ohne ganzseitigen Bilderzyklus. Die biblischen Darstellungen sind dem Text als Randillustrationen oder zur Ausschmückung eines Initialwortes beigegeben. Die sehr sorgfältig ausgeführten Randillustrationen lassen den Einfluß der französischen und italienischen Buchmalerei des frühen 14. Jahrhunderts erkennen, der um die Mitte des Jahrhunderts besonders in Barcelona sehr geschätzt wurde. Der „Führer der Schwankenden", der 1348 in Barcelona hergestellt wurde (Königl. Bibliothek Kopenhagen, Ms 37, vgl. 1,4,3), ist ein weiteres Beispiel für eine derartige Umsetzung italienischer und französischer Elemente in eine spanische Buchillustration. Die Illustrationen dieser Haggada enthalten etliche Elemente, die als Antwort auf die christliche Polemik gegen die Juden zu verstehen sind.

Lit.: *Narkiss*, Manuscripts, 12 f.; *M. Metzger*, Haggada (passim); *U. Schubert*, Mittelalter 209; *U. und K. Schubert*, Buchkunst (passim); *Narkiss*, British Isles, 78–84; *Kurt Schubert*, Wikkuach-Thematik in der Illustration hebräischer Handschriften, Journal of Jewish Art 12/13 (1986/87), 247–256, bes. 250 f; *Evelyn Cohen*, The Decoration (Einleitung zur Facsimilie-Ausgabe), London 1991, 24–43.

I, 6.5a fol. 20v. Zu den Worten „Und er nahm von den drei Mazzot ..." wird eine um den Sedertisch versammelte Familie in dem Augenblick dargestellt, da der Aphiqoman in eine Serviette eingewickelt und aufgehoben wird. Die Randillustrationen sind aber wesentlich mehr als nur Grotesken. Am unteren Rand verfolgen Hunde einen flüchtenden Hasen, der sich nach ihnen umblickt. Hinter den Hunden bläst der Jäger ein Horn und trägt als Jagdbeute einen bereits erlegten Hasen an einem über seine Schulter gelegten Stock. Hinter dem Jäger sitzt eine affenartige Gestalt, die die rechte Hand – wie im Sprechgestus – erhoben hat, eindeutig eine Darstellung des Teufels, der den Jäger veranlaßt, seine Hunde auf den flüchtenden Hasen zu hetzen. Darüber befinden sich zwei Darstellungen, die Jäger und Teufel miteinander identifizieren. Ein Jäger mit Speer und Falke hat statt einem Gesicht einen Schweinsrüssel und ein weiterer Jäger darüber reitet mit eingelegter Turnierlanze auf einem Hahn. Hahnenfüße sind nach Berakhot 6a und Gittin 68b (hier mit Bezug auf Aschmedai) ein untrügliches Kennzeichen für Dämonen. Die Illustration am rechten oberen Rand zeigt einen Hund, der einer nackten Gestalt ein Kleid apportiert. Diese nackte Gestalt dürfte weiblich sein, da die verschränkten Arme offenbar ihre Brüste bedecken sollen. Die Bedeutung dieser Szene wird erst klar, wenn man sie in Zusammenhang mit der gesamten Darstellung ober dem Initialwort sieht. Wie unten repräsentiert auch hier der Hund die christliche Staatsgesellschaft und der Hase das Judentum. Aber hier flieht der Hase nicht vor dem Hund, sondern er bläst ein Schophar, wobei der Hund angespannt zuhört. Wohl ein Hinweis auf die messianische Zeit. Somit drückt auch der Hund, der der nackten Gestalt ein Kleidungsstück reicht, ein christliches Verhalten in der messianischen Zeit aus. Das dürfte eine konkrete zeitgenössische Polemik zum Ausdruck bringen. Die jüdischen Apologeten Joseph Kimchi und Meir ben Simeon wiesen darauf hin, daß Juden im Gegensatz zu Christen keine Straßenräuber sind, ihre Mädchen keine Huren so wie arme Mädchen bei den Christen, weil die jüdischen Gemeinden für sie sorgen, damit sie nicht betteln müssen (*J. D. Eisenstein*, Ozar wikkuchim, Neudruck 1969, 67; *S. Stein*, A Disputation on Moneylending between Jews and Gentiles in Me'ir ben Simeons Milhemet Mizwah [Narbonne, 13th Century], Journal of Jewish Studies 10 [1959], 45–61, bes. 53). Wenn also der Hund der Frau ein Kleid anbietet, so heißt dies, daß in der messianischen Zeit die Christen ebenso wie die Juden schon jetzt für ihre Armen sorgen werden. Die messianische Zeit soll eine Zeit des allgemeinen Friedens und der allgemeinen Verständigung sein. Diese Auffassung findet sich auch in den Illustrationen auf anderen Seiten dieser Handschrift.

I, 6.5b fol. 30v. Die Illustrationen auf dieser Seite stellen die Knechtschaft in Ägypten dar zum Text: „Sklaven waren wir dem Pharao in Ägypten."
Über dem Initialwort sitzt ein Hase auf einem goldenen Thron, dem ein Hund Goldgefäße apportiert. Die Symbolik dieser Seite scheint eindeutig. Die Welt und die Jetztzeit sind bestimmt durch die Tatsache, daß Israel den weltlichen Völkern unterworfen ist, aber in der messianischen Zeit werden es die Völker sein, die Israel ihre Gaben darbringen.

I, 6.5c fol. 25r. Im selben Sinn ist auch die Illustration am unteren Rand dieser Seite zu verstehen: als ein zur Darstellung der messianischen Zeit benütztes Motiv der „Verkehrten Welt". Ein Hase jagt am rechten Rand einen Hund, der sich nach ihm umblickt, während am linken Rand ein Hund vor einem stehenden Hasen musiziert, der offenbar eine Spindel in den Pfoten hält.

I, 6.5d fol. 43r. Knechtschaft in Ägypten; Bau von Pitom und Ramses.

I, 6.5e fol. 36v. Zum Text „Von Anfang an waren unsere Vorfahren Götzendiener" wird zunächst Terach, der Vater Abrahams, gezeigt, der seinen Sohn vor König Nimrod verklagt. Unter dem Initialwort König Nimrod, daneben Abraham im Feuerofen, den zwei Engeln vor der negativen Wirkung des Feuers beschützen (zum Motiv vgl. I, 6.1b; I, 6.7b).

I, 6.6 London, British Library Or 2737
Dieser reich verzierten Pesach-Haggada aus Kastilien aus der Zeit um 1300 ist ein besonders ausführliches Bildprogramm am Ende beigebunden. Fol. 62v–86v enthält Szenen aus dem Buch Exodus von der Knechtschaft in Ägypten bis zum Gesang der Miriam nach der Durchquerung des Schilfmeeres; fol. 87r–91v enthalten Ritusszenen zum Pesachfest, und anschließend fol. 92r–93v Szenen zur Aqeda (i. e. Abrahamsopfer). Diese letzten hatten offenbar eschatologischen Charakter, denn die Rettung Isaaks galt den rabbinischen Gelehrten als Beweis für die Auferstehung entsprechend der Tora. So heißt es z. B. in Pirqe Rabbi Eliezer 31: „Rabbi Jehuda sagt: ‚Als das Messer seinen Hals berührte, verflüchtigte sich die Seele des Isaak'." Nachdem aber der Befehl Gottes an Abraham die Durchführung des Opfers verhindert hatte, kehrte Isaaks Seele wieder in ihren Körper zurück. „Da band ihn Abraham frei und er stellte sich auf seine Füße. Jetzt wußte Isaak, daß die Auferstehung der Toten bereits aus der Tora zu begründen sei, denn alle Toten werden auferstehen."
Lit.: *M. Metzger*, Haggada (passim); *U. Schubert* (Mittelalter), 205; *U. und K. Schubert*, Buchkunst (passim); *Narkiss*, British Isles, 45–51.

I, 6.6a fol. 65r. Auffindung des Mosesknaben durch die Pharaonentochter und Übergabe desselben an Mutter und Schwester des Moses.

I, 6.6b fol. 84r. Die ausziehenden Israeliten tragen den Sarg des Joseph mit sich.

I, 6.6c fol. 86r. Die Israeliten durchqueren das Schilfmeer, wöhrend die Ägypter darin untergehen.

I, 6.6c fol. 91r. Seder – Tischgesellschaft. Alle drei Personen (ohne Kopfbedeckung) heben ihren Becher. Der mittlere Teilnehmer liest in einer Pesach-Haggada.

I, 6.7 London, British Library Add 2884. Schwester der Goldenen Haggada (vgl. I, 6.1)
Die Haggada, die etwa um die Mitte des 14. Jahrhunderts in Katalonien, wahrscheinlich in Barcelona, illustriert wurde, enthält vor dem eigentlichen Haggadatext von fol. 1v (Erschaffung Adams) bis 16v (Gesang der Miriam) 16 Blätter mit Miniaturen aus den Büchern Genesis und Exodus. Jede Seite ist horizontal in 2 Hälften unterteilt und jede der 32 Miniaturen ist einfach gerahmt. Fol. 17r ist einer Ritusillustration gewidmet, und auf fol. 17v bis 18r befindet sich je eine ganzseitige Miniatur mit Darstellungen von Vorbereitung und Ablauf des Sedermahls. Auswahl und Ikonographie der bibli-

schen Szenen weisen eine deutliche Verwandtschaft mit derjenigen der Goldenen Haggada auf, unterscheiden sich aber von dieser in Stil und Qualität. Vor allem aber ist bei vielen Bildern dieser Haggada eine eindeutige Abhängigkeit von der sogenannten Cotton-Genesis-Rezension des 6. Jahrhunderts (am besten in Venedig, S. Marco, Mosaiken der Vorhalle, 13. Jahrhundert) festzustellen.
Lit.: *Narkiss*, Manuscripts, 58 f.; *M. Metzger*, Haggada (passim); *U. Schubert*, Mittelalter, 195; *U. und K. Schubert*, Buchkunst (passim); *Narkiss*, British Isles, 67–78. *Ursula Schubert*, Die Erschaffung Adams in einer spanischen Haggada-Handschrift des 14. Jahrhunderts (Br. Mus. Or. 2884) und ihre spätantike jüdische Bildvorlage, Kairos 18 (1976), 213–217, Abb. 14.

I, 6.7a fol. 2v. Bau der Arche; Tiere verlassen die Arche.

I, 6.7b fol. 3r. Noah pflanzt einen Weinstock, Trunkenheit des Noah; Abraham wird von König Nimrod in den Feuerofen geworfen und von einem Engel gerettet (vgl. I, 6.1b; I, 6.5e).

I, 6.7c fol. 3v. Turmbau zu Babel, die Bauleute bekämpfen einander (vgl. I, 6.1b); Abraham bewirtet die drei Engel, hinter der Tür steht Sara.

I, 6.7d fol. 4v. Isaak segnet Jakob, Esau kommt von der Jagd zurück; Jakobs Traum von der Himmelsleiter (vgl. I, 6.1c).

I, 6.7e fol. 7r. Joseph wird aus dem Brunnen gezogen und an die Ismaeliten verkauft. Joseph läßt sein Gewand bei der Frau des Potiphar zurück, Potiphar kehrt in sein Haus zurück.
Die im Bett liegende Frau des Potiphar ist typisch für die jüdische Ikonographie. Nach der rabbinischen Überlieferung ging das ganze Haus des Potiphar zu einem Nilfest. Nur die Frau des Potiphar stellte sich krank und blieb daher zu Hause, weil sie hoffte, bei dieser Gelegenheit Joseph verführen zu können. Sota 36b heißt es: „Es war niemand von den Hausleuten im Hause. Ist es denn möglich, daß in einem so großen Haus, wie es das Haus jenes Frevlers war, niemand zu Hause war? In der Schule des Rabbi Jischmael wird gelehrt: An diesem Tage hatten sie ihr Fest und alle gingen in ihren Götzentempel. Sie aber sagte ihnen: Ich bin krank. Sie sagte sich: Es gibt keinen anderen Tag, an dem ich nach Joseph so Verlangen habe wie gerade heute."
In ebenso kontrahierter Form wie hier findet sich diese Szene auch in der Goldenen Haggada, fol. 6v, und in der Wiener Genesis, einer frühchristlichen Handschrift aus dem 6. Jahrhundert. Auch dort findet sich der zurückkehrende Potiphar. Damit stellt sich die Frage nach jüdischen Bildvorlagen für frühchristliche Bilderzyklen. Vgl. *Otto Pächt*, Ephraimillustration, Haggadah und Wiener Genesis, in: Joseph Gutmann (Hg.) No Graven Inages, New York 1971, 249–260; *Otto Mazal*, Kommentar zur Faksimile-Ausgabe der Wiener Genesis, Frankfurt am Main 1980; *Kurt Schubert*, Die Illustrationen der Wiener Genesis im Lichte der rabbinischen Tradition, Kairos 25 (1983), 1–17.
Fol. 1v dieser Pesach-Haggada läßt noch den Einfluß der spätantiken trichotomischen Anthropologie erkennen. Auch dies ist ein Hinweis für eine vom Illustrator benützten Vorlage, deren Quellen bis in die Spätantike zurückreichen. Vgl. *Ursula Schubert,* Eine jüdische Vorlage für die Darstellung der Erschaffung des Menschen in der sogenannten Cotton-Genesis-Rezension, Kairos 17 (1975), 1–10, Abb. 1–12.

I, 6.8: London, British Library Or 1404. Schwester der Manchester-Haggada (vgl. I, 6.4)
Diese Haggada, die wohl um 1330 in Katalonien angefertigt wurde, ist der Haggada aus der John Rylands Library so eng verwandt, daß dieselbe Werkstatt – zumindest dieselbe Vorlage – angenommen werden muß.
Die Bilder sind fol. 1v–7v beidseitig angebracht, von der Berufung des Moses am brennenden Dornbusch bis zur Durchquerung des Schilfmeeres durch die Israeliten, während die Ägypter in den Fluten untergehen. Fol. 7v enthält oben 2 Szenen zum ägyptischen Pesach: das Schlachten des Pesach-Lamms und das Bestreichen der Türpfosten mit seinem Blut. Unten sind 2 Szenen zur häuslichen Feier des Pesach-Festes. Der Haggada-Text selbst ist reichlich mit Randillustrationen versehen; darunter

fol. 15v, hier jagt ein Dalmatiner einen weißen Hasen. Der schwarz-weiße Dalmatiner ist auch hier ein Hinweis auf die Ordenstracht der Dominikaner (vgl. I, 6.4e).
Lit.: *Narkiss*, Manuscripts, 68 f.; *M. Metzger*, Haggada (passim); *U. Schubert*, Mittelalter, 206; *U. und K. Schubert*, Buchkunst (passim); *Narkiss*, British Isles, 93–99.

I, 6.8a fol. 5v. 8. und 9. ägyptische Plage: Heuschrecken und Finsternis.

I, 6.8b fol. 6r. 10. Plage: Tod der Erstgeburt; Die Ägypter beschenken die Israeliten vor dem Auszug.

Abgekürzte Literaturangaben in Abschnitt 6:
Narkiss, Manuscripts = Bezalel Narkiss, Hebrew Illuminated Manuscripts, Jerusalem 1969.
M. Metzger, Haggada = Mendel Metzger, La Haggada enlumineé, Leiden 1973.
Gutmann, Painting = Joseph Gutmann, Hebrew Manuscript Painting, London 1979.
U. Schubert, Mittelalter = Ursula Schubert, Beiträge im Katalog: Judentum im Mittelalter, Eisenstadt 1978.
U. und K. Schubert, Buchkunst = Ursula und Kurt Schubert, Jüdische Buchkunst, 1. Teil, Graz 1983.
Narkiss, British Isles = Bezalel Narkiss, Hebrew Illuminated Manuscripts in the British Isles, Oxford 1982.

Vgl. auch *Bezalel Narkiss*, Manuscritos Iluminados Hispano-hebreos, in: La vida judia en Sefarad, Katalog zur Ausstellung in: Sinagoga del Transito, Toledo, Noviembre 1991–Enero 1992, 169–196.

Abb. 1. Sarkophag. Ältestes Zeugnis für Juden in Spanien. Kat. Nr. I, 1.1

Abb. 2. Grabstein, 1097, Kat. Nr. I, 1.3

Abb. 3. Kennicott-Bibel, fol. 121 r. Tempelinventar. Kat. Nr. I, 5.1f. (Mit freundlicher Genehmigung der Bodleian Library, Oxford)

Abb. 4. Kennicott-Bibel, fol. 120 v. Menora (siebenarmiger Leuchter). Kat. Nr. I, 5.1f. (Mit freundlicher Genehmigung der Bodleian Library, Oxford)

Abb. 5. Kennicott-Bibel, fol. 443 r. Katzen-Mäuse-Krieg. Kat. Nr. I, 5.1i. (Mit freundlicher Genehmigung der Bodleian Library, Oxford)

Abb. 6. Kennicott-Bibel, fol. 447 r. Kolophon des Illustrators Joseph ibn Chaim. Kat. Nr. I, 5.1j. (Mit freundlicher Genehmigung der Bodleian Library, Oxford)

Abb. 7. Bibel des Herzogs von Alba. Von der Erschaffung Adams bis zur Ermordung Abels durch Kain. Kat. Nr. I, 3.2a

Abb. 8. Goldene Haggada, fol. 9 r. Szenen aus dem Leben des Moses. Kat. Nr. I, 6.1d. (Mit freundlicher Genehmigung der British Library, London)

Abb. 9. Goldene Haggada, fol. 14 v. Tod der Erstgeburt (10. Plage) und Auszugsszenen bis zum Untergang der Ägypter im Schilfmeer. Kat. Nr. I, 6.1e. (Mit freundlicher Genehmigung der British Library, London)

Abb. 10. Spanische Manchester-Haggada, fol. 29 v. Zum Gebet, das die Großtaten Gottes beim Auszug aus Ägypten preist, Jagdszene als Symbol für Judenverfolgungen. Kat. Nr. I, 6.4e. (Mit freundlicher Genehmigung der John Rylands Library, Manchester)

Abb. 11. Barcelona-Haggada, fol. 20 v. Pesach-Tischgesellschaft. Die Illustrationen stellen eine jüdische Antwort auf die Verfolgung durch die Christen dar. Kat. Nr. I, 6.5a. (Mit freundlicher Genehmigung der British Library, London)

Abb. 12. Barcelona-Haggada, fol. 30 v. Knechtschaft in Ägypten. Kat. Nr. I, 6.5b. (Mit freundlicher Genehmigung der British Library, London)

Abb. 13. Spanisch-maurische Haggada, fol. 84 r. Israeliten tragen den Sarg des Jospeh. Kat. Nr. I, 6.6b. (Mit freundlicher Genehmigung der British Library, London)

Abb. 14. Schwester der Goldenen Haggada, fol. 2 v. Arche Noachs. Kat. Nr. I, 6.7a. (Mit freundlicher Genehmigung der British Library, London)

Abb. 15. Schwester der Goldenen Haggada, fol. 4 v. Isaak segnet Jakob. Jakobs Traum von der Himmelsleiter. Kat. Nr. I, 6.7d. (Mit freundlicher Genehmigung der British Library, London)

Abb. 16. Schwester der Manchester-Haggada, fol. 5 v. 8. und 9. ägyptische Plage. Kat. Nr. I, 6.8a. (Mit freundlicher Genehmigung der British Library, London)

Abb. 17. Schwester der Manchester-Haggada, fol. 6 r. Tod der Erstgeburt (10. Plage). Ägypter beschenken die Israeliten. Kat. Nr. I, 6.8b. (Mit freundlicher Genehmigung der British Library, London)

Abb. 18. Toledo, Synagoge in Sta. Maria la Blanca. Kat. Nr. I, 2.2f. (Foto Arte San José, Toledo)

Abb. 19. Toledo, Synagoge in El Transito. Kat. Nr. I, 2.3m. (Foto Arte San José, Toledo)

Abb. 20. Toledo, Synagoge in Sta. Maria la Blanca, Mittelschiff. Kat. Nr. I, 2.2e. (Foto Arte San José, Toledo)

Abb. 21. Toledo, Synagoge in El Transito, Innenraum. Kat. Nr. I, 2.3i. (Foto Arte San José, Toledo)

Abb. 22. Córdoba, Synagoge, Widmungsinschrift aus dem Jahre 1315. Kat. Nr. I, 2.4d

Abb. 23. Córdoba, Synagoge, Kat. Nr. I, 2.4e

Laura Astrologo-Fonzi, Rom

DIE ENTWICKLUNG DES JUDEO-ESPAÑOL – VON DER IBERISCHEN HEIMAT ZUM OSMANISCHEN REICH

Mit königlichem Edikt vom 31. März 1492, erlassen von den katholischen Herrschern Ferdinand und Isabella, wurden die Juden offiziell aus Spanien vertrieben[1].

Nach dem marranischen Gelehrten Immanuel Aboab (1555–1628), dem Autor der großen literarischen Geschichte „Nomologia" (1625), sollen 400.000 Menschen exiliert worden sein[2].

Viele dieser Flüchtlinge (ungefähr 40.000) ließen sich im Osmanischen Reich – in Saloniki, Istanbul, Edirne, Peloponnes, Ägypten und Eretz Israel – nieder, wo sie von Sultan Bayezid II. (1481–1512) freundlich aufgenommen wurden. Laut Aboab soll Bayezid über König Ferdinand ausgerufen haben: „Kann man einen solchen König klug und weise nennen, der sein Land verarmen läßt und mein Reich bereichert!"[3]

Den spanischen Flüchtlingen folgten die portugiesischen in zwei großen Wellen 1497 und 1498, wobei letztere ganz im Gegensatz zu den spanischen Vertriebenen ihr Vermögen mitbringen konnten.

Die Exulanten gründeten ihre eigenen Gemeinden (Kehalim oder Kales), die nach den Ländern, Regionen oder Städten benannt wurden, aus denen ihre Mitglieder stammten. Sie trugen also Namen wie „Katalan", „Gerusch Sepharad" (Vertreibung aus Spanien), „Schalom Aragon", „Cordova", „Portugal", „Hamon" (von Mitgliedern der Familie Hamon ins Leben gerufen)[4] usw.[5]

Unter den Flüchtlingen waren auch Marranen (oder Anussim)[6], die, sobald sie in den toleranten Ländern des Osmanischen Reiches angekommen waren, zum Glauben ihrer Väter zurückkehrten.

Die hispanischen Juden und ihre Nachkommen werden als „Spharadim" bezeichnet, abgeleitet von dem hebräischen Namen „Spharad", mit dem in der Bibel (Obhadja, 20) eher eine vage geographische Angabe zum alten Nord-Palästina gemacht ist. Im Mittelalter wurde der Terminus „Sepharad" in der jüdischen Historiographie dann ausschließlich auf Spanien angewandt und der Name „Spharadim" seinen Einwohnern gegeben.

Die sephardischen Juden – unter denen in allen Sparten, sei es als Richter (Dajjanim), Rabbiner, Lehrhäupter (Rasche Jeschibhot), Toragelehrte, Finanzmänner, Ärzte oder Drucker, herausragende Persönlichkeiten zu finden waren[7] – hoben das geistige und kulturelle Niveau der vorgefundenen jüdischen Gemeinden[8]. Andererseits gab es aber auch zahlreiche Reibereien und Auseinandersetzungen zwischen den sephardischen Juden und den Romanioten (d. h. den im ehemaligen Byzantinischen Reich siedelnden Juden). Tatsächlich sahen sich die Sepharden als gebildeter und anderen Juden überlegen (was sie aus ihrer hispanisch-„adeligen" Herkunft ableiteten), während die Romanioten meinten, als frühere Ansiedler die wichtigeren zu sein. Zusätzliche Differenzen zwischen den beiden Gruppen gab es in der Umsetzung der praktischen Halakha (religionsgesetzlicher Teil des Talmud), in den Methoden des Tora-Studiums sowie in der religiösen Observanz. Im Laufe der Zeit schließlich dominierten die sephardischen Kehalim aufgrund ihrer wirtschaftlichen Stärke, ihrer kulturellen Tradition und ihrer zahlenmäßigen Überlegenheit. Noch vor dem Ende des 17. Jhs. folgte man in fast allen Synagogen im Osmanischen Reich dem sephardischen Ritus, sephardischen Bräuchen und der spanischen Sprache.

Die spanischen Flüchtlinge hatten aus ihrer Heimat ihre eigenen regionalen Dialekte wie Catalanisch, Aragonesisch, Castilisch, Andalusisch, Asturisch, Portugiesisch usw. mitgebracht. Doch bereits ein halbes Jahrhundert später wurden die Dialekte im Castilischen vereinheitlicht, dem Idiom, das schon auf der Iberischen Halbinsel als Sprache der gebildeten Schicht galt. Es sei betont, daß es ein für die Juden spezifisches Spanisch vor der Vertreibung aus Spanien nicht gab. Nachdem die Sepharden sich im ganzen Osmanischen Reich niedergelassen hatten, war ihre Muttersprache von der in

Spanien stattfindenden Weiterentwicklung dieser Sprache abgeschnitten. Erst nach der Ausweisung begann sich also ihre Sprache in eine eigene jüdische zu entwickeln[9]. Sie behielten dieses eigene Idiom, das Judeo-Español, konsequent bis heute bei[10]. Man darf diese Sprache als „lebendes Museum" des Spanischen und der diversen spanischen Dialekte bezeichnen, die noch vor Cervantes und dem „Goldenen Zeitalter" (Siglo de Oro) gesprochen wie auch geschrieben wurden[11].

Wie bereits bemerkt, waren die Sepharden äußerst stolz auf ihre spanische Herkunft und gaben die kulturelle Tradition ihrer alten Heimat von Generation zu Generation weiter. Durch Jahrhunderte sahen die Exilierten Spanien fast als zweites Israel an, nach dem sie sich sehnten. An dieser Stelle sollten wir uns fragen, warum sich dann jene sephardischen Juden, die sich in Holland, England, Deutschland oder Frankreich niedergelassen hatten, keineswegs so isoliert und unberührt aufrechterhielten. Die Erklärung liegt in der Tatsache, daß die Letztgenannten ihre „Hispanizität" in ihrem Kontakt mit fortgeschritteneren Gesellschaftsformen verloren. Im Osmanischen Reich dagegen hielten die Sepharden an ihrem spanisch-jüdischen Lebensstil fest, für den sie dort keinen adäquaten Ersatz fanden.

Mit der Zeit begann sich das Judeo-Español vom castilischen Spanisch zu differenzieren[12]. Einer der wesentlichsten Gründe für dies Auseinander-Wachsen der Sprachformen war die geographische und kulturelle Entfernung vom katholischen Spanien. Außerdem wurde das Judeo-Español mehr und mehr vom Griechischen, Türkischen, Arabischen, Hebräischen und schließlich auch Französischen beeinflußt. Bereits zu Beginn des 17. Jhs. empfanden christlich-spanische Reisende das Judeo-Español als fremdartig[13].

Dessenungeachtet verstanden sich Spharadim und Spanier ausgezeichnet. Wie Gonzalo de Illescas in seiner „Historia Pontifical y Catholica" berichtet, unterschied sich die von den Sepharden bis zum 16. Jh. gesprochene Sprache kaum vom Castilischen: „Mit Sicherheit wurden in den Städten Saloniki, Konstantinopel, Alexandria, Kairo, Venedig und anderen Handelsplätzen in keiner anderen Sprache Käufe und Verhandlungen abgeschlossen als in Spanisch. In Venedig lernte ich jüdische Kinder aus Saloniki kennen, die Castilisch wie ich oder besser sprachen."[14]

Um 1620 begann das Judeo-Español eine eigene Sprache zu werden, die sich als hispanische Sprache darstellte, die im 14. und 15. Jh. erstarrt war. Die Sprache der sephardischen Juden scheint uns in der Tat einen Zeitsprung zu erlauben und ein Spanisch zu hören, wie es vor fast fünf Jahrhunderten zur Zeit des Grammatikers Nebrija und seiner berühmten „Grammatica de la Lengua Castellana" (1492) gesprochen wurde[15]. Andererseits ist Judeo-Español, wie bereits angedeutet, eine mit Hunderten von Wörtern aus dem Hebräischen, Türkischen, Arabischen, Französischen usw. angereicherte Sprache, die phonetische wie lexikalische Unterschiede zwischen dem orientalischen Judeo-Español (Konstantinopel, Saloniki) und dem westlichen Judeo-Español oder „Haketiya" (Nordafrika) aufweist[16]. Gemäß dem Land, in das die Verbannten flohen und dem kulturellen Niveau begann sich eine mehr oder weniger tiefe Kluft zwischen der Umgangs- und Schriftsprache auf der einen Seite und der säkularen wie auch rabbinischen Literatursprache auf der anderen Seite aufzutun. Die Sprache der Bibelübersetzungen und Gebete, die gegen den örtlichen Sprachgebrauch widerstandsfähiger war, wurde der breiten Masse im Laufe der Jahrhunderte immer unverständlicher.

Was das Judeo-Spanisch betrifft, so gab es Anlaß zu terminologischen Kontroversen: Durch die Jahrhunderte wurde diese Sprache mit zahlreichen verschiedenen Namen bezeichnet, als „Ladino", „Ğudezmo", „Ğudyo", „Romance", „Espaniolith", „Sephardi", „Žargon", „Espanyol", „Ğidyo", „Yahudice"[17]. Weit verbreitet ist die Auffassung, daß der Terminus „Ladino" sowohl auf die geschriebene als auch auf die gesprochene Sprache, sowohl auf die heilige Sprache der Bibelübersetzungen und Gebete als auch auf die Alltagssprache anzuwenden ist[18]. Dieser Ansicht entgegen steht die Meinung, daß der Begriff „Ladino" oder auch „Judeo Españyol Kalko" allein auf die geschriebene Liturgiesprache – eine reine Kunstsprache – anzuwenden sei, während die anderen Termini („Ğudyo", „Ğudezmo" usw. oder „Lingua

Vernakula") die gesprochene Sprache und die der Volksliteratur bezeichne[19]. „Ladino" unterscheidet sich von der schriftlichen und gesprochenen Populärsprache, da es ein Idiom ist, das auf der Wort-für-Wort-Übersetzung aus dem Hebräischen fußt, also eine Art von Spanisch abgedecktem Hebräisch ist. In vorliegender Arbeit wird der allgemein-wissenschaftliche Terminus „Judeo-Spanisch" verwendet.

Wie bereits gesagt, bewahrte sich das Judeo-Spanisch seinen archaisch-spanischen Charakter. Es enthält Hunderte von altertümlichen spanischen Worten[20]. Einige davon sind aus dem modernen Spanisch ganz verschwunden, einige erhielten von den Spharadim eine andere Bedeutung. Als Beispiele seien genannt: „aedado" (alt; anstelle von „viejo"), „ajuntar" (einigen; anstelle von „unir"), „kazal" (Dorf; für „aldea"), „amatar" (auslöschen; für „apagar"), „agora" (jetzt; für „ahora"), „adobar" (ordnen; für „arreglar"), „merkar" (kaufen; für „comprar").

Andere Eigenheiten sind:

1. Die Gruppe „güe" anstelle von „hue": z. B. „güerfano" statt „huerfano" (Waise), „güevo" statt „huevo" (Ei), „güestro" statt „vuestro" (du/ihr).
2. „N" als Anfangsbuchstabe wird vielfach zu „M": „muestro" anstelle von „nuestro" (uns/unser), „mozotros" anstelle von „nosotros" (wir), „muevo" anstelle von „nuevo" (neu).
3. Der für das Altspanische typische Palatal „š" hat sich im Judeo-Spanischen erhalten: „dišo" („dijo" = er sagte), „dešar" („dajar" = verlassen), „pašaro" („pajaro" = Vogel), „buškar" („buscar" = suchen), „šabon" („jabon" = Seife).
4. Auch der stimmhafte präpalatale Frikativ „j" (wie das französische „j") ist bezeichnend für das Judeo-Spanisch: „mujer" („mujer" = Mutter), „hijo" (hijo" = Sohn), ebenso wie
5. das palatale „ğ" (wie das italienische „g" oder das englische „j"): „ğuntos" („juntos" = zusammen), „ğente" („gente" = Leute) und
6. der stimmhafte prädorsale Frikativ „z", der mit der Zungenspitze gebildet wird (wie „s" im französischen „rose"): „kaza" („casa" = Haus), „azer" („hacer" = tun), „koza" („cosa" = Sache).
7. Verbreitet ist die Metathesis „d-r" anstelle von „r-d": „vedre" („Verde" = grün), „vedra" („verdad" = Wahrheit), „sodro" („sordo" = taub), „pedrer" („perder" = verlieren).
8. Die Unterscheidung zwischen dem bilabialen „b" und dem labiodentalen „v": „bailar" (tanzen), „vinir" (kommen).
9. Die Artikulation des „ll" verschwand im Judeo-Spanischen, an dessen Stelle der „yeismo" (Aussprache des „ll" als „y") trat: „yamar" anstelle von „llamar" (rufen, heißen), „yorar" anstelle von „llorar" (weinen), „yave" anstelle von „llave" (Schlüssel).
10. Die Beibehaltung einiger archaischer Formen in der Präsenskonjugation verschiedener Verben ist im Judeo-Spanischen auffällig: „vo" („voy" = ich gehe), „do" („doy" = ich gebe), „esto" („estoy" = ich bin/bleibe), „sos" („eres" = du bist).
11. Bei Verben, die auf „-ar" enden („amar", „kantar", „topar", „ordenar") finden wir in der ersten Person Imperfekt Indikativ die Formen „ami", „kanti", „topi", „ordeni" statt „amé" (ich liebte), „canté (ich sang), „topé" (ich fand), „ordené" (ich bestellte).
12. Der Gebrauch von „kualo/kuala" anstelle von „que".
13. Eine Reihe alter Adverbien blieb erhalten wie „munco" („mucho" = viel) oder „agora" („ahora" = jetzt).

Das Judeo-Spanisch ersetzte Hunderte spanischer Wörter durch die in denjenigen Sprachen gleichbedeutenden, mit denen die Sepharden in Kontakt kamen.

Als erstes sei das Hebräische genannt, aus dem sich das Judeo-Spanisch für seine Schriftsprache – besonders für die religiöse – zahlreiche Worte und Redewendungen entlehnte. In der judeo-spanischen Umgangssprache finden sich Hebraismen allerdings weit seltener als im Jiddischen[21]. Eine ganze Reihe von hebräischen Ausdrücken diente den Sepharden als Geheimcode im Beisein von Nichtjuden. So wurde z. B. mit dem Wort „schetiqa" (Schweigen) eine Unterhaltung abgebrochen, wenn ein Fremder dazukam. Die Frage „de bne ammenu es?" (gehört er unserem Volk an?) sollte erhellen, ob jemand jüdisch war oder nicht. Allerdings bezieht sich der Hauptanteil der aus dem Hebräischen entlehnten Wörter auf die religiöse Praxis. Feiertage, Monate, Kultgegenstände, religiöse Institutionen usw. wurden immer hebräisch benannt.

Einige hebräische Worte erfuhren durch entsprechende Prä- oder Suffigierungen eine formale Hispanisierung wie beispielsweise „desmazalado“, unglücklich (von „mazal“), „sekanozo“, gefährlich (von „sakkana“), „encheremar“, bannen (von „cherem“), „tomar tzar“, traurig werden (von „tzar“).

Auch zahlreiche Begriffe aus dem türkischen Wortschatz flossen in das Judeo-Spanische ein: z. B. „kolay“ (leicht), „firman“ (Dekret), „çalisear“ (arbeiten; von „çalismak“ mit spanischem Suffix), „bitirear“ (beenden; von „bitirmek“), „çarši“ (Markt), „fingan“ ([Kaffee-]Tasse), „tutun“ (Tabak; von „tütün“)[22].

Außerdem wurde eine Anzahl von Wörtern aus dem Arabischen übernommen[23], wie „Alchad“ (von „Al-achad“ – der erste [Tag] = Sonntag), das man zur Vermeidung des eindeutig christlich besetzten Begriffes „Domingo“ (von „Dies Dominicus“) verwendete.

Weiters wurden einige Begriffe aus dem Griechischen ins Judeo-Spanische eingeführt[24]; als Beispiel sei „trandafilas“ (Rose) genannt.

Als im späten 19. Jh. die Alliance Israélite Universelle ihre Schulen errichtete, griff das Judeo-Spanisch auch französisches Vokabular auf, dem es zumeist spanische Endformen gab[25]: „dezirar“ (wünschen; von „désirer“), „foburgo“ (Vorstadt; von „faulbourg“), „buto“ (Ziel; von „but“), „sueter“ (wünschen; von „souhaiter“) usw.

Einige wenige Ausdrücke wurden auch aus dem Italienischen übernommen, so z. B. „avantağar“ (Fortschritte machen; von „avvantaggiare“), „balo“ (Tanz; von „ballo“), „dunke“ (dann/daher; von „dunque“), „gazeta“ (Zeitung; von „gazzetta“).

Zusammenfassend kann man sagen, daß das Judeo-Spanisch das Kastilische der Zeit der Vertreibung ist, welches im Laufe der Jahrhunderte durch die Übernahme von Hebraismen und lokaler Sprachgebräuche, auch durch syntaktische und morphologische Änderungen, völlig verfremdet wurde.

Das Judeo-Spanische, das in den vielen verschiedenen sephardischen Gemeinden gesprochen wurde, konnte sich im großen und ganzen eine bemerkenswerte Einheitlichkeit bewahren. Allerdings zeitigte es phonetische und morphologische Unterschiede in seiner orientalischen, im wesentlichen das Kastilianische widerspiegelnden, und westlichen, auf den nordspanischen Dialekten und teilweise dem Portugiesischen beruhenden, Variante.

Über mehrere Jahrhunderte wurde das Judeo-Spanische in hebräischen Lettern geschrieben. Die unvokalisierte Raschi-Schrift wurde häufiger verwendet als die Quadratschrift („meruba'a“). Handschriften wurden in einer Kursiven, dem „Solitreo“, geschrieben[26]. Erst im 20. Jh. wurde das lateinische Alphabet zur Schreibung des Judeo-Spanischen eingeführt, insbesondere im Zeitungswesen[27]. Um das unvokalisierte hebräische Alphabet den Bedürfnissen der spanischen Sprache anzupassen, wurde eine Reihe von hebräischen Buchstaben mit diakritischen Zeichen versehen. Auch konnte ein einzelner Konsonant für zwei verschiedene benützt werden, und Doppelbuchstaben wurden nicht angegeben. Der Konsonant „bet“ z. B. konnte für „b“ und „v“ stehen, das „pe“ für „p“ und „f“, das „zajin“ für „j“, „z“ und „s“. Der Konsonant „g“ wurde mit dem mit einem diakritischen Zeichen versehenen „gimel“ transkribiert, das „n“ mit „nun“ und „jod“.

Die sephardischen Juden im Osmanischen Reich setzten ihre Sprache bald den alteingesessenen Juden auf, ihre Sprache wurde die am weitestverbreitete unter den türkischen Juden. Die Juden hier sprachen nur Judeo-Spanisch, sowohl im Alltagsleben als auch im geschäftlichen Bereich. Sie sprachen kein osmanisches Türkisch („Osmanlica“) außer „Kâhya“[28], das außer Wenigen bei Hofe keiner konnte, während der Gebrauch des Hebräischen, „Leschon ha-qodesch“, den Synagogen und Rabbinerseminaren vorbehalten war.

Die Judeo-Spanische Literatur

Die Sepharden des Osmanischen Reiches produzierten ihre eigene Literatur, über die hier nur eine kurze Übersicht gegeben werden kann.

Die religiöse judeo-spanische Literatur (in Ladino) wurzelte in der Zeit vor der Vertreibung aus Spanien und konnte sich erst im Exil weiterentwickeln. Nach der Ausweisung wurden insbesondere in Istanbul und Saloniki religiöse Übersetzungen herausgegeben, die sich – in hebräischen Lettern geschrieben, mit eigenem Vokabular und eigener Synatax – von den christlich-spanischen Bibelübersetzungen deutlich unterschieden. Die bedeutendsten Übersetzungen sind die der Psalmen (Istanbul 1540), der von Eliezer Soncino herausgegebenen Tora (Istanbul 1547), der Propheten (Saloniki 1572) und der Dinim von Abhraham ben Jitzchaq Assa (Istanbul 1733). Innerhalb der religiösen Literatur sind auch Werke zu nennen, deren hebräischer Text adaptiert wurde: Bibelinterpretationen und Ethika, Handbücher zur religiösen Praxis und Gebetbücher. Sie schließen Bachja ibn Paqudas „Chobhot ha-Lebhabhot" (1080) ein, unter dem Titel „Obligasion de los Korasones" von Zaddiq ben R. Joseph Formon übersetzt (Istanbul 1569; in Quadratschrift) sowie Jitzchag Aboabs (1. H. 15. Jh.) „Menorat ha-Ma'or" in der Übersetzung des Abhraham Assa (Istanbul 1762). Zwei Jahrhunderte nach der Vertreibung konnte die judeospanische Religionsliteratur also auf eine reichhaltige Sammlung adaptierter und originaler Arbeiten blicken.

Das Meisterwerk dieser ethisch-religiösen Literatur stellt „Me'am lo'ez" dar, eine enzyklopädische Arbeit, die 1730 von R. Ja'aqobh Chuli aus Safed begonnen und nach seinem Tod von anderen Gelehrten fortgesetzt wurde[29]. Diese Enzyklopädie sephardischen Wissens fußte auf dem traditionellen jüdischen Gedankengut, auf der Mischna, dem Talmud, dem Midrasch und der Qabbala.

Zu der mündlich tradierten Populärliteratur zählen die „Refranes" (Sprichwörter)[30], Sprichwörter, „Konsejas" (Moralgeschichten)[31], „Kantigas", „Kuentos" (Kurzgeschichten)[32] und „Romances"[33]. Schriftlich weitergegeben an Volksliteratur wurden die „Koplas" – mehrstrophige Gedichte, die auch vertont wurden[34] – sowie Theaterstücke[35], Romane und Journalistisches.

Der Judeo-Spanische Romancero

Der Judeo-Spanische „Romancero" (Ballade) nimmt einen eigenen Platz in der sephardischen Literatur wie auch im Alltagsleben ein. Als die Juden Spanien verlassen mußten, nahmen sie an Traditionsgut auch viele der „Romances", der volkstümlichen spanischen Balladen, in ihr Exil mit. Die Begleitmelodien erleichterten ihnen nicht nur das Memorieren der Texte, sondern daher blieben auch sie in allen ostsephardischen Gemeinden und Nordafrika bis ins 20. Jh. erhalten. Noch heute sind die Romanzen lebendiger Bestandteil nahezu aller Gegenden, in denen Spanisch, Portugiesisch oder Katalanisch gesprochen wird. Der Judeo-Spanische Romancero ist eine Fortsetzung und Adaption des sowohl aus dem Mittelalter als auch aus der Renaissance überlieferten spanischen Romancero. Sein Bestand an Volkslyrik gehört sicher zu den größten.

Das archaische judeo-spanische Balladenrepertoire erhielt zahlreiche Themen und Charakteristika der spanischen Balladen aus der Zeit der Vertreibung von der Iberischen Halbinsel am Leben. Doch natürlich wurde es inhaltlich wie stilistisch auch von den Völkern geprägt, mit denen die Sepharden zusammenlebten.

Die Themen der judeo-spanischen Romanzen sind vielfältig: Es gibt Balladen, die sich auf Ereignisse der spanischen Geschichte beziehen. Andere beruhen auf spanisch-mittelalterlichen Epen. Wieder andere beziehen ihre Inspiration aus der Bibel oder der klassischen Literatur der Antike.

Ein durchgängiges Charakteristikum der judeo-spanischen Romanceros ist sozusagen eine „Entchristianisierung" der traditionellen spanischen Romanzen, da die katholischen Elemente eliminiert wurden.

Die Romanzen wurden jahrhundertelang mündlich tradiert. Erst in der letzten Zeit wurden die judeo-spanischen Romanceros schriftlich niedergelegt. Eine vollständige Sammlung gibt es allerdings noch nicht.

Schlußbetrachtung

Die judeo-spanische Kultur befindet sich heute in einer ernsten Krise. Die jungen Sepharden vergessen ihre besondere Form des Spanischen und damit auch das kulturelle Erbe ihrer Väter. Judeo-Spanisch ist eine aussterbende Sprache[36]. Diese Entwicklung hat ihre Gründe: In der Türkei ist das Judeo-Spanische von jenen starken Tendenzen bedroht, die auf eine Türkisierung aller nichtmoslemischen Gruppen abzielen. Die sephardischen Gemeinden auf dem Balkan wurden durch die grauenhaften Ereignisse, die der deutsch-nationalsozialistischen Invasion während des Zweiten Weltkriegs folgten, zerstört. Die jüdische Bevölkerungsanzahl in Saloniki sank von 53.000 im Jahr 1940 auf 1800 im Jahr 1948. Die sephardische Gemeinde Monastirs, in der noch vor dem Krieg eine ganz seltene archaische Form des Judeo-Spanischen gesprochen wurde, ist vollständig ausgerottet worden[37]. In der Türkei lebten 1969 35.000–40.000 Juden, davon 30.000 in Istanbul. Von diesen waren 95 % Spharadim, der Rest Aschkenazim[38]. 1927 hatten bei einer Volkszählung 84 % der Juden in der Türkei Judeo-Spanisch als ihre Muttersprache erklärt, während bei der Volkszählung 1955 nur mehr 64 % „Yahudice" (Judeo-Español) als „Lengua Maternela" angaben[39]. In Marokko verringerte sich die sephardische Bevölkerung von 285.000 im Jahr 1948 auf 20.000 im Jahr 1974[40].

Es gibt nur ganz wenige regelmäßig erscheinende judeo-spanische Zeitschriften, teils in Türkisch, teils in Judeo-Spanisch: „Salom", die in Istanbul erscheint, und „Chabher", die in Israel herausgegeben wird (die „La Luz de Israel" am 6. September 1991 ersetzte), sowie die beiden Revuen „Vidas Largas", publiziert von der gleichnamigen Gesellschaft in Paris, und „Aki Yerushalaim" in Jerusalem.

Anmerkungen

1 Zum Text des königlichen Edikts s. z. B.: Franco, M., Histoire des Israélites de l'Empire Ottoman, Paris 1897, 35–37.

2 Aboab, I., Nomologia o Discursos Legales, II, Amsterdam 5487/1726–27, 312: „Con todo, fueron desterrados mas de quatrocientos y veynte mil Hebreos, y padecieron gravissimas extorciones y tiranias, trabajos y miserias dignas de grandissima compassion . . ."

3 Aboab, I., ibid., 317.

4 Zur Familie Hamon s. z. B.: Gross, H., La Famille Juive des Hamon", in: REJ LVI, 1908, 1–26; REJ LVII, 1909, 55–78; Heyd, U., Moses Hamon, Chief Jewish Physician to Sultan Süleyman the Magnificent, in: Oriens XVI, 1963, 152–170.

5 Epstein, M. A., The Ottoman Jewish Communities and their Role in the Fifteenth and Sixteenth Centuries, Freiburg 1980, 186–188; Galantdé, A., Les Synagogues d'Istanbul, in: Hamenora, Istanbul Juli–August 1937, 6–12; Heyd, U., The Jewish Communities of Istanbul in the Seventeenth Century, in: Oriens VI, 1953, 299–314.

6 Zu den Marranen s.: Roth, C., A History of Marranos, New York 1974; Ders., Immanuel Aboab's proselytization of the Marranos, in: JQR XXIII, 121–162.

7 Die erste Druckerei im Osmanischen Reich wurde 1493 von den Sepharden David und Schmuel ben Ja'aqobh Nachmias gegründet. Die erste türkische Druckerei (osmanische Lettern druckend) wurde erst 1729 eröffnet. Rozanes, S., Dibhre jeme jisra'el be-torgama (hebr.), I, 1690/1930, 316; Galante, A., Histoire des Juifs d'Istanbul, II, Istanbul 1942, 86; Bombaci, A., La letteratura turca, Sansoni 1969, 365; 391.

8 Die vertriebenen sephardischen Juden fanden im Osmanischen Reich dort seit langem ansässige vor, die Romanioten oder „Gregos". S. Jacosy, D., Mémoires et documents – Les quartiers juifs de Constantinople à l'époque byzantine, in: Byzantion XXXVII, 1967, 167–227.

9 Wahrscheinlich zu Beginn des 17. Jhs., s.: Vidal Sephiha, H., Le Judeo-Espagnol, ed. Entente, Paris 1986, 22; 52.

10 Zum Judeo-Spanischen s. z. B.: Actas del Primer Simposio de Estudios sefardíes, CSIC, Madrid, 1970; Barnett, R., The Sephardi Heritage, London 1971; Besso, H. V., Bibliografia sobre el Judeo-Español, in: Buletin Hispanique LIV, 3–4, 1952, 412–422; Ders., Los Sefardíes y el idioma castellano, in: Revista Hispanica Moderna 34, 1968; Bunis, D. M., A Guide to Reading and Writing Judezmo, New York 1975; Fontanella de Weinberg, M. B., La Lengua Española fuera de España, Buenos Aires 1976; Hassan, J. M., Perspectivas del Judeo-Español, in: Arbor 55, 1963; Kalmi, B., El Judeo-Español de Bosnia, in: Revista de Filologia Española XVII, 1930, 113–154; Luria, M., A Study of the Monastir Dialect of Judeo-Spanish based on oral material collected in Monastir, Yugoslavia, New York – Paris, 1930; Marcus, S., At-il exsiste en Espagne un dialecte Judéo-Espagnol?, in: Sefarad XXII, 1, 1962, 129–149; Nehama, J., Dictionnaire du judéo-espagnol, Madrid CSIC, 1977; Vidal Sephiha, H., Le Judéo-Espagnol (s. o.); Sephiha, H. V., L'Agonie des Judéo-Espagnols, 1977; Wagner, M. L., Caracteres generales del Judeo-español de Oriente, Madrid 1930; Ders., Algunas observaciones generales sobre el Judeo-español de Oriente, in: Revista de filologia española X, 1932, 225–244; Yahuda, A. S., Contribucion al estudio del Judeo-Español, in: Revista de Filologia Española II, 1915, 339–370; Z. A. La lingua spagnuola tra gli Ebrei

d'Oriente, in: Vessillo Israelitico XXXI, Triest 1883, 13–17.

[11] Die morphologischen und syntaktischen Ähnlichkeiten zu der von dem Grammatiker Antonio de Nebrija (ca. 1444–1522) in seiner Arbeit „Gramatica des la Lengua Castellana" aus dem Jahr 1492 benützten Sprache sind nicht zu übersehen; Nebrija, A. de, Gramatica de la Lengua Castellana, Centro de Estudios Ramon Areces, Madrid 1989.

[12] Correa Calderon, E., Sobre algunos metaplasmos en Judeo-Español, in: Sefarad XXVIII, 1968, 220–226.

[13] So heißt es z. B. bei Aldrete, Bernardo de, Varias Antiguedades de España, Africa y otras provincias, Antwerpen 1614, über die sephardischen Juden: „Los quales en Italia, Salonique, i Africa, los que fueron de España hablan aun todavia el lenguaje que llevaron della i se reconoce que es de aquella edad, diferente del desta" (263).

[14] Illescas, G. de, Historia Pontifical y Catholica, Burgos, Martin de Vitoria, 1578, fols 146v–147r: „Y es cierto que en las ciudades de Salonico, Constantinopla, Alexandria y el Cairo y en otras ciudades de concentracion y en Venecia no compran ni negocian en otra lengua sino en español. Y yo conoci en Venecia judios de Salonico hartos, que hablavan castellano, con ser bien mozos, tambien y mejor que Yo."

[15] Fontanella de Weinberg, Anm. 11, 127.

[16] Vidal Sephiha, Le Judéo-Espangnol du maroc ou Haketiya, in: Combat pour la Diaspora VI, 1981, 77–88; Ortega, M. L., Los Hebreos de Marruecos, Madrid 1929.

[17] Besso, Anm. 11, 178–181; Camhy, O., Le Judéo-Espagnol. Facteur de Conversation pendant quatre Siècles, in: Barnett, Anm. 9, 560 ff.; Diaz-Mas, P., Los Sefardíes, Historia, Legua y Cultura, Barcelona 1986, 100 f.; Révah, I. S., Hispanisme et Judaisme des Langues parlées et écrites par les Sefardim, in: Actas, Anm. 10, 233.

[18] S. z. B. Encyclopaedia Judaica unter dem Stichwort „Ladino"; Besso, Anm. 11, 178, gebraucht den Terminus „Ladino" synonym für „Judeo-español"; auch bei Molho, M., Literatura sefardita de Oriente, Madrid 1960, wird zwischen den verschiedenen Begriffen nicht differenziert; Uziel, B., Caracteristicas del ladino y su folklore, in Actas, Anm. 10, 319–330.

[19] Vidal Sephiha, Anm. 9, 18 f.; 24 ff.; Ders., Les Langues Jodéo-espagnoles, in: RMI XLIX, 2, 1983, 422; Révah, Anm. 17, 233–242; Diaz-Mas, Anm. 17, 100–103.

[20] S. z. B. Diaz-Mas, Anm. 17, 104–107; Estrugo, J. M., Tradiciones españolas en las Juderias del Oriente Proximo, in: Sefarad XIV, 1954, 135–142; Marcus, Anm. 10, 139–144.

[21] Marcus, Anm. 10, 145–148; Crews, C., Some Arabic and Hebrew Words in Judeo-Spanish, in: Vox Romanica XIV, 2, 1955, 296–301; Schwarzvald, O., Ijjunim bitzurat ha-milim ha'ibhrijjot besepharadit ha-jehudit (hebr.), in: Leschonenu XLVIII–XLIX, 2–3, 1985, 186–194.

[22] Danon, A., Le Turc dans le Judéo-espagnol, in: Revue Hispanique XXIX, 1913, 1–12.

[23] Crews, Anm. 21.

[24] Danon, A., Les Eléments grecs dans le Judéo-espagnol, in: REJ LXXV, 1922, 211–216.

[25] Vidal Sephiha, H., Le Judéo-Fragnol dernier né du djudezmo, in: BSL LXXXI, 1, 1976, 31–36.

[26] Diaz-Mas, Anm. 17, 127; Besso, Anm. 17, 182.

[27] Zur Presse s.: Astrologo, L., La Stampa Periodica in Judeo-Español ad Istanbul, in: Annuario di Studi Ebraici XI, 1988, 115–130; Galante, A., La Presse Judéo-espagnole mondiale, in: Hamenora XIII, 1935; Vidal Sephiha, H., La Presse Judéo-espagnole et les Migrations Judéo-espagnoles, in: REJ CXXXVII, 1–2, 1978, 473–476; Benbanaste, N., Örneklerle Türk Musevi basinin tarihçesi, Istanbul 1988.

[28] Die „Kâhya" oder „Kethüda" war die Dachorganisation, die die jüdischen Gemeinden den osmanischen Behörden gegenüber vertrat.

[29] Molho, Anm. 18, 242–294.

[30] Estrugo, Anm. 20, 142 f.; Galante, A., Le Juif dans le proverbe, lw conte et la chanson orientaux, Istanbul 1935; Luria, M. A., Judeo-Spanish Proverbs of the Monastir Dialect, in: Revue Hispanique LXXX, 1933, 256–273; Molho, Anm. 18, 21–57; Saporta, E./Beja, Refranes de los Judios Sefardíes, Barcelona 1978.

[31] Elnecavé, D., Folklore de los Sefardíes de Turquia, in: Sefarad XXIII, 1963, 327–333; Molho, Anm. 18, 117–133.

[32] Molho, M., Usos y Costumbres de los Sefardíes de Salonika, Madrid 1950, 311–315; Pascual Recuero, P., Antologia de cuentos sefardíes, Barcelona 1978.

[33] Armisetead, S. G./Silvermann, J. H., The Traditional Balladry of the Sephardic Jews: a Collaborative Research Project, in: RMI XLIX, 3, 1983, 641–667; idem, Para un gran Romancero sefardi, in Actas, Anm. 10, 281–294; Danon, A., Recueil de Romances judéo-espagnoles chantées en Turquie, in: REJ XXXII, 102–123; 263–275; REJ XXXIII, 122–139; 255–268; Elnecavé, Anm. 31, in: Sefarad XXIV, 121–131; Molho, Anm. 18, 59–115; Galanté, A., Quatorze Romances judéo-espagnoles, in: Revue Hispanique X, 1903, 594–606.

[34] Romero, E., Coplas sefardíes, Cordoba 1988.

[35] Romero, E., El Teatro de los Sefardíes orientales, Madrid, CSCIC, 1979.

[36] Diaz-Mas, Anm. 17, 223–254; hier werden einige Gesellschaften angeführt, die das sephardische

Erbe vor dem Aussterben bewahren wollen, wie „Vidas Largas“ (gegr. 1979), das Institut „Arias Montano“ in Madrid (gegr. 1940), das Institut „Ben Zvi“ in Jerusalem, ebendort „Misgav Jerushalajim“ (gegr. 1977), die „World Sephardi Federation“ in London und die „American Society of Sephardic Studies“ in den USA. S. auch Schmelz, U., The Demographic Study of the Sephardim in the World, in: Actas, Anm. 10, 211–221.

[37] Luria, Anm. 10.

[38] Die aschkenazischen Juden wurden mit dem türkischen Begriff für „Polen“ benannt, da sich die aschkenazischen Einwanderer ins Osmanische Reich während des 17. und 18. Jhs. hauptsächlich aus polnischen Juden rekrutierten. Für spätere Zeit ist auch eine aschkenazische Immigration aus dem Habsburgerreich zu vermerken. Diese österreichischen Juden gehörten der Elite der jüdischen Gemeinden der Türkei an.

[39] Encyclopaedia Judaica, Stichwort „Türkei“.

[40] Diaz-Mas, Anm. 17, 229.

Laura Astrologo-Fonzi

DAS AUTODAFÉ DER MARRANEN VON ANCONA IM LICHTE DER BEZIEHUNGEN ZWISCHEN ITALIENISCHEN UND PORTUGIESISCHEN JUDEN

DIE MARRANEN IN RELIGION, WIRTSCHAFT UND POLITIK

Das Autodafé vom Jahre 1556 in Ancona, bei dem 24 Juden den Feuertod erlitten, blieb eine Episode, die in der allgemeinen Geschichte nicht besonders vermerkt wird; dennoch bezeichnet sie einen dramatischen Höhepunkt in der Auseinandersetzung der päpstlichen Macht mit dem Judentum. Mit Recht schrieb daher der zeitgenössische jüdische Chronist Josef Ha-Kohen in seinem Bericht: „Eine solche Schandtat ist in Italien zu keiner anderen Zeit begangen worden."

Jüdische Dichter hielten in vielen Elegien die Erinnerung an die in mehreren Verfahren am 3. und 8. Ijar und 7. und 12. Tamuz 5316 (April–Juni 1556) hingerichteten Juden aus Portugal lebendig; die Märtyrer von Ancona wurden – in Itaien – zum Inbegriff aller Verfolgung und Bedrängnis, die das Volk Israel zu erleiden hat. Dies ist aber nicht die einzige Dimension der Ereignisse von Ancona; denn diese wurden darüber hinaus zum Anlaß, überhaupt die Stellung der portugiesischen Juden zu beurteilen. Weiters kam es in diesem Zusammenhange zu internationalen Kontakten „auf höchster Ebene", und schließlich können wir den ersten Versuch einer Strafsanktion verzeichnen, die Jahrhunderte später den Namen Boykott erhalten sollte.

Die Quellen

Die jüdische Geschichtsliteratur beschreibt mehrfach das Autodafé von Ancona. Außer dem „Emeq Ha-Bakha" (Tal der Tränen) des erwähnten Joseph Ha-Kohen aus dem Jahre 5318 (1557/58), ist die Chronik „Shalshelet Ha-Qabbala" (Die Kette der Überlieferung) des Gedalja Ibn Jachja aus Imola (1587) und jene des Benjamin Nehemia ben el-Nathan von Civitanova zu nennen.

Zahlreich sind, wie schon bemerkt die Klage- und Trauerlieder zu Ehren der Opfer: ein jährlich am 9. Av in der Synagoge von Ancona vorgetragenes von Ja'aqov aus Fano, eines von Shelomo Hazan, ein ebenfalls am 9. Av in Pesaro gelesenes Gedicht des Mordekhai ben Jehuda von Blanes, das Klagelied des Immanuel Benevento und weiters ein Prosagedicht eines anonymen Autors, das von David Kaufmann veröffentlicht wurde.

Auf christlicher Seite ist die Literatur dazu alles andere als reichhaltig, ja es herrscht tiefes Schweigen, ehe im Jahre 1876 ein Cesare Garibaldi ein Bändchen mit dem Titel „Un asserto autodafé sotto Paolo IV" (Ein angebliches Autodafé unter Paul IV.) veröffentlichte, um die geschichtliche Tatsache der Hinrichtungen zu bestreiten. Wenn wir so wollen, ist das der erste Hinweis von seiten der christlichen Geschichtsschreibung auf das Ereignis.

Wenig später, am 23. Dezember 1884, veröffentlichte Michele Maroni in Foligno eine Broschüre mit dem Titel „Gli Ebrei Portoghesi giustiziati in Ancona sotto Paolo IV" (Die unter Paul IV. hingerichteten portugiesischen Juden), und bereicherte das Geschehnis um neue Details.

Außerdem liefern uns die Staatsarchive von Ancona, Rom und des Vatikans nützliche Informationen. Obschon wir nicht über die Urteile und Gerichtsakten des Autodafés verfügen, können uns doch die Inventare der zwischen August und November 1555 beschlagnahmten Güter der portugiesischen Neuchristen als Ersatzquelle dienen. Sicherlich klären uns diese Dokumente nicht über das Schicksal der einzelnen Angeklagten auf, sie teilen uns jedoch die Namen der Opfer mit und heben darunter die Hauptpersonen hervor.

Eine Quelle besonderer Art bietet hingegen der Briefwechsel zwischen Sultan Soliman dem Prächtigen und Papst Paul IV.

Die Marranen

Wer sind nun diese Marranen, die das eine Mal als Märtyrer verehrt werden, das andere Mal „nach allen menschlichen und göttlichen Gesetzen" den Tod verdienen?
Sie bilden eine genau umschriebene Gruppe, die verschieden bezeichnet wird: „Christiani novi", „Cristiani novelli" (Neuchristen), „Conversos" (span. Bekehrte), „Anussim" (hebr. Gezwungene) oder eben Marranen, ein Schimpfwort, „never used in official parlance or polite literature" (Y. Baer).
Sie sind Nachkommen jener spanischen und portugiesischen Juden, die unter dem Druck der Gewalt in großer Zahl zur christlichen Religion übergetreten waren, zuletzt zum Zeitpunkt der endgültigen Verbannung aller Juden aus Spanien (1492) und Portugal (1497), womit sie sich die Freiheit erkauft hatten, noch weiterhin im Lande bleiben zu dürfen.
Die Väter dieser „Conversos" sind von jenen Juden zu unterscheiden, die damals, vor die Wahl gestellt, den Glauben oder die Heimat zu bewahren, dem Judentum treu blieben und lieber ins Exil gingen. Die Nachfahren dieser Exilanten, hebr. „Spharadim" (Spanier), wurden in Italien im allgemeinen „giudei levantini" genannt, insofern ihre Vorfahren nach der Vertreibung aus der Heimat in der „Levante", nämlich im mächtigen türkischen Reiche, Zuflucht und Toleranz gefunden hatten. In ihrer Vergangenheit gab es mithin nie eine Generation, die, wenn auch nur zum Schein, den christlichen Glauben angenommen hätte.
Zwiespältig erschien hingegen der Status der Juden, die im 16. Jh. nicht aus dem türkischen Herrschaftsbereich, sondern direkt von der Iberischen Halbinsel gekommen waren. Sie hießen in Venedig folgerichtig „ponentini" (die Westlichen), im allgemeinen aber „portughesi", da sie meistens aus Portugal eingewandert waren. Dort hatten nämlich um 1497 Massentaufen stattgefunden, zum Teil auch von spanischen Juden, die zuvor nach Portugal geflüchtet waren. Die staatlich etablierte Inquisition und willige Denuntianten machten jedoch den Neuchristen das Leben schwer, ja brachten es in höchste Gefahr, da diese in Verdacht standen, heimlich an den rituellen Vorschriften des Judentums festzuhalten und damit nur zum Scheine Christen zu sein – was ja wohl auch stimmte. Sie trachteten daher nach Möglichkeit Portugal zu verlassen und Gegenden, die Frieden und Sicherheit boten, aufzusuchen.
Die „portughesi" wählten neben den großen Handelsplätzen des Ottomanischen Reiches, wo der Islam Toleranz garantierte, auch europäische Zentren – das „Land Edoms" (der Kirche).
Wo immer die „Conversos" aus Portugal sich niederließen, kehrten sie nach Generationen unter Zwang geübten Christentums bald offen zum Glauben der Vorväter zurück und nahmen für gewöhnlich die Gemeinschaft mit den sephardischen Juden auf. Niemand redete viel davon, daß sie alle einmal getauft worden waren und als Christen (oder Kleriker!) gelebt hatten, sie selber wohl am wenigsten. Sogar auf kirchlicher Seite gab es theologische Überlegungen, die die Gültigkeit der seinerzeit erzwungenen Konversion anzweifelten und deshalb die nunmehrige Sinnesänderung der Neuchristen milder beurteilten.

Die „Portugiesen" in Ancona

Ökonomische Beweggründe hatten viele „Conversos" nach Italien geführt. Manche zogen in die Republik Venedig, andere in das estensische Herzogtum Ferrara; ein besonders wichtiger Anziehungspunkt war für sie jedoch die Küstenstadt Ancona, die mitsamt ihrer Mark seit 1532 zum Kirchenstaat gehörte. Hier, wo schon seit dem Mittelalter eine jüdische Gemeinde bestand, hatte sich der Hafen zu beachtlicher Blüte entwickelt.
Dank der günstigen geographisch-strategischen Lage und der entsprechenden Infrastruktur, die den Hafen im Westen über die Stadt Ragusa mit Istanbul und im Norden über Ferrara, Mailand, Basel und Antwerpen sogar mit London verband, bot Ancona um die Mitte des 16. Jahrhunderts eine optimale Anlaufstelle.
Hier wurden Lederwaren aller Arten aus der Levante gegen feine Stoffe eingetauscht: Leinen

aus Holland, „peze di panni di Londra negri" (schwarze Stoffe aus London), „peze de mocaiare" (Stoffe aus Ziegenleder), „peze de zambelotto" (Wollstoffe), „carisee" (Stoffe aus einer Woll- und Seidemischung), aber auch Teppiche und viele andere Waren.
Während des Pontifikats Klemens' VII. (1523–1534) siedelte sich hier eine beachtliche Zahl portugiesischer Marranen an, und in einem Breve des Papstes Paul III. (1534–1549) vom 22. November 1540 wurden die Christen aufgefordert, die Marranen, die sich allmählich in Italien ansiedelten, mit Wohlwollen aufzunehmen. Bald darauf, am 21. Februar 1547, erhielten die aus Portugal stammenden Neuchristen einen besonderen Schutzbrief, der ihnen garantierte, im Falle irgendeiner Anklage wegen Abtrünnigkeit ausschließlich der ordentlichen Gerichtsbarkeit des Kirchenstaates und nicht der Inquisition zu unterliegen. Darüber hinaus wurde ihnen versichert, wann immer gegen sie ein Strafverfahren eingeleitet werden sollte, noch rechtzeitig informiert zu werden, um die Stadt samt allen ihren Gütern verlassen zu können.
Der Hohe Rat von Ancona gewährte ihnen noch weitere Begünstigungen: So wurde z. B. am 8. November 1549 eine ganze Reihe an Statuten zu Gunsten eines Konsortiums von portugiesischen Neuchristen (Doktor Barboso, Doktor Carano oder Caravon, Joseph Brudo und Abraham Papo – dieser letzte war anscheinend unter den Opfern des Autodafé) erlassen. Mit diesem auf fünf Jahre befristeten Übereinkommen, erweiterte man auf die Portugiesen „tutti capitoli, privilegij esemptioni ed imunità ... che havevano Salamon Bonaventura e Samuele ed Angelo suoi figli" (alle Kapitel, Privilegien, Ausnahmebestimmungen und Immunitäten ... die Salamon Bonaventura und seine Söhne Samuele und Angelo genossen). Mit einem Wort, man genehmigte den Portugiesen die „condotta", das heißt die Konzession einer Bank, und zwar unter den gleichen Bedingungen, wie sie der Familie Bonaventura seit dem XV. Jahrhundert gewährt wurden.
Am 6. Dezember 1552 wurden dann die Privilegien zu Gunsten der portugiesisch-jüdischen „natione" vom Papst Julius III. (1550–1555) anerkannt und ergänzt. Am 20. März 1554 bestätigte und erweiterte der Papst noch einmal alle den Portugiesen „de genere hebreorum, christianorum novorum nuncupatorum" erteilten Konzessionen. Durch diesen Schutzbrief war ihnen erlaubt, kein Abzeichen zu tragen und den eigenen Glauben frei auszuüben. Dafür verpflichteten sie sich ihrerseits, die jährliche Summe von 1000 Dukaten als „vigesima" (eine alte Steuer, die einem Zwanzigstel des Einkommens entspricht) und sonstige Abgaben zu zahlen.
Es war offensichtlich, daß sich hinter dieser freizügigen Toleranz politisch-ökonomische Absicht verbarg, und man hoffte, durch die Anwesenheit der Marranen in Ancona erhebliche Vorteile zu gewinnen.
Tatsächlich erwiesen sich die Portugiesen neben ihrem Wirken im Bankwesen als ausgezeichnete Kaufleute, die fähig waren, in großem Stil den Im- und Export zwischen der Levante und Nordwesteuropa zu betreiben. Man denke nur an die mächtige Familie Nasi und die Abravanels, die in Ancona eigene Beauftragte beschäftigten.
Alle bedeutenden Umsätze liefen durch diese Stadt in den Marken, die damals eine Zeit großen wirtschaftlichen Glanzes erlebte. Am Vorabend der Thronbesteigung Papst Pauls IV. zählte man hier sicher über 100 portugiesische Familien.
Die wichtigsten Handelspartner der portugiesischen Kaufleute waren die levantinischen Juden, die nicht selten selber portugiesischen oder zumindest sephardischen Ursprungs waren und in Ancona zwar nicht seßhaft, sich doch vorübergehend, zu geschäftlichen Zwecken hier aufhielten.

Beziehungen zwischen den verschiedenen jüdischen Gruppen in Ancona

Wie war nun das Verhältnis zwischen Neuchristen, levantinischen und alteingesessenen italienischen Juden in Ancona am Vorabend des Autodafé von 1556? Zunächst muß vorausgeschickt werden, daß die Eigentümlichkeiten dieser einzelnen Gruppen den christlichen Gesprächspartnern nicht immer ganz evident waren: Der Chronist Bartolomeo Alfei, z. B., vereint in Bausch und Bogen „hebrei" und „marani", indem er behauptet, daß sie beide in Handelsgeschäfte zu Wasser und zu Lande verwickelt sind, Wucher mit maßlosen Zinsen betreiben, Häuser und Gebäude, Weingärten und Gründe erwerben und zu guter Letzt kein Abzeichen tragen.

Bei näherer Ansicht der Inventare der den portugiesischen Marranen zwischen dem 2. August und dem 9. November 1555 beschlagnahmten Güter stoßen wir außerdem eindeutig auf eine Konfusion der Begriffe, da „hebreus portughalensis“ (oder „hebreus lusitanus“) und „hebreus levantinus“ als Synoyme oder überhaupt unrichtig verwendet werden.

Zusätzlich muß die Unterscheidung zwischen denjenigen, die immer Juden geblieben waren, und jenen, die erst nach ihrer Ankunft in Italien zum Judentum zurückkehrten, weitere Schwierigkeiten bereitet haben.

Weniger problematisch scheint hingegen die Identifikation der Gruppe italienischer Juden gewesen zu sein, die seit dem XIII. Jahrhundert in die Gesellschaft der Stadt Ancona integriert war.

Auf jeden Fall kann man annehmen, daß trotz der klaren Unterscheidung im Kirchenrecht diese in der Praxis absolut fehlte, nicht zuletzt auch auf Grund der chamäleonartigen Fähigkeiten der Marranen, die von je her gewohnt waren, sich bestmöglich anzupassen.

Die drei Gruppen, portugiesische, levantinische und italienische Juden, scharten sich um ihre eigenen „scole“ oder Synagogen, wo jede ihrem partikulären Ritus oder „minhag“ folgte.

Zweifellos einander ähnlicher dürften die Levantiner und Portugiesen gewesen sein, da die ersteren sephardischen Ursprungs waren und sich somit in Spanisch, das sich später zu „Judeo-Español“ weiter entwickelte, ausdrückten. Den Portugiesen wiederum war die spanische Sprache durchaus geläufig. Außerdem stammten auch viele levantinische Juden aus Portugal. Aus diesem Grunde formte sich von Anfang an in Ancona eine gefestigte Handelspartnerschaft zwischen den Levantinern und den portugiesischen Marranen.

Es scheint nicht gewagt, zu behaupten, daß die portugiesische Kolonie der Stadt Ancona einen beachtlichen Vorteil brachte und dazu beitrug, daß die Stadt in direkte Konkurrenz zur Republik Venedig treten konnte und die Florentiner und Ragusäer übertraf.

Was hingegen das Verhältnis zwischen den Portugiesen und den italienischen Juden betrifft, dürfte die Eingliederung der Neuankömmlinge nicht ganz problemlos gewesen sein.

Die ansässigen Juden zeigten sich von vornherein mißtrauisch gegen Menschen, die sich von ihnen in ihren Gebräuchen und ihrer Sprache unterschieden und eine eigene Synagoge mit dem ihr eigenen Ritual besuchten. Außerdem stellte in diesem konkreten Fall die Ankunft der Marranen für die italienischen Juden eine große Gefahr dar. Man fürchtete, daß die Inquisition sich auf die Dauer nicht auf die Verfolgung der Neuchristen beschränken, sondern ihren forschenden Blick auf fatale Weise auch auf die örtliche jüdische Gemeinde lenken würde.

Zu diesen Reibungsmomenten reihten sich noch Motive wirtschaftlicher Natur. Die Marranen besaßen, wie bereits erwähnt, eine enorme Kompetenz im Bereich des Handelsverkehrs sowohl zu Wasser wie zu Lande, verfügten darüber hinaus über beachtliche Geldmittel und waren zudem eng mit den levantinischen Juden verbunden. Höchstwahrscheinlich verursachte die offensichtliche geschäftliche Überlegenheit der Portugiesen nicht geringe Ressentiments seitens der italienischen Juden von Ancona.

Jedenfalls war es um 1555 jeder Gruppe gelungen, sich ihren eigenen Lebensraum zu schaffen. Die Gemeinden ergänzten sich gegenseitig und teilten sich untereinander sowohl die Arbeit wie auch die Handelsbereiche auf.

In der Tat beschäftigten sich die Portugiesen vorwiegend mit dem Im- und Export, griffen jedoch jeweils auf die Banken der italienischen Juden zurück, um ihre Waren zu verkaufen oder größere Geldsummen zu deponieren.

Bis zum Frühling 1555 hatten also Juden und Marranen einen „modus vivendi“ gefunden, ihre Geschäfte blühten und die Stadt erfuhr einen wirtschaftlichen Aufschwung.

Nichts ließ damals die Katastrophe vorausahnen, die bald dieses Gleichgewicht erschüttern sollte. Das Unglück schlug wie ein Blitz aus heiterem Himmel auf die portugiesischen Marranen und auch auf die Levantiner (die zuweilen mit den Portugiesen verwechselt wurden) ein und wirkte sich, wenngleich indirekt, auch auf die italienische jüdische Gemeinde aus.

Der historische Ablauf

Am 23. Mai 1555 bestieg der fast 80jährige Gian Pietro Carafa (1476–1559) als Paul IV. den päpstlichen Thron – bekannt als der strengste Eiferer für die Kirchenreform in der Kurie und als Erneuerer der römischen Inquisition, der nun als Greis daran ging, seine Grundsätze ohne jede Nachsicht in der ganzen Kirche zu verwirklichen. Paul IV. eröffnete einen wahren Krieg gegen die Irrlehre, um die Glaubensspaltung mit Gewalt zu überwinden, wobei er gleicherweise innerhalb der Kirche Furcht und Schrecken verbreitete.

Sein strenges Regiment bekamen natürlich auch die Juden zu spüren, mehr noch freilich die Marranen, weil sie „lange Zeit als Neuchristen gelebt, nachher jedoch Jesum Christum verachtet und den Glauben verleugnet haben".

Am 14. Juli 1555 erließ der Papst für alle im Kirchenstaat ansässigen Juden die berüchtigte Bulle „Cum nimis absurdum". Ihr Ziel war es, die Juden in den Städten von der übrigen Bevölkerung streng abzusondern und ihre Erwerbstätigkeit auf die niedrigste Stufe herabzudrücken. Dank der bis dahin herrschenden Toleranz hatten die Juden mit den Christen lebhafte Kontakte gepflegt und es in verschiedenen Berufen zu Wohlstand gebracht. Schon die „condotte" (Verträge zwischen den jüdischen Geldleihern und der lokalen Verwaltung) bedingten regulären Umgang mit den Christen; die Juden trugen kein „Zeichen" (z. B. den gelben Hut), wohnten unbehelligt in der Nähe von Kirchen, konnten in den zentralen und reichen Vierteln Häuser und Palais erwerben und scheuten sich auch nicht, christliches Personal anzustellen. Folglich sollten sie jetzt in eine abgesonderte Gasse („vicus Judaeorum") gesperrt, ihnen ein „Zeichen" zu tragen aufgezwungen und jedwedes Grundeigentum entzogen werden. Als Name für die Judengasse wurde später der aus Venedig übernommene Ausdruck „Ghetto" eingeführt. Als einziges Gewerbe sollte ihnen fortan nur noch der Handel mit alten Kleidern oder Lumpen („la strazzeria") gestattet sein.

Die Bestimmungen dieser Bulle wurden zunächst auf die Juden von Rom, später auch auf jene von Ancona angewendet. Die Marranen erwartete jedoch eine viel härtere Behandlung, da Paul IV., anders als seine Vorgänger, nicht daran dachte, ihre offen zur Schau getragene Rückkehr zum Judentum zu übersehen und zu übergehen.

Als erstes gab der Papst daher am 26. Juli 1555 dem Gio. Vincenzo Falangonio von Neapel den Auftrag, dem seiner Meinung nach skandalösen Treiben der Neuchristen in den Marken und besonders in Ancona ein Ende zu setzen.

Falangonio ging sofort daran, alle Marranen, die noch in Ancona verblieben waren – etwa hundert – einzusperren. Vorher hatten nämlich viele die Flucht ergriffen und in den angrenzenden Herzogtümern Unterschlupf gefunden.

Ende August hatte ein Großteil der Festgenommenen unter der Folter gestanden, dem katholischen Glauben abgeschworen zu haben.

Weiters sandte Paul IV. noch den Bologneser Cesare della Nave nach Ancona, „in adiunctum Jo. Vincentio Falangio ad inquirendum et procedendum contra hebreos Marchie Anconitane", wörtlich also, um diesen bei der „peinlichen Befragung" und der Prozeßführung zu unterstützen.

Unterdessen hatten die Verhaftungen und vor allem die Beschlagnahmen von Gütern und Waren die Kaufleute alarmiert und somit den Umfang des Transits im Hafen von Ancona beträchtlich geschmälert. Um dem abzuhelfen, sah sich Paul IV. gezwungen, ein Breve zu erlassen, das den levantinischen und italienischen Juden gestattete, den Handel wieder aufzunehmen (23. September 1555).

In der Zwischenzeit überreichten Abgesandte der Marranen an Mittelsleute der Päpstlichen Kammer 50.000 Dukaten, in der Hoffnung, die Angelegenheit auf diesem nicht eben ungewohnten Wege bereinigen zu können. Der Papst verbat jedoch empört mit einem Breve vom 1. Oktober jede Umwandlung der Strafe in finanzielle Leistungen und delegierte den Prozeß gegen die „Judaizantes" an das Heilige Officium.

In diesem Zusammenhang gelang es etwa einem Drittel der verhafteten Marranen, Falangonio zu bestechen und Zuflucht in den nahen Herzogtümern von Urbino und Ferrara oder in der fernen Levante zu finden.

Über das korrupte Handeln Falangonios gehen

die Quellen auseinander. Nach jüdischer Darstellung habe sich Falangonio von den Marranen bestechen lassen, nach kirchlichen Quellen habe er nur die Einkünfte der konfiszierten Güter unterschlagen. Wegen dieses Deliktes wurde er im Oktober 1555 angeklagt und verhaftet, doch gelang ihm die Flucht. Weil die Käuflichkeit des vom Papste ernannten Kommissärs besonders blamabel erscheinen mußte, war man wahrscheinlich auf kirchlicher Seite grundsätzlich bestrebt, die genaueren Umstände zu vertuschen.

An die Stelle Falangonios trat nun, neben den genannten Cesare della Nave, Gaspare Dotti, ein Mann aus adeliger venezianischer Familie.

Inzwischen war der Widerhall der Ereignisse von Ancona bis nach Istanbul gedrungen, wo Doña Gracia Mendes, die selbst in Ancona an Geschäften beteiligt war, seit einiger Zeit wohnte. Entrüstet über die Verhaftung ihrer Handelsvertreter (Jacob Mosso, Aman und Azim Cohen, Abraham Mus) und die Beschlagnahme der ihnen anvertrauten Güter, beschloß sie, sich an Sultan Suleyman Qanuni (der „Prächtige") (1520–1566) zu wenden, mit dem sie, auch dank ihres Neffen und Schwiegersohnes Don Joseph Nasi, ausgezeichnete Beziehungen unterhielt.

Im selben Herbst 1555 sandte der Sultan einen „çavus" (Boten) nach Ancona, der versuchen sollte, die Handelsvertreter der „Señora" und alle übrigen Inhaftierten, die seine „Zimmî" waren, zu retten. „Zimmî" oder „Dhimmî" war im Ottomanischen Reiche die Bezeichnung für die nicht-muslimischen Untertanen (z. B. griechische Christen und Juden), deren Religion staatlich toleriert war, die aber eine Kopfsteuer zu zahlen und eine Reihe anderer Benachteiligungen in Kauf zu nehmen hatten.

Auf diese erste Intervention des Sultans hin fragten die Ältesten von Ancona in Rom an, wie sie sich dem Padischah gegenüber verhalten sollten. Doch ihr Abgesandter vermochte nach vielem Antichambrieren und nutzlosen Vorsprachen keinen greifbaren Erfolg, es sei denn das schon früher für die levantinischen Juden ausgestellte Privileg, nach Hause zu bringen.

Der Sultan ließ, nachdem er keine Antwort noch sonst ein Zeichen erhalten hatte, im Februar (oder März) 1556 die Güter aller anconitanischen Kaufleute, die in seinen Ländern Handel trieben, beschlagnahmen. Zugleich eröffnete Soliman der Prächtige eine diplomatische Offensive, indem er dem „Bailo" (Gesandten) von Florenz und Giovambattista Benderio, dem Konsul von Ancona, nahelegte, sich der Sache anzunehmen. Weiters ließ er dem Botschafter des französischen Königs bei der Hohen Pforte, Michel de Codignac, einen großherrlichen „Ferman" zustellen, in dem er auf die Gefangenen von Ancona Bezug nahm und die unverzügliche Freilassung der Bevollmächtigten Doña Gracias – seiner Untertanen und Steuerpflichtigen – zusammen mit der Enthaftung aller in deren Diensten Stehender forderte.

Allmählich setzte sich nun der diplomatische Apparat in Bewegung: Der französische Botschafter schrieb an den Neffen des Papstes, Giovanni Carafa, Herzog von Paliano, um ihm die Dinge darzulegen, vielleicht auch um ihm die Angelegenheit Doña Gracias besonders zu empfehlen (Codignac war nämlich mit Don Joseph Nasi eng befreundet).

Am 9. März 1556 („Am letzten Tage des ‚Rabî'u'l Akhir' des Jahres 964 der Hedschra") schrieb sogar der Sultan persönlich an den Papst.

Der Sultan erklärte in seinem Brief knapp und deutlich, welcher enorme Schaden seinem Reiche durch das Vorgehen des Papstes entstanden sei und verbindet am Ende seine Bitte mit einer verschleierten Drohung:

„Einige aus dem Geschlechte der Hebräer haben an Meine Hohe Pforte gemeldet, daß einigen Unserer Untertanen und Abgabenpflichtigen, die in Eure Lande und vor allem nach Ancona gegangen sind, um Handel zu treiben, Güter und Vermögen auf Euer Geheiß entzogen worden sind. Dies allein tut Unserem Staatsschatz Abbruch von 400 tausend Dukaten. (. . .)

Deswegen bitten Wir Ew. Heiligkeit kraft dieses Unseren erhabenen Namenszuges, dessen Überbringer der Sekretär Cacciardo (Cochard), ein Mann im Dienste des Königs von Frankreich, sein wird, belieben zu wollen, Unsere vorgenannten Untertanen mit all ihrem Vermögen freizulassen. (. . .)

Damit werdet Ihr Uns einen Grund geben, Unsere christlichen Untertanen und die übrigen

Christen, die in diesem Reiche Handel treiben, freundlich zu behandeln."

Auf den Druck des ottomanischen Herrschers hin wurden in der Tat einige türkische Untertanen befreit, aber nicht jene, die marranischen Ursprungs waren.

Von diesen söhnte sich ein Teil wieder mit der christlichen Religion aus, um dem Scheiterhaufen zu entgehen. Sie wurden in der Folge „nur" zu lebenslangem Dienst auf den Galeeren von Malta verurteilt. Die Quellen nennen Zahlen zwischen 26 und 38 Personen. Auf der Überfahrt gelang jedoch dieser Schar von Marranen durch Mithilfe von außen die Flucht. Darauf verzog sie sich ins Ottomanische Reich, wo sie zum Glauben der Väter zurückkehrte.

Einstweilen war bereits der April herangerückt und der Sultan schrieb, angesichts des Schweigens seitens der Adressaten, dem Statthalter von Ancona einen sehr scharfen Brief, in dem er ihm die Ankunft eines weiteren Boten in seiner Stadt ankündigte, der „Velî" (türk. Beschützer, Heiliger) genannt wurde und dem Orden der „Sipâhiyan" (besonderes osmanisches Kavalleriekorps) angehörte.

Außerdem gebot er, bei der Ankunft des „Velî" die Handelsagenten der Doña Gracia mit ihrem gesamten Besitz an zwei Beauftragte namens Odoardo Duarte und Agostino Ibrio zu übergeben. Vermutlich handelte es sich um die Marranen Odoardo Gomes und Agostino Enriches, Kaufleute im Dienste des Hauses Nasi.

Die zwei Sendschreiben des Sultans, zusammen mit dem Brief des Codignac an den Herzog von Paliano wurden dem Baron Pierre de Cochard, Sekretär der französischen Botschaft in Istanbul, anvertraut.

Dieser erreichte Italien erst Ende April, als die Hälfte der Marranen bereits hingerichtet worden war. Als sich endlich der Papst am 1. Juni zu einer Antwort an den Sultan entschloß, war auch das Schicksal der übrigen besiegelt.

Der Brief war zwar „in höflichem konziliantem Ton abgefaßt" (A. Toaff) und teilte die umgehende Rückstellung des Besitzes der türkischen Untertanen mit, setzte jedoch der Intervention zugunsten jener Juden, die Marranen (Portugiesen) waren, ein unerbittliches „non possumus" entgegen.

„Was nun die Juden betrifft, deretwegen Ihr an Uns geschrieben habt, und von denen einige von Unseren Richtern und Ämtern zu Ancona ob ihrer Vergehen im Kerker gefangen gehalten werden, gaben Wir, sowie Wir Euren Wunsch vernahmen, alsbald den Auftrag, diesen zu erfüllen, inwieweit dies Uns bei Gott dem Herrn möglich ist, und wollten daher ihre Personen und Güter freigeben und Euch überlassen (. . .) obgleich die Güter Unserer Apostolischen Kammer ipso jure zustehen. Da aber mehrere von ihnen, nachdem sie einst die hl. Taufe empfangen sowie den christlichen Glauben öffentlich und durch lange Zeit bekannt hatten, schändlich und freventlich von diesem abfielen und in größter Verachtung der göttlichen Majestät sich dem Aberglauben und der Lebensweise der Juden zuwandten und deshalb alle menschlichen und göttlichen Gesetze sie zum Tode verurteilten, haben Wir keinerlei Recht, ihnen die Freiheit zu schenken, wenn Wir nicht Gott und die Gerechtigkeit beleidigen wollen. (. . .)

Wir vertrauen darauf, daß Ihr dafür, was Wir weder können noch dürfen, Verständnis aufbringen werdet, insbesondere da Wir mit Sicherheit annehmen, daß Ihr in gleicher Weise handeln würdet, solltet Ihr erfahren, daß womöglich einer der Eurigen dem bei Euch herrschenden Glauben und Gesetze untreu würde."

Während also der Sultan sein Schreiben mit einer verschleierten Drohung schließt, erklärt der Papst sein Vorgehen mit einem Hinweis auf die selbstverständliche Praxis des islamischen Staates.

Zugleich mit dem Brief des Papstes ging auch die Antwort seines Neffen, des Herzogs von Paliano, an den französischen Botschafter de Codignac nach Konstantinopel. Hier wird die kirchenrechtliche Situation der Marranen näher erläutert. Das Schreiben unterscheidet ausdrücklich „levantini", die nie Christen waren, und „portughesi", die lange Zeit als Christen gelebt hatten. Wer von diesen jetzt noch hartnäckig am Judentum festhalten will („ostinatamente hanno voluto perseverare in questa perfidia"), an dem „geschehe die Gerechtigkeit". Unter ihnen befinde sich auch „quel Jacopo Morro (recte: Mosso), agente de la signora Gratia Nasi", der sich nicht „bessern" („correggere") wollte.

Von den in Ancona gefangenen Marranen waren 25 übrig geblieben, nachdem vorher etwa dreißig mit Hilfe Falangonios geflohen, die zur Galeere Verurteilten fortgezogen und einige osmanische Untertanen freigelassen worden waren. Neben dem genannten Mosso gehörte zu ihnen Salomon Jahia, Agent der Familie Abravanel. Einer der Gefangenen, höchstwahrscheinlich der Chirurg David Romero, beging Selbstmord, indem er sich aus dem Fenster des Gefängnisses warf oder einfach bei einem gescheiterten Fluchtversuch verunglückte.

Es blieben also insgesamt 24 Marranen übrig, die zwischen April (3. und 8. Iyyar) und Juni (7. und 12. Tammuz) 1556/5316 auf dem Scheiterhaufen des Campo della Mostra in Ancona verbrannt wurden.

Der Boykott

Währenddessen hatten einige Neuchristen, denen es bei den ersten Vorzeichen der Gefahr gelungen war, aus Ancona zu fliehen, etwas nördlicher im Herzogtum Urbino Zuflucht gefunden.

Unter den Flüchtlingen befand sich auch der Arzt Amatus Lusitanus, der in seiner Don Joseph Nasi gewidmeten „Quinta Centuria" (Dezember 1559/5320) die von ihm in Ancona erlittenen Leiden und Schmerzen beschreibt – darunter die Beschlagnahme seiner „non contemnenda bibliotheca" (nicht unbedeutenden Bibliothek) – und Pesaro „civitas nobilis ... et magnifica" und den Fürsten Guidobaldo II della Rovere „dominus clementissimus et liberalissimus" preist.

Die Marranen stellten, nachdem sie sich in Pesaro niedergelassen hatten, dem Herzog das Angebot in Aussicht, den ganzen Handelsverkehr, den Ancona mit der Levante betrieb, in den kleinen Hafen von Pesaro umzuleiten.

Um diese verheißungsvolle Aussicht zu verwirklichen, schickten die Portugiesen einen ihrer Emissäre, Jehuda Farağ, nach Saloniki, gemeinsam mit zahlreichen, in einem esoterisch-dunklen Stil gehaltenen Briefen, in welchen sie die in Ancona verübten Massaker beschrieben und an die Solidarität der levantinischen Juden appellierten, um den Boykott der „dorischen" Hafenstadt auszurufen. Dieses Ansuchen stieß vor allem in Saloniki, Edirne und Istanbul auf breite Zustimmung, wo die Familie Nasi die Vergeltungsmaßnahmen vorantrieb.

Im Juli 1556 wurde also regelrecht der Boykott des Hafens von Ancona, für eine anfängliche Frist von acht Monaten, verordnet.

Als erste gingen Doña Gracia und Don Joseph Nasi mit gutem Beispiel voran und verlegten ihre Geschäfte nach Pesaro. Damit nicht genug, traten sie an alle Rabbiner der Türkei mit der Bitte heran, sie bei ihren Maßnahmen formell zu unterstützen. In der ottomanischen Hauptstadt stimmte als erster der Rabbiner Joseph ibn Lev (Maharival 1505–1580), Oberhaupt der von Doña Gracia gegründeten „Jeshibha", zu. Er redigierte ein „Responsum", in dem er jeden, der das Embargo nicht befolgte, mit dem Bann („Herem") drohte. Dieser Akt wurde sofort von den sephardischen Rabbinern Shelomo ibn Bella, Shemuel Saba und dem romaniotischen Rabbiner Abhraham Yerushalmi unterschrieben.

Nicht alle jedoch zeigten sich einverstanden; zwei Rabbiner, Jehoshua Soncino, italienischen Ursprungs, Oberhaupt der „Sinagoga Mayor", und das Oberhaupt der aschkenazischen Gemeinde, Joseph Aschkenazi, widersetzten sich hartnäckig. Für Soncino waren die Marranen von Ancona sogar bewußt dem Tod entgegen gegangen und mußten infolgedessen nicht nur nicht gerächt, sondern nicht einmal betrauert werden. Der aschkenazische Rabbiner seinerseits zog es vor, auf seine Pension von dreißig Asper (auf hebräisch „lebanim") der Familie Nasi zu verzichten, ehe er einem, seines Erachtens sinnlosen, Boykott zustimmen würde.

Zusätzlich äußerte noch die jüdische Gemeinde von Bursa ihre Bedenken, insofern als der Hafen von Pesaro nicht für den Geschäftsumfang einer gewissen Größe gerüstet sei.

Obwohl der Konsens nicht einstimmig ausfiel, waren die Folgen bald spürbar.

Am 10. August 1556 richteten Senat und Gemeinderat von Ancona einen pathetischen Brief an den Papst, mit der Bitte, daß Seine Heiligkeit ihnen zu Hilfe komme, um die Krise des Hafens und den wirtschaftlichen Bankrott der Stadt durch die „perfidi marrani" zu verhindern.

Aber auch die ortsansässigen Juden bekamen die Folgen der Lähmung des Warenverkehrs zu spüren, da sie sich an die levantinischen Gemeinden wandten und um die Aufhebung der Wirtschaftsblockade flehten, die ihnen einen großen materiellen und politischen Schaden zufügte. Der Rabbiner von Ancona, Moshe Basola, betonte vor allem die Gefahr strenger Repressalien gegen die Juden, die der Boykott im Kirchenstaat bewirken würde, wobei ihn zwei Geschäftsleute, Samuel Senior und Moshe Yarhi, unterstützten.
So entstand bald eine Spaltung zwischen Verteidigern und Gegnern dieser Vergeltungsmaßnahmen.
Ein weiterer Punkt, der für die Gegner sprach, war der Hafen von Pesaro selbst, der, wie sich nun herausstellte, nicht die nötigen Infrastrukturen für den Handelsverkehr besaß. Außerdem fehlte an diesem Umschlagplatz ein im Osten und Westen weit verzweigtes Versorgungs- und Verteilungsnetz für die Waren.
Das Problem bestand also weniger darin, den Hafen von Pesaro auszubauen (ein Vorhaben, das auf jeden Fall hohe Geldsummen verschlungen hätte), sondern vielmehr in der Bestimmung eines alternativen Kurses zu Ancona-Ragusa, der mit den nötigen Anlegestellen versehen wäre.
Naturgemäß kam die Krise des Hafens von Ancona den Florentinern und Venezianern zugute und beendete für Ancona eine 50jährige Epoche, in der es im Bereich der Wirtschaft und des Handels eine führende Rolle eingenommen hatte.
Die Rechnung des Herzogs Guidobaldo della Rovere und der portugiesischen Marranen, da zu oberflächlich und übereilt, konnte nicht aufgehen. Sobald die levantinischen Kaufleute ihre ersten Schiffe und Frachten versandt hatten, bemerkten sie die Unzulänglichkeit des Hafens und begannen den Boykott zu brechen und den Verkehr mit Ancona oder anderen italienischen, besser ausgerüsteten Häfen wieder aufzunehmen. Nach nicht einmal zwei Jahren war der Boykott so gut wie gescheitert.
Die Folgen ließen nicht auf sich warten und wirkten sich in erster Linie auf die Marranen von Pesaro aus, die für schuldig erklärt wurden, das Vertrauen des Herzogs von Urbino, Guidobaldo della Rovere, mißbraucht zu haben.
Im März 1558 wurden alle Marranen von Pesaro, circa 700 Seelen, aus dem Herzogtum vertrieben.

Schluß

Die Beziehungen zwischen der italienisch-jüdischen Gemeinde und der portugiesischen wurden durch das von der Inquisition verursachte Erdbeben, welches mit einem Schlag die Marranen in der Stadt hinwegfegte, schwer erschüttert.
Wie bereits erwähnt, waren die beiden Gemeinden am Vorabend des Autodafés zu einem ersten Einvernehmen gekommen, das durch die Tragödie von 1556 für immer in Brüche ging.
Wie die italienischen Juden es schon befürchtet hatten, beschränkten sich die vom Papst gesandten Kommissionsmitglieder tatsächlich nicht auf die Vefolgung der Marranen, sondern stellten auch, wie uns Benjamin von Civitanova berichtet, peinlich genaue Nachforschungen über die ortsansässigen Juden an.
Es ist also durchaus glaubwürdig, daß die ortsansässigen Juden den Neuchristen die Schuld an diesem Klima des Schreckens, das mit der päpstlichen Inquisition aufkam, zuschrieben.
In diesem Zusammenhang ist auch das Verhalten der italienischen Juden zu verstehen, die einerseits versuchten, sich so weit wie möglich aus der Affäre zu ziehen, andererseits wieder, erbittert vom Laufe der Ereignisse, anfingen, auf die Portugiesen Druck auszuüben.
Wir haben bereits gesehen, wie der Rabbiner Jehoshua Soncino in Istanbul gegen die „Anusim“ aufbrauste, deren Schuld es war, sich in einem christlichen Land niedergelassen zu haben. Wenn das die Meinung eines in der Türkei lebenden Juden ist, können wir uns leicht vorstellen, was die italienischen Juden empfanden, die sich im Zentrum der Ereignisse befanden.
Sie waren tatsächlich verzweifelt: Bereits die Inquisition, die bis ins kleinste Detail ihre Darlehensregister geprüft hatte, das Klima der Angst, welche sie immer mehr isolierte, und die wahllosen Beschlagnahmen hätten genügt. Nun aber hatte sich zu diesen Mißgeschicken noch ein weiteres hinzugereiht: der Boykott des Hafens, der sie buchstäblich in den Ruin trieb. Aus diesem Grund schickten sie dann verschie-

dene Briefe in die Levante, mit der dringenden Bitte, das Wirtschaftsembargo aufzuheben. Unter den vielen Ursachen, die sie als Rechtfertigung für ihr Ansuchen heranzogen, stellten sie u. a. die Behauptung auf, daß in Pesaro die Pest wüte. Die Marranen von Pesaro blieben ihre Antwort nicht schuldig und erwiderten, daß die italienischen Juden ein Volk von Lügnern seien, nicht vertrauenswürdig und unseriös, außerdem schuldig, ihren eigenen Brüdern den Rücken gekehrt und den heiligen Bund der jüdischen Solidarität im Namen ihres eigenen Wohlbefindens verraten zu haben.
Wenig ruhmvoll endete hiermit zwischen Beschimpfungen und Groll, Beleidigungen und Rachegelüsten das schwierige Verhältnis zwischen den italienischen Juden und den portugiesischen Marranen von Ancona.
Bald darauf aber mußten sich die Gemüter wieder wohl oder übel beruhigen, als die Marranen unter der Last neuer Bedrängnisse den Weg ins Exil antraten und das Joch der italienischen Juden noch schwerer geworden war.

P. S. der Redaktion.
Am 31. März 1992 fand auf dem alten Campo della Mostra in Ancona, wo einst die Scheiterhaufen gebrannt hatten, eine Gedenkfeier statt, an der die Juden von Ancona mit vielen anderen Bürgern der Stadt teilnahmen. In ihrem Mittelpunkt stand eine Gedenktafel für die Märtyrer von 1556, die der Oberrabbiner von Rom, Professor Elio Toaff, in dieser Zeremonie enthüllte.

Überarbeitet und übersetzt aus dem Italienischen von Dr. Nikolaus Vielmetti und Christine Bacher

Bibliographie

Alfei B.: Annali di Ancona, Biblioteca Marciana, Venedig, Mss.it. Cl. VI-8 (6085).

Anselimi S.: Venezia, Ragusa, Ancona tra Cinque e Seicento, DPSM s. VIII, VI, 1968–70

Benjamin ben El-Nathan von Civitanova: Mi Paulus ha-Revi'i ad Pius ha-hamishi, I. Sonne (Hg.), Jerusalem, 1954

Baer Y.: A History of the Jews in Christian Spain, Philadelphia 1966.

Baron S.: A Social and Religious History of the Jews, 14, Philadelphia 1969.

Bat Ye'or: Le Dhimmi: Profil de l'opprimé en Orient et en Afrique du nord depuis la conquête arabe, Paris, 1980.

Calimani R.: Storie di Marrani a Venezia, Rusconi, 1991.

Feroso C.: Gli Portughesi giustiziati in Ancona sotto Paolo IV, Foligno, 1884.

Franco M.: Essai su l'historie des Israélites de l'Empire Ottoman, Paris, 1897.

Gedalja ibn Yahia: Shalshelet Ha-Qabbala, Lemberg, 1864.

Gestrin F.: Il Commercio dei Pellami nelle Marche del XV secolo e della prima metá del XVI secolo, DPSM n. s. 82, 1977.

Grunebaum P.: Une épisode de l'histoire des Juifs d'Ancône, R.E.J. XXVIII, 1894 (Brief Pauls IV. ist hier veröffentlicht).

Grunebaum-Ballin P.: Joseph Nasi duc de Naxos, 1968.

Ha-Kohen J.: Sepher Emeq Ha-Bakha, Kritische Ausgabe von Karin Almbladh, Uppsala, 1981. Deutsche Ausgabe: M. Wiener, Leipzig 1858.

Halphien A. F.: Une grande dame juive de la Renaissance: Gracia Mendesia-Nasi, Paris, 1929.

Kaufmann D.: Les Martyrs d'Ancône, R.E.J. XI, 1885.

Kaufmann D.: Les 24 Martyrs d'Ancône, R.E.J. XXXI, 1895.

Kaufmann D.: Les Marranes de Pesaro et les représailles des Juifs Levantins contre la ville d'Ancône, R.E.J. XVI, 1888.

Kaufmann D.: Deux lettres nouvelles des Marranes de Pesaro aux Levantins, R.E.J. XXXI, 1895.

Kaufmann D.: La Quête pour les Marranes expulsés de Pesaro, R.E.J. XX, 1890.

Lattes M.: Documents et notices sur les Juifs d'Italie, R.E.J. V, 1882.

Lewis B.: Die Juden in der islamischen Welt, München 1987.

Milano A.: Storia degli Ebrei Italiani nel Levante, Ed. Israel, Florenz, 1949.

Milano A.: I Primordi del Prestito ebraico in Italia, R.MI. XIX, 1953.

Rosenberg H.: Alcuni documenti riguardanti i marrani portoghesi in Ancona, R.M.I. X, 1936.

Roth C.: A History of the Marranos, Hermon Press, New York, 1974.

Roth C.: Doña Gracia Nasi (franz. Übersetzung), Liana Levi, 1990.

Roth C.: Immanuel Aboab's proselyzation of the Marranos, J.Q.R. XXIII.

Roth C.: The House of Nasi: the Duke de Naxos, 1968.

Secret P.: Amatus Lusitanus temoin de son temps, Sefarad, XXIII, 1, 1963.

Segre R.: Nuovi documenti sui Marrani d'Ancona (1555–1559), Michael IX, 1985.

Toaff A.: Nuova Luce sui Marrani d'Ancona, Studi sull'Ebraismo italiano, Roma 1974 (Gedenkschrift für Cecil Roth).

Edwin Seroussi, Jerusalem

DIE SEPHARDISCHE GEMEINDE IN WIEN: GESCHICHTE EINER ORIENTALISCH-JÜDISCHEN ENKLAVE IN MITTELEUROPA

Der Ausdruck „westlicherEspharde" ist bisher angewandt worden, um auf jene Gemeinden hinzuweisen, die seit dem frühen 17. Jahrhundert von spanischen und portugiesischen jüdischen Flüchtlingen in einigen bedeutenden europäischen Städten wie Amsterdam, London, Paris, Bordeaux, Bayonne und Hamburg gegründet wurden. Der Prozeß der Akkulturation dieser westlichen Spharadim in ihrem neuen europäischen Milieu wurde von verschiedenen Gelehrten (z. B. Hyamson 1951, Malino 1978, Sweetschinsky 1982) beschrieben. Viel weniger Aufmerksamkeit wurde ähnlichen Veränderungsprozessen anderer sephardischer Gemeinden in Mittel- und Südosteuropa gezollt. Diese anderen „europäischen" sephardischen Gemeinden am Rande des Ottomanischen Reiches, solche wie in Bulgarien, Rumänien und Jugoslawien, wurden allgemein in einem Atemzug mit den anderen „orientalischen" sephardischen Gemeinden behandelt, trotz ihrer Gleichheit mit der europäischen Kultur seit der Mitte des 19. Jahrhunderts (s. jedoch Friedenreich 1979, Geller 1983, Tamir 1979). Eine andere bedeutende „orientalisch"-sephardische Gemeinde auf europäischem Boden, Wien, steht im Mittelpunkt dieser Studie.

Nur wenige Quellen über die Geschichte der Spharadim in Wien sind uns erhalten. Die geistige und physische Existenz der Gemeinde wurde von den Nazis 1938 zerstört; und die Vernichtung der Gemeinde schloß das Verbrennen von Dokumenten, Archiven und Gebäuden ein. Nur wenige Mitglieder dieser bereits kleinen und alten Gemeinschaft überlebten den Krieg.

Größere jüdische Enzyklopädien behandeln diese Gemeinde kurz, indem sie über das mangelnde Interesse der Historiker an der kleinen sephardischen Gruppe zu Wien reflektieren. Die Encyclopedia Judaica setzt uns davon in Kenntnis, daß

„eine sephardische Gemeinschaft in Wien ihren Ursprung auf das Jahr 1737 zurückführt und sich aufgrund von Handelsbeziehungen mit dem Balkan rasch vergrößerte" (EJ 16, 123).

Eine ähnliche Aussage findet sich in der Jewish Encyclopedia (Bd. 12, S. 435). Historische Studien über Juden in Wien erwähnen kaum die Existenz einer sephardischen Gemeinde in der Stadt (z. B. Grunwald 1936, Gold 1966 und Rozenblit 1983).

Einige wenige Forscher haben sich jedoch mit der besonderen Geschichte und dem Status der sephardischen Gemeinde befaßt. M. D. Gaon, dessen Hauptinteresse die sephardische Geschichte vor dem Ersten Weltkrieg war, betonte nachdrücklich, daß die Gemeinde

„großen Einfluß in kultureller und sozialer Hinsicht auf den Rest der (sephardischen) Gemeinden der Balkanstaaten hatte . . . Man kann sagen, daß die (sephardische) Gemeinde in Wien wahre Pionierarbeit (unter den sephardischen Gemeinden des Ottomanischen Reiches) auf kulturellem Sektor leistete. Dafür gibt es verständliche Gründe. Die Gedanken- und Redefreiheit diente als Beispiel für (Gemeinden) andere(r) Städte . . . Erzieherische, religiöse, organisatorische und kulturelle Aktivitäten entwickelten sich spontan (in Wien) . . . Leiter und Vorstand (der sephardischen Gemeinde in Wien) befaßten sich mit der Übersetzung von Gebetbüchern in Ladino, druckten die hebräische Bibel in spanischer Übersetzung, gaben Gebetbücher heraus und anderes mehr" (Gaon 1959, 27).

„Man kann sagen, daß die großen (sephardischen) Gemeinden auf dem Balkan . . . die Vitalität aller Aktivitäten und Innovationen aus der österreichischen Hauptstadt übernahmen. Der Besuch angesehener Persönlichkeiten (bei der Gemeinde in Wien) ermutigte (die Mitglieder) und eröffnete ihnen ein weites Feld für systematische institutionalisierte Tätigkeiten besonders im Bereich von Bildung und Kultur." (Gaon 1960, 29)

Von Sepharden in Wien ausgeführte Tätigkeiten bestätigen Gaons Darstellungen. Eine weitverbreitete jüdisch-spanische Übersetzung der hebräischen Bibel wurde 1813 in Wien von Rabbi Israel Bekhor Hayyim (geboren in Belgrad, wohnhaft in Wien von ca. 1778 an, s. Altarac 1932 und Lazar 1964, 358) herausgegeben. Hayyims Unterschrift befindet sich auf einem der wichtigsten Dokumente der Gemeinde, den „Punckten", die von der „türkisch-israelitischen" Gemeinde Wiens und den österreichischen Behörden 1778 unterzeichnet waren (s. unten). Hayyim publizierte ebenfalls verschiedene Bücher und Übersetzungen bei der Wiener Druckerei von Anton Schmidt, mit dem er zwischen 1813 und 1823 assoziiert war (Friedberg 1937, 97). Unter diesen Publikationen finden wir einen Siddur (1819), Machzor (1820), Azharot von Schlomo Ibn Gabirol, Chokhmat ben Sira (1819), Otzar hachajjim (1823) und Chinukh lano'ar (1828). Bei den beiden letztgenannten Büchern handelt es sich um Lehrbücher des Hebräischen für Kinder und Jugendliche (s. Hoyos 1904, 57; Tamir 1979, 78, Anmerkung 210 und das Verzeichnis von Publikationen in französischer Sprache 1897, 270 ff.).

Zu Hayyims Zeit war Wien ein Zentrum für sephardisch publizierende Druckereien, die bis zum Beginn des 19. Jahrhunderts zumeist in den Händen italienischer und holländischer Drukker waren. Anton Schmidt, k. u. k.-privilegierter Buchdrucker, erkannte und förderte den potentiellen Nutzen des sephardischen Buchmarktes. Die sephardische Gemeinde in Wien diente als Bindeglied für Schmidts scharfsinnige Aktivitäten:

„(Schmidt) . . . baute Handelsverbindungen zwischen unseren (sephardischen) Brüdern in der k. u. k.-Stadt Wien und ihren weit im Orient und auf abgelegenen Inseln verstreuten Brüdern auf. Dabei hatte er das Glück, mit ihnen einen dauernden Vertrag abzuschließen..., (der) noch bis heute zwischen den (Spharadim) und (der Druckindustrie in) Wien trotz der Konkurrenz der Presse in Amsterdam, Italien und der Türkei existiert." (Friedberg 1937, 96)

Neben der Herausgabe von Büchern sephardischer Gelehrter aus dem Ausland (z. B. Marokko und Aleppo) druckten die Wiener Verleger viele der von den in Wien von Sepharden edierten Bücher selbst. Ein Beispiel dafür ist ein Siddur des Chakham Michael Manachem Papo, der auch als hervorragender Übersetzer ins Jüdisch-Spanische bekannt war (Gaon 1960, 29, Anm. 3).

Die jüdisch-spanische Presse in Wien war im beginnenden 19. Jahrhundert eines der frühesten und aktivsten Verlagszentren für Sepharden weltweit:

„Die in den 1860er Jahren in Wien erschienenen wenigen Journale in Ladino waren auch für Juden in der Türkei bestimmt. Diese Zeitschriften, deren Redakteure Schem Tov Semo und Yossef Calvo waren, wurden in Wien (einer Stadt) herausgegeben, die zu der Zeit ein Zentrum für die Ladino-Presse als Ergebnis des wachsenden Einflusses des österreichisch-ungarischen Kaiserreichs in den Balkanstaaten wurde." (A. Levy 1982, 89)

M. D. Gaon registriert 18 Magazine in Jüdisch-Spanisch, die in Wien zwischen 1856 und 1923 gedruckt wurden (Gaon 1965). Diese Verlagsaktivitäten in Wien reflektierten rapide soziokulturelle Entwicklungen innerhalb der Wiener sephardischen Gemeinde und den Balkanländern im letzten Drittel des 19. Jahrhunderts. Diese Entwicklungen wurden durch den Einfluß auswärtiger Institutionen beschleunigt, deren wichtigste die Alliance Israélite Universelle, gegründet 1860 in Paris, war. Diese war die erste moderne internationale jüdische Organisation, die sich der Wohlfahrt, Bildung und Diplomatie widmete. Diese Organisation sollte eine fördernde Rolle in der sozio-kulturellen Entwicklung der sephardischen Gemeinden im Osten spielen.

Die Alliance sandte Stellvertreter aus, die eine Ideologie verbreiteten, die die Ideen von „Fortschritt", „Zivilisation" und der „Einheit des jüdischen Volkes" in Loyalität den örtlichen Verwaltungen der Länder gegenüber, in denen Juden lebten, verbanden (s. Lakier 1983 und A. Levy 1984)[1]. Ihre Vertreter kamen ebenfalls nach Wien. Es muß betont werden, daß die Aktivitäten der Alliance auf heftigen Widerstand des größten Teils der sephardischen Oberschicht und Rabbiner stießen. Eine scharfe Kontroverse über die Eröffnung einer Schule der Alliance im Jahre 1870 kann im Correo de Vienna (Jänner bis April 1871) nachgelesen werden.

Die Ideale der Alliance wurden von Schem Tov Semo, dem bedeutendsten Wiener Journalisten, geteilt. Semo hing gleichfalls einer besonderen sephardischen Richtung des frühen Zionismus und der Haskala (Aufklärung) an[2].

Im Gegensatz zu den Idealen der askenazischen Haskala und Reformbewegungen verschmolzen bei den Spharadim traditionelle Werte und Gelehrsamkeit mit modernen Verhaltensmustern, dem Wirtschaftsleben, politischer Organisation und kulturellen Aktivitäten (s. Gaon 1960, 29 und besonders Faur 1977 und 1982).

In den Balkanländern und in Wien entstanden 1860 Gruppen junger sephardischer Intellektueller, die diesen neuen Ideologien anhingen. Dieser Zeitgeist ist der Schlüssel zu unserem Verständnis für die Veränderungen (einschließlich musikalischer Veränderungen), die sich in der Wiener sephardischen Gemeinde in den siebziger Jahren des 19. Jahrhudnerts ereigneten.

Die Wiener Universität zog sephardische Intellektuelle aus dem Ausland an – Gelehrte, die während ihres Aufenthaltes in der Stadt das kulturelle Leben der sephardischen Gemeinde bereicherten (Anonymus 1934). Unter diesen jungen Gelehrten waren Abhraham Rosanes, der den Zionismus und säkulare Bildung bereits 1869 in Ruse, Nordbulgarien, eingeführt hatte (Tamir 1979, 136); David Alkalay (1862–1933), einer der frühesten sephardischen Zionistenführer und Publizist, und Isaac Alkalay (geb. 1882), ein prominenter serbischer Rabbiner, der später Führer der sephardischen Gemeinde in den Vereinigten Staaten von Amerika wurde (EJ 2, 541).

Ein anderer prominenter sephardischer Intellektueller, Elias Canetti (geb. 1905), lebte eine Zeitlang in Wien; 1981 erhielt er den Nobelpreis für Literatur. Geboren in Bulgarien, verbrachte Canetti einen Teil seiner Kindheit in Wien (1913–1916). Er besuchte die Talmud-Tora-Schule in Wien. (Seine Erinnerungen an diese Zeit seiner frühen Jugend beschreibt er in seiner Autobiographie; Canetti 1979, 85/86).

Bereits 1898 war eine bedeutende sephardische Studentenverbindung der Universität mit dem Namen Esperanza („Hoffnung“) unter der Präsdientschaft von Dr. Yossef Schalom aktiv (OUKZ, 18, 25; 12, 10, 1898, S. 6). Diese Organisation war noch 1923 aktiv und publizierte das Magazin El Mundo Sefaradi („Die sephardische Welt“). Sie diente als Prototyp für andere sephardische Zeitschriften, Magazine mit dem gleichen oder ähnlichen Namen, die in nachfolgender Zeit erschienen. Diese Studentenverbindung ging später nach Sarajewo, wo sie bis zum Ende der dreißiger Jahre tätig war.

Im späten 19. Jahrhundert war Wien dann ein zwar kleines, aber wichtiges sephardisches Zentrum. Es war ein Brennpunkt für sephardische Intellektuelle vieler Länder, und seine Publikationen erreichten die Gemeinden im Ausland. Wien war kosmopolitisch und sophistisch. Im Jahr 1870 z. B. besuchten sephardische Juden aus Ägypten, Belgrad, Marokko, Bulgarien, Rhodos, Triest und Rumänien Wien und wohnten dort für kurze Zeit (ECdV 15 Tevet 5630, Dezember 1870, S. 8). Es überrascht dann auch nicht, daß die erste jüdisch-spanische musikalische Romanze, die jemals veröffentlicht wurde, 1873 in einem in Wien gegründeten literarischen Journal erschien[3] und daß die ersten Versammlungen zur Gründung eines Weltbundes der Spharadim 1911 und 1925 in dieser Stadt abgehalten wurden (Camhy 1932; Gaon 1960, 29; Hayyim 1982, 181–186).

Trotz eines Mangels an ausreichenden Dokumenten über die sephardische Gemeinde Wiens kann ein gerechtes Bild ihrer historischen Entwicklung in den Schriften von Wolf (1861, 201–207), Zemlinsky (1888), Gaon (1959 bis 1960), M. Papo (1967), Emanuel (1971) und besonders Gelber (1930, 1934, 1946, 1948) nachgelesen werden. Für die Zeit von der Gründung der Gemeinde bis 1880 basiert die Beschreibung ihrer historischen Entwicklung hauptsächlich auf Zemlinskys Büchlein. Gelbers Werk enthält wichtige Informationen für die Zeit vor dem Zweiten Weltkrieg. Andere unbedeutendere Quellen sind bei Franco (1897, 119–120) und Hoyos (1904, 35–41 und 70–85) nachzulesen. Eine wertvolle Informationsquelle sind die in Wien publizierten jüdisch-spanischen Journale[4]. Der folgende Überblick der Geschichte der Gemeinde betont die historischen Ereignisse, die auf den Prozeß der Veränderung im musikalischen Bereich anwendbar ist.

Die Geschichte der sephardischen Gemeinde in

Wien beginnt mit der Ankunft eines konvertierten spanischen Juden mit Namen Mosche Lopez Pereira, getauft auf den Namen Diego d'Aguilar (1699–1759) in der Stadt[5]. Lopez Pereira, sich seiner jüdischen Vorfahren nicht bewußt, strebte in Spanien eine geistliche Karriere in der katholischen Kirche an. Schließlich wurde er ein berühmter Bischof und Inquisitor. Wie es heißt, entdeckte Pereira, als er mit der Exekution einer Jüdin konfrontiert wurde, die er als seine eigene Schwester erkannte, seine jüdische Identität. Angesichts der Alternative, die Exekution auszuführen oder entdeckt zu werden, verkleidete er sich und flüchtete mit seiner Familie und einer Handvoll anderer Konvertierter und Diener und ließ sich im Jahr 1722 in Wien nieder. Mit seiner Familie und den Bediensteten wurde er von Kaiser Karl VI. freundlich aufgenommen. Nach einer anfänglichen Verweigerung – aufgrund des Drucks, der von den Repräsentanten der spanischen Regierung in der österreichischen Hauptstadt ausgeübt wurde – bestätigte Kaiserin Maria Theresia später die Aufenthaltsgenehmigung erneut. Maria Theresia hatte ihre Meinung geändert, was ein Ergebnis der Intervention des türkischen Sultans war, der ein Versprechen seines jüdischen Sarraf Baschi („Finanzminister"), an den sich Aguilar gewandt hatte, einlöste (Galante [1985], Bd. I, S. 139–140 und Bd. II, S. 51; dies basiert auf einer schriftlichen Information im Judeo-Spanischen Journal Lucero de Paciencia von Dezember 1885 bis Jänner 1886).

Einem sagenhaften Privileg aus dem Jahre 1736 zufolge war es den spanischen Juden erlaubt, sich auf unbegrenzte Zeit in Wien niederzulassen, ihre Religion auszuüben und ohne Beschränkungen am wirtschaftlichen Leben teilzunehmen. Die Aufnahme dieser Juden wurde durch den zwischen Österreich und dem Ottomanischen Reich geschlossenen Vertrag von Belgrad vom September 1739, der wechselseitige Bewegungsfreiheit und Handelsaktivitäten in beiden Ländern zusicherte, beschleunigt. Pereira selbst wurde einer der führenden Tabakhändler Österreichs[6].

Intrigen und Legenden sind charakteristisch für die ersten Jahre nach der Gründung dieser ersten Kolonie spanischer Juden in Wien. Während der zweiten Hälfte des 18. Jahrhunderts wuchs die Gemeinde durch einen Zustrom von Juden aus der Türkei, dem Balkan und selbst aus Palästina. Diese Neuankömmlinge waren den ursprünglich spanischen Flüchtlingen zahlenmäßig weit überlegen. In den fünfziger Jahren des 18. Jahrhunderts wurde an der Ringmauer Nr. 307 innerhalb des Wiener Stadtwalls eine türkische Synagoge errichtet (Gelber 1948, 362). Von 1770 an nahm die Entwicklung der sephardischen Gemeinde in Wien eine andere Richtung als die der von spanischen und portugiesischen Juden gegründeten sephardischen Gemeinden anderer europäischer Hauptstädte wie Paris, Amsterdam und London.

Mit Betroffenheit reagierten die österreichischen Behörden auf die steigende Anzahl türkischer Einwanderer und die Irregularitäten, verursacht durch deren ungeklärten Status in Wien. Die Situation führte nach verschiedenen Verhandlungen zu Plänen für eine endgültige Entscheidung. Am 17. Juni 1778 endlich erließ die österreichische Regierung eine Reihe von Statuten, „Punckte" genannt (s. vollständiger Originaltext in Gelber, 1948, 389–390 und die englische Übersetzung in M. Papo, 1967). Zum ersten Mal in der modernen Geschichte wurde eine jüdische Gemeinde Wiens formell durch die Behörden anerkannt (obwohl sich viele Probleme später im 19. Jahrhundert aus diesem ergaben). Die Punkte dienten als konstitutionelle Basis für das Funktionieren der sephardischen Gemeinde. Das Dokument bestimmte die Rolle der Amtswalter und das System der Steuereinnahme und der Buchhaltung. Außerdem wurde am 8. April 1796 ein kaiserliches Dekret erlassen, das es den Sepharden ermöglichte, die österreichische Staatsbürgerschaft zu erlangen (Gelber 1948, 367). Im Jahr 1818 registrierte die Wiener Polizei unter den türkischen Juden 57 Männer, 42 Frauen und 115 Kinder, die ihren dauernden Wohnsitz in der Stadt hatten (Gelber 1947, 367, Anm. 9).

Seit 1840 wurde die Gemeinde von sieben Ältesten geführt, die auch die reichsten Mitglieder waren (Gelber 1948, 371). Ihr persönliches Mitwirken trug zur Unterstützung des defizitären Budgets der Gemeinde bei. In der Oberen Donaustraße in der Leopoldstadt wurde ein Gemeindezentrum errichtet, das eine Nachmittagsschule, einen Wohltätigkeitsverein und ein rituelles Schlachthaus enthielt. Im Jahr 1868 gab es 85 türkische Familien (ungefähr 400 Personen) mit ständigem Wohnsitz in Wien (Gelber 1948, 373).

Die österreichischen Behörden hatten guten Grund, das Wohlbefinden der Sepharden in Wien zu schützen. Die Juden wurden vom Kaiser als die türkische Kolonie der Stadt angesehen (Gelber 1948, 359). Der mächtige imperiale türkische Nachbar hatte während des 18. und 19. Jahrhunderts großen Einfluß in der österreichischen Hauptstadt und empfand die türkischen Juden von Wien als seine Schutzbefohlenen.

In Erwiderung ihrer Gunst, die die Sepharden von Wien in den Genuß eines besseren sozioökonomischen Status brachten als die unterdrückte aschkenazische Gemeinde der Stadt, hielt die sephardische Gemeinde eine zeremonielle und kommerzielle Loyalität zur türkischen Krone aufrecht[7]. Am 17. September 1887 z. B., als die prächtige neue Synagoge eingeweiht wurde, wurde ein Gebet für das Wohlergehen Sultan Abdul Hamids II. ebenso gesprochen wie für Kaiser Franz Joseph vorher. Bei dieser Gelegenheit wurden auch die Nationalhymnen beider Länder gespielt (Papo 1967, 336). Des Sultans Geburtstag wurde mit einer besonderen Zeremonie in der sephardischen Synagoge gefeiert. Die Verbindung der türkischen Juden von Wien mit der Türkei ist dokumentiert in einem Brief der Gemeinde an Midhat Pascha, den Vater der modernen türkischen Verfassung, in dem die Unterstützung für seine politische Haltung ausgedrückt wurde (der Brief war im Besitz von Abhraham Galante; s. Galante [1985] Bd. VI, S. 12–13).

Trotz der Protektion, die sephardische Juden in Wien durch die türkische Krone genossen, gab es dauernd Streit mit den österreichischen Behörden. Durch den Druck verschiedener Wirtschaftslobbies und der Stadtpolizei, die sich über Probleme bei der Registrierung beklagte, fiel der Gemeindestatuts auseinander (Gelber 1048, passim).

Die österreichischen Behörden waren wegen der Regelwidrigkeiten in der Organisation der sephardischen Gemeinde unzufrieden. Noch vor 1880 durchgeführte Anstrengungen, die Gemeinde zu organisieren, schlugen fehl. Zemlinsky beurteilte den Status der Gemeinde in der Mitte des 19. Jahrhunderts wie folgt:

„Wenn gleich vor kaum 25 Jahren die Gemeinde trotz ihres langjährigen Bestandes noch arg darniederlag, hat dieser 25jährige Zeitraum es denn doch ermöglicht, namentlich aber in den letzt abgelaufenen sechs Jahren, daß sich die Gemeinde aus eigener Kraft emporgeschwungen.“ (Zemlinsky 1888)

Im Jahr 1852 bestimmte die österreichische Regierung die Israelitische Kultusgemeinde als Dachorganisation der aschkenazischen Gemeinde in Wien zur einzigen offiziell anerkannten jüdischen Organisation (s. Ben Avner 1978). Mit dieser Entscheidung begann ein langer, weitschweifiger Prozeß von Verhandlungen, in denen sowohl die österreichischen Behörden als auch die Vorsteher der aschkenazischen Gemeinde versuchten, die Sepharden aus ihrer administrativen Unabhängigkeit zu zwingen.

Während der Jahre 1860 bis 1880 kann eine allmähliche Veränderung in Haltung und Benehmen der Wiener Sepharden bemerkt werden. Äußere Faktoren trugen zu weiterem Ansporn bei. Finanzieller Aufschwung und wachsender Kontakt mit der sie umgebenden Gesellschaft begannen, die Einhaltung der traditionellen religiösen Vorschriften bei manchen jungen Mitgliedern aufzuweichen. Zum Beispiel konnten die sephardischen Juden, die bereits österreichische Staatsbürger waren, nach einem 1868 erlassenen Gesetz, das freien öffentlichen Unterricht in Österreich vorsah, öffentliche Schulen besuchen (Anonymus 1889, 173 bis 181).

Ein Journalist, der die Gemeinde wechseln wollte, adressierte 1887 folgenden Brief an sich selbst:

„Bis vor 30 oder 40 Jahren trugen die Mitglieder der türkischen Gemeinde (in Wien), Männer und Frauen, bunte orientalische Kleidung und sprachen meistens Spanisch. Aber jetzt tragen sie ausschließlich deutsche oder französische Kleidung, das ist modern und sprechen Deutsch. Sie haben eine Schule, in der Deutsch als Lernfach gilt. Viele Kinder nehmen am Unterricht der öffentlichen Grund-, Mittel- und Höheren Schulen teil. Soweit bekannt ist, widmen sich nur wenige Jugendliche den

Wissenschaften ganz allgemein oder den jüdischen (Wissenschaften) im besonderen. Ihr Ritus in der Synagoge ist spanisch. Seit einiger Zeit beschäftigen sie sogar einen deutschen Kantor namens Bauer und haben einen Chor." (Allgemeine Zeitung des Judentums, Bd. 51/1, 6/10/1887, S. 633)

Die Verschlechterung der Gemeindeorganisation einerseits sowie ihre Mitglieder berührenden Veränderungen im sozialen Bereich führten 1881 zur Wahl eines jungen und reichen, in Wien geborenen Sepharden für das Amt des Vorsitzenden der Gemeinde – Marcos M. Russo. Im Jahr 1870 beschrieb der Journalist Shem Tov Semo Russo und zwei andere Mitglieder seiner Generation anläßlich ihrer Wahl in den Ausschuß des Fondo de los Desfavorecidos (Fonds für die Benachteiligten):

„Diese drei Herren sind Jungen, die ein wenig mehr Schulbildung als andere haben. Schule ist die Mutter der Erleuchtung und der Zivilisation; Zivilisation ist die Mutter des Menschengeschlechts ... Abgesehen von diesen Grundlagen glauben wir, daß diese drei in Frage kommenden jungen Männer wissen werden, wie man diese Institution in einer Art und Weise organisiert, die günstig für die Benachteiligten ist. Sie werden sich vor der öffentlichen Meinung rechtfertigen müssen." (ECdV, 15 Tevet 5630 [1870])

Wirtschaftliches Wohlergehen, ein offenes Unterrichtssystem für alle und fortschrittliche Ideen, aufgestellt von Intellekutellen und Institutionen wie der Alliance Israëlite Universelle, all das führte um 1870 zum Entstehen einer jungen Elite unter den Sepharden in Wien[8]. Diese neue Elite setzte sich aus einer kleinen Anzahl Personen zusamen, die, um mit Barths Worten zu sprechen, als „Agenten der Veränderung" (Barth 1969, 33) fungierten. Die von dieser sephardischen Elite gewählte Strategie bezüglich ihres Handelns als Leiter der Gemeinde wird in Barths Beschreibung gut getroffen:

„(Um) den Status der ‚Minderheit' zu akzeptieren, sich anzupassen und zu versuchen, ihre Einschränkungen als Minderheit zu reduzieren, indem sie alle kulturellen Unterschiede in nichtöffentliche Bereiche ausklammerten (wie z. B. religiöse Rituale, E. S.), während sie gleichzeitig im verzweigten System der industrialisierten Gruppe an den Aktivitäten auf anderen Gebieten teilnahmen." (Barth 1969, 33)

Barths Schlußfolgerung war:

„(Eine) allgemeine Annahme (dieser) Strategie wird das Gewahrwerden einer klaren, zweigeteilten polyethnischen Organisation verhindern und ... wahrscheinlich zur endlichen Assimilation der Minorität führen." (Barth 1969, 33)

Diese Schlußfolgerung ist geeignet, um auf die Ereignisse, die bei den Sepharden in Wien stattfanden, angewandt zu werden.

Die neue junge Führung setzte einen Reorganisationsprozeß in Gang. Sie errichtete oder renovierte verschiedene Gemeindeinstitutionen. Diese waren die Halbaschah, ein Verein, der arme Kinder mit Unterkunft und Kleidung versorgte; die Hakhnasat Orchim, die sich armer Sepharden, die auf der Durchreise durch Wien waren, annahm; die Biqqur Cholim sorgte für Kranke und Alte; die Chebhra Kaddischa übernahm die Beerdigungen und die Friedhofspflege und schließlich die Vereinigung Schir Ha-kabhod, eine Gesellschaft, die den Chor der Synagoge förderte, die Geldsammlungen durchführte und Druck und Verteilung der liturgischen Musikanthologie übernahm. Eine Tagesschule wurde ebenfalls in den achtziger Jahren des 19. Jahrhunderts eingerichtet. Diese in der Novaragasse 29 gelegene Schule trug den Namen Midrasch Eliahu und war eine Stiftung des reichen sephardischen Bankiers M. Menahem Eliahu aus Bukarest. Nach Zemlinsky

„führt (die Schule) die fünf Stufen der öffentlichen Schule . . . Tora und Tefillot (Bibel und Gebete) mit Übersetzung und in dem sephardischen Minhag (Ritus) wird von Mosche David Alkalay gelehrt" (Zemlinsky 1888).

Eines der bedeutendsten Ereignisse in der sephardischen Gemeinde in Wien im 19. Jahrhundert war die Errichtung eines neuen Gotteshauses, nachdem die ursprüngliche Synagoge 1824 durch einen Brand zerstört worden war. Ein gemietetes Haus in der Großen Hafnergasse Nr. 321 (später Große Mohrengasse) in der Leopoldstadt wurde nach dem Brand genutzt. Obwohl 1843 restauriert, blieb dieses Haus für religiöse Zwecke ungeeignet (es diente anfänglich als Warenhaus zum Sortieren von Wolle). Ein Gesetz, das den türkischen Juden den

Erwerb von Grundbesitz in Wien verbot, verzögerte den Bau der neuen Synagoge. Wieder intervenierte der Sultan über seine Botschaft in Wien zugunsten der sephardischen Gemeinde. Ein Bauplatz wurde in der Großen Fuhrmanngasse 401 (später Zirkusgasse 22) erworben, wo 1868 die neue Synagoge eingeweiht wurde.

Diese neue Synagoge konnte jedoch nicht lange benutzt werden. Bald wurden schwere Konstruktionsmängel entdeckt. Auf Initiative M. Russos wurde das Gebäude abgerissen. Der Grundstein für eine neue Synagoge wurde 1885 auf demselben Grundstück gelegt. Die neue Synagoge wurde 1887 feierlich eingeweiht. Dieser Bau, ein Meisterstück in der Nachbildung maurischer Architektur, wurde einer der exotischsten Plätze in Wien[9]. Das verschwenderisch ausgestattete Haus mit seinen Mosaikböden, holzgeschnitzten Sesseln und goldgestickten Vorhängen spiegelte den Wohlstand wider, den diese Gemeinde auf ihrem Höhepunkt genoß (Zemlinsky 1888; Gelber 1948, 380 und M. Papo 1967, 335–336).

Anfang des 20. Jahrhunderts begannen Vitalität und Glanz der sephardischen Gemeinde zu verblassen. Am 21. März 1890 wurde die mächtige Israelitische Kultusgemeinde, der Dachverband der aschkenazischen Gemeinden in Wien, als die einzige Vertretung der österreichischen Juden bestätigt. Nach einem fast 60jährigen Kampf kamen die Kultusgemeinde und die sephardische Gemeinde zu einem Abkommen, das sowohl beide Seiten als auch die österreichischen Behörden zufriedenstellte. Der türkischen Gemeinde wurde der Status einer Körperschaft gewährt, und sie wurde gleichzeitig integraler Teil der vereinten jüdischen Gemeinde. Die Sepharden genossen Steuerfreiheit der Kultusgemeinde gegenüber und erfreuten sich großer Selbständigkeit (Gelber 1948, 389). Trotz dieses Abkommens stabilisierten sich die sephardisch-aschkenazischen Beziehungen in Wien niemals[10].

Das Hereinbrechen des Ersten Weltkrieges brachte eine Zeit wirtschaftlicher Ungewißheit mit sich. Krisenzeichen in der sephardischen Gemeinde waren jedoch schon 1908 zu bemerken. Russo, der Gemeindevorsteher und hauptsächliche Geldgeber, verlor sein Vermögen (M. Papo 1967, 340). Die Tagesschule erlitt starke finanzielle Verluste aufgrund niedriger Einschreibung, die ihre Ursache im Wegzug wohlhabender sephardischer Familien in bessere Bezirke der Stadt, weit entfernt vom Gemeindezentrum, hatte. Nach Papo fiel das Ganztagespensum 1908 fort. Es wurde nur an Nachmittagen und sonntags morgens Religionsunterricht erteilt (M. Papo 1967, 341).

In der Nachkriegszeit (1918–1925) reichte eine kurze wirtschaftliche Erholung nicht aus, die sephardische Gemeinde Wiens neu zu beleben. Spannungen mit der Kultusgemeinde über den Grad der den Sepharden zu gewährenden Unabhängigkeit dauerten an. Eine neue Übereinstimmung wurde in den frühen zwanziger Jahren des 19. Jahrhunderts erreicht. Trotz der Streitigkeiten zwischen den beiden Gemeinden benutzten die Aschkenazim nach dem Brand ihrer Hauptsynagoge den sephardischen Tempel. Während der frühen zwanziger Jahre war die sephardische Gemeinde noch immer ein Zentrum für kulturelle Aktivitäten. Innerhalb dieser Zeit war die von Moshe Galimir und Rabbi Nissim Ovadia gegründete Union Espanola in der Weintraubengasse sehr aktiv (M. Papo 1967, 344–345).

1929 verringerte sich die sephardische Gemeinde drastisch, nachdem verschiedene Familien dem angesehenen Rabbi Nissim Ovadia (geb. 1890 in Adrianopel, Türkei, gest. 1942 in Peekskill, New York), der die Gemeinde zwischen 1913 und 1918 als Hilfsrabbiner und zwischen 1918 und 1929 als Hauptrabbiner betreute, nach Paris folgten (s. Emanuel 1971). Die Schülerzahl der Gemeindeschule sank weiter, so daß einige Räume und die Bibliothek vermietet wurden (M. Papo 1967, 345)[11].

Am 10. November 1938 wurde die herrliche Synagoge von den Nazis zerstört. Sephardische Juden, die nicht im Besitz von ausländischen Pässen waren, wurden verhaftet und nach Dachau deportiert. Nur eine Handvoll verblieben nach dem Zweiten Weltkrieg in Wien, wo sie in der aschkenazischen Gemeinde Aufnahme fanden.

Anmerkungen

1 Bernhard Levy, Lehrer der Alliance in Paris, lehrte in der sephardischen Schule in Wien bereits

1870 (s. El Correo de Vienna, Adar 5630 [1871], S. 7).

[2] Diese bloßen Theorien wurden von sephardischen Rabbinern wie Rabbi Yehuda Alcalay (1798–1878) aus Sarajewo und Rabbi Yehuda Bibas (1770–1852) aus Korfu aufgestellt und später von Rabbi Barukh ben Itzhaq Mitrani, der auch sein einflußreiches Journal Carni in modernem Hebräisch und Judeo-Spanisch in Wien publizierte, vorausgesehen (s. Haramati 1978, 47–82).

[3] Das Lied heißt: „Una ramica de ruda" (spaniolisches Volkslied). Der Urquell (Eine Monatsschrift für Volkskunde), hrsg. von Friedrich S. Krauss (Neue Reihe) I (1897), Heft 8, S. 206. Das Lied wurde aufgenommen von Joseph Passy in Philippopolis (heute Plovdiv, Bulgarien) und mit Hilfe von J. Benaroya (s. J. Katz, 1972, 30–31) in Notenschrift übertragen.

[4] Zwei weitere Belege sind die von Rozenblit (1983) und die für die vorliegende Arbeit nicht genutzte Untersuchung von Schleicher (1934?) und Till (1946–1947). Die Unterlagen des Grafen Hoyos wurden unmittelbar während seiner Amtszeit als spanischer Gesandter in Wien zusammengefaßt. Er besuchte häufig den türkischen Tempel (s. Österr.-ungar. Kantoren Zeitung [Wien], 17/18, 15/7/1897, S. 6).

[5] Einer der herausragendsten Konvertiten der portugiesische Jude Diego Teixeira („Diego di Chieri") aus Hamburg (s. Kellenbenz 1958, 386–390).

[6] Die früheste gedruckte Darstellung der legendären Geschichte Diego d'Aguilars wurde auf Wunsch von Chakham Reuben Barukh von L. A. Frankl, dem er sie erzählte, niedergeschrieben und im Jahr 1854 gedruckt (s. Frankl 1854). Varianten der Aguilar-Legende erschienen in Zemlinsky (1888), Hoyos (1904, 35–41), Grunwald (1913, 295–300), Roth (1941, 308–310) und Gelber (1948, 360–362). Siehe auch Delsen (1856) und Lamed (1971). Bezüglich der Geschichte eines anderen Gründers der sephardischen Gemeinde Wiens, Isaac Jeschurun-Alvarez aus London (gestorben 1735), s. D. Kaufmann (1889) und L. Wolf (1889).

[7] Einige aschkenazische Juden verschafften sich türkische Papiere, um daraus Nutzen für einen günstigeren legalen Status in Wien zu ziehen (s. Avenary 1985, 79, Notiz 2, Zitat von H. Bach, Jüdische Memoiren aus drei Jahrhunderten, Berlin, 1936).

[8] Der Reichtum an intellektuellen Aktivitäten in dieser exklusiven geschäftsorientierten Gemeinde kann für die Zeit nach 1880 dargestellt werden. Die Gemeinde wurde häufig von der mitteleuropäischen jüdischen Intelligenz besucht; so kam der jüdische Philosoph Moritz Lazarus mit seiner zweiten Frau, der Schriftstellerin Nahira Rami (s. Österr.-ungar. Kantoren Zeitung 17/12, 1/5/1897, S. 6) in die Stadt. Sephardische Führer nahmen an gelehrten Bestrebungen teil, wie der Gesellschaft für Sammlung und Conservierung von Kunst und Historischen Denkmälern des Judenthums (Österr.-ungar. Kantoren Zeitung, 17/13, 11/5/1897, S. 6).

[9] Der Architekt Hugo Ritter von Wiedenfeld entwarf das Gebäude, wobei er Elemente der Alhambra übernahm (Gelber 1948, 380).

[10] Um zu einer vollständigen Erörterung über den legalen Status der sephardischen Gemeinde und das Verhältnis zwischen den sephardischen und aschkenazischen Gemeinden in Wien zu gelangen s. Gelber 1934 und 1948.

[11] Noch bis 1935 war die sephardische Gemeinde Wiens in internationalen sephardischen Organisationen vertreten. Dr. J. Haim nahm 1935 als Vertreter der Gemeinde an einem Kongreß sephardischer Gemeinden in London teil (s. Le Judaïsme Sephardi 4–29, Mai 1935).

Zitierte Literatur

Isaac Kalmi Altarac, Die Spracheigentümlichkeiten der Judenspanischen Bibelübersetzung (Wien 1813), unveröffentlichte Diss., Wien 1932.

Anonymus, Bericht über die sephardischen Juden Wiens vom 23. September 1887, in: Allgemeine Zeitung des Judenthums 51/4.

Anonymus, Club des Etudiants Juifs Sephardis „Esperanza" de Zagreb, in: Le Judaisme Sephardi 3/17; 32 (1934).

Frederick Barth (Hrsg.), Ethnic Groups and Boundaries: The Social Organization of Culture Difference, Boston 1969.

Ovadia Camhy, Appel aux Sephardim, in: Le Judaisme Sephardi 1/1; 3 (1932).

Elias Canetti, The Tongue Set Free (ins Englische übersetzt von Joachim Neugröschel), New York 1979.

Ludwig Delsner, Diego d'Aguilar im Jahre 1736. Ein Beitrag zur Geschichte der Staatsmonopole, in: Jahrbuch für Israeliten 2/3, 305–352, Wien 1956.

Ytzhag M. Emanuel, Le Judaisme Sephardi Mondial, Holon 1971 (hebr.).

Jose Faur, Sephardim in the 19th Century, in: Proceedings of the American Academy of Jewish Research 49, 29–52, 1977.

Modern Sephardi Thought, Religious Humanism and Zionism, in: *Isachar Ben Ami* (Hrsg.), The Sephardi and Oriental Jewish Heritage, Jerusalem 1982.

M. Franco, Essai sur l'Histoire des Israelites de l'Empire Ottoman, Paris 1897.

Ludwig August Frankl, Geschichte Diego d'Aguilars, in: Allgemeine Zeitung des Judenthums 18/50 und 18/52, 1854.

Harriet Pass Freidenreich, The Jews of Yugoslavia. A Quest for Community, Philadelphia 1979.

Abraham Galanté, Histoire des Juifs de Turquie, 10 Bde., Istanbul 1985.

Mosche D. Gaon, The Sephardic Jewish Community in Vienna, in: Machberet (1959) 8/7–12, 127–129; 9/12, 8–30 (hebr.).

Ders., A Bibliography of the Judeo-Spanish (Ladino) Press, Jerusalem (Ben Zvi Institute) 1965.

N. M. Gelber, Letoldot ha-sepharadim ... (On the History of the Sephardi Jews in Vienna), in: Mizrach uma'arabh 4 (1930), 376–382 (hebr.).

Ders., Contribution a l'Histoire des Juifs Espagnols à Vienne, in: Revue des Etudes Juives 97, 114–151; 191 f.; 98, 44–49.

Ders., Al reschita ... (On the Beginnings of the Sephardi Community in Vienna), in: Sepher hazikaron ... schel R. Arie Schwartz, 105–111, Jerusalem 1946 (hebr.).

Ders., The Sephardic Community in Vienna, in: Jewish Social Studies 10/4 (1948), 359–396.

Jaacob Geller, The Rise and Decline of the Sephardic Jewish Community in Bucharest, Tel Aviv 1983.

Hugo Gold, Geschichte der Juden in Wien, Tel Aviv 1966.

Max Grunwald, Samuel Oppenheimer und sein Kreis, Wien 1913.

Ders., Vienna, Philadelphia 1936.

Shlomo Haramati, Three Who Preceeded Ben-Yehuda: Sephardi-Oriental Forerunners in The National Revival, Jerusalem 1978.

Abraham Hayyim, The World-wide Organization of the Sephardi Community in the 1920s and 1930s, in: *Issachar Ben-Ami* (Hrsg.), The Sephardi and Oriental Jewish Heritage, Jerusalem 1982.

Isidore de Hoyos y de la Torre, Los Judios Espanoles en el Imperio Austriaco y en los Balkanes, Madrid 1904.

Albert M. Hyamson, The Sephardim of England, London 1951.

Israel Katz, Judeo-Spanish Traditional Ballads from Jerusalem, 2 Bde., New York 1972.

David Kaufmann, Isaac Jeshurun-Alvaret of London, in: Jewish Quarterly Revue 1 (1889), 284–286.

Hermann Kellenbenz, Sephardim an der unteren Elbe, Wiesbaden 1958.

Michael Laskier, Aspects of the Activities of the Alliance Israélite Universelle in the Jewish Communities of the Middle East and North Africa 1860–1916, in: Modern Judaism 3/2 (1983), 147–171.

Moshe Lazar, The Judeo-Spanish Translation of the Bible, in: Sefunot 8 (1964), 335–375 (hebr.).

Avner Levy, Jewish Journals in Izmir, in: Pa'amim 12 (1982), 87–104 (hebr.).

Ders., Ezra Benveniste, in: Pe'amim 21 (1984), 3–19.

Frances Malino, The Sephardi Jews of Bordeaux, Alabama 1978.

Manfred Papo, The Sephardi Community in Vienna, in: *Joseph Fraenkel* (Hrsg.), The Jews of Austria, London 1967.

Joseph Papo, R. Nessim J. Ovadia. A Man of Vision and Deed, in: Sephardi World 1, 1984.

Cecil Roth, A History of the Marranos, Philadelphia 1941.

Marsha L. Rozenblit, The Jews of Vienna. Assimilation and Identity, New York 1983.

M. Schlome Schleicher, Geschichte der spaniolischen Juden in Wien, Diss., Wien 1934.

Carl E. Schorske, Fin-de-Siècle Vienna. Politics and Culture, New York 1980.

D. M. Sweetschinsky, The Portuguese Jews of Seventeenth Century Amsterdam, in: *Frances Malino/Phyllis Cohen Albert* (Hrsg.), Essays in Modern Jewish History, 56–80, Rutherford 1982.

Vichy Tamir, Bulgaria and her Jews. The History of a Dubious Symbiosis, New York 1979.

Rudolf Till, Geschichte der spanischen Juden in Wien, in: Jahrbuch Wien 6–7 (1946), 108–123.

Gerson Wolf, Geschichte der Israelitischen Cultusgemeinde in Wien 1820–1860, Wien 1861.

Adolf von Zemlinsky, Geschichte der Türkisch-Israelitischen Gemeinde zu Wien, Wien 1888.

Klaus Dethloff, Wien

MARRANEN UND SPINOZA

1.

Baruch Spinoza wurde am 24. November 1632 in Amsterdam geboren und starb am 21. Februar 1677 in Den Haag. Sein Leben fällt in ein Jahrhundert, in dem sich die geistige und die religiös-politische Einheit Europas auflöst zugunsten stabiler Territorialmächte und der Herausbildung von Nationalstaaten. Es entsteht das, was man den „modernen Staat" nennt. Zu den Merkmalen des 17. Jahrhunderts gehören auch der Aufstieg des Frühkapitalismus und des Frühliberalismus, die kolonialen Expansionen, das Entstehen neuer Technologien in der Arbeitswelt und in der Kriegs- und Waffentechnik. Parallel zu dieser Entwicklung verläuft eine Revolution der Naturwissenschaften, besonders der Optik und der Mechanik, was sich auch in einer besonderen Wertschätzung der mathematischen Methode, dem „mos geometricus", äußert, der nicht nur Spinoza, sondern fast alle bedeutenden Philosophen und Wissenschaftler faszinierte, da er als eine Methode erachtet wurde, die eine universelle Anwendbarkeit der durch sie gewonnenen Ergebnisse erlaubte. Umwälzungen vollzogen sich aber auch auf einem anderen wichtigen Gebiet, nämlich dem des Rechts. Die konfessionellen Wirren und Spaltungen, der Druck der empirischen Wissenschaften und des philosophischen Rationalismus ermutigten nicht nur, sondern erzwangen geradezu die Suche nach neuen Rechtsformen und Rechtsbegründungen von überkonfessioneller und allgemeiner Geltung. Während Descartes das Vernunftrecht vom Katholizismus und Pufendorf es vom Luthertum emanzipierte, löste es Spinoza vom Judentum. Allen dreien wird man dabei eine traditionelle Bildung nicht absprechen können, denn Descartes war Jesuitenschüler, Pufendorf Pfarrersohn und Spinoza besuchte in Amsterdam die vorbildliche jüdische Lehranstalt Etz Chajim und die Keter Tora-Jeschibha des berühmten Chakham Saul Levi Morteira.

Spinoza verbrachte sein Leben auf einem Territorium, das aufgrund seiner ökonomischen, gesellschaftlichen und politischen Strukturen wie kein anderes in Europa zum Schnittpunkt der Umwälzungen des 17. Jahrhunderts disponiert war. Im Jahre 1579 schließen sich die calvinistischen niederländischen Territorien in Utrecht zu einer Union zusammen und sagen sich 1581 vom spanischen König als Landesherrn los. Die politische Führung des Landes lag bei den Ständen, und nach der Ermordung Wilhelms von Oranien (1584) war der Weg frei für die republikanische Staatsform. Der Zusammenschluß souveräner Territorien der Utrechter Union bildete bis zur Zeit Napoleons eine lebensfähige und stabile Konstruktion. Ab der Mitte des 17. Jahrhunderts kommt mit der ersten statthalterlosen Periode, also ohne quasimonarchische Struktur, der republikanische Gedanke voll zum Tragen, der dann schließlich durch den Ratspensionär Johan de Witt auch in die Praxis umgesetzt wird, als dieser ab 1653 als Vertreter der Regentenpartei bis zu seiner Ermordung 1672 die Politik bestimmt. Das 17. Jahrhundert ist das „goldene Jahrhundert" der niederländischen Geschichte, in der sich die Republik zu einer bedeutenden Groß-, Kolonial-, Handels- und Seemacht entwickelt.

Was die Republik der niederländischen Provinzen von den feudalistischen europäischen Staaten im besonderen unterschied, war die Entflechtung von Kirche und Politik und die Forderung nach Glaubens- und Bekenntnisfreiheit. An die Stelle der katholischen Kirche war zwar die calvinistisch-reformierte *(hervormde kerk)* als herrschende Kirche getreten, aber nicht im Sinne einer Staatskirche wie im katholischen Spanien, sondern als öffentliche Kirche *(publieke kerk)*, die eine enorme Vorzugsstellung genoß, aber die Bekenntnisfreiheit der anderen Konfessionen nicht aufhob. Die Gründe für diese in Europa einzigartige religiöse Toleranzbereitschaft sind offensichtlich in den antispanischen und damit auch antiklerikalen Entstehungsbedingungen der Republik wie auch in den ökonomischen Interessen des einflußreichen liberalistischen Großbürgertums zu suchen. Die Niederlande waren zudem ein politisch stabiles und sozial relativ homogenes Staatengebilde, das zu seinem Bestand nicht unbedingt eines einheitlichen Glaubens bedurfte. Das Bewußsein, den Nonkonformismus ertragen zu können, beschränkte sich aber nicht nur auf die herrschenden großbürgerlichen Familien, sondern war weitgestreut und hing vielleicht auch damit zusammen, daß die Reformation in den Niederlanden viel weniger feudalistisch aufoktroyiert war als in Deutschland, sondern eher die Form einer Volksbewegung hatte.

2.
Die gegen das katholische Spanien siegreichen Niederlande waren die „grande arche des fugitifs“[1] für verfolgte Juden und Protestanten. Nachdem 1578 der katholische Klerus samt der katholischen Verwaltung abgesetzt worden war, begann zwei Jahre später die Einwanderung spanischer und portugiesischer Marranen nach Amsterdam. In der Mehrzahl waren es wohlhabende Kaufleute, deren Aufnahme gegen den Widerstand der orthodoxen Calvinisten von den Amsterdamer Kaufleuten und vom Stadtrat durchgesetzt wurde, da man sich von den Handelsbeziehungen und den Sprachkenntnissen der Einwanderer stimulierende Wirkungen auf die Wirtschaft versprach. Zu Beginn des 17. Jahrhunderts gibt es dann bereits die ersten synagogalen Dienste portugiesischer Juden. Es bilden sich drei sephardische Gemeinden, die sich 1639 vereinigen. Ihr Zentrum ist die neue Sephardische Synagoge Talmud Tora, bis 1675 die Portugiesische Synagoge eingeweiht wird. Eine aschkenasische Gemeinde wird in Amsterdam erst 1635 gegründet. Mit der Konsolidierung der sephardischen Gemeinden und ihrer wirtschaftlichen und kulturellen Prosperität, aber auch den Freiheiten, die sie in Holland genoß und die manchmal größer zu sein schienen als die der christlichen Parteiungen, die von der öffentlichen Kirche abwichen, wurde die Frage nach rechtlichen Reglementierungen der Politik gegenüber den Juden akut. Der Artikel XIII der Utrechter Union von 1579, der feststellte, daß niemand aus religiösen Gründen verfolgt werde, war inzwischen als rechtliche Basis für eine Asylgewährung nicht mehr hinreichend. Auf Antrag der Provinzen Holland und Westfriesland wurden 1615 zwei separate juristische Memoranden erstellt. Eines schrieb der Ratspensionär von Amsterdam, Adriaan Pauw; der Verfasser des anderen war der renommierte Jurist Hugo Grotius, der damals seit zwei Jahren Ratspensionär von Rotterdam war. Zwar erhielt keines der Memoranden jemals Gesetzeskraft, aber die Ausführungen von Grotius hatten Einfluß auf den späteren Status der Juden.
Grotius befürwortete grundsätzlich die Tolerierung von Juden in Holland und ebenfalls ihre Religionsfreiheit. Die Frage, wie religiöse und politische Konflikte durch das Zusammenleben mit Juden vermieden werden könnten, beantwortete Grotius mit einer Liste von 49 Artikeln. Die wichtigsten Bestimmungen besagten: Juden sollen keine Unterscheidungszeichen an ihrer Kleidung tragen; sie sollen ihren Aufenthaltsort frei wählen können (es sind vor allem keine ausschließlich für Juden bestimmte Wohnbezirke vorgesehen); ihnen soll Freiheit des Gottesdienstes, der Presse, des Handels und des Handwerks garantiert werden, wobei sie auch dieselben Privilegien wie andere Bürger genießen; neben der bürgerlichen Heirat ist auch die jüdische Heirat erlaubt, ebenso die jüdische Ehescheidung; allerdings dürfen Juden nicht „die Töchter des Landes“ heiraten; Juden dürfen kein politisches und kein Richteramt bekleiden[2]. Die Reglementierungen, die der Stadtrat von Amsterdam schließlich 1619 erließ, folgten im wesentlichen der Remonstranz von Grotius und waren in ihren Grundzügen auch für die Folgezeit in Geltung, obwohl 1632 den Juden in Amsterdam aufgrund einer Intervention der Zünfte die Ausübung bestimmter Berufe untersagt wurde. Im übrigen überließen es die Provinzen Holland und Westfriesland jeder einzelnen Stadt, ihre Politik gegenüber den Juden zu bestimmen und zu entscheiden, ob und in welchem Ausmaße sie in ihrem Bereich wohnen durften. Im Gegensatz zu Amsterdam und Rotterdam gab es in anderen Städten mehr oder weniger strenge Restriktionen mannigfacher Art, besonders in Utrecht, Maastricht und Deventer, Städten mit Bischofssitz, in denen Juden ohne amtliche Erlaubnis nicht übernachten durften[3].

3.
Die gegen das katholische Spanien siegreichen Niederlande, ihr Merkantilismus und ihre im

Verhältnis zum übrigen Europa große Toleranz bilden nur einen Teil der Rahmenbedingungen für die Geschichte der Juden in diesem Land. Die spezifischen Erscheinungsformen der sephardischen Gemeinde und ihre Krisen sind nicht allein dadurch zu erklären, daß quasi von außen Liberalismus und Rationalismus in das Judentum eingebrochen sind. Das ist nur die eine Seite des Problems. Die andere Seite, die Innensicht, erschließt sich aus der Tatsache, daß das „Neue Jerusalem" in Holland von Marranen für Marranen aufgebaut wurde, um Marranen ins Judentum zurückzuführen. Daß aus diesem heiklen Unternehmen in relativ kurzer Zeit Amsterdam zu einer jüdischen Metropole des 17. Jahrhunderts wurde, ist keineswegs selbstverständlich.

Die Geschichte der Marranen begann 1391 nach den antijüdischen Ausschreitungen in Sevilla, die sich rach von Andalusien auf Aragonien und Kastilien ausbreiteten und bei denen die Juden vieler Gemeinden nur die Wahl zwischen Taufe und Tod hatten und es in den meisten Fällen vorzogen, am Leben zu bleiben. Viele jüdische Gemeinden wurden durch Taufwasser oder Totschlag gänzlich ausgelöscht, Gemeindeeigentum wurde konfisziert und Synagogen wurden in Kirchen umfunktioniert. Die zutiefst demoralisierte Judenheit reagierte auf die veränderte Situation mit weiteren, jetzt allerdings eher freiwilligen, Konversionen zum Katholizismus. Die nächste große antijüdische Welle begann zwei Jahrzehnte später und war diesmal vom Klerus organisiert. Die Jahre 1411 und 1412 standen vor allem im Zeichen der landesweiten missionarischen Agitationen des Dominikaners Vincente Ferrer unter dem Motto „unus Deus, una fides, una baptisma". Im Anschluß an diese Unternehmen fand von 1412 bis 1414 das Monsterspektakel der christlich-jüdischen Disputation von Tortosa statt, die der Gegenpapst Benedikt XIII. einrichtete, der wegen seiner prekären Lage ein auffälliges Zeugnis christlicher Handlungsfähigkeit nötig hatte. Es gehörte zur Inszenierung der Disputation, daß infolge der für das Ritual eigens aufgestellten Taufbekken die jüdischen Gemeinden bereits an Ort und Stelle viele Mitglieder verloren, was dem Schauspiel von Tortosa den Charakter eines Gesamtkunstwerks verlieh.

Die „Conversos" – so wurden die jüdischen Konvertiten und ihre Nachkommen genannt – waren zur Assimilation gezwungen, denn eine Rückkehr zum Judentum war nicht mehr möglich, da jede Taufe, auch die unter Zwang zustandegekommene, heilig war und nicht zurückgenommen werden konnte. Der größte Teil der Conversos fügte sich in den neuen christlich bestimmten Ordnungszusammenhang der spanischen Gesellschaft ein und konnte sehr oft und verhältnismäßig schnell zu führenden Stellen im Handel, in öffentlichen Ämtern, an Universitäten, bei Hofe, im Klerus und bei gegebenem Reichtum durch Einheirat in Adelsfamilien auch zur Nobilitierung gelangen. Viele Conversos wählten dagegen eine andere Daseinsweise, bei der sie sich äußerlich zum Christentum bekannten, in ihren eigenen vier Wänden jedoch nach Möglichkeit jüdische Riten und Mitzwot beibehielten und diese Lebensform ihren Nachfahren weitertradierten. Die spanische Gesellschaft grenzte sich schon frühzeitig von den Conversos ab, indem sie sich selbst als „Altchristen", diese aber als „Neuchristen" bezeichnete und für sie obendrein den pejorativen Begriff „Marranos" prägte, wobei die Grenzen dieses Begriffs so unscharf waren, daß nicht nur die judaisierenden Christen (oder „Kryptojuden" oder „judios occultos"), sondern auch diejenigen Conversos unter ihn fallen konnten, die sich bemühten, äußerlich und innerlich integre Glieder der Kirche zu sein. Der antijüdische Affekt, der schon in der Nomenklatur zum Ausdruck kommt und die fortschreitende Assimilierung begleitete, kulminierte in der Mitte des 15. Jahrhunderts in offener sozialer Ausgrenzung der Neuchristen in Form von pogromartigen altchristlichen Ausschreitungen, an die sich die Ideologie der Statuten von der „Reinheit des Blutes" *(limpieza de sangre)* anschloß, die hundert Jahre später unter Philipp II. und 1566 auch in Portugal Gesetzeskraft erhielten.

Ein neues Kapitel der Marranenverfolgung beginnt mit der Herrschaft von Fernando und Isabella, die gegen die judaisierenden Neuchristen seit 1480 die Inquisition einsetzten. Wer des Judaisierens verdächtig war, geriet in erhöhte Gefahr, bei den öffentlichen *autos de fé* verbrannt zu werden, wenn die inquisitorischen

Ahnenforschungen nachweisen konnten, daß aus dem Kamin des Hauses des Cousins der Großmutter väterlicherseits trotz kalter Jahreszeit am Abend des Schabbat manchmal kein Rauch ausgetreten sei oder daß die Frau des Bruders des Vaters der Schwiegermutter zeitweise nur mit Olivenöl und nicht mit Schweineschmalz gebraten habe[4].

Abgerundet wurden die Aktionen gegen die *judios occultos* schließlich 1492 von der letzten großen Aktion gegen die spanischen *judios publicos*, die 1492, nach dem Fall von Granada, der letzten maurischen Bastion, und noch ehe die mit erheblichen marranischen Geldmitteln unterstützte Expedition des Kolumbus gestartet war, durch königliches Dekret vor die Alternative gestellt wurden, das Land zu verlassen oder die Taufe anzunehmen. Dieses Dekret vermehrte einerseits die Anzahl der spanischen Marranen, andererseits war es die Voraussetzung für das Entstehen einer neuen marranischen Tradition in Portugal, wo dem Großteil der taufunwilligen spanischen Juden vom König João II. gebührenpflichtiges Asyl gewährt wurde. Joãos Nachfolger Manuel I. wollte zum Zwecke der Konsolidierung des portugiesischen Imperiums Isabella, die älteste Tochter von Fernando und Isabella, heiraten, deren Eltern jedoch an eine Ehe die Bedingung knüpften, daß die Juden aus Portugal vertrieben werden müßten. Da der Verbleib der Juden für die ökonomische Entwicklung Portugals aber unabdingbar war, griff Manuel zu einer Lösung, die eine Mischung aus Brutalität und gewundenem Kompromiß darstellt: 1497 wurden die Juden in Portugal massenweise zwangsgetauft, es wurden ihnen aber auch weitgehende religiöse Freiheiten eingeräumt.

Aus den Zwangsgetauften von 1497 entsteht das portugiesische Marranentum. Bis zur Einführung der Inquisition in Portugal durch den Papst am 23. Mai 1536 wurden die **Chistãos Novos** von offizieller Seite nicht verfolgt[5]. Während dieser inquisitionslosen Phase entstand innerhalb der marranischen Gruppe eine Oberschicht in Form einer begüterten Handels- und Finanzbourgeoisie des internationalen Handels, die über die nationalen Grenzen hinweg neue marranische Zentren bildete oder mit anderen marranischen Gruppierungen durch ökonomische, familiäre und religiöse Bindungen in enger Beziehung stand. Diesen marranischen *homens de negócios* („Geschäftsleute") – wie der portugiesische Sammelbegriff für alle Juden und Marranen lautete – kam eine pionierhafte Funktion für die Strukturierung und Restitution des sephardischen Judentums zu, noch ehe Generationen später zu Anfang des 17. Jahrhunderts die ersten größeren marranischen Emigrationsbewegungen in Westeuropa mit der Gründung von jüdischen Gemeinden begannen.

4.

Aus Hugo Grotius' Remonstranz von 1615 läßt sich keine Feindschaft gegen die bereits etablierten Juden ablesen. Sie zeigt jedoch eine sehr reservierte Haltung gebenüber den Neuankömmlingen, solange sie noch im Verdacht stehen, bloße Marranen zu sein. In einer Schrift aus dem Jahre 1598 vermochte Grotius kaum religiöse Gründe für die marranische Einwanderung nach Holland zu sehen und meinte, daß viele nur kämen, um der Inquisition zu entgehen oder gar, um gewinnbringende Geschäfte zu machen[6]. In der Remonstranz zweifelt er an ihrer jüdischen religiösen Standfestigkeit. Da Atheisten und Menschen, die nicht fromm sind, in keiner guten Republik geduldet werden sollten, verlangte er, daß alle eingewanderten Personen ab dem vierzehnten Lebensjahr eine Art jüdisches Glaubensbekenntnis ablegen, in welchem sie ihren Glauben an Gott, Moses, die Propheten und das Leben nach dem Tode deklarieren sollen. Diese Vorsichtsmaßnahmen einer sanften Inquisition sollte die Niederlande ebensosehr vor agnostischer wie vor zweifelhafter iberisch-katholischer Infiltration schützen und erfaßte dabei ein breites Spektrum von katholisierenden Tendenzen bis hin zu einem Marranismus mit skeptischer, deistischer oder lauer, an einer Rückkehr ins Judentum uninteressierter Grundhaltung. Grotius hat damit die Interessen des zu dieser Zeit vorherrschenden orthodoxen Calvinismus im Auge gehabt, dem ein ordentliches Judentum natürlich lieber war als ein Agnostizismus oder gar ein Katholizismus, der kein Schweinefleisch aß. Als Ratspensionär von Rotterdam hat er aber sicherlich auch die Bedürfnisse der holländischen jüdischen

Gemeinden und ihre Furcht vor randständigen jüdischen Existenzen und einem Weiterleben des Marranentums berücksichtigt.
Bei einer durchaus realistischen Einschätzung möglicher Häresien aus den Kreisen der Marranen hat Grotius, wie manche nach ihm, den religiösen Faktor bei der Immigration und der Gemeindebildung unterschätzt. Die Neuen Christen kamen in Portugal auf einen Anteil bis zu einem Zehntel der Gesamtbevölkerung, der sich zwar durch sein Bildungs- und kulturelles Niveau vom Durchschnitt der altchristlichen Bevölkerung unterschied, der aber keineswegs, schlicht oder tendenziös, mit einer protokapitalistischen Oberschicht identifiziert werden darf. Die Anzahl der Angehörigen des reichen Finanz- und Handelsbürgertums, die von der Inquisition erfaßt wurden, ist im Vergleich zu den eingekerkerten Armen außerordentlich gering[7]. Für die Tatsache, daß sich die Inquisition dauernd mit einer verhältnismäßig hohen Anzahl armer neuchristlicher Frauen und Männer befaßte, gibt es keine anderen Gründe als die der handfesten und in den Familientraditionen liegenden judaisierenden Häresien. Aber auch bei der Anzahl derer, die aufbrachen, um zur Rückkehr ins Judentum Gemeinden aufzubauen und zu tragen, ist die Anzahl der wenig Begüterten und Armen sehr hoch, und bei ihnen zumindest sind die religiösen Motive unbestreitbar und schwerlich auf andere Motive zu reduzieren. Auf die religiöse Motivation aber der reichen Marranen und Juden kann man vielleicht am besten schließen, wenn man ihre Bekenntnisse und Handlungsweisen während der Höhepunkte der sabbatianischen Bewegung untersucht, in Amsterdam und anderswo, und dann sehr oft alles andere als zweckrationales Wirtschaftshandeln findet.
Die Religion der Marranen ist außerordentlich komplex, und es ist die Frage, ob sie als Kryptojudentum bestimmt werden soll oder als eine Art Synkretismus aus Judentum und katholischen Zusätzen aufzufassen ist oder ob es sich um eine Religion sui generis, eine „marranische Religion“[8], handelt. Als Marrane zu existieren bedeutete, in einer ausschließlich katholischen Umgebung Träger zweier Religionen zu sein, von denen die eine für die andere jeweils als Idolatrie galt. Nach kanonischer Auffassung waren die Marranen, die ein geheimes Judentum praktizierten, auf jeden Fall Häretiker und als solche potentielle oder tatsächliche Opfer der Inquisition[9]. Nach halakhischer Ansicht galten die Marranen im allgemeinen als *Anusim* („Gezwungene“) und waren als solche keine Apostaten, aber ihr rechtlicher Status war in Spanien bis 1492 in konkreten Fällen gelegentlich umstritten, wenn es um privatrechtliche Angelegenheiten ging, in die Marranen zusammen mit Angehörigen der jüdischen Gemeinden involviert waren. Der Katholizismus, der kollektiv abgelehnt wurde, war die Maske, hinter der eine vielfältig modifizierte und auf bestimmte Praktiken, Bräuche, Riten, Mitzwot und Glaubensinhalte reduzierte jüdische Existenz geführt wurde. Eine vom Großinquisitor der ersten portugiesischen Inquisitionsperiode (1536–1539) verbreitete Liste inkriminierter judaisierender Praktiken erwähnt unter anderem folgende Häresien: Schabbat; „großes Fasten“, „Fasten der Königin Esther“; Ostern und ungesäuertes Brot; Laubhüttenfest; besondere Kleidung zu Weihnachten; Neujahr; Verbot von Speisen und rituelles Schlachten; besondere Liturgien, besondere Begräbniskleidung, Kinderbenediktionen, Beschneidung und Rückgängigmachen der Taufe (Debaptisation)[10].
Tradiert wurde das geheime Judentum vor allem in der Familie, wobei, wie aus den Akten und Opfern der Inquisition hervorgeht, die Frauen eine wichtige Rolle spielten und die Kinder erst in einem Alter eingeweiht wurden, in dem man ihnen zutrauen konnte, die Geheimnisse zu wahren. Zentren der Tradierung waren aber auch die Universitäten und die Berufe, in denen die Neuen Christen hinreichend vertreten waren. Aus der bloßen Zusammensetzung der verschiedenen judaisierenden und katholisierenden Komponenten kann sich jedoch keine Bestimmung der Religion der Marranen und ihres spezifischen Synkretismus ergeben. Was den Marranismus grundsätzlich vom Judentum unterschied, war die Trennung von außen und innen, in eine äußere katholische Lebensweise, auf die es nicht ankam, und in eine innere jüdische Religiosität, von der alles abhing. Erlösung und „Heil durch das Gesetz des Moses“ im Gegensatz zum Heil durch Christus ist ein marranischer Topos in Spanien und

Portugal, der für diese Trennung kennzeichnend ist. Die Tora konnte nicht mehr als Einheit von göttlichem Weltgesetz und alleingültigem Lebensvollzug betrachtet werden. Die Einheit des jüdischen Lebens zerbrach in eine sakrale und eine profane Sphäre, und mit der Rezeption der christlichen *Salus* zieht durch die Hintertür die furchterregende christliche Gnaden- und Erlösungslehre ins Judentum ein, die auch in den marranischen Gebeten anläßlich des Jom Kippur *(dia pura)* manifest wird, in denen um Gnade und Erlösung gebetet wurde. Harmloser und mehr an der Oberfläche blieben dagegen solche Formen des Synkretismus wie der Kult um die Königin Esther, deren Geschichte besonders gut auf die Bedürfnisse der Marranen zugeschnitten war und die als „Sankt Esther" zu einer Nationalheiligen für die *homems de nação*[11] wurde.

Mag aus phänomenologischer Perspektive das Kryptojudentum noch so verarmt und synkretistisch ausgehöhlt erscheinen, so steht doch der Grad der Armseligkeit in einem umgekehrten Verhältnis zur Energie des Glaubens und der Hoffnung, die an die judaisierenden Praktiken geknüpft waren. Zeugnis dafür sind die Gefahren, die die Marranen angesichts der Inquisition ständig auf sich nahmen und vor allem die spanischen *autos de fé* und die portugiesischen *autos da fé*, wenn sie zu jüdischen *actus fidei* wurden. Die Sprengkraft des marranischen Beharrungsvermögens zeigt sich aber auch in der Disposition für apokalyptische Naherwartung und im Hervorbringen oder der Unterstützung messianischer Bewegungen. Als David ha-Re'ubeni, der sich 1524 in Venedig als Abgesandter des Fürsten der „zehn Stämme" vorstellte, 1525 nach Portugal kam, war sein Quartier „ständig von Marranen überlaufen"[12], und unter seinem Eindruck kehrte der Marrane Diego Pirez alias Schlomo Molcho zum Judentum zurück, propagierte in Italien als leidender Messias die Endzeit, wobei er auch realistisch genug war, seinen Einfluß bei Papst Clemens VII. erfolgreich geltend zu machen, um die Inquisition in Portugal hinauszuzögern. Was die sabbatianische Bewegung betrifft, so hat ihr Abraham Miguel Cardoso, der spanischer Marrane war, eine Interpretation und Theologie geliefert, die explizit marranisch ist und derzufolge der Messias „die Kleider eines Marranen trägt und daher unerkannt von den anderen Juden umhergeht"[13].

5.

Gershom Scholem hat, als er die durch Marranentum und Sabbatianismus hervorgerufene Gefährdung und Veränderung des jüdischen Bewußtseins untersuchte, die Bemerkung gemacht, daß die damit verbundene innere Krisis des Judentums „in der Erscheinung Spinozas nach außen schlug"[14]. Gemeint ist damit wohl, daß die Häresie Spinozas als ein Wendepunkt im Judentum angesehen werden kann, der als säkulares Vorzeichen zu deuten ist und dessen Bedingungen unter anderem im Marranismus zu suchen sind. Die paradoxe Existenzweise der Marranen, die mit hoher religiöser Sensibilität verbunden war, disponierte tatsächlich nicht nur zu Märtyrertum oder apokalyptischer Erwartung, sondern auch zu religiöser Skepsis und zu einer Haltung, die letztlich beide Religionen, die äußere und die innere, relativiert[15]. Im Kontext einer Welt, die offiziell entweder christlich oder jüdisch und noch nicht säkular war, lief ein solcher Relativismus immer wieder auf eine Häresie hinaus, wenn er zu theoretischen oder praktischen Orientierungsversuchen führte, die gegenüber den offiziellen Doktrinen einen dritten Weg darstellten.

Um die Mitte des 17. Jahrhunderts wird im jüdischen Amsterdam die Suche nach einem solchen dritten Weg akut. Der Fall Spinoza ist jedoch kein Einzelfall. 1656 wurde Spinoza von der sephardischen Gemeinde gebannt. Ein halbes Jahr später wurde über Daniel de Prado alias Juan de Prado, der als Marrane geboren wurde, der Bann verhängt. Beide haben einen Vorläufer in Uriel da Costa alias Gabriel da Costa[16]. Da Costa wurde 1584 in Porto geboren. Seine Eltern und er waren Marranen. Vom Vater sagt der Sohn in seiner Autobiographie „Exemplar humanae vitae": „Pater meus vere erat christianus", und er scheint tatsächlich nicht zu wissen, daß der Vater sich 1589 am Jom Kippur zusammen mit einem anderen marranischen Kaufmann insgeheim zum Judentum bekannt hatte. Die judaisierenden Praktiken seiner Mutter, die ihm ebenso bekannt waren wie die entsprechende Familientradition mütterlicherseits, erwähnt er in seiner Autobiographie jedoch nicht. Schon in Portugal vollzog der als Christ erzogene Gabriel da Costa eine Abkehr vom Katholizismus. Als Preis für diese Abkehr stellte er höchst problematische Anforderungen an das Judentum, zu dem er zurückkehren wollte. Ihm genügten weder die schlichten judaisierenden Praktiken seines marranischen Milieus, er war auch nicht messianisch-apokalyptisch gestimmt, sondern auf das Wunschbild eines reinen Judentums fixiert, das ausschließlich biblische Wurzeln gelten lassen sollte. Als er auf der Flucht vor der Inquisition in Amsterdam die offene Rückkehr zum Judentum vollzog, hatten die dortigen Chakhamim nicht auf seine Vorstellungen gewartet, mit denen er die postbiblische Tradition eliminieren wollte[17]. Über ihn wurde zweimal der Bann verhängt. Gabriel alias Uriel da Costa kehrte viermal ins Judentum zurück, das erste Mal geheim in Portugal, das zweite Mal offen in Amsterdam, das dritte Mal nach seinem ersten Bann und das vierte Mal nach seinem zweiten Bann. 1640, nach der vierten Rückkehr, schoß er sich eine Kugel in den Kopf. In seiner Autobiographie verabscheut er die Menschen, die sich ihrer Identität als Juden oder als Christen jederzeit sicher sind, und meint, daß derjenige, der von sich behauptet, er sei weder das eine noch das andere, diesen bei weitem vorzuziehen sei[18]. Die theoretische Position, von der aus da Costa beide Religionen negierte, war die des Deismus, der aber keine Grundlage für die Identität eines konkreten Lebensvollzuges bilden konnte und vielleicht nur ein Ersatz für die Fiktion des reinen ursprünglichen Judentums war. Wenn dem so ist, dann ist da Costa Marrane geblieben und hat nur die Maske gewechselt.

Daniel de Prado trifft 1655 in Amsterdam ein[19]. In Spanien hatte er Medizin, Philosophie und Theologie studiert und spielte dort eine aktive Rolle in geheimen judaisierenden Zirkeln. Er praktizierte nicht nur selbst das geheime Judentum, sondern war auch ein unermüdlicher Proselytenmacher, was ihn jedoch nicht hinderte, gleichzeitig relativistisch-häretische Ansichten deistischer Art zu hegen. Seine philosophischen Fähigkeiten wurden eher gering eingeschätzt, seine persuasiven umso höher. Prado hat die marranische Existenzform, für die das Leben und Agieren im Untergrund so etwas darstellt wie der Aufenthalt in einer sakralen Sphäre im Gegensatz zur profanen Öffentlichkeit, wahrscheinlich so sehr internalisiert, daß er auch in Amsterdam seine missionarische Tätigkeit in den Untergrund verlegte. Nur die Inhalte sind jetzt verändert: das öffentliche und offizielle Judentum wird zum Profanen, und der für den Untergrund übrigbleibende Deismus ist das Sakrale. Auf den Bann, der am 14. Februar 1657 über ihn verhängt wurde, reagiert Prado in einer unvorhergesehenen Weise, die die Gemeinde in tiefste Verlegenheit brachte: er nimmt den Spruch nicht an und legt Berufung ein, er beharrt auf seinen Ansichten, und er beharrt darauf, Mitglied der jüdischen Gemeinde zu bleiben. Er bleibt auch in der Folgezeit standfest, indem er alle Angebote der Parnasim ablehnt, die auf einen Kompromiß hinauslaufen. Er hört nicht auf, seine Auseinandersetzungen mit der Gemeinde abzubrechen, und als er in Antwerpen stirbt, wohin man ihn schließlich abschieben konnte, ist die Frage der jüdischen Identität um einen Aspekt reicher geworden.

Was Baruch Spinoza betrifft, so sind seine Eltern noch Marranen gewesen, er selbst aber wurde als Jude geboren. Eine authentische marranische Erfahrung wie Uriel da Costa und Juan de Prado hatte er nicht mehr, und es ist die Frage, wie weit man sein Werk im Kontext des Marranismus interpretieren soll, ohne ihm Gewalt anzutun[20]. Spinoza ist in einem von Marranen geprägten Milieu aufgewachsen und hat auch freundschaftlichen Kontakt mit de Prado gehabt, aber es ist kaum in Betracht zu ziehen, daß Spinoza durch den unmittelbaren Einfluß dieses Freundes zum Häretiker geworden ist, wie Révah nachzuweisen versuchte[21]. Man wird jedoch annehmen können, daß Männer wie de Prado und Spinoza in Kreisen von Häretikern und „Unglaubensgenossen"[22] jüdischer und christlicher Herkunft ihre Thesen diskutiert, bestätigt und weitergeführt haben. De Prado war eine verwegene Persönlichkeit, von der wahrscheinlich auch Spinoza fasziniert gewesen ist, aber er war ein inferiorer Philosoph, von dem Spinoza keinen Gedanken übernehmen konnte. Spinozas Häresie ist nicht das Ergebnis von religiösen Krisen. Es geht Spinoza vor allem um die Freiheit des Philosophierens. Die Frage, wie weit diese Freiheit gehen muß, auch um den Preis des Bruchs mit dem Judentum, hat er nicht mit de Prado diskutiert, sondern mit Maimonides, und erst in einer langen und intensiven Auseinandersetzung mit ihm hat Spinoza den Bereich, den Maimonides der Philosophie eingeräumt hat, radikal erweitert, indem er die Vernunft von der Offenbarung getrennt hat. Spinoza sagt zwar, daß die Ansichten des Maimonides „als schädlich, nutzlos und widersinnig" zu verwerfen seien[23], aber selbst da bleibt er, ob er (oder Maimonides) es will oder nicht, im maimonideischen Rahmen[24].

6.

Spinozas philosophische Theorien stehen in einem nahen Bezug zur jüdischen Realität, und gelegentlich nehmen sie Stellung zu aktuellen Begebenheiten, von denen die Juden betroffen sind. Als 1665 die ersten Nachrichten von der messianischen Bewegung des Sabbatai Zwi in Amsterdam eintrafen, zweifelte kaum jemand einen Augenblick an der Relevanz der Berichte. Die jüdischen Gemeinden, die aschkenazische und die sephardische, verfielen in einen Taumel messianischer Begeisterung, von der alle Schichten der jüdischen Bevölkerung betroffen waren, ob Parnasim, Rabbiner, merkantilistisch-rationale reiche Kaufleute oder Arme: „Ihr nahezu einstimmiges Triumphgeschrei war weit und breit zu vernehmen."[25] Die Bewegung wurde von dem Oberrabbiner Isaak Aboab da Fonseca angeführt, der ihr auch das Zeugnis ausstellte, daß sie nicht gegen Gesetz und Tradition verstoße. Sogar in der Liturgie wurden Anpassungen an die beginnende messianische Zeit vorgenommen. 1666 konnten selbst die Briefe, die von der Gefangennahme des Messias berichteten, die Begeisterung nicht dämpfen. Die Bewegung spaltete die Menschen in zwei Gruppen, einerseits in die *ma'aminim*, die Gläubigen, und andererseits in die verschwindend geringe Zahl der *kofrim*, der Ungläubigen, die durchaus als Häretiker angesehen wurden, zumal den *ma'aminim* von seiten der Rabbiner die wahre Gläubigkeit bestätigt wurde.

Das Interesse an der messianischen Bewegung erfaßte auch relativ nüchterne Christen wie Heinrich Oldenburg, den Sekretär der Royal Society in London, der weltweite Umwälzungen erwartete, wenn sich die Berichte als zutreffend herausstellten, und der brieflich bei Spinoza anfragte, was dieser von der Bewegung halte[26]. Spinozas Antwort ist nicht erhalten, aber es gibt eine Stelle im Theologisch-Politischen Traktat, an der er sich zum Problem einer staatlichen Erneuerung des Judentums äußert: „Ja, wenn die Grundsätze ihrer Religion ihre Sinnesart nicht verweichlichen, so möchte ich unbedingt glauben (absolute crederem), daß sie irgendwann, wenn die Gelegenheit da ist, wie ja die menschlichen Dinge veränderlich sind, ihr Imperium wiederaufrichten und daß Gott sie von neuem erwählt."[27]

Diese Passage steht im Zusammenhang eines Kapitels, dessen Hauptthema die Erwählung (vocatio oder electio) der Hebräer ist. Erwählung ist für Spinoza gebunden an Staatlichkeit und zeitliches Glück, die Erwählung der Hebräer ist keine ewige und besteht seit dem Verlust der Staatlichkeit nicht mehr. Die Bedingungen dafür, daß Gott die Juden „von neuem erwählt", hat Spinoza am Anfang des Kapitels erläutert. Erwählung geschieht durch die „äußere und innere Hilfe Gottes" (Dei auxilium externum et internum). Die innere Hilfe Gottes ist dasselbe, „was die menschliche Natur bloß aus eigener Macht zu leisten vermag, um ihr Sein zu erhalten" (quicquid itaque natura humana ex sola sua potentia praestare potest ad suum esse conservandum), die äußere Hilfe Gottes ist das, was „außerdem durch die Macht der äußeren Umstände zum Nutzen des Menschen geschieht". Beide Arten der Hilfe Gottes werden auch für die Wiedererrichtung des jüdischen Staates und die damit verbundene Erwählung vorausgesetzt: die Gelegenheit muß günstig sein, und die Juden müssen aus eigener Kraft handeln. Das Handeln aus eigener Macht hat das suum esse conservare zum Ziel. „Suum esse conservare", „sese conservare" sind Schlüsselbegriffe der Philosophie Spinozas. Jedes endliche Seiende hat den Trieb (conatus), sich in seinem Sein zu erhalten[28]. Der conatus sese conservandi tritt bei Spinoza an die Stelle des väterlichen Gottes, den er in seiner Philosophie verabschiedet hat und von dem das jüdische Volk vergeblich Hilfe bei der neuen Errichtung eines Staates erwarten würde.

Nach den Voraussetzungen der Philosophie Spinozas müßte mit dem Verlust der Staatlichkeit der Hebräer eigentlich auch die Kontinuität des jüdischen Volkes dahin sein. Spinoza läßt aber keinen Zweifel daran, daß sie weiterbesteht, denn das jüdische Volk hat mit der Maßnahme der Beschneidung ein wirksames Mittel gefunden, sich zu erhalten, und Spinoza ist überzeugt, es werde dadurch „in Ewigkeit erhalten werden" (in aeternum conservaturum). Kommt damit den Juden doch noch eine Ausnahmestellung unter den Völkern zu, die Spinoza in demselben Kapitel explizit verneint hat? Damit dieser Eindruck nicht aufkommen kann, zieht Spinoza eine Parallele zum chinesischen Volk, für das er ebenfalls die Wiedererringung der Staatlichkeit prognostiziert, denn was den Juden die Beschneidung, ist den Chinesen der Zopf. Für die Erhaltung und Kontinuität des jüdischen Volkes gibt es aber neben der Beschneidung noch einen zweiten Grund: es ist der Haß der Völker, und hier beruft sich Spinoza auf eine Erfahrung (experientia), die aus seiner unmittelbaren Umgebung stammt, indem er als Zeugen die Marranen Spaniens und Portugals zitiert.

Das Ende des 3. Kapitels des Tractatus theologico-politicus entspricht wohl der Antwort, die Spinoza seinem Briefpartner Heinrich Oldenburg gegeben hat. Diese Ausführungen Spinozas bedeuten aber mehr. Sie sind sicherlich unter dem Eindruck der sabbatianischen Bewegung und, wie der Zusammenhang vermuten läßt, auch unter dem Eindruck des Marranismus und seiner Reaktion auf die Bewegung entstanden und damit eine Antwort auf die messianische Problematik, die Spinoza nicht weniger als die anderen Juden beschäftigt hat, und auch er wollte die Antwort auf die Frage, ob er *ma'amin* oder *kofer* war, nicht schuldig bleiben. Moses Hess hat die Antwort in dem Sinne verstanden, daß Spinoza sich als säkularer *ma'amin* deklarierte: „Schon mit dem Beginne der modernen Zeit hat eine messianische Bewegung, wie sie seit dem Untergange des jüdischen Staates, seit Bar Kochba, nicht mehr stattgefunden hatte, der orientalischen und okzidentalen Juden sich bemächtigt, deren falscher Prophet Sabbatai Zewi, deren wahrer Spinoza war."[29]

Anmerkungen

1 *Pierre Bayle*, Dictionnaire Historique et Critique. Nouvelle Edition, Paris 1820, Art. „Kuehline".

2 Das Memorandum von Pauw ist bisher nicht aufgefunden worden. Der Text des Memorandums von Grotius, das 1615 in Rotterdam erschien, ist ediert in: *J. Meijer*, Hugo de Groot: Remonstrantie nopende de ordre dije in de landen van Hollandt ende Westvrieslandt dijent gestelt op de Joden, Amsterdam 1949.

3 Vgl. *Brugmanns, H.*, und *A. Frank*, Geschiedenis der Joden in Nederland, I, Amsterdam 1940, 450 ff.

4 Obwohl die minutiösen Recherchen der Inquisition auf den ersten Blick absurd erscheinen, so sind sie doch wichtig für die Rekonstruktion der marranischen Traditionen in Spanien und Portugal. Zur positiven Einschätzung des dokumentarischen Wertes des einschlägigen Archivmaterials für die Inquisition in Portugal s. *Israel S. Révah*, L'Installation de l'Inquisition à Coimbra en 1541 et le premier règlement du Saint-Office portugais, in: Bulletin des Études portugaises, n. s. 27 (1966), 47–88 und den Bericht von *Abilio Dinis Silva*, Polémica acerca de *Inquisição e Cristãos Novos* de António José Saraiva, in: Diario de Lisboa, Suplemento literário, 661 und 662 vom 6. Mai 1971, 4–6 bzw. 13. Mai 1971, 4–6. Das Buch von *António José Saraiva, Inquisição e Cristãos Novos*, Porto 1969, ist ein populärwissenschaftlicher Bestseller mit mehreren Auflagen, dessen Autor aus der Sicht einer materialistischen Geschichtsschreibung den Inquisitionsakten ohne gute Gründe jeden historisch relevanten dokumentarischen Kredit abspricht.

5 Das Tribunal agierte bis 1539. De facto ist die Zeit, in der die Neuen Christen keinen landesweiten Verfolgungen ausgesetzt waren, trotz eines zweiten Inquisitionstribunals von 1539 bis 1544 aber länger zu veranschlagen, denn tatsächlich freigegeben für die portugiesische Inquisition wurden die Marranen erst ab dem 16. Juli 1547 mit der päpstlichen Bulle „Meditatio cordis". Vgl. dazu vor allem: *Israel S. Révah*, L'installation de l'Inquisition à Coimbra en 1541 et le premier règlement du Saint-Office portugais, in: Bulletin des Études portugaises, n. s. 27 (1966), 47–88, und *ders.*, Les Marranes portugais et l'Inquisition aux XVIe siècle, in: The Sephardi Heritage. Essays on the History and Cultural Contribution of the Jews of Spain and Portugal. In: The Jews in Spain and Portugal before and after the Expulsion of 1492, ed. Richard D. Barnett, London 1971, 479–526.

6 Vgl. *J. Meijer*, Hugo Grotius *Remonstrantie*, in: Jewish Social Studies 17 (1955), 18 f.

7 S. dazu *Israel S. Révah* in „Polémica acerca de

Inquisição e Cristãos Novos de António José Saraiva" (Anm. 4).

[8] Zu dieser Auffassung neigt *Cecil Roth*, A History of the Marranos, Philadelphia 1947 (s. bes. das 7. Kapitel) angesichts der vielen synkretistischen Züge, die der Marranismus im Laufe der Zeit herausgebildet hat.

[9] Die Verfolgung nichtgetaufter Juden (oder nichtgetaufter Muslim) war nicht Aufgabe der Inquisition.

[10] Vgl. *Israel S. Révah*, Les Marranes portugais et l'Inquisition aux XVIe siècle, a. a. O. (Anm. 5).

[11] *Chistãos novos, homems de negócios und homems de nação* sind zeitgenössische portugiesische Synonyme für die Marranen, wobei die letztere Bezeichnung dem marranischen Selbstverständnis ziemlich nahe gekommen sein dürfte. So spricht Leo Strauss, Die Religionskritik Spinozas als Grundlage seiner Bibelwissenschaft. Untersuchungen zu Spinozas Theologisch-Politischem Traktat, Berlin 1930; Neuausgabe mit einem Vorwort von Norbert Altwicker, Darmstadt 1981, 60 von der „Liebe des Marranen zu seinem Stamm – nicht: zu seinem überlieferten Glauben".

[12] *Johann Maier*, Die messianische Erwartung im Judentum seit der talmudischen Zeit, in: Judaica 20 (1964), 172. Samuel Molcho starb 1532 auf einem Scheiterhaufen in Mantua, David ha-Re'ubeni um dieselbe Zeit in einem spanischen Gefängnis. Zu weniger bekannten Messiasprätendenten und messianischen Bewegungen in dieser Zeit s. *Israel S. Révah*, Les Marranes portugais et l'Inquisition aux XVIe siècle (Anm. 5).

[13] Zitat (Abraham Cardosos Worte) bei *Gershom Scholem*, Redemption through Sin, in: ders., The Messianic Idea in Judaism and other Essays in Jewish Spirituality, New York 1971, 95. Zu Abraham Cardosos Theologie und ihrem Zusammenhang mit dem Marranismus s. auch noch *Gershom Scholem*, Die Theologie des Sabbatianismus im Lichte Abraham Cardosos, in: ders, Judaica, Frankfurt am Main 1963, 119–146, bes. 122 f.

[14] *Gershom Scholem*, Die Theologie des Sabbatianismus im Lichte Abraham Cardosos, a. a. O. (Anm. 13), 123.

[15] Der erste große Relativist unter den Conversos ist wohl Schlomo Halevi, der Oberrabbiner von Burgos und eruditus judaeus, der aus seinem Relativismus eine pragmatische Konsequenz schloß und es für vernünftiger hielt, am selben Ort Bischof zu werden. An religiösen Motiven für seine Bekehrung sollte man zweifeln; s. jedoch seine Beschreibung bei *Y. Baer*, History of the Jews in Spain, 2 Bde., Philadelphia 1962. Später hat Heinrich Heine, der sowohl jüdischer als auch christlicher Häretiker und daher skeptischer Marrane war, der relativistischen Haltung einen treffenden und weniger zynischen Ausdruck verliehen, z. B.: „Wem geb ich meine Religion, / Den Glauben an Vater, Geist und Sohn? / Der Kaiser von China, der Rabbi von Posen, / Sie sollen beide darum losen." Oder, mit Bezug auf Spanien, aber historisch ziemlich frei und als Resultat eines christlich-jüdischen Disputs: „Welcher Recht hat, weiß ich nicht – / Doch es will mich schier bedünken, / Daß der Rabbi und der Mönch, / Daß sie alle beide stinken."

[16] Mit der Schrift „Exemplar humanae vitae" (in: *Carl Gebhardt*, Die Schriften des Uriel da Costa, Amsterdam 1922) hat da Costa seine Lebensgeschichte hinterlassen, die zum erstenmal 1687 von dem Remonstranten Philip von Limborch, dem Freund John Lockes, veröffentlicht worden ist. Sie muß im Licht des Archivmaterials, das Révah zutage gefördert hat, gelesen werden; s. vor allem: *Israel S. Révah*, La religion d'Uriel da Costa, Marrane de Porto, d'après des document inédits, in: Revue de l'Histoire des Religion 161 (1962), 45–76 und die Berichtserie *Révahs* unter dem Titel „Du ‚marranisme' au judaisme et au déisme: Uriel da Costa et sa famille" im Annuaire du Collège de France 67 (1967–1968), 515–526; 68 (1968–1969), 562–572; 69 (1969–1970), 562–572; 70 (1970–1971), 569–577; 72 (1972–1973), 653–662.

[17] Die Schrift aus dem Jahre 1624 „Examen dos Tradicoens Phariseas Conferidas con a Ley Escrita", in der er seine Ansichten verbreitet hatte, wurde vernichtet.

[18] Vgl. *Uriel da Costa*, Exemplar humanae vitae, in: Gebhardt, a. a. O. (Anm. 16), 122.

[19] Zu Prado s. *Carl Gebhardt*, Juan de Prado, in: Chronicon Spinozanum 3 (1923) und vor allem *Israel S. Révah*, Spinoza et le Dr. Juan de Prado, Paris/Den Haag 1959.

[20] Als erster hat Carl Gebhardt den Einfluß des Marranentum auf die Amsterdamer Häretiker in Rechnung gestellt, aber erst die Untersuchungen und Materialien von Israel S. Révah zu Beginn der sechziger Jahre haben in der Judaistik zu einem Forschungstrend geführt, der so etwas wie eine marranische Wende darstellt. Für die Philosophie Spinozas hat Yirmiyahu Yovel diesen Trend konsequent weiterverfolgt und ist zu dem Ergebnis gekommen, daß Spinoza ein „Marrano of reason" gewesen sei; s. dazu: *Y. Yovel*, Marranisme et dissidence: Spinoza et quelques prédécesseur, in: Cahiers Spinoza 3 (1979–1980), 67–99 und ders., Spinoza and other Heretics, vol. I: The Marrano of Reason, vol. II: The Adventures of Immanence, Princeton 1989.

[21] Vgl. *Israel S. Révah*, Spinoza et le Dr. Juan de Prado, a. a. O. (Anm. 19) sowie, distanziert zu dieser These, Y. Yovel, Spinoza and other Heretics, vol. I, a. a. O. (Anm. 20), 76–80.

[22] Heinrich Heine hat Spinoza als seinen „Unglaubensgenossen“ bezeichnet, und Sigmund Freud hat sich, das Wort Heines verwendend, in diese Tradition eingereiht (s. *Sigmund Freud*, Die Zukunft einer Illusion, Ende des Kap. IX).

[23] Theologisch-Politischer Traktat, Kap. 7.

[24] Vgl. auch *Shlomo Pines*, Spinozas Tractatus Theologico-Politicus, Maimonides and Kant, in: Further Studies in Philosophy, ed. O. Segal, Jerusalem 1968 (= Scripta Hierosolymitana 20), 6.

[25] *Gershom Scholem*, Sabbatai Zwi. Der mystische Messias, Frankfurt am Main 1992, 584. Zur Aufnahme der Bewegung in Amsterdam s. a. a. O., 583–607.

[26] Spinoza, Briefwechsel, 33. Brief.

[27] Theologisch-Politischer Traktat, Kap. 3, gegen Ende.

[28] Vgl. *Spinoza*, Ethik III, prop. 6 und 7.

[29] *Moses Hess*, Rom und Jerusalem, die letzte Nationalitätenfrage. Briefe und Noten, Leipzig 1862; abgedr. in: ders., Ausgewählte Schriften. Ausgewählt und eingeleitet von Horst Lademacher, Köln 1962, 247.

Elena Romero, Madrid

ALLGEMEINER ÜBERBLICK ÜBER DAS THEATER IN JUDEOESPAÑOL IN MITTELEUROPA UND AUF DEM BALKAN

Das Theater gehört innerhalb des sephardischen Kulturkreises zu den neueren literarischen Gattungen. Ebenso wie der Journalismus, der Roman, die Dichtkunst usw. entstand und florierte es ab der zweiten Hälfte des 19. Jahrhunderts.

I. DIE VORLÄUFER

Obwohl es sich beim Theater um eine „übernommene" Gattung handelt, die in dem Kulturkreis, der uns hier beschäftigt, erst in neuerer Zeit Bedeutung erlangt hat, sollen einige Belege angeführt werden, welche beweisen, daß die Sepharden bereits vor der zweiten Hälfte des 19. Jahrhunderts eine gewisse Beziehung zum Theater hatten.

Das älteste uns bekannte Zeugnis liefert uns in diesem Zusammenhang der französische Schriftsteller Jean A. Guer in seinem Buch über die Türken und ihre Kultur[1] gegen Mitte des 18. Jahrhunderts. In diesem Werk beschreibt er die Liebe des türkischen Volkes zum „Karagöz", einer Figur, welche einer der traditionellen Formen des türkischen Theaters – dem Schattenspiel – seinen Namen gab. Die hierfür verwendeten Figuren waren zweidimensionale Gliedpuppen, die normalerweise aus Leder gefertigt und mittels dünner Stäbchen bewegt wurden. Die durch ihre unbeweglichen Münder verkündeten Sätze improvisierten die Puppenspieler mit Hilfe von vorgefertigten Mustern.

Guer, der hier die Worte eines anderen Autors wiedergibt, berichtet uns nun, daß die Puppenspieler für gewöhnlich Juden gewesen seien. Es muß in diesem Zusammenhang allerdings bedacht werden, daß Sepharden, die an derartigen Theateraufführungen mitwirkten, diese Aktivität eher als Demonstration ihrer künstlerischen Fähigkeiten angesehen haben dürften. Denn diese Darbietungen, deren Ursprünge und Themen ihnen fremd waren, dienten der Erbauung von Nichtjuden und bewegten sich abseits ihrer persönlichen Interessen und einer Einflußnahme auf die eigene Gemeinde.

Der Kuriosität wegen sei noch erwähnt, daß eine der Figuren dieses Schattenspiels, welche wie die italienische Commedia dell'arte festgelegte Charaktere hat, ein Jude war. Er wurde mit einem Doktorhut und Tamburin spielend dargestellt und führte einen Sack voller Handelsgüter mit sich, den er auf der Schulter trug oder auf dem Rücken eines Esels befestigt hatte. Er sprach entweder judeospañol oder ließ zumindest viele Wörter und Redewendungen dieser Sprache in sein Idiom einfließen.

Eine andere – uns ebenfalls von Guer überlieferte – Mitteilung[2] bezieht sich dagegen direkt auf das jüdische Gemeindeleben. Er berichtet nämlich, daß die Sepharden in der Türkei das Purimfest traditionell mit Maskenumzügen und Pantomimenvorführungen begingen. Bei einem dieser Umzüge – vor dem Jahre 1747 – geschah es nun, daß in Smyrna unter Jubel und Beifall der Anwesenden eine Puppe, die Hamman, den Bösewicht der biblischen Esther-Geschichte, darstellte, gehängt wurde. Als die türkischen Autoritäten davon Kenntnis erhielten, ließen sie die Notablen der Stadt festnehmen und befragten sie über den Verbleib des „corpus" delicti. Die Beteuerungen, daß es sich bei dem Vorfall nur um ein unschuldiges Spiel gehandelt habe und daß es keinen Leichnam gebe, halfen nichts. Als den Juden gedroht wurde, daß sie Blut mit Blut zu bezahlen hätten, schickten sie sich in die Zahlung einer gewaltigen Geldsumme, um dadurch größeres Unheil abzuwenden und den Vorfall vergessen zu machen.

Wir verfügen auch über Berichte, denen zufolge sich in Saloniki und in einer Gemeinde in der Türkei in den jüdischen Schulen ein traditionelles Theater entwickelt hatte, dessen Protagonisten Schüler waren. Diese erlernten ihre Rollen durch oftmaliges Anhören des Textes von ihren älteren Kollegen und mußten sie, bevor sie vor ihrem Publikum – bestehend aus Familienmitgliedern, Freunden und Nachbarn – auftraten,

lediglich noch einmal durchgehen. Im Freien, auf Terrassen oder in Innenhöfen, ohne Dekoration und mit rudimentär entwickelter Charakterisierung der einzelnen Rollen wurden so Jahr für Jahr dieselben Sätze wiederholt, die höchstens durch Phantasie und Improvisationskraft der jeweiligen Akteure eine leichte Veränderung erfuhren.
Die Themen dieser Darbietungen waren zumeist biblisch inspiriert: die Geschichte Josephs, der von seinen Brüdern verkauft wird; jene von David und Goliath; die der Königin Esther usw. Der Zeitpunkt der Aufführung wurde durch den liturgischen Kalender bzw. diverse lokale Feste bestimmt. Die Texte dieser Stücke, die nur durch mündliche Tradition weitergegeben wurden und ihre Vitalität einzig aus dem Erinnerungsvermögen der Schauspieler bezogen, müssen wir allerdings als unwiederbringlich verloren ansehen.
Abgesehen von diesen ungenauen Mitteilungen und Gerüchten über ein traditionelles Theater, von dem uns nichts Greifbares erhalten ist, tritt das sephardische Theater erst im letzten Drittel des vorigen Jahrhunderts in Erscheinung. Von diesem Zeitpunkt an handelt es sich um ein Autorentheater, in welchem einige Schauspielerensembles bestimmte literarische Texte einstudierten; d. h. ein Theater, wie wir es heutzutage zu sehen gewöhnt sind.
Im Jahre 1874, also eben zu der Zeit, als das moderne Theater in der sephardischen Welt im Entstehen begriffen war, behauptete ein in der Konstantinopler Zeitung „El Tiempo"[3] publizierter Artikel, daß es kein Theater in Judeoespañol gebe. Wobei der Autor gleichzeitig auf die Notwendigkeit hinwies, Gruppen von Jugendlichen, die sich um eine Entfaltung der Schauspielkunst bemühten, in ihrem Bestreben zu bestärken. Die kategorische Feststellung des Kolumnisten, daß ein Theater in Judeoespañol zu dieser Zeit noch nicht existiert habe, ist nicht ganz zutreffend. Denn bereits seit dem Jahre 1869 haben wir Kunde von Theateraufführungen, und es liegen uns auch konkrete Angaben über mehrere Vorstellungen in Judeoespañol vor, die 1873 in Konstantinopel selbst stattfanden. Nichtsdestoweniger zeigt der Artikel, daß das Theater in jenen Jahren noch in den Kinderschuhen steckte und immer noch ein eher sporadisches Ereignis in den sephardischen Gemeinden darstellte.

II. DER TEXTKORPUS UND SEINE VERBREITUNG

Wir wollen uns im Folgenden zunächst A. mit dem uns überlieferten Material, seiner geographischen Verbreitung sowie der Chronologie beschäftigen und anschließend B. das dramatische Repertoire und C. seine Originalität untersuchen.

A. Das Material, seine geographische Verbreitung und Chronologie

In meiner allgemeinen Studie über das sephardische Theater habe ich eine Bibliographie von 83 Editionen von Theaterstücken in Judeoespañol zusammengestellt und 578 Vorführungen von insgesamt 684 verschiedenen Stücken dokumentiert. Das in dieser Studie gesammelte Material ist die Grundlage für die hier im weiteren ausgeführten Fakten.
Mehrere Dutzend der in der oben erwähnten Bibliographie besprochenen Werke erschienen in selbständigen Ausgaben, welche großteils in Saloniki, Wien und Konstantinopel publiziert wurden. Doch die Mehrzahl von ihnen verdankt zweifellos der Presse in Judeoespañol, die die Stücke entweder in Sammelbroschüren oder eingeschoben zwischen Zeitungsartikeln abdruckte, ihre Veröffentlichung und Verbreitung. So ist also die sephardische Presse als Schirmherrin und Förderin des Theaters zu betrachten, wie sie es übrigens in gleicher Weise auch für den Roman war. Abgesehen von den zahlreichen Textveröffentlichungen annoncierten die Zeitungen auch Neuerscheinungen von selbständig publizierten Theaterstücken und brachten Rezensionen und Kommentare zu den Aufführungen.
Was nun die Aufführungen selbst anbelangt, so bezeugt die in meiner Dokumentation zusammengestellte Liste, deren Wiedergabe den Rahmen dieses Artikels sprengen würde, daß Theatervorstellungen an etwa 50 verschiedenen Orten des Balkans stattgefunden haben[4].
Diese Studie fixiert auch den zeitlichen Rahmen – vom letzten Viertel des 19. Jahrhunderts bis in die vierziger Jahre des 20. –, auf den sich unser

Interesse zu richten hat. Den Ausgangspunkt in dieser Chronologie bildet die Publikation des ältesten mir bekannten Theaterstückes – *El médico ĵugetón*[5]. Diese Adaptation von Molières *Le médicin volant* wurde 1873 in der Konstantinopler Zeitung „El Tiempo" veröffentlicht. Als Endpunkt der Entwicklung muß wohl der Zweite Weltkrieg angesehen werden, obwohl einige sephardische Autoren in den Ländern ihrer sekundären Diaspora (Israel, USA, Frankreich usw.) auch später noch Theaterstücke schrieben. Doch die Triebfeder jenes Schaffens waren Nostalgie und Gelehrsamkeit, und die Werke fanden innerhalb der Gemeinden bei weitem nicht dieselbe Resonanz, deren sich Theateraufführungen in der sephardischen Welt der Vorkriegszeit erfreuen konnten.

B. Das dramatische Repertoire

Bei genauerer Betrachtung der oben beigebrachten Daten ist das extreme Ungleichgewicht zwischen 83 publizierten und 684 aufgeführten Theaterstücken ganz besonders auffällig. Zur Erklärung dieses bemerkenswerten Umstandes müssen wir uns zwei Dinge vor Augen führen: Erstens ist das uns heute bekannte Material mit Sicherheit nicht alles, was veröffentlicht wurde. Und zweitens ist es eine Charakteristik des sephardischen Theaters, daß die Autoren ihre Werke nicht drucken ließen. Viele Stücke zirkulierten daher nur auf losen Blättern oder in Heften unter den Schauspielern, die daraus ihre jeweiligen Rollen lernten, und fielen nach der Vorstellung oft dem Zahn der Zeit oder dem Vergessen anheim. Das Gesagte sei hier nur an einem (von vielen möglichen) Beispiel illustriert: Das Stück *Yosef vendido por sus hermanos* (Joseph, der von seinen Brüdern verkauft wurde) von Yiŝḥac Barźilay wurde zum ersten Mal bereits im Jahre 1874 in Konstantinopel aufgeführt, doch erst im Jahre 1910 gedruckt. Die Angst vor Publikationen wird von manchen Theaterautoren, wie etwa von Jakim Behar in seiner Komödie *La famía misterioŝa* (Die seltsame Familie, Triest 1889, p. 3) und von Š. Y. Djaén im Prolog zu seinem Drama *Yiftaḥ* (Wien 1921, p. 4), sogar explizit ausgedrückt.

Da das Repertoire von in Judeoespañol publizierten Theaterstücken viel zu klein war, um den Sinn fürs Theater zu fördern und die sich eben erst formierenden Schauspielgruppen mit leicht zugänglichem und repräsentativem Material zu versorgen, sahen sich die Intellektuellen in der Anfangsphase des sephardischen Theaters veranlaßt, fremdsprachige Stücke zu übersetzen und die gesamte Literatur in einer speziellen Reihe zusammenzustellen. Eine solche Sammlung war die „Biḅlioteca Dramática Judeoespañola", die 1903 in Konstantinopel gegründet wurde und ihre Publikationsserie mit der judenspanischen Version des französischen Dramas *Israel* von Henry Bernstein begann.

Seit dem Ende des 19. Jahrhunderts bewirkte die Errichtung der französischen Schulen der Alliance Israélite Universelle eine Öffnung der Sepharden gegenüber der westlichen Kultur, da die in diesen Schulen vermittelten Fremdsprachenkenntnisse den Schülern eine Literatur zugänglich machten, die zu ihrer intellektuellen Hauptnahrungsquelle werden sollte. Dasselbe gilt für die deutschen, italienischen u. a. Schulen, die sich ebenfalls großer Beliebtheit erfreuten. So erschloß sich der jungen Generation der Sepharden die europäische Kultur, und es begann das, was wir die „sephardische Aufklärung" nennen können. Ein Zeitalter, dessen soziale und kulturelle Muster sich erheblich von den volkstümlichen Traditionen des 18. Jahrhunderts unterschieden.

Die überwiegende Mehrheit der Sepharden sprach und las jedoch nur in Judeoespañol. Weshalb sie, die Eröffnung der ausländischen Schulen zu spät erreicht hatte, weiterhin von der westlichen Kultur, welche sich ihnen in unverständlichen Sprachen darbot, abgeschnitten blieben. Da sich die Schriftsteller, Journalisten und Literaten dieser Situation bewußt waren, übernahmen sie die Aufgabe, der großen Masse des Volkes die Literatur verschiedener europäischer Sprachen – vor allem aber der französischen – zugänglich zu machen. Zu dieser Zeit, zu Beginn des 20. Jahrhunderts, übersetzte, bearbeitete und schrieb man zahlreiche Erzählungen und Romane von unterschiedlicher Qualität in Judeoespañol. Doch verglichen mit der narrativen Gattung wurde der dramatische Sektor stark vernachlässigt. Die Schaffung einer dramatischen Bibliothek sollte diesen Mangel beseitigen helfen – das war die Absicht der Herausgeber von *Israel.*

C. Die Originalität des dramatischen Repertoires

Die Originalität und die Sprache der Werke sind weitere Aspekte des sephardischen Theaters, die unsere Aufmerksamkeit verdienen. Es ist darauf hinzuweisen, daß viele der in Judeoespañol publizierten und aufgeführten Theaterstücke nicht ursprünglich in dieser Sprache geschrieben wurden, sondern Übersetzungen aus dem Französischen, Griechischen, Russischen usw. sind. Auch die Übertragung von Werken jüdischer Schriftsteller aus dem Hebräischen, Jiddischen, Polnischen, Holländischen und anderen Sprachen war durchaus üblich.

In diesem Zusammenhang müssen wir uns folgendes vor Augen halten: Die Originaltexte erlauben uns ein Urteil über die literarischen Qualitäten ihrer Autoren und ihre thematischen Präferenzen, welche auch Rückschlüsse auf die eigene Gemeinde zulassen, und klären uns über das Gemeindeleben, die spezifische Gruppenproblematik, ideologische Strömungen usw. auf. Die Übersetzungen dagegen geben uns – wie man es auch im Falle des Romans festgestellt hat – einen Einblick in die Kenntnis, die die sephardische Welt vom dramatischen Schaffen anderer Kulturen besaß. Gleichzeitig dokumentieren sie die Vorlieben und den Geschmack der Sepharden, ihr Verständnis bzw. Interesse fremden Problemen gegenüber, und machen uns schließlich – was eigentlich am interessantesten ist – den Adaptationsprozeß bewußt, mittels dessen eine externe Thematik durch Manipulation oder Modifikation des Originaltextes den Bedürfnissen der Gemeinde angepaßt wird. Obwohl die Übersetzungen natürlich nicht als eigentlicher Bestandteil des sephardischen Theaters anzusehen sind, ergibt sich aus dem eben Gesagten, daß wir sie auch nicht völlig außer acht lassen können, wenn wir ein umfassendes Bild von diesem Theater gewinnen wollen.

Es muß darauf hingewiesen werden, daß die oben angeführten Zahlen, das Repertoire an sephardischen Theaterstücken betreffend, sich auf publizierte oder aufgeführte Werke beziehen, die mindestens eine der folgenden drei Bedingungen erfüllen (wobei jede einzelne als hinreichend anzusehen ist). Es handelt sich dabei um Stücke, die 1. in Judeoespañol geschrieben oder aufgeführt wurden, 2. ein Mitglied der Gemeinde zum Schöpfer hatten oder 3. für das Gemeindepublikum bestimmt waren.

III. DIE AUTOREN

Die sephardischen Dramatiker gingen zum Großteil aus jenen Kreisen von Publizisten und Intellektuellen hervor, welche es sich zur Aufgabe gemacht hatten, den Roman zu verbreiten und die als Herausgeber, Redakteure und Mitarbeiter einer oder mehrerer Zeitschriften auch mit der in Judeoespañol erscheinenden Presse in Verbindung standen. Jene Intellektuellen waren in ihrer Mehrheit Schüler der französischen Schulen der Alliance Israélite oder anderer ausländischer Schulen gewesen. Dies versetzte sie in die Lage, Streifzüge durch das theatralische Schaffen anderer Kulturen zu unternehmen und die Werke zur Bildung und Unterhaltung ihrer Glaubensbrüder, welche nicht dieselbe Ausbildung genossen hatten, ins Judeoespañol zu übertragen. Die Schriftsteller widmeten sich jedoch nicht nur den Übersetzungen, sondern schufen auch, oder sogar ausschließlich, eigene Stücke.

Zusätzlich zu diesen Autoren aus publizistischen und intellektuellen Kreisen gab es auch Lehrer und Pädagogen, die sich nicht damit begnügten, ihre Schüler zur Aufführung von Theaterstücken anzuhalten, sondern selbst Stücke schrieben oder übersetzten.

In der gesamten sephardischen Diaspora nahmen sich zahlreiche Lehrer des Theaters an. Die Arbeit einiger von ihnen fällt mit den Anfängen des Theaters in Judeoespañol zusammen. Dies gilt etwa für Baruj bar Yiŝḥac Mitrani, Bejor Abraham Evlagon und Mošé Ya'acob Ottolenghi. Dem Zweiten, einem Professor an der Mädchenschule von Hasöy (Konstantinopel) im Jahre 1873, verdanken wir auch zwei Theaterstücke in Judeoespañol – nämlich *La vendida de Yosef por sus hermanos* (Der Verkauf Josephs durch seine Brüder) und *Jetzi'at Mitzrajim* (Der Auszug aus Ägypten). Die anderen beiden benutzten das Theater, um ihren

Schülern die hebräische Sprache nahezubringen. Mitrani (Kirklisa, 1847 – Edirne, 1919) unterrichtete von 1864–1869 Hebräisch an der Talmud-Tora-Schule von Edirne, wo er wenig später – im Alter von 20 Jahren – seine eigene Schule mit dem Namen „Miqwe-Israel" gründete. Er verfaßte mehrere kurze Theaterstücke, die von seinen Schülern zu wohltätigen Zwekken aufgeführt wurden: *Adam we-Chawa* (Adam und Eva), *Joseph we-echaw* (Joseph und seine Brüder), *Melukhat Scha'ul* (Das Königtum Sauls), *Chaman u-Mordechai* (Haman und Mordechai) sowie *Daniel be-gobh ha'arajot* (Daniel in der Löwengrube). Keines dieser Stücke wurde je gedruckt, und es hat den Anschein, daß sie über das schulische Milieu hinaus auch keine Verbreitung fanden.

Was Ottolenghi (Livorno, 1840 – Saloniki, 1901) anbelangt, so übernahm er um das Jahr 1880 die Leitung der Talmud-Tora-Schule von Saloniki. Er schrieb drei kurze Stücke moralischen Inhalts, die den gemeinsamen Untertitel *Machaze Scha'aschu'im* (Unterhaltungsstücke) trugen. Sie wurden zwar in hebräischer Sprache aufgeführt, aber in einer zweisprachigen Ausgabe veröffentlicht.

Von all den Pädagogen, die gleichzeitig Autoren von Theaterstücken waren und deren Aufzählung hier zuviel Raum einnehmen würde, sei nur noch auf Jaques Loria hingewiesen. Er war Professor bei der Alliance Israélite. Im Jahre 1903 wurde er Direktor der Schule von Tatar Pazardzhik, ein Jahr später übernahm er die Leitung der Mädchenschule von Saloniki und 1909 die der Schule von Ortaköy in Kostantinopel. Wir verdanken diesem polyglotten Autor zahlreiche Theaterstücke in verschiedenen Sprachen. Einige schrieb er auf Türkisch, wie z. B. *Alemdar Pača, Asker kaçagi* und *Feti Constantini;* andere auf Französisch, so etwa *La Fuit d'Abdul Hamid* und *Les Mystères de Pera*, welches die dramatische Fassung eines gleichnamigen Romans desselben Autors darstellt. Es sind uns auch drei Stücke von ihm in Judeoespañol bekannt, nämlich *Don Yiŝḥac Abravanel, Dreyfus* und *La sangre de la maŝá* (Das Blut der Mazza), von denen letzteres ebenfalls eine Dramatisierung eines von ihm verfaßten Romans gleichen Titels ist.

Da die Liste der Publizisten und Intellektuellen, die sich mit dem Theater befaßten, ebenfalls sehr lang ist, können auch von ihnen nur einige erwähnt werden. Die beiden politischen Richtungen – Zionismus und Sozialismus –, die seit den zwanziger Jahren die Gemeinde von Saloniki in zwei Lager spalteten, werden durch zwei Dramatiker verkörpert: Auf der einen Seite M. Naĵari, Direktor der Zeitschrift „La Nación", der mit seinem *El triumfo de la ĵusticia* (Der Sieg der Gerechtigkeit, Saloniki 1921) ein zionistisch inspiriertes Werk schuf. Und als Vertreter der sozialistischen Ideologie – Alberto Moljo, mit seiner Farce *Belaĝi* (in: „El Popular", Saloniki 1930), die 1928 anläßlich des jährlich stattfindenden Balls der Zeitung „Avante" von einer Gruppe Laiendarsteller aufgeführt wurde. Moljo war auch aktiver Mitarbeiter von „La Vara", einer kommunistischen Zeitung in Saloniki. Unter dem Pseudonym „Napulitán" schrieb der begabte Journalist zahlreiche kritische und satirische Artikel in diversen Sprachen (Französisch, Italienisch, Griechisch und Judeoespañol).

Von einigen Theaterautoren sind uns sogar mehrere Stücke erhalten. So schrieb etwa der Journalist Aharón de Yosef Hazán (Smyrna, 1848–1930) die Stücke: *Ester, Moïse* und *Semanas de Pésaḥ* (Die Wochen von Pesach), welche alle um das Jahr 1883 aufgeführt wurden. Der begeisterte Hispanophile Abraham A. Cappon (Bukarest, 1853 – Sarajevo, 1931), der für die Purifikation des Judeoespañol und seine Angleichung an das spanische Spanisch eintrat, verfaßte drei Werke, von denen zwei in Judeoespañol – *El angustiador* (Der Ängstliche, Sarajevo 1914) und *Los hechiźadores* (Die Zauberer) – und eines in Hebräisch – *Ŝibat Ŝiyón* (Rückkehr nach Zion) – geschrieben waren.

Yosef Abraham Papo (Ruse, ca. 1865–1923) war Mitarbeiter der Zeitung „HaŠofar". Er ist der Autor der Stücke *Dreyfus, Enáyim* (Augen), *La viña de Nabot el iźre'elí* (Der Weingarten des Israeliten Nabot) und *Miriam y Hordós.* Weiters übersetzte er *Saul* von Lamartin, *Athalia* von Racine, *Die schöne Jüdin* von Hipólito Lucas sowie *Judith* von Delfina de Girardin. Alexander Ben-Guiat (Smyrna, um 1869–1924), der unter anderem die Zeitung „El Meseret" herausgab, publizierte im Jahre 1903 in den literarischen Miszellen „El Treśoro de Yerušaláyim" (Jerusalem) eine Reihe von Komödien. Kleine Einakter mit zusammenhängender Thematik, Milieuschilderungen, die von Verlobung, Brautzeit, Hochzeit und Eheleben erzählen. Er verfaßte auch einige Monologe und wirkte an Theateraufführungen in Smyrna als Schauspieler mit.

Den Schlußpunkt dieser Aufzählung soll der zweifellos fruchtbarste Autor des sephardischen Theaters bilden – und zwar Šabetay Yosef Djaén (Pleven, um 1886 – Tucumán, 1947). Sein Vater, der den Sohn gerne als Rabbiner gesehen hätte, ließ ihm eine solide religiöse Ausbildung zuteil werden. Während seiner Jugend bereiste er die sephardischen Gemeinden des Balkans, da er sich zahlreichen pädagogischen, rabbinischen, öffentlichen und propagandistischen Aktivitäten verschrieben hatte. Diese Tätigkeiten führten ihn auch des öfteren nach Nord- und Südamerika, wo er zwischen 1928 und 1931 sephardischer Oberrabbiner von Buenos Aires war – ein Amt, das er später auch in Bukarest ausübte. Über den Beginn seines Engagements für das Theater wissen wir, daß im Jahre 1904, als Djaén in Travink (Bosnien) weilte, sein Drama *Bar Kojba* anläßlich der Einweihung einer Synagoge in der benachbarten Stadt Zenica aufgeführt wurde.

Es scheint, daß einige seiner Stücke beachtliche Verbreitung fanden und – ins Serbische übersetzt – sogar in Belgard gespielt wurden. Hiermit liegt uns gleichzeitig die einzige explizite Nachricht von der Übersetzung sephardischen Theaters in fremde Sprachen vor. Seine Stücke wurden sowohl von sephardischen als auch nichtsephardischen Theatergruppen in Bosnien, Serbien, Bulgarien, Griechenland, der Türkei, Rumänien, Ägypten und Amerika aufgeführt und erhielten in jüdischen wie auch nichtjüdischen Zeitungen lobende Kritiken.

Trotz allem wurden nur wenige Werke von Djaén verlegt. Dank der Unterstützung durch einige Freunde erschien in den Jahren 1921 und 1922 in Wien eine erste Serie seiner Stücke: zwei Dramen biblischen Inhalts (*Yiftaḥ* und *Débora*) sowie *La hija del sol* (Die Tochter der Sonne) – eine Art phantastischer Allegorie (mit Hexen, Teufeln usw.) in Versen mit moralischer Tendenz. Alle drei waren von Gesängen und Tänzen des Professors Abraham Susín begleitet. In jener Ausgabe findet sich auch eine Liste derjenigen Stücke, die Djaén in einer zweiten Serie zu publizieren gedachte: *Ester* und *Del mundo de ariba y del mundo de aḇaǰo* (Über die obere und die untere Welt); wie auch drei kürzere: *La gueulá* (Die Erlösung), mit Musikbegleitung von Professor Susín; *Muestras criaturas* (Unsere Geschöpfe) und *Sara Aharonšon*. Wir haben auch Kenntnis von zwei weiteren Stücken, zu deren Veröffentlichung es ebenfalls nicht kam – nämlich: *El canto delicioso de la vida* (Die wunderbare Hymne auf das Leben) und *En casa del pobre* (Im Hause des Armen), welche die Mühsal des Lebens in der Diaspora und in Armut zum Inhalt haben.

Im Prolog zu seinem Drama *Yiftaḥ* (p. 7) zeigt sich Djaéns starke Neigung zum Theater: Er dachte daran, nach Israel auszuwandern und sein ganzes Leben in den Dienst des Theaters zu stellen. Aber Djaén beendete seine Tage nicht in Israel, sondern in Argentinien, seine Fähigkeiten als Rabbiner weiterentwickelnd und nicht jene als Dramatiker. Er widmete sein Leben nicht den Brettern der Bühne, sondern wirkte auf der Bühne des Lebens. Trotz allem ist seine Arbeit für das Theater höchst bemerkenswert. Er erweiterte mit seinen Stücken nicht nur das dramatische Repertoire in Judeoespañol, sondern verhalf seinen Glaubensbrüdern damit auch zu einigen Stunden der Entspannung.

Das sephardische Theater hat auch eine Autorin von Bedeutung aufzuweisen. Es ist dies Laura Papo (Sarajevo, 1891–1941), die auch Bohereta genannt wurde. Wir verdanken ihr zahlreiche Dramen und Komöden, welche sie mit traditionellen Texten aus Romanzen, Gesängen und Tänzen ausschmückt. Da ihre Sprache keine literarische war, sondern die natürliche Ausdruckweise des Alltags reflektierte, verband sich in den Stücken der Bohereta die Erinnerung an das Leben vergangener Zeiten mit aktuellen Problemen. In ihren Werken ermahnte sie die Jugend zu Studium und Arbeit, kritisierte die Vernunftehe, das Verhalten der Schwiegereltern ihren Schwiegertöchtern gegenüber, die herablassende Einstellung begüterter Burschen zu Mädchen aus bescheidenen Verhältnissen usw. Das dramatische Schaffen von Laura Papo wurde niemals publiziert, aber „La Matatiá", der Kulturverein Sarajevos, der mit seinen

Einnahmen bedürftige Ehepaare unter seinen Mitgliedern sponserte, führte ihre Stücke auf. Es sollen hier nur einige ihrer Werke erwähnt werden: *Esterka, Sḥuegra ni de baru buena*[6], *Renado, mi nuera grande* (Renado, meine große Schwiegertochter), welches Šalomu Danitiju – einem der gefeiertsten Schauspieler von „La Matatiá" im Jahre 1933 – gewidmet war, *Ojós miyos* (Meine Augen), *La pacencia vale mucho* (Geduld ist viel wert), *Tiempos pasados* (Verflossene Zeiten) und *Había de ser* (Es mußte sein).

IV. DIE THEMEN

Wir wollen nun eine kurze Untersuchung der Themenkreise, die das Theater in Judeoespañol behandelt, vornehmen. Vom Speziellen zum Allgemeinen vorgehend, finden wir drei große Gruppen: A. Stücke mit spezifisch sephardischer Thematik, B. Stücke mit (allgemein) jüdischer Thematik und C. Stücke, die aus dem nichtjüdischen Theater übernommen wurden.

A. Sephardische Thematik

Zur Gruppe der Stücke mit sephardischer Thematik zählen wir all jene, die im Schoße der jüdischen Gemeinden des Orients entstanden sind, sowie 1. die Erlebniswelt einer geschlossenen Gesellschaft, innerhalb derer sich der Alltag der Sepharden abspielte, oder 2. Ereignisse ihrer vergangenen und gegenwärtigen Geschichte darstellen.

1. Die sephardische Erlebniswelt

In diesen Bereich fallen eine stattliche Anzahl von Milieuschilderungen, die in unterschiedlicher Länge und mit verschiedenem Tiefgang die Probleme des Alltags und des Gemeindelebens beschreiben. Viele von ihnen führen uns das ganze Repertoire sephardischer Typen vor: Angestellte, Handwerker, Kaufleute, Heiratsvermittler, Hebammen, Händler u. a., die sich der Umgangssprache bedienen und sich ihrem traditionellen, alltäglichen Leben entsprechend verhalten, lachen und weinen, denken und handeln.

Zu dieser Gruppe gehören der Großteil der Stücke von Laura Papo sowie einige von Djaén. Dazu kommen noch andere, anonyme Werke, wie *Los males de la colada* (Die Mühsal des Wäschewaschens; veröffentlicht in: „La Epoca", Saloniki 1900), Ocho días antes de Pésaḥ (Acht Tage vor Pesach; in: „El Ĵuguetón", Konstantinopel 1909) usw. und die bereits erwähnte Reihe kleiner Komödien von Alexánder Ben-Guiat.

Eine weitere Gruppe von Stücken beschreiben in allegorischer Form und mit Hilfe von Symbolfiguren interne Probleme, die die Gemeinde bewegten. So z. B. *Vendetta* (in: „El Tresoro", Ruse 1894) oder *Lo que hićieron todos* (Was alle machten) von Nisim Bajar (in: „El Burlón", Konstantinopel 1909), in welchem die stürmischen Gemeinderatswahlen von Konstantinopel im Jahre 1908 beschrieben werden, deren Resultat die Proklamation von Ḥayim Naḥum zum Oberrabbiner der Türkei war, und viele andere.

In diesem Zusammenhang muß auch *Lingua y nación israelita* (Die jüdische Sprache und Nation; Kostantinopel 1910), ein Stück in Versen von Jakim Bajar, erwähnt werden. Es handelt sich hierbei um einen langen und mühseligen philosophischen Diskurs, der ganz und gar unaufführbar ist. Die handelnden Personen sind die fünf wichtigsten sephardischen Zeitungen jener Zeit – „El Telégrafo" und „El Tiempo" von Konstantinopel, „La Epoca" von Saloniki, „La Esperanza" und „La Voź del Pueblo" von Smyrna – sowie ein Kritiker. Die Personen versammeln sich, um die langen und vernunftbetonten Ausführungen des Kritikers zu einem einzigen Thema anzuhören und zu diskutieren – die sephardische Judenheit braucht eine einigende Sprache, die ihr die Kraft verleiht, zu einem Volk zu werden. Aber – und hier liegt der Kern des Problems – für welche Sprache soll man sich entscheiden? – Für das Türkische, das Hebräische oder das Französische (p. 58), das Spanische wird nicht einmal in Erwägung gezogen. – Die Entscheidung fällt schließlich zugunsten des Hebräischen.

Unter den Stücken, die die ideologischen Spannungen zwischen Zionisten und Sozialisten veranschaulichen, welche die Gemeinde von Saloniki bewegten, verdient die unterhaltsame Komödie *Belaĝí*, ein Einakter von Alberto Moljo, besondere Beachtung. Sie stellt eine

scharfe Kritik an einem zionistischen Kandidaten für die Parlamentswahlen dar.
Eine eigene Sparte unter den Stücken mit sephardischer Thematik bilden jene, welche in den glücklichen zwanziger Jahren entstanden. Zu dieser Zeit vollzog sich der Bruch mit der traditionellen Lebensform, der das Erblühen eines modernen Lebensstils mit der ihm eigenen Problematik möglich machte. Die Titel dieser „modernen Komödien" sprechen für sich: *Esposorio del felek* (Die moderne Ehe), *Mi mujer quere campaña* (Meine Frau will aufs Land fahren), *Cale vivir a la moda* (Man muß mit der Zeit gehen), *El marido moderno* (Der moderne Ehemann), *Musiú Jac el parisiano quere esposar* (Musiú Jac, der Pariser, will heiraten), *No me v'a casar* (Ich werde nicht heiraten), *No quero esposar* (Ich will mich nicht vermählen), *La vida moderna* (Das moderne Leben) usw. Alle diese Stücke wurden zwischen 1927 und 1929 in der Zeitung „El Ĵuguetón" in Konstantinopel veröffentlicht.

2. Die sephardische Geschichte

Die Sepharden haben eine Geschichte, die sie nicht vergessen können – ihre Vergangenheit in Spanien. Doch von der ganzen ungeheuer fruchtbaren Periode ihres Aufenthalts auf der Iberischen Halbinsel wurden nur die tragischen Momente, nämlich die Vertreibung und die Schrecken der Inquisition, zur Inspirationsquelle für eine Reihe von Theaterstücken. Diesbezüglich seien nur die verschiedenen Dramen erwähnt, die A. Menahem, B. 'Ażariá, S. Semo, J. Loria und einige andere Autoren der Figur Abravanels, des jüdischen Ministers der katholischen Könige, widmeten; sowie *Los maranos* (Saloniki 1934) von A. Barźilay, *Don Yosef de Castilla* u. a., die sich mit dem Problem der Kryptojuden beschäftigten.
Abgesehen von ihrer Vergangenheit in Spanien waren die Sepharden jedoch auch Teil verschiedener nationaler Gemeinschaften (der türkischen, bulgarischen, griechischen usw.), mit denen sie schon seit vielen Generationen zusammenlebten. Da die historischen Wechselfälle dieser Völker sie somit direkt betrafen, ist es nicht verwunderlich, daß sie auch Stücke schrieben, die sich etwa mit der vergangenen und gegenwärtigen Geschichte der Türkei befaßten. Dazu zählen mehrere Werke von J. Loria in türkischer und französischer Sprache, wie auch die anderer Autoren, z. B. *La batalla de Plevna* (Die Schlacht von Pleven), *Gaźí Osmán Pachá*, *Treinta años de la vida de Ḥamid* (30 Jahre im Leben von Hamid) u. a. m.

B. Jüdische Thematik

Einen weiteren Themenkreis bilden jene Stücke, welche die Sepharden als Juden ansprechen, indem sie Ereignisse aus der Geschichte des Volkes Israel aufgreifen bzw. sich in der einen oder anderen Form mit der jüdischen Lebensweise im allgemeinen auseinandersetzen.
Auch dieser Abschnitt läßt sich in zwei Kapitel unterteilen: 1. Stücke, die von der Bibel und ihren legendenhaften Erweiterungen inspiriert sind bzw. solche über die Geschichte des jüdischen Volkes, und 2. Stücke, welche die zeitgenössischen Probleme der Juden in den Ländern der Diaspora darstellen.

1. Die Bibel und die ältere jüdische Geschichte

Zahlreich sind die Stücke zu jüdischen Themen, wie z. B. die zitierten von B. Mitrani, aber auch viele andere: *Jetzi'at Mitzrajim* (Der Auszug aus Ägypten) von B. A. Evlagón; *Lea* von A. Menaḥem; *Débora* und *Yiftaḥ* von Y. Š. Djaén; Mosé von A. Ḥaźán; *La viña de Nabot el iźre'eli* (Der Weingarten Naboths, des Israeliten) von Y. Papo u. v. a. Zusätzlich gibt es noch einige anonyme Werke wie etwa *Los esculcadores* (Die Kundschafter), über die Kundschafter, die Josua ausschickte, um das Gelobte Land zu erforschen; *David y Goliat* usw.
Die vom sephardischen Theater am häufigsten bearbeiteten biblischen Erzählungen sind jedoch zweifellos jene von Joseph und seinen Brüdern sowie die Geschichte der Königin Esther. Zur ersteren sind uns eine Reihe von Stücken in Judeoespañol wie auch einige auf Hebräisch überliefert. Beispielsweise: *Joseph we-echaw* (Joseph und seine Brüder) von Mitrani, *La vendida de Yosef por sus hermanos* (Der Verkauf Josephs durch seine Brüder) von B. A. Evlagón, *Yosef vendido por sus hermanos* (Joseph, der von seinen Brüdern verkauft wurde) von Y. Barźilay (Konstantinopel 1910), *Ya'acob y sus hijos* (Jakob und seine Söhne) von E. B. Ya'acob usw. Dem wäre noch eine

Übersetzung hinzuzufügen – nämlich *Yosef topado por sus hermanos* (Joseph, der von seinen Brüdern gefunden wurde; in: „El judió", Konstantinopel 1915–1916). Dieses von Y. M. Barźilay geschriebene bzw. adaptierte Stück verdient besondere Erwähnung: Es basiert auf dem *Sefer Tocpó šel Yosef* (Buch über die Stärke Josephs, 1. Ed., Livorno 1867) des Sepharden Yosef Šabetay Farḥí, welches wiederum nichts anders als eine Bearbeitung von *Milhamá beŠalom* (Krieg im Frieden, 1. Ed., Šklov 1797) des aschkenazischen Rabbiners Chaim Katz ist.
Was die Esther-Geschichte anbelangt, so gibt es etliche Stücke sephardischen Ursprungs – z. B. *La reina Ester* von Charles Gattegno; die bereits zitierten *Chaman u-Mordechai* von Mitrani, *Ester* von A. Ḥaźán und Ester von Djaén; sowie *Historia de Ester* von Ya'acob A. Semuel. Hinzu kommen verschiedene Übersetzungen – sei es aus dem Hebräischen, wie *Schoschanat Ja'akobh* (Die Rose Jakobs, Konstantinopel 1921) von Jehuda Steinberg, oder aus dem Französischen, wie etwa die *Esther* von Racine (Konstantinopel 1882).
Bezüglich der Übersetzungen ist ganz allgemein festzustellen, daß einige mehr oder weniger klassische Stücke des europäischen Theaters aufgrund ihrer biblischen Thematik ins Judeoespañol übertragen wurden. So beispielsweise *Athalia* von Racine, *Saul* von Lamartine, *Saul* von Vittorio Alfieri und *Judith* von Delphine de Girardin.
Die Geschichte des klassischen Judentums betreffend, kann man sagen, daß die bevorzugten Sujets für das Theater diejenigen Episoden sind, welche heroische Ereignisse aus der jüdischen Geschichte erzählen. Es existieren zahlreiche Stücke – mit ähnlichen Titeln –, die sich mit den Makkabäern und ihrer Zeit, mit Bar Kokhba oder mit den verehrungswürdigen Rabbinen des Talmuds (wie z. B. R. Akiba und R. Meir) auseinandersetzen. Zu dieser Gruppe gehört auch das Stück *Schulamit* des aschkenazischen Autors Abraham Goldfaden, welches auf einer talmudischen Erzählung beruht und im jiddischsprachigen Theater sehr verbreitet war. Vor dem sephardischen Publikum wurde es in hebräischer Sprache aufgeführt.

2. Die jüdische Problematik
Diese Gruppe beinhaltet Werke höchst unterschiedlichen Charakters. Zunächst gehören dazu diejenigen, welche die Religion in den Vordergrund stellen und dogmatische oder moralisierende Themen vom Standpunkt der religiösen und ethischen Prinzipien des Judentums aus abhandeln. Dann solche, die die Situation des Judentums in einer fremden Umgebung aufgreifen, d. h. die Problemkreise Assimilation und Antisemitismus anschneiden, wobei sie in ihrer Mehrheit für die zionistische Lösung plädierten. Und schließlich jene, welche jüdisches Gemeindeleben außerhalb des sephardischen Bereichs schildern.
Wir finden also Werke dogmatischen Inhalts, wie etwa *El bet-din de los cielos* (Das himmlische Gericht, Plovdiv 1905) – eine Version in Judeoespañol des Dramas *Sady Boze* von Wilhelm Feldman –, über die Mißachtung des zweiten Gebots und die daraus resultierenden Folgen; und weiters die bereits erwähnten kurzen Stücke Ottolenghis, die um Themen wie religiöse Studien, den Wert der Wohltätigkeit usw. kreisten.
Das Assimilationsproblem wird in einer nicht unbedeutenden Zahl von Stücken bearbeitet. Denken wir beispielsweise an *Doktor Kohn* von Max Nordau und *Neschef Purim* (Purimball) von Aharon Amar, welche beide in Judeoespañol publiziert wurden (zweiteres in Kazanlik um 1909). Aber auch sephardische Autoren nahmen sich dieses Themas an, wie z. B. das Stück *Ḥanuká y Noel* (in: La Tribuna Líbera, Saloniki 1910) beweist. Zu diesem Themenkreis gehört aber auch das Stück *Gueto* (Ghetto) des holländischen Schriftstellers Herman Heyerman, in welchem gerade der gegenteilige Standpunkt vertreten wird. – Der Autor tritt für Assimilation und Mischehen ein. Als das Stück nach seiner Übersetzung ins Judeoespañol im Jahre 1920 publiziert wurde (in: „La Nación", Saloniki), erhielt es in der sephardischen Presse höchst feindselige Rezensionen.
In Zusammenhang mit diesen Werken, die die Risiken der Assimilation behandeln, steht auch die recht umfangreiche Gruppe von Dramen, welche sich mit dem Problem des Antisemitismus beschäftigen. Bei der Behandlung dieses Themas schöpften die sephardischen Autoren

ihre Inspiration aus ganz verschiedenen Quellen. Einige nahmen Ereignisse der jüngsten Vergangenheit zum Ausgangspunkt, wie etwa die Dreyfus-Affaire, über die es zahlreiche Stücke mit demselben oder ähnlichem Titel von A. Menaḥem, J. Loria, Y. Papo u. a. gibt. Andere befaßten sich mit dem Topos der Ritualmordbeschuldigung wie J. Loria in *La sangre de la mâsá* oder *La ocasión de la sangre* (Die Versuchung des Blutes) usw. Und wieder andere thematisierten die verschiedensten Gewalttaten, unter denen das jüdische Volk im Laufe seiner Geschichte zu leiden hatte, wie beispielsweise Djaén in *Los pogromes de Kičhinov* (Die Pogrome von Kischinew) oder M. Naĵari in *El triumfo de la ĵusticia* (Der Sieg der Gerechtigkeit). Gleichzeitig wurden Stücke nichtsephardischer Autoren, die ebenfalls das Problem des Antisemitismus behandelten, übersetzt, wie das schon erwähnte *Israel* von H. Bernstein (Saloniki?, ca. 1912) oder *Los Ĵudiós* (im Original: *Jewreji*) von Jewgenji Tschirikow.

In der Mehrzahl dieser Werke wird ganz entschieden jener Standpunkt unterstützt oder vertreten, den die zionistische Ideologie als Antwort auf die Probleme Assimilation und Antisemitismus anpries – nämlich die Schaffung einer nationalen jüdischen Heimstätte in Palästina. Daher müssen wir als Ergänzung und Erweiterung zu diesem Themenkomplex auch solche Stücke zählen, die entweder das Leben in den neugegründeten jüdischen Siedlungen beschreiben – wie *Los pioneros* und *Sara Aharonśon* von Djaén, das von einem Mitglied des jüdischen Widerstands in Palästina zur Zeit des Ersten Weltkriegs erzählt, die von den Türken getötet wurde – oder sich in allegorischer Art und Weise auf den Zionismus und seine Richtungen, seine Helden und Führer beziehen – wie *La liberación de la Palestina* (Die Befreiung Palästinas) und *Mośé, Herzl y Trumpeldor al paradiso* (Moses, Herzl und Trumpeldor im Paradies).

Auch die Lebensweise des anderen Zweiges des Judentums – der Aschkenazim – wurde auf den sephardischen Bühnen des Orients präsentiert. Sei es durch Stücke, die zu den Hauptwerken des jüdischen Theaters aller Zeiten gehören, wie *Der Dibbuk* von Anski, in welchem mystisch-kabbalistische Praktiken des russischen und zentraleuropäischen Judentums beschrieben sind, oder durch Milieuschilderungen, wie sie in den amüsanten Einaktern von Scholem Alechem *Mažal tob* und *El médico* (Der Arzt, Saloniki 1920) vorkommen.

C. Bearbeitungen des Welttheaters

Erwartungsgemäß ist das französische Theater das dem sephardischen Publikum am vertrauteste. Ohne Unterschied übernahm man all die guten und weniger guten Stücke, welche die französische Kultur hervorgebracht hatte und in der damaligen Zeit weiterhin hervorbrachte. Denn die französische Kultur diente den Sepharden als Leitstern und Führer durch die okzidentale Welt.

Innerhalb des klassischen französischen Theaters ist der beliebteste Autor zweifellos Molière. Von seinen erfolgreichsten Stücken wollen wir nur *Der Geizige, Der eingebildete Kranke, Der Arzt wider Willen, Le Mariage forcé, Scapins Schelmenstreiche* usw. erwähnen. Aber auch andere klassische Stücke des französischen Theaters erreichten das sephardische Publikum, so z. B. *Maistre Pierre Pathelin* – eine anonyme Farce aus dem 15. Jahrhundert – oder *Les Plaiseurs* von Racine. Und man führte auch dramatische Bearbeitungen von berühmten Romanen auf, wie etwa von Victor Hugos *Les Misérables*. Im selben Ausmaß boten die sephardischen Bühnen ihrem Publikum auch die Werke des zeitgenössischen französischen Theataers mit seinem gesamten Themenspektrum. Seien es Dramen, wie etwa die Bearbeitung von Emile Zolas *Thérèse Raquin* oder *Les Affaires sont les Affaires* von Octave Mirbeau, gefällige Komödien, wie z. B. *Topaze* von Marcel Pagnol, oder romantische Stücke, wie *Cyrano de Bergerac* von Edmond Rostand, *Le Maître de forges* (*El fabricante de fieros* in: „El Telégrafo", Konstantinopel 1892) von Georges Ohnet und *La Viege folle* von Henry Bataille. Es gab aber auch Kriminalstücke – so beispielsweise *Le Courrier de Lyon* (*El coreo de Lyon*, Wien 1901) von Eugène Lemoine – und solche, die man mehr oder weniger als sozialengagiert bezeichnen kann, wie *Les Deux Orphelines* von Adolphe-Philippe Dennery und *Les Mauvais Bergers* von Octave Mirbeau.

An zahlreichen Darbietungen von Vaudevilles

und leichten Komödien fehlte es natürlich ebenfalls nicht. In diesem Zusammenhang wären Stücke wie *L'Affaire de la rue Lourcine* und *Le Misanthrope et l'Auvergnat* von Eugène Labiche, *Les Boulingrin, Un Client sérieux, Le Commissaire est bon enfant* von Georges Courteline u. v. a. zu nennen.

In geringerem Umfang und gehörigem Abstand zu dieser Flut, mit der die französische Literatur das Repertoire des sephardischen Theaters überschwemmte, rezipierte dieses auch die dramatische und literarische Produktion anderer europäischer Länder. So wurden beispielsweise dramatische Bearbeitungen berühmter russischer Romane, wie *Anna Karenina* und *Die Auferstehung* von Tolstoi oder *Die Brüder Karamasow* von Dostojewski, in Judeoespañol aufgeführt. Das englische Theater war durch *Romeo und Julia* von Shakespeare und ein Stück von Bernard Shaw vertreten; das italienische durch *La Scozzese* von Goldoni (in: „El Amigo de la Familla", Konstantinopel 1883) und *Scampolo* von Dario Niccodemi; das türkische durch Dramen von Namik Kemal; das griechische durch mehrere Werke von Andrea Laskaratos und Spiro Melas usw.

Es muß auch erwähnt werden, daß einige, wenige Sepharden Theaterstücke schrieben, deren Inhalt auf ihre Herkunft als Juden und Sepharden keinerlei Bezug nimmt. Dies trifft unter anderem auf *Riñú* oder *El amor salvaje* (Die wilde Liebe) von A. Galante zu – ein ländliches Drama über ein Verbrechen aus Leidenschaft, das im griechischen Milieu angesiedelt ist – oder *La famía misterioŝa* (Die geheimnisvolle Familie), eine Verwechslungskomödie von J. Behar. Es gab sogar einen Sepharden, dessen Werk auf den Bühnen von Paris gespielt wurde – und zwar die Komödie *La Bonne Saison* von Šemuel Carasso. Außerdem wurden, wie wir bereits gesehen haben, mehrere Stücke von Š. Y. Djaén ins Serbokroatische und Bulgarische übersetzt und von professionellen Schauspielern sowohl in den Theatern verschiedener jugoslawischer Städte als auch außerhalb des Landes aufgeführt.

D. Das sephardische und das spanische Theater

Die Tatsache, daß den Sepharden das spanische Theater aller Perioden während all der Jahre, in denen das Theater innerhalb ihrer Gemeinden eine lebendige Tradition hatte, völlig unbekannt war, ist – ebenso wie beim Roman – als signifikant anzusehen. In diesem Zusammenhang gewinnt auch ein kurioses Faktum an Bedeutung, das hier wegen seiner Eigenart und Außergewöhnlichkeit angemerkt werden soll: einige spanische Autoren sind in Jugoslawien erst dank der von Sepharden angefertigten Übersetzung ihrer Werke ins Serbokroatische bekannt geworden. Aufgrund eines Briefes von Benko S. Davicho an Angel Pulido wissen wir, daß ersterer die Stücke *Un crítico incipiente* (Ein angehender Kritiker) von Echegaray sowie *La caída de un ministro* (Der Fall eines Ministers) von Navaulle y Landa übersetzt hat[7]. Sein Bruder, Ḥayim Davicho, wiederum übertrug *El gran filón* (Der große Coup) von Rodríguez Rubí und weitere Dramen Echegarays, welche alle am Nationaltheater von Belgrad aufgeführt wurden.

Obwohl man a priori annehmen sollte, daß die spanische Literatur den sephardischen Gemeinden des Orients leichter zugänglich gewesen sei als jede andere, war sie ihnen gänzlich unbekannt, denn sie erschlossen sich den Westen hauptsächlich mittels der französischen Kultur. Die mangelnde Hinwendung zur spanischen Kultur und Sprache, die unter den letzten Generationen der in der Levante lebenden Sepharden zu konstatieren ist und sehr treffend als „A-Hispanismus"[8] bezeichnet wurde, war bereits zur damaligen Zeit von einigen „spanienbegeisterten" Sepharden mit größtem Bedauern kommentiert worden. Das zeigt sich beispielsweise in den Betrachtungen, die Isaac Alcheh anläßlich mehrerer Theaterbesuche in Madrid anstellte[9]: „Ich erinnerte mich und stellte mir vor, all jene Künstler und Laienschauspieler (aus Saloniki) auf der Bühne zu sehen ... Und im Anschluß daran drängte sich mir die Überlegung auf, wie weit es viele von ihnen hätten bringen können, hätten sie – anstatt sich all die fremde Literatur anzueignen, die ins Judeoespañol übersetzt wurde – den gesamten Reichtum der spanischen Literatur für sich entdeckt."

V. GRUNDSÄTZLICHES ÜBER DAS THEATER

Bis jetzt haben wir – in möglichst synthetischer Art und Weise – die wesentlichsten Daten bezüglich der Geschichte des Theaters in Judeo-español sowie seine Texte zusammengestellt. Doch um das Wesen des Theaters, welches eine bestimmte Gruppe von Menschen produziert, wirklich zu begreifen, bedarf es selbstverständlich noch anderer Dinge. Das theatrale Ereignis geht zwar von einem literarischen Text aus, kann aber erst dann als vollendet und seiner eigentlichen Bestimmung nachgekommen betrachtet werden, wenn es von Schauspielern vor einem Publikum aufgeführt wurde – mit allem, was diese Tatsache impliziert. Folglich ist es auch von Bedeutung, die Verhältnisse, in denen diejenigen leben, die Theater produzieren und konsumieren, genauer zu betrachten; oder mit anderen Worten – ihre Mentalität und ihre Träume, ihre Ideale, den Ablauf ihres Alltagslebens sowie ihr kulturelles Niveau, welches ja für die ästhetischen Anforderungen bestimmend ist, zu studieren.

Die Aspekte, die man im Zusammenhang mit dem Aufbau der Vorstellungen und der (kleinen) Welt des sephardischen Theaters untersuchen könnte, sind zahlreich. So etwa: das Verhalten des Publikums, die Aufführungsorte, das System von Kartenverkauf und -verteilung, Kategorie der Aufführungsorte und Saalmieten, die Beginnzeiten, den Saalschmuck, die Bühnendekoration, die Kostüme der Schauspieler u. a. m., worauf wir hier freilich nicht näher eingehen können. All dies ist jedoch in meinem Buch *Repertorio de noticias sobre el mundo teatral de los sefardíes orientales* ausreichend dokumentiert. In diesem Buch habe ich an die 900 Mitteilungen und Kommentare, verschiedene Aspekte des Theaters betreffend, gesammelt, die in der sephardischen Presse Osteuropas erschienen sind. Mehrere umfangreiche nach Themen geordnete Indices ermöglichen dabei die mühelose Lokalisierung der oben aufgezählten Themenkreise sowie auch vieler anderer. Hier sollen dagegen nur zwei Aspekte des sephardischen Theaters in schematischer Art und Weise skizziert werden: A. die Umstände, die das theatrale Ereignis entstehen lassen und B. die Schauspieler.

A. Umstände, die das theatrale Ereignis entstehen lassen

Es gibt drei Faktoren, die das Theater fördern: 1. – und am wichtigsten – festliche Anlässe; damit in Verbindung stehend oder nicht 2. die Schulen und 3. wohltätige Vereine, Klubs und politische Assoziationen.

1. Die Feste

Im Festzyklus des liturgischen Jahres gibt es im jüdischen Kalender zwei Feste, die den nötigen Keim in sich tragen, um das theatrale Ereignis zum Erblühen zu bringen – nämlich Purim und Chanukka.

Das Purimfest, zu dessen Feier traditionellerweise Masken und Verkleidungen gehören, bot von alters her in der jüdischen Welt einen idealen Nährboden für theatrale Manifestationen der verschiedensten Art. Parallel zum christlichen Karneval, wenn auch unter Wahrung des entsprechenden Unterschieds, hat das Purimfest die Theaterbegeisterung unter den Juden erweckt, immer wieder aufgefrischt und wachgehalten.

Dieser Begeisterung wurde lange Zeit hindurch in mehr oder weniger normierten „Purimfarcen“ Ausdruck verliehen. Es handelte sich dabei um Pantomimen von zweifellos hohem prätheatralem Wert, die um eine Witzfigur – ein Symbol für die Person des biblischen Hamman – kreisten, welcher am Ende verprügelt, gehängt oder verbrannt wurde. Der Brauch zu „dramatisieren“ blieb auch erhalten, als – vielleicht den Anforderungen eines „zivilisierten“ Lebens weichend – die Farcen sich in ihrer Primitivität erschöpft hatten und ausstarben. Das Purimfest lieferte somit den Anlaß, jegliches Theaterstück, dessen Inhalt nur mehr oder weniger der Gelegenheit entsprach, aufzuführen.

Die Sepharden haben, wie nicht anders zu erwarten, das Purimfest betreffend alle eben beschriebenen Etappen durchlaufen. Wie schon erwähnt, gab es in der sephardischen Welt die von jeher belegte Tradition der Maskenumzüge zu Purim, die erst gegen Ende des vorigen Jahrhunderts, fortgespült von den Wogen des bewegten, modernen Zeitaltes, zu verschwinden begannen. Was blieb war aber der Brauch, in diesen Tagen Theaterstücke zu spielen bzw. zu besuchen. Und so führten die Sepharden zu Purim eine ansehnliche Zahl an Stücken jüdischer und nichtjüdischer Autoren auf, die die biblische Esthergeschichte zum Inhalt hatten sowie auch andere über das Geschick von Joseph und seinen Brüdern.

Chanukka erinnert bekanntlich an die Wiedereinweihung des Tempels nach dem Sieg der Makkabäer, in dessen Folge die Herrschaft über das Land Israel wieder in jüdischen Händen lag. Dieses Fest, das nationalistischer Schwärmerei Vorschub leistete, wurde daher vor allem von den noch zu besprechenden Gruppen, die zionistisches Gedankengut propagierten, für Theatervorführungen ausgewählt.

Aber nicht nur diese beiden und andere durch die Liturgie bestimmte Feste waren der Anlaß für die Aufführung von Theaterstücken, auch verschiedene, herausragende oder besondere Begebenheiten im Gemeindeleben dienten als Anregung. Um nur ein Beispiel zu nennen, sei die sogenannte „Halbascha" erwähnt. Ein Fest, zu dem an arme Kinder und Waisen, welche Zöglinge der Kommunal- bzw. Talmud-Tora-Schulen waren, Kleidung verteilt wurde. Der Festakt endete für gewöhnlich mit der Aufführung eines Theaterstücks unterschiedlicher Thematik. Das Datum dieses Festes war je nach lokaler Tradition verschieden. In Saloniki pflegte man es um Pesach zu feiern.

2. Die Schulen

Es waren die Schulen, die sich von Anfang an des Theaters bedienten. Im Sinne eines pädagogischen Hilfsmittels verwendete man es, um den Schülern in einer lebendigen Art und Weise bestimmte Abschnitte der jüdischen Geschichte oder Moral nahezubringen. Und im allgemeinen wurde dieses Schultheater von den Eltern und der Gesellschaft auch gutgeheißen. In manchen Fällen mißbrauchten die Lehrer die schulischen Aufführungen allerdings dazu, ihren persönlichen Ehrgeiz zu befriedigen und vor der Elternschaft ihre pädagogischen Fähigkeiten zur Schau zu stellen.

Als Reaktion auf die ständig steigende Zahl solcher Theateraufführungen erhoben sich daher im Laufe der Zeit in verschiedenen Zeitungen immer zahlreichere Stimmen, welche die Beschäftigung der Schüler mit Aktivitäten, die ihre gesamte Zeit in Anspruch nahmen und sie von ihren schulischen Verpflichtungen abhielten, aufs Schärfste verurteilten. Lehrer wie auch Schuldirektoren wurden in diesen Artikeln aufgefordert, sich ausschließlich ihren pädagogischen Aufgaben zu widmen[10].

3. Wohltätige Vereine, Klubs und politische Assoziationen

Die vielgestaltigen und höchst aktiven wohltätigen Vereine, wie sie jeder jüdischen Gemeinschaft eigen sind, entdeckten sehr bald, daß sich das Theater vorzüglich zur Aufbringung von Geldmitteln für ihre Zwecke einsetzen ließ. Die Liste der Vereine, die sich solcherart des Theaters bedienten, ist daher dementsprechend lang, und es ist hier nicht der Platz, sie alle einzeln aufzuzählen. Ab einem gewissen Zeitpunkt begann das Überangebot an derartigen Aufführungen zu wohltätigen Zwecken das Publikum zu stören, und diese Tatsache fand ihren Niederschlag ebenfalls in der Presse[11].

Auch die verschiedenen Freizeitklubs und kulutrellen Organisationen, welche das Theater oftmals in ihr Veranstaltungsprogramm aufgenommen hatten, trugen stark zur Popularisierung der Theaterleidenschaft bei. In der zweiten Dekade unseres Jahrhunderts tauchten schließlich Assozationen auf, die bestimmten politischen Ideologien verpflichtet waren. Und da das Theater sowohl ein Spiegelbild der Interessen und Lebensweise eines Volkes als auch ein außerordentlich geeignetes Forum zur Verbreitung von Meinungen und Darstellung von Standpunkten ist, wurde es von politischen Gruppen – vor allem von solchen sozialistischer und zionistischer Ausrichtung – zu verschiedensten Zwecken benutz. Zum fund raising, zu Propagandazwecken und als Arena für ideologische Polemik, in welcher Diskussionen, die anläßlich der Wahlen zur jüdischen Gemeindeversammlung, zum Stadtrat oder zur jüdischen Vertretung im Parlament immer aufs neue entbrannten, mit anderen Mitteln fortgesetzt wurden.

Die Ideologie war offensichtlich ein großer Ansporn zur Entfaltung von Theateraktivitäten. Denn die zionistischen und sozialistischen

Gruppen brachten zahlreiche Stücke – Übersetzungen wie auch Originalwerke – zur Aufführung. Doch wie üblich wurden nur wenige von ihnen publiziert.
Der Ort, an dem die über das Theater ausgetragenen politischen Dispute am stärksten spürbar waren, ist zweifellos Saloniki. Die zionistischen Ideen wurden dort von vielfältigen Gruppen und Vereinen vertreten, deren mächtiger Gegner der „Sozialistische Bund“ (Federación Socialista) war. Eine Vereinigung, in welcher sich die Arbeiter der Tabak- und Papierindustrie, die Schuster, Druckereiarbeiter usw. formierten. Zwischen diesen beiden Parteien entspann sich eine heftige Kontroverse, in die auch das Theater einbezogen wurde. Alle von diesen Gruppen aufgeführten Stücke, gleichgültig ob Originale oder Übersetzungen, bewegten sich am Rande strikter literarischer Kriterien und hatten vor allem die Aufgabe, die eigenen Ideen ins rechte Licht zu rücken und die des Gegners herabzusetzen oder lächerlich zu machen. Auf die genauen Aktivitäten dieser Gruppen wird weiter unten noch eingegangen.

B. Die Schauspieler

Im Folgenden sollen einige Dinge im Zusammenhang mit den sephardischen Schauspielern besprochen werden. Zunächst ist darauf hinzuweisen, daß es sich bei ihnen ausschließlich um Laiendarsteller handelte. Das Engagement für das Theater beschränkte sich im allgemeinen auf das jugendliche Alter und steht in Verbindung mit dem größeren Freiraum, den das Junggesellendasein bietet. Dies ging so weit, daß viele Theatergruppen in dem Moment, in dem eine größere Zahl ihrer Mitglieder in den Ehestand trat, Krisen durchlebten oder sich sogar völlig auflösen mußten.

1. Die Theatergruppen

Ab Ende des 19. bzw. Anfang des 20. Jahrhunderts gehörte die Gründung von Theatergruppen unter den Mitgliedern von Klubs, Kultur- und Wohltätigkeitsvereinen sozusagen zum guten Ton. Als einige Beispiele unter vielen seien hier nur die folgenden angeführt: die „Socětá de Instrucción y Bienfećencia“ von Konstantinopel (1873–1874), die „Societá Instructiva“ von Adrianopolis (1875), „El Progeso“ (1894) und „Unión y Progreso“ (1897) in Ruse, der „Cercle deś Intim“ (gegründet 1874 und 10 Jahre später mit „El Gran Cercle“ fusioniert) und „Club deś Intim“ (gegründet 1908) in Saloniki, „La Benevolencia“ und „La Lira“ (1901) in Sarajevo, die dramatische Sektion der „Ezra betzarot“ von Novakova (1909) sowie die Vereinigungen ehemaliger Schüler der Alliance Israélite in verschiedenen Gemeinden.
Es ist bekannt, daß die Sepharden in Saloniki im ersten Viertel unseres Jahrhunderts ein intensives und kreatives Engagement für das Theater entfalteten. Diese literarische Renaissance ist als Zeichen der geistigen Aufbruchsstimmung zu werten, die als Folge der Revolution der Jungtürken (1908) und der damit verbundenen politischen und sozialen Umbrüche das gesamte Osmanische Reich erfaßte.
Die allgemeine Stimmung war dem Theater äußerst günstig. In jenen Jahren gaben mehrere professionelle italienische und französische Theatergruppen Gastspiele in Saloniki. Der Agent, der sie dorthin brachte, war ein Sepharde namens Lieto Noah. Und auch nach dem Ersten Weltkrieg waren die Kabaretts, Kinos und Theater fast alle in jüdischer Hand. All diese Aktivitäten rund um das Theater erhielten die bereits bestehenden Gruppen von Laienschauspielern am Leben und förderten das Entstehen neuer Initiativen, die sich etwa 60 Jahre hindurch einer vitalen Existenz erfreuten.
Viele der Gruppen, die in den verschiedenen Gemeinden auf dem Balkan entstanden, waren unabhängig. Dies trifft für einige Ensembles in Saloniki zu, wie etwa „La Bohem“ – welches eng mit der Gruppe „La Falot“, gegründet 1903 und ebenfals in Saloniki beheimatet, zusamenarbeitete – dessen Mitglieder sich aus angesehenen Familien rekrutierten. Von 1900 an führten diese Gruppen ungefähr 15 Jahre lang einige Dutzend Stücke auf, Übersetzungen aus dem italienischen und französischen Theaterrepertoire. Andere unabhängige Ensembles dieser Stadt waren: die „Socĭetá Filarmónica Dramática“ (gegründet 1905), die „Tropa Dramática Żolá“ (1909–1911), der „Club de los Mancebos Amatores de Teatro“ (1909), die „Unión del Deśvelopamiento Dramático“ (1909), die „Sociedad Dramática La Bienfeśanz“ (1911) u. v. a. Aus späterer Zeit sind uns die Namen

anderer autonomer Gruppen erhalten, wie z. B. die „Unión de Actores Amatores Jidiós" (1931) und die Gruppe „Ivonik" (1932) aus dem Stadtviertel des Baron Hirsch.
Auch aus anderen Städten kennen wir die Namen von verschiedenen Schauspielgruppen. So gab es etwa in Konstantinopel die „Tropa de Amatores" im Stadtviertel Ortaköy" (1911 bis 1912), die auch unter dem Namen „Tropa Dramática Ĵudía Otomana" bekannt war; ebenso die „Tropa de Amatores" vom Stadtviertel Balat (1912), die „Tropa de Amatores Jidiós" (1914) usw. In Vidin hatte sich die „Societad Teatral la Esperanza" (1898) formiert, in Jabol die „Tropa Teatrale Ŝiyón" (1901), in Serre „Los Amigos de la Instrucción" (1906–1909), in Smyrna die „Societá de Amatores de Teatro" (1909), in Alexandrien der „Club Filodramático" (1920) usw.
Wie schon erwähnt, war das Theater kein ideologiefreier Raum. Die Amateurgruppe des sozialistischen Bundes („Grupo Dramático de Amatores de la Federación Socialista") nahm ihre Arbeit im Jahre 1914 auf und setzte sie – mit Unterbrechungen – bis zum Ende der dreißiger Jahre fort. Es kam dieser Gruppe zugute, daß sie von religiösen und moralischen Vorurteilen, welche das jüdische Theater immer eingeengt hatten, frei war und daher Stücke mit universeller Thematik aufführen konnte. Allem Anschein nach gehörten sie zu den am besten organisierten bzw. ausgebildeten und genossen zeitweise eine Art Monopolstellung in der sephardischen Theaterszene. Hier einige Titel aus ihrem Repertoire: *Thèrése Raquin* von E. Zola, *Les Mauvais Bergers* und *L'Epidémie* von O. Mirbeau, *L'Embuscade* von H. Kistemaeckers, *Der Gott der Rache* von Scholem Asch, *Topaze* von M. Pagnol, *Der Dibbuk von Anski*, *Scampolo* von D. Niccodemi, *Die Brüder Karamasow* von Dostojewski, *Die Auferstehung* und *Anna Karenina* von Tolstoi, einige Stücke von Bernard Shaw und eine große Zahl französischer Dramen sozialkritischen Inhalts. Das einzige ursprüngliche sephardische Werk sozialistischer Prägung, welches uns in schriftlicher Form erhalten blieb, ist die bereits zitierte Farce *Belaĝí* von A. Moljo.
Die zionistischen Gruppen andererseits, die nach der Eingliederung Salonikis in die griechische Nation im Jahre 1912 einen Aufschwung erfuhren, entfalteten von diesem Zeitpunkt an auf dem Gebiet des Theaters beachtliche Aktivitäten. Die uns überlieferten Zeugnisse ihrer Tätigkeit datieren vom Beginn der zwanziger Jahre, wo die zionistischen Organisationen mehrerer Städte Theatersektionen hatten. Als Beispiele seien hier nur angeführt: die „Tropa Dramática" des „Haschomer Hatzair" von Sofia (1930), „Grupo Artístico" der „Theodor Herzl Gesellschaft" von Drama (1932), die „Bnej Zion" von Xanthi (1923–1924), „Grupo Sionista" von Veria (1934), die Makkabi-Vereine verschiedener Städte u. a. m.
Doch es ist wiederum Saloniki, wo die Theatersektionen der zionistischen Vereine am zahlreichsten waren. Einige der dort existierenden Gruppen waren etwa: diejenigen der „HaTechiya" (1925) und der „Mizrachi" (1923–1935); die Gruppe „Ivonik" von „Degel Zion" (1930 bis 1932) sowie andere, die Teil der „Achadut" des Stadtviertels Kalamaria waren (1927–1930); die Theatergruppen von „Schibhat Zion" (1925 bis 1932), der „Theodor Herzl Gesellschaft" (gegründet 1932), von „Tiqvat Israel" (1928), „Tiferet Israel" (1930), „Kadima" (1923–1930) usw. Unsere besondere Aufmerksamkeit verdient jedoch die dramatische Sektion der „Max Nordau Gesellschaft" von Saloniki (1923 bis 1933). Mit viel Tatkraft und Schwung baute sie mit Laiendarstellern ein Theaterensemble auf, deren zahlreiche Vorstellungen einem doppelten Zweck dienten: einerseits sollten sie die nationalen Gefühle der Zuschauer wecken, und der Vereinigung andererseits zusätzliche Einnahmen bringen. Ihr Repertoire war sehr breit gefächert. So führten sie beispielsweise im Jahre 1921 das schon zitierte Drama *El triumfo de la ĵusticia* (Der Sieg der Gerechtigkeit) von M. Naĵari auf, welcher gleichzeitig eines der aktivsten Mitglieder der Gruppe war. Weitere Werke sephardischer Autoren waren z. B. *Los pogromes de Kičhinov* und *Los pioneros* von Š. Djaén. Sie übersetzten auch die Stücke der bekanntesten Leitfiguren des politischen Zionismus ins Judeoespañol, wie etwa *Die Juden* und *Doktor Kohn* von Max Nordau sowie *Das neue Ghetto* von Theodor Herzl. Weiters standen auf dem Spielplan: *Israel* von H. Bernstein und *Dreyfus*, wovon zwei Versionen existierten, eine von

ihnen eine Musicalfassung. Wie erwähnt, verwerteten sie auch das Thema des Makkabäeraufstandes und brachten Stücke, die sich mit dem vergangenen (Spanien, die Inquisition usw.), immerwährenden (z. B. Ritualmordbeschuldigungen) und zeitgenössischen (verschiedene zu jener Zeit verübte Pogrome, die Affaire Dreyfus) Antisemitismus auseinandersetzten.

2. Der Kampf ums Theater
Allgemein gesprochen kann man sagen, daß die Schauspieler im sephardischen Raum mit einer Menge von Problemen zu kämpfen hatten. Das schwerwiegendste von allen war vermutlich der vehemente Widerstand, den die zivilen und religiösen Autoritäten einiger Gemeinden dem Theater zeitweise entgegensetzten.
Vor allem Frauen mußten erst gewaltige Hindernisse überwinden, bevor man sie die Schauspielkunst ausüben ließ. Ihre Anwesenheit auf der Bühne wurde von allem Anfang an von den Gegnern des Theaters und eifrigen Hütern der Moral aufs schärfste verurteilt. Auch in späteren Zeiten wurden ihre Vornamen auf den Besetzungslisten noch schamhaft durch die Initialen ersetzt. Bis ins fortgeschrittene 20. Jahrhundert war ihre aktive Teilnahme am Theatergeschehen nicht unumstritten und ständiger Anlaß zu Diskussionen[12].

SCHLUSSFOLGERUNGEN

Am Ende dieser – sehr überblicksmäßig gehaltenen – Darstellung des Theaters in Judeoespañol sollte eine Gesamtbewertung des beschriebenen Phänomens stehen. Dazu ist zunächst festzustellen, daß uns leider keine „interne" Theaterkritik erhalten ist; d. h. eine Beurteilung ihres theatralischen Schaffens durch die Sepharden selbst. Die von den Kommentatoren in der sephardischen Presse geäußerten Kritiken erhoben sich, bis auf wenige interessante Ausnahmen, nur selten über das Niveau des Trivialen. Die ausgewählten Stücke wurden nahezu immer gutgeheißen, solange sie die jüdischen Moralvorstellungen nicht verletzten, und das schauspielerische Können der Akteure wurde nicht mehr oder weniger gerühmt als die Schönheit der Darstellerinnen.

Weiters muß man sich vor Augen halten, daß ein Gutteil der dramatischen und komischen Effekte verlorengeht, wenn einem ein Theaterstück – so wie es bei uns der Fall ist – ausschließlich durch Lektüre zugänglich ist und man nicht die Möglichkeit hat, einer Umsetzung auf der Bühne beizuwohnen.
Nach Analyse des bis jetzt bekannten Materials kann man zu den folgenden Schlüssen gelangen: Das ästhetische Niveau des sephardischen Theaters war im allgemeinen recht mittelmäßig, wobei seine Stärke vielleicht eher im burlesken (Komödien) als im dramatischen Fach zu suchen ist. Außerdem ist darauf hinzuweisen, daß einige Dramen und Komödien sehr wohl ihren beschränkten räumlichen und zeitlichen Rahmen hätten überschreiten können, wären sie nur im richtigen Moment bekannt geworden. Denn der Unterschied zwischen jenen Stücken und denen des jiddischen Theaters, die Eingang in die Weltliteratur gefunden haben, ist keineswegs so groß. Was seine interne Funktion angeht, so hatte das sephardische Theater zu seiner Zeit die Aufgabe, seinen Zusehern eine kultivierte Form der Zerstreuung mit ästhetischen Ansprüchen zu bieten. Wobei das Publikum seinerseits, sowohl bei Originalwerken als auch bei Übersetzungen, uneingeschränkt über Auswahl und Erfolg der ihm dargebotenen Stücke bestimmte.

BIBLIOGRAPHIE

Als Grundlage zum besseren Verständnis des sephardischen Theaters dient meine Monographie *El teatro de los sefardíes orientales*, 3 Bde., 1979. Darin finden Interessierte auch eine genaue Zusammenstellung der gesamten früheren Bibliographie (pp. 4–11 und 29–40, mit den entsprechenden Anmerkungen), welche sowohl die spärlichen Einzelstudien zu diesem Thema umfaßt als auch alle Werke, die vereinzelte Daten und Hinweise enthalten.
Eine unentbehrliche Ergänzung zu diesem Werk stellt mein *Repertorio de noticias sobre el mundo teatral de los sefardíes orientales*, Madrid 1983, dar, in welchem ich 866 das Theater betreffende Mitteilungen gesammelt habe, die zwischen 1873 und 1935 in der sephardischen

Presse des Balkans erschienen sind. Das Buch enthält auch umfangreiche, nach Themenkreisen geordnete Indices. Zur weiterführenden Beschäftigung mit der Materie dienen auch die folgenden, von mir verfaßten Artikel: *El teatro entre los sefardíes orientales*, in: Sefarad, 29 (1969), pp. 187–212 und 429–440, sowie 30 (1970), pp. 163–176 und 483–508; *Teatro sefardí*, in: El teatro y su crítica (Reunión de Málaga de 1973), Málaga 1975, Bd. I, pp. 179–199; *Aspectos literarios y sociológicos del teatro de los sefardíes de los Balcanes*, in: Los Sefardíes: Cultura y Literatura, San Sebastián 1987, pp. 171–189. Diesen wäre noch der erst vor kurzem von mir verfaßte Artikel, *Más teatro francés en judeoespañol* (in Druck für Sefarad), hinzuzufügen, in dem ich die Übersetzungsgeschichte von „Der Geizige" und „Le mariage forcé" von Molière sowie der „Esther" von Racine behandle, welche in meinen früheren Arbeiten nicht berücksichtigt wurden. Ebenso das Kapitel über das Theater aus meinem in Druck befindlichen Buch *La creación literaria en lengua sefardí*. Was den edierten und aufgearbeiteten Textkorpus angeht, so sind jenen in der Anthologie meiner Monographie enthaltenen Stücke noch die folgenden aus meinen Artikeln anzufügen: *„El bet-din de los cielos", Edición y estudio*, in: Segismundo, 7–8 (1968), pp. 135–243; *La comedia „Yosef vendido por sus hermanos"*, in: Estudios Sefardíes, 1 (1978), pp. 351–398; und *Los cantables de „Yosef vendido por sus hermanos"*, in: ibidem, pp. 65–82. Weiters die von anderen Autoren publizierten Texte: *J. Neira*, „Los Maranos", Drama judeoespañol de T. Yaliz, in: Módulo 3, 2, num. 6 (Juni 1974), pp. 13–32; und die von *M. Martín* in seiner Dissertation, El teatro sefardí: Edición de textos y estudio de la morfología derivativa nominal, Diss. der Univ. Autónoma, Madrid 1990, veröffentlichten, in der die vier zitierten Stücke von A. Ben-Guiat sowie 12 kurze Stücke von untergeordneter Bedeutung, die zur erwähnten Gattung der „neuen Komödie" gehören, ediert wurden.

Anmerkungen

1 *Moeures et Usages des Turcs, Leur Religion, Leur Gouvernement Civil Militaire et Politique, Avec un Abregé de l'Histoire Ottomane*, 2 Bd.e, Paris 1747, 1. Bd., pp. 359–396 („Leurs Comédies, leurs Farces et leurs Marionnettes").

2 Op. cit., Anmerkung 1, 2. Bd., pp. 434–435.

3 2. Jg., num. 345 (1 [= 13] März), 3a–b; siehe auch in meinem Buch, *Repertorio*, num. 24 (pp. 26–27).

4 In meinem Buch *Teatro*, p. 84, findet sich eine vollständige Liste aller Städte auf dem Balkan und im östlichen Mittelmeerraum, in denen ich Theateraufführungen nachweisen konnte.

5 Für die Transkription der mit hebräischen Buchstaben verfaßten Texte halte ich mich an das Transkriptionssystem der Zeitschrift „Sefarad", dessen wichtigste Ausspracheregeln die folgenden sind: *ḅ*, *b-*, *v* = bilabialer Verschlußlaut, stimmhaft [b]; *č* = präpalataler Affrikat, stimmlos [č]; *ĝ*, *ĵ* = präpalataler Affrikat, stimmhaft [dš]; *ǰ*, *š*, *čh* = präpalataler Reibelaut, stimmlos [š]; *ć*, *ś*, *ź* = dentoalveolarer, prädorsaler Reibelaut, stimmhaft [z]; š = dentoalveolarer Affrikat, stimmlos [ts]; *ǵ*, *ǰ*, *ś* = präpalataler Reibelaut, stimmhaft [ž]; *ḥ* = velarer Reibelaut, stimmlos [ḥ]; ´ = velarer Reibelaut, stimmhaft. Außerdem ist darauf hinzuweisen, daß in Judeoespañol die Aussprache von c vor *-i* und *-e* sowie *z* in allen Positionen als [s] allgemein verbreitet ist. Ebenso wie die Realisierung des spanischen Graphems *ll* als [j] und die – im Spanischen nicht übliche – frikative Aussprache von *v*.

6 Sephardisches Sprichwort, das in etwa ausdrückt, daß es Schwiegermutter und -tochter nicht unter einem Dach leidet (Anmerkung der Übersetzerin).

7 Dies berichtet A. Pulido in seinem Buch *Españoles sin patria y la raza sefardí*, Madrid 1905, pp. 400–403; p. 402.

8 Gleichgültigkeit gegenüber der spanischen Kultur und Sprache (Anmerkung der Übersetzerin).

9 Zitiert nach A. Pulido, *Los españoles sin patria de Salónica*, Conf. Ateneo, 2 dic. 1916 in: La Lectura (1917), p. 45.

10 Z. B. in: La Epoca (Saloniki), 20. Jg., num. 1242 (8. Juni 1900), 8b (vgl. *Repertorio* num. 90, pp. 64–65; und in: La Verdad (Saloniki), 7. Jg., num. 1649 (5. Juli 1926), 4a–c (vgl. *Repertorio* num. 687, pp. 347–348).

11 Z. B. in: El Avenir, 9. Jg., num. 22 (22. Mai 1906), 7a–b (vgl. *Repertorio* num. 249, pp. 140–141).

12 Die zahlreichen Pressekommentare zu diesem Problem finden sich in meinem *Repertorio*, num. 17, 18, 28, 244 und 558.

Felicitas Heimann-Jelinek, Wien

II. DIE SEPHARDISCHE DIASPORA

SPANIEN ZUR ZEIT DER „REYES CATOLICOS“

Wie in anderen Staaten war auch in Spanien der frühneuzeitliche Absolutismus zunächst eine „fortschrittliche“, weil die Entwicklung der bürgerlichen Gesellschaft fördernde, Kraft. König und Städte unterstützten einander im Kampf gegen den Feudaladel. Jedoch behielt die Hidalguía trotz aller deutlich über den Feudalismus hinausweisenden Entwicklungsansätze und trotz der Einbußen an politischer Macht das Ansehen, das sie sich im Kampf gegen die Muslime erworben hatte. Seit dem 12. Jahrhundert war das spanische Bürgertum in den bis dahin vom Adel beherrschten Ständeversammlungen, in den Cortes, vertreten. Die Städte erkämpften sich in weiterer Folge die Selbstverwaltung und vereinigten sich in dem Städtebund der *hermandad*. Den Höhepunkt dieser Entwicklung bildete die Vereinigung Kastiliens und Aragóns durch die Heirat der *reyes catolicos* – der „Katholischen Könige“ – Isabella und Ferdinand (1474).

Betontes Festhalten am Katholizismus ist bei den Fürsten der Renaissance eine regelmäßige Erscheinung: Die staatliche Einheit sollte durch die Spaltung des Volkes in religiöse Parteien nicht gefährdet werden. Die Bigotterie der „Reyes Católicos“ ging aber über diese von der Staatsraison diktierte „Rechtsgläubigkeit“ hinaus:

„Einerseits zwar erschüttern die heftigen Bauernaufstände und das Gelingen des Städtebündnisses die politische Macht des Adels, andererseits aber ist die spanische Stadt geistig und kulturell noch nicht in der Lage, eine kräftige und übertönende bürgerliche Ideologie zu präsentieren. Der Humanismus, der von Italien eingeführt wird, bleibt, ganz ähnlich wie zur gleichen Zeit in Deutschland, ein im Grunde schwächliches und mit der katholischen Theologie sich vermischendes Gewächs. Hat der Humanismus in den entwickelteren Ländern selbst zahlreiche Adelige der neuen Denkweise zu gewinnen vermocht, so wird er in den spanischen Adelskreisen entweder ganz abgelehnt oder zu einem Mittel leerer Bildungsständelei ohne irgendwelche tiefere Bedeutung und ohne die Kraft, die alte Denkweise von Grund auf umzuwälzen. Der Humanismus ordnet sich vielmehr umgekehrt dem Katholizismus unter. Kommen dann noch Faktoren religiöser Natur, wie der Gegensatz zu den Mauren, und eine sich daraus ergebende besonders strenge christliche Erziehung hinzu, dann wird jene Art religiös gestimmter Persönlichkeiten hervorgebracht, wie wir sie in Ferdinand und Isabella vor uns haben.“ (Kofler, 143 f.)

Mit der Regierung Ferdinands endete in Spanien die Epoche des fortschrittlichen Absolutismus. Die spanischen Städte fürchteten – zu Recht – die Rückkehr der Feudalreaktion mit Karl V. Ihr Aufstand führte in eine vollständige Niederlage und zur Zerschlagung der *hermandad*. Ein weiterer Faktor, der wesentlichen Anteil an dem Rückschlag hat, den die ökonomische und gesellschaftliche Entwicklung in Spanien erlitt, ist wohl darin zu sehen, daß die spanische Manufakturproduktion lediglich eine Scheinblüte erlebte, die durch die Zufuhr großer Mengen Edelmetalls aus Lateinamerika bewirkt wurde. Als der innere Markt gesättigt war, erwiesen sich spanische Waren auf ausländischen Märkten als nicht konkurrenzfähig. Äußerst negativ wirkte sich auf Spaniens Ökonomie auch die im Jahre 1492 von den *reyes catolicos* verfügte Vertreibung der Juden aus.

Die Juden hatten bedeutenden Anteil an der Entwicklung bürgerlich-städtischer Kultur in Spanien. Heymann sagt kurz:

„Auf der einen Seite standen die Privilegierten: Adel und Klerus. Auf der anderen waren die großen Massen der Bauern. Dazwischen gab es die Juden als den Mittelstand.“ (Heymann 26)

Anders als in Deutschland, wo die handwerkliche Produktion in den Händen christlicher Zünfte lag, die Andersgläubigen die Aufnahme verweigerten, war in Spanien ein Gutteil der Handwerker jüdisch. Die Einführung der Inquisition unter Ferdinand und Isabella war eng verknüpft mit dem Wunsch des spanischen Mittelständlers, sich jüdische Konkurrenz vom Hals zu schaffen.

DER ANFANG VOM ENDE

Schon im Jahre 1313 hatte das Konzil von Zamora gefordert, die Bewegungsfreiheit der Juden in der Öffentlichkeit einzuschränken und sie zu kennzeichnen. Die Cortes hatten diese Ideen aufgegriffen und die Forderung nach einem allgemeinen Moratorium für die Juden aufgenommen und fällig gewordene Anleihen hinzugefügt, der der König aber nicht entsprach, der sich weiterhin jüdischer Finanzfachleute bedienen wollte. Als aber 1366 nach mehr als zehnjährigem Kampf um den kastilischen Thron König Peter der Grausame durch seinen unehelichen Bruder Heinrich von Trastámara abgelöst wurde, verschlechterte sich die Lage der Juden, die mehrheitlich zu Peter gehalten hatten. Die Propaganda Heinrichs machte daher aus ihm einen „verjudeten" und schließlich einen „jüdischen" König. Aber auch Heinrich von Trastámara konnte auf jüdische Finanzfachleute nicht verzichten und begegnete entsprechenden Forderungen der Cortes mit dem Hinweis darauf, daß es keine ausreichend qualifizierten Christen gebe (Poliakov, 3 f.).

Die jüdischen *aljamas* (Gemeinden, von arab. djama'a – Schar, Gemeinschaft) aber hatten schwer unter dem Bürgerkrieg gelitten, manche waren von Söldnern liquidiert, fast alle waren geplündert worden. Im Jahre 1380 verloren sie ihre gerichtliche Selbständigkeit.

„Einige Jahre später stellte das Konzil von Palencia, das in Gegenwart der Cortes tagte, den Grundsatz des getrennten Wohnens der Juden, das heißt des Ghettos, auf; die Durchführung dieser grundsätzlichen Anordnung ließ nicht auf sich warten." (Poliakov, 7)

Vielfach erfolgte die Tilgung der Schulden von Christen bei Juden. Etliche und eher gebildete und wohlhabende Juden entzogen sich den Repressionen durch die Taufe.

Erzdiakon Ferrando Martínez von Écija hetzte seit 1378 in seinen Predigten unermüdlich gegen die Juden und rief die Bevölkerung zu ihrer Vertreibung und zur Zerstörung der Synagogen auf. Er scheint dabei Rückhalt bei einflußreichen Persönlichkeiten gehabt zu haben, denn er ließ sich auch durch energische Ordnungsrufe König Johanns I. von Kastilien nicht von seinen Aufrufen zum Pogrom abhalten.

„TOD ODER TAUFE"

Als der König 1390 starb, trug die zwölfjährige Kampagne des Hetzpredigers Früchte. Die fanatisierte und von keiner Autorität mehr zurückgehaltene Masse der Bevölkerung Sevillas stellte im Juni 1391 die Juden vor die Wahl Tod oder Taufe. Die meisten nahmen das Kreuz, die anderen bezahlten ihre Unbeugsamkeit mit dem Leben. In kurzer Zeit griff der Aufruhr um sich.

„In Valencia griff die Masse die *aljama* an mit dem Schlachtruf: ‚Martínez kommt! Die Juden – in den Tod oder ins Weihwasser!' In Barcelona schrie man: ‚Es lebe der König und das Volk! Die Großen wollen die kleinen Leute vernichten!' " (Poliakov, 11 f.)

Die Juden, die das Wüten von 1391 überlebt hatten, ohne sich zu bekehren, sahen sich in weiterer Folge eifriger Missionstätigkeit ausgesetzt. In diesem Zusammenhang ist vor allem das Wirken eines weiteren wortgewaltigen Predigers, des heiligen Vinzenz von Ferrer, zu nennen, der einerseits betonte, daß auch Jesus und Maria Juden gewesen seien, andererseits Christen, die Kontakte zu Juden aufrechterhielten, mit der Exkommunikation bedrohte, der einerseits Zwangstaufen ablehnte, andererseits aber durch seine Ansprachen die Bevölkerung in derartige Raserei versetzte, daß die Aljamas schon auf die bloße Nachricht seiner Ankunft hin von Panik erfaßt wurden. Flucht und Massenbekehrungen waren die Folge. Der heilige Vinzenz Ferrer erfreute sich der Wertschätzung des Königs und setzte das im Jahre 1412 bekanntgemachte Statut von Valladolid durch.

„In diesem Statut wurde den Juden unter anderem verboten, den Christen Nahrungsmittel zu verkaufen oder anzubieten, von Christen ihre Felder bearbeiten zu lassen, vor ihren Namen den Titel *don* zu setzen, ihren Wohnsitz zu wechseln, ihre Haare kurz zu schneiden und ihre Bärte zu rasieren. In diesem Statut waren ihrer Kleidung drei Artikel gewidmet: Ihre Art, sich zu kleiden, mußte bescheiden sein, der Stoff mußte aus grobem Gewebe bestehen, und natürlich mußte die Kleidung ein deutlich sichtbares Unterscheidungszeichen in sich schließen. In all diesen Punkten stand Kastilien

von jetzt ab dem übrigen Europa in nichts nach." (Poliakov, 21)
Die Bekehrten wurden *conversos*, *nuevos cristianos* oder (später) *marranos* genannt. Die letzte Bezeichnung bleibt trotz zahlreicher Erklärungsversuche unklar. Als mögliche Ursprünge weist die Encyclopaedia Judaica u. a. auf die hebräischen Ausdrücke *maryt ayin* – „Anschein", *mochoram atta* – „du bist gebannt, exkommuniziert" und *mumar* – „konvertiert" und die arabischen Begriffe *mura'in* – „Heuchler" und *barrani* – „Fremder, Außenseiter" hin. Ebenso plausibel ist auch die Herleitung von dem arabischen Wort *mahram* – „verbotene Sache", nämlich Schwein. Jedenfalls hat der Begriff *marrano* im modernen Spanisch immer noch die Doppelbedeutung „Schwein" und „jüdischer Konvertit".
„Marranen – das ist jedenfalls ursprünglich ein Schimpfwort gewesen wie die Geusen, das irgendwo lokal entstand und sich schnell verbreitete und oft auch für Schichten der Bevölkerung verwandt wurde, die mit den Juden nichts zu tun hatten, im Gegenteil ihre Feinde waren. In der Geschichte des achtzigjährigen Kriegs, in den Spott- und Kampfliedern dieser Zeit, finden wir, daß die Geusen, unter denen sich manche Marranen befanden, das Wort als Schandbezeichnung gegen die Spanier gebrauchten. Ich habe es als Schimpfwort der Hugenotten in Amerika gegen die Spanier gefunden – Männer, die wir Marranen nennen würden, kämpften dabei auf beiden Seiten." (Heymann, 16)

DIE DISPUTATION VON TORTOSA

Um diese Zeit machten einander gleich drei Päpste (Benedikt XIII., Martin V. und Johannes XXIII.) den Stuhl des heiligen Petrus streitig. Benedikt XIII., dessen Beichtvater übrigens der heilige Vinzenz Ferrer war, gedachte sich dadurch als Führungskraft der katholischen Christenheit zu profilieren, daß er den Juden ein für alle Mal die Unsinnigkeit ihres Glaubens nachwies. Es war die Disputation von Tortosa, in deren Verlauf (1412–1414, 79 Sitzungen) die Juden zur Aufgabe ihrer nun schon bald eineinhalb Jahrtausende währenden „Verstocktheit" gebracht werden sollten. Vierzehn Rabbiner waren als Vertreter des jüdischen Glaubens zu dieser Disputation befohlen worden, während die christlichen Diskussionsteilnehmer von Josue de Lorca angeführt wurden, der selbst aus den Reihen der *conversos* kam.
„Aber das wirkliche Schauspiel fand im Saale statt. An jeder Sitzung nahmen tausend bis zweitausend Zuschauer teil. Einige Zuschauer kamen von weit her; dies war vor allem der Fall bei den jüdischen Besuchern, die zu diesem Zweck abkommandiert waren und die sich nach dem Ausgang jedes Gesprächs erhoben und erklärten, daß die Argumente des christlichen Diskussionsredners sie überzeugt hätten und daß sie verlangten, an Ort und Stelle getauft zu werden." (Poliakov, 22)
Es handelte sich im wesentlichen nicht um ein Religionsgespräch, sondern um aufwendig inszeniertes Bekehrungstheater. Die meisten der aufgebotenen Rabbiner waren dem damit verbundenen Druck nicht gewachsen. Sie baten um ihre Entbindung von der Teilnahme und begründeten dies mit ihrer Inkompetenz. Sie bekehrten sich jedoch nicht, wie es von christlicher Seite aus propagandistischen Gründen bald behauptet und von Historikern oft unkritisch wiedergegeben wurde.
Benedikt XIII. feierte einen großen Sieg, der ihm allerdings die eigene Niederlage auf dem Konzil zu Konstanz nicht ersparte. Der Sieger – Martin V. – verurteilte in zwei Bullen ausdrücklich Verfolgungen und Zwangstaufen der Juden.

DIE MARRANEN: „... IHR LEIDEN WAR DURCH KEINEN GLAUBEN ERLEICHTERT ODER GEADELT ..."

Ein in den Archiven der Inquisition aufgefundenes Gebet mit jüdisch-christlich synkretistischen Akzenten veranschaulicht die innere Zerrissenheit der *conversos:*
„Herr, ich habe Dich durch meine niedrige Gesinnung und durch meine Unwürdigkeit im Stich gelassen, in die ich gegen meinen Willen durch meine Bosheit und durch meinen Verrat hineingezogen wurde. Siehe doch Du, dessen wahrhaftige Gerechtigkeit mich besucht und geliebt hat wie Deinen Sohn, wie ich in eine so tiefe und gefährliche Drangsal gefallen bin, von

der ich mich nicht erholen und aus der ich nicht herausgehen kann. Da ich mich schuldig weiß, wende ich mich, oh Herr, voller Reue und Seufzern und Tränen wie ein Kind zu seinem Vater zu Dir und bitte Deine heilige Barmherzigkeit um Vergebung, daß Du mich aus der großen Qual und tiefen Drangsal herausholst, in die ich gefallen bin ..." (Poliakov, 32)

„Auch wenn man über keine genauen Angaben über die Zahl dieser *conversos* verfügt, so drängt sich doch der Eindruck auf, daß sie zum größten Teil nicht mehr an den Gott Israels glaubten und daß sie nur einige christliche Riten praktizierten; dies geschah aus Aberglauben oder Vorsicht. Dazu gesellten sich manchmal einige Restbestände jüdischer Riten. Von ihrer Umgebung wurden sie als Juden betrachtet; doch glaubten sie weder zu sehr an Gott noch an den Teufel. Dadurch wurden sie zu ‚Schicksalsjuden' oder zu ‚entfremdeten Juden', noch ehe dieser Begriff geprägt wurde. In ihren Augen hatte ihre Geschichte überhaupt keinen Sinn mehr; ihr Leiden war durch keinen Glauben erleichtert oder geadelt. Ihre Schuld war bar jedes Bewußtseins von Sünde und ohne jede Hoffnung auf Erlösung." (Poliakov, 36)

VON DER THEOLOGIE ZUM RASSISMUS

Die spanische Gesellschaft hatte sich durch die Zwangstaufen geändert. Die Juden, denen das Kreuz aufgenötigt worden war, begnügten sich nicht mit dem stillen Glück, des rechten Glaubens dank der tätigen Hilfe der Altchristen doch noch teilhaftig geworden zu sein. Sie drängten aus den *juderias* in die christliche Gesellschaft. Für sie galten die Beschränkungen nicht, denen diejenigen, die Juden geblieben waren – wohl ungefähr die Hälfte der jüdischen Bevölkerung – weiterhin unterworfen waren. Die *conversos* griffen nach den Ehren, die die christliche Gesellschaft zu bieten hatte, und wurden dadurch zur verhaßten Konkurrenz. Viele wurden Männer der Kirche. Die Taufe stand am Beginn so mancher erstaunlichen Karriere. Das konnte aus altchristlicher Sicht unmöglich der Sinn der Zwangstaufen gewesen sein. Dazu kam der – nicht unbegründete – Verdacht, daß die Wirkung des Weihwassers zur wahrhaftigen Bekehrung der Juden nicht ausgereicht hätte. Da es am Weihwasser nicht liegen konnte, mußte es an den Juden liegen. Der leidenschaftliche Judenhasser und Franziskaner Alfonso de Spina prägte daher die Begriffe *judios publicos* und *judios occultos,* die gleich schlecht seien. Das theologische Argument war auf die Conversos nicht mehr anwendbar. Der Judenhaß nahm daher offen rassistische Form an, und die öffentliche Meinung unterschied nicht zwischen Juden und Conversos. Die Parallelen zur neueren Geschichte sind wohl augenfällig. Der Dichter Antonio Montoro drückte das in Worten aus, die auch aus der Feder Heines stammen könnten:

„Das Credo hab' ich aufgesagt.
Vor Töpfen mit festem Speck bin ich nicht verzagt.
Messen hab' ich gehört, um zu beten.
Jedoch konnte ich nicht töten
des *confesos* Gesicht, Gestalt.
Gebetet hab' ich mit Gewalt.
Den Rosenkranz hab' ich gezählt,
zu tilgen, was ich hab' gefehlt.
Doch niemals konnte ich's erreichen:
Der Name des alten, üb'len Juden wollt' nicht weichen."

DIE INQUISITION

Der Begriff Inquisition bezeichnet ganz allgemein ein strafrechtliches Verfahren, in dem dieselbe Instanz Anklage erhebt, untersucht und das Urteil fällt.

Diese juristische Vorgangsweise war im Mittelalter allgemein üblich. Die *„heilige"* Inquisition als Schöpfung des Heiligen Stuhles war seit dem 13. Jahrhundert mit dem weltlichen Strafvollzug verknüpft, als die Bekämpfung der ketzerischen Sekten zu einem Anliegen aller feudalen Gewalten wurde. Bezeichnenderweise wurde im Heiligen Römischen Reich Deutscher Nation die Hinrichtung von Ketzern auf dem Scheiterhaufen ausgerechnet durch den gebildeten und weltmännischen Staufer Friedrich II. verfügt, der in ewigem Streit mit dem Papst lag, der sich mit Beratern aus dem islamischen Kulturkreis umgab, der in so kritischer Distanz zum Christentum stand, so daß ihm manche nachsagten, er sei Atheist.

Im Spanien der *reyes catolicos* erhielt die Inquisition mit der Bespitzelung der des insgeheimen Festhaltens am Judentum verdächtigen *conversos* durch eine entsprechende päpstliche Bulle ein neues Aufgabengebiet. Die Inquisition begann ihren Terror 1480 in Sevilla. 1483 wurde der Dominikaner und leidenschaftliche Judenhasser Thomas de Torquemada zum Großinquisitor für Aragón und Kastilien ernannt.

Zunächst sollten die *conversos* dem Einfluß der Juden entzogen werden, die allen Gefahren und allem Terror zum Trotz dem Glauben ihrer Väter treu geblieben waren, die die *conversos* im ganzen verachteten, im einzelnen aber doch deren Judaisieren unterstützten und sie zurückzugewinnen trachteten. Der erste Schlag gegen die *judios occultos* traf daher die *judios publicos*, die im Jahre 1483 aus Andalusien, dem Hauptzentrum des Marranentums, vertrieben wurden.

Wo immer die Inquisitionsgerichte sich etablierten, gingen sie nach bewährter Methode in einzelnen Schritten vor: Zunächst erhielten die „Häretiker" eine Frist von dreißig Tagen, um sich zu melden, ihr eigenes Judaisieren zuzugeben und andere Judaisierende zu denunzieren. Wer diese Frist nutzte, kam mit Geißelung, Entehrung und teilweisem Vermögensverlust davon. Sodann wandte sich das Gericht mit der Aufforderung an die unverdächtigen Katholiken, des Judaisierens Verdächtige zu melden. Die Anonymität der Denunzianten blieb gewahrt. Ihnen sollte ein 37 Punkte umfassender Leitfaden helfen, die Judaisierenden in ihrer Umgebung zu erkennen. Aus wessen Schornstein stieg an Samstagen nie Rauch auf? Wer deckte seinen Fleischbedarf ausschließlich bei „neuchristlichen" Fleischhauern? Wer aß gar in der Karwoche Fleisch?

Die Geständigen hatten mit Haft, Vermögensverlust und öffentlicher Demütigung zu rechnen, wozu das zeitlich begrenzte oder lebenslange Tragen des *sambenito*, jener aus grober Leinwand genähten Büßerkleidung gehörte. Sie kamen aber meist mit dem Leben davon. Nur wer seine „Schuld" bis zuletzt leugnete oder dem Gericht ein trotziges Bekenntnis zum Judentum entgegenschrie, endete auf dem Scheiterhaufen. Die Zahl der Hinrichtungen betrug unter dem Großinquisitor Torquemada daher „nur" ein- bis zweitausend.

An den Händen kirchlicher Würdenträger sollte kein Blut kleben („Ecclesia abhorret sanguinem"). Als Hinrichtungsmethode empfahl sich daher die Verbrennung. Manche Verurteilten erfuhren die zweifelhafte Gnade, vor der Verbrennung durch ihre Henker erdrosselt zu werden. Die Gesamtzahl der Hinrichtungen bis zur Abschaffung der Inquisition im Jahre 1834 wird von Juan Antonio Llorente mit 341.021 beziffert. Llorente war während der Napoleonischen Kriege Sekretär der Inquisition. 1808 wechselte er auf die Seite der Franzosen über, die ihm die Verwaltung der Archive der Inquisition übertrugen. Ihm verdanken wir eine kritische Darstellung der Geschichte der spanischen Inquisition. Nach der Auffassung des Historikers Ernst Schäfer wurden insgesamt „nur" etwa 100.000 Menschen verbrannt.

„Der größte Teil – was auch immer ihr Verbrechen gewesen sein mag – waren die Nachkommen von schlecht oder gut getauften Juden." (Poliakov, 70)

Nach den Juden waren es vor allem die Protestanten, gegen die sich der Terror der Inquisition richtete, die auch hier eine Verschwörung der *judios occultos* witterte, denn die Protestanten waren verdächtig, das Christentum auf das Judentum zurückführen zu wollen. Die Inquisitionsgerichte sahen sich mit einer umfangreichen Aufgabe konfrontiert, die sie mit wenig Personal zu bewältigen hatten. Fehlurteile waren da nicht auszuschließen. Francesco Pegna (ein Kommentator aus dem 16. Jh.) meint dazu:

„Wenn ein Unschuldiger ungerechterweise verurteilt wird, hat er keinen Grund, sich über den Urteilsspruch der Kirche zu beklagen, der auf einen ausreichenden Beweis sich gründet, und er darf nicht urteilen über das Verborgene. Wenn falsche Zeugen zu seiner Verurteilung beigetragen haben, muß er diesen Urteilsspruch in Ergebung annehmen und sich darüber freuen, für die Wahrheit zu sterben."

Die Enteignung der Verurteilten war wohl ein wesentlicheres Anliegen der Inquisitionsgerichtsbarkeit als ihre Tötung. Deshalb zerrte man noch die Toten aus den Gräbern vor die

Richter, fällte den Schuldspruch, verbrannte die Gebeine und enteignete die Nachkommen. Papst Sixtus IV. stellte schon 1482 fest, daß die Praxis der Inquisition von materiellen Interessen mehr als von seelsorgerischem Eifer bestimmt würde, und intervenierte bei den katholischen Königen. Längst aber war die spanische Inquisition seiner Kontrolle entglitten.

Manchmal richtete sich nicht nur der vereinzelte verzweifelte Widerstand der *conversos* gegen die Inquisition, sondern auch der von Altchristen, der in Aragón zu einem regelrechten Volksaufstand führte. Im ganzen jedoch war die spanische Inquisition durchaus populär. Die *conversos* von Saragossa töteten den Inquisitionsrichter Arbues von Epila, der dafür später heiliggesprochen wurde. Der Terror der Inquisition wurde nur noch schlimmer, führte damit aber auch eine Rückbesinnung vieler *marranos* herbei, so daß sich wiederum die Präsenz unbekehrter Juden als Haupthindernis der restlosen Entjudaisierung der Marranen erwies. „Die Archive aus dieser Zeit sind voll von Berichten über Prozesse, die gegen die Juden angestrengt wurden, weil diese sich darum bemühten, andere Juden in der Mitte des Judentums festzuhalten und weil sie den *conversos* zum Judaisieren verhalfen. Dies hatte zur Folge, daß auch dieser Personenkreis unter die Gerichtsbarkeit des Heiligen Offiziums fiel." (Poliakov, 53)

DIE VERTREIBUNG AUS SPANIEN

Den Boden für die endgültige Vertreibung der Juden aus Spanien bereitete 1490/91 ein Ritualmordprozeß gegen sechs Juden und fünf *conversos* aus La Guardia, denen die versuchte Ausmerzung der Christen mittels schwarzer Magie vorgeworfen wurde, wozu sie das Herz eines von ihnen gekreuzigten Christenkindes samt einer geweihten Hostie mißbraucht hätten. Die Folter zeitigte die gewünschten Geständnisse. Nur der Converso Benito Garcia ließ sich nicht beugen und bezeichnete Torquemada im Gerichtssaal als Hauptantichrist. Sämtliche Angeklagten wurden im November 1491 verbrannt. Das angebliche Opfer existierte nur in den Akten der Ankläger, es blieb namenlos, es fehlte nirgends und sein Körper wurde nicht gefunden. Trotzdem entwickelte sich um das „Kind von La Guardia" ein populärer Kult, ein Motiv, das auch von der spanischen Literatur (Lope de Vega) aufgegriffen wurde.

Gleich zu Beginn des Jahres 1492 fand die Reconquista mit der Eroberung Granadas, der letzten maurischen Bastion in Spanien, ein vorläufiges Ende – und sollte sich bald jenseits des Atlantiks in einem Vernichtungskampf gegen Menschen fortsetzen, die ebenfalls *moros* – Mauren genannt wurden. Ende März des gleichen Jahres verfügten die „Katholischen Könige" die Ausweisung der Juden aus Spanien:

„. . . wir sind von den Inquisitoren und von anderen Personen davon unterrichtet worden, daß der Verkehr der Juden mit den Christen allerschlimmstes Unheil nach sich zieht. Die Juden bemühen sich nach bestem Vermögen, die (neuen) Christen zu verführen; dies geschieht dadurch, daß sie ihnen jüdische Gebetbücher zukommen lassen, daß sie auf jüdische Festtage aufmerksam machen, daß sie ihnen an Pesach ungesäuertes Brot beschaffen, daß sie sie über die verbotenen Speisen unterrichten und daß sie sie überreden, dem Gesetze Moses zu folgen. Daraus geht hervor, daß unser heiliger katholische Glaube dadurch herabgesetzt und gedemütigt wird. Wir sind darum zu dem Schluß gelangt, daß das einzig wirksame Mittel zur Abstellung dieses Unheils in dem endgültigen Abbruch jeder Beziehung zwischen Juden und Christen besteht. Dies kann nur durch ihre Austreibung aus unserem Königreich erreicht werden."

Innerhalb von vier Monaten hatten die Juden unter Zurücklassung ihres Vermögens Spanien zu verlassen. Als einziger Ausweg, den etwa 50.000 Juden nutzten, bot sich die Taufe. 150.000 Juden gingen ins Exil, viele zunächst nach Portugal.

Einer geplanten Eheschließung zwischen König Manuel I. von Portugal und der spanischen Infantin wollten die Katholischen Könige unter diesen Umständen aber nicht zustimmen. Manuel wieder wollte die Juden aufgrund ökonomischer Überlegungen nicht entlassen und verfiel daher auf den Ausweg ihrer Zwangschristianisierung, die zu Ostern 1497 damit eingeleitet wurde, daß man die Kinder den Eltern wegnahm, die ihnen erwartungsgemäß zu den Taufbecken folgten.

„Ich habe mitangesehen", berichtete der Bischof von Algarve dreißig Jahre später, „wie Leute mit den Haaren zu den Taufbecken gezogen wurden. Ich habe aus der Nähe Familienväter erlebt, wie sie zum Zeichen der Trauer mit bedecktem Haupt ihre Söhne zur Taufe führten, indem sie dagegen protestierten und Gott zum Zeugen anriefen, daß sie zusammen als Anhänger des Gesetzes Moses sterben wollten. Noch viel schrecklichere Dinge wurden damals den Juden zugefügt, die ich mit meinen eigenen Augen angesehen habe."

Auch der Papst mißbilligte ausdrücklich diese Vorgangsweise. Nach einmal vollzogener Taufe wurde daher – anders als in Spanien – die Religionspraxis der Juden nicht überwacht. Für diese Art von Toleranz brachte die einfache Bevölkerung wiederum wenig Verständnis auf und machte ihrem Unwillen in wütenden Pogromen Luft. Seit dem Jahre 1536 loderten die Scheiterhaufen der Inquisition auch in Portugal.

„Nachdem der gefürchtete Inquisitor von Lissabon am 14. Oktober 1542 etwa zwanzig Opfer ‚unter einem strahlend blauen Himmel' hatte verbrennen lassen, lobte er deren Tapferkeit: ‚Nichts versetzte mich so in Erstaunen, als mitanzusehen, wie der Herr ihnen in der Schwachheit ihres Fleisches eine solche Fähigkeit verlieh; Kinder nahmen an der Verbrennung ihrer Eltern teil, und die Frauen an der ihrer Ehegatten, ohne daß man sie schreien oder weinen hörte. Sie sagten ihnen ‚Auf Wiedersehen!' und segneten sie, wie wenn sie sich nur trennten, um sich am nächsten Tage wiederzufinden." (Herculano, zit. n. Poliakov 104)

Insgesamt hat die Inquisition in Portugal aber weniger grausam gewütet als in Spanien. Im Jahre 1821 wurde sie endgültig abgeschafft.

DIE „REINHEIT DES BLUTES"

Ab der Mitte des 15. Jhs. beschlossen viele spanische Zünfte, keine „Neuchristen" in ihrer Mitte dulden zu wollen. Ritter- und Mönchsorden folgten. Nur die Jesuiten nahmen eine Sonderstellung ein. 1536 erhielten Reglements, die die *conversos* diskriminierten, durch das Eingreifen Karls V. in eine lokale Auseinandersetzung zwischen Altchristen und *conversos* gleichsam Gesetzesrang.

Der Weltklerus hatte sich zunächst keineswegs durchgehend gegen die *conversos* gesperrt. In manchen Diözesen konnten sie auch höchste Kirchenämter bekleiden. Die unermüdliche Agitation des Erzbischofs von Toledo, Juan Martínez Siliceo, der die von ihm erarbeiteten Prinzipien der *limpieza de sangre* – der „Reinheit des Blutes" durchzusetzen trachtete, hatte schließlich Erfolg. Die Abscheulichkeit jüdischen Blutes war zu einem Gesetzesartikel geworden. Martínez ging von der prinzipiellen Verderbtheit der Juden aus, die er aus der Bibel nachzuweisen trachtete. So zum Beispiel sei Jesus deshalb ausgerechnet zu den Juden gekommen, weil er diese ihre Verderbtheit erkannt habe und Heilung gerade dorthin habe bringen wollen, wo sie am dringendsten nötig gewesen sei.

Man begreift den Kult um die *„limpieza de sangre"* leichter, wenn man ihn vor dem Hintergrund der vollständigen Niederlage der bürgerlichen Opposition Spaniens betrachtet, die sich, nachdem ihr die Söldner Karls V. das Rückgrat gebrochen hatten, die Ideologie und den Lebensstil des Adels zu eigen machte, was wohl durch kein Detail besser veranschaulicht wird, als durch das im Jahre 1523 an Karl gerichtete Ansuchen der Cortes, allen Spaniern das Tragen des Degens zu erlauben.

„In weiterer Folge hat die künstliche Konjunktur, die immerhin bis ungefähr in die Mitte des Jahrhunderts andauerte, den Anschein erweckt und verstärkt, als ob auch ohne bürgerliche Initiative und städtische Selbstverwaltung alles glänzend ginge. Es wurde immer einfacher, als Ersatz für die verlorengegangene Freiheit die Phrase von der Mission der spanischen Nation zu akzeptieren und an dem Hochgefühl des Besserseins teilzunehmen. Daraus erklärt sich die auffällige ‚Übereinstimmung' von Volk und Herrscher unter der Regierung Philipps II. Aber sie resultiert in Wahrheit aus der Passivität des Volkes, das tatsächlich nur den devoten Zuschauer bei den Prunkaufzügen abgab und

nicht merkte, daß Spanien bereits einer Katastrophe entgegenging. Das sich ausbreitende adelige Lebensideal, das in der Verachtung der Arbeit das Kennzeichen der Höherwertigkeit erblickte, lähmte die persönliche Initiative noch mehr." (Kofler, 148)
Die Tatsache, daß Handwerk und Handel Domänen der Neuchristen darstellten, verstärkte diese Tendenz einer Abkehr von bürgerlicher Erwerbstätigkeit.
„In einem fortschreitenden Maße wurden diese Berufe verlassen; denn die Neuchristen neigten dazu, dieselben aufzugeben, in der Hoffnung, dadurch ihre Herkunft leicht dem Vergessen anheimgeben zu können, während die Altchristen mit allen Mitteln darauf bestanden, solche Berufe zu vermeiden." (Poliakov, 90 f.)
Der Standes- und Rassendünkel, den die adelige Lebensart mit sich brachte, war womöglich bei ihren Nachahmern niederer Herkunft deutlicher ausgeprägt als bei den Abkömmlingen der alten Adelsgeschlechter selbst. Aus bäuerlichem Milieu stammte zum Beispiel Juan Martínez Siliceo, der Theoretiker der *limpieza*, deren Prinzipien zu ignorieren sich nur ein Mann vom Format des Ignatius von Loyola leisten konnte, der einen *converso* – Diego de Lainez – zu seinem Nachfolger machte, der öffentlich bekannte, daß er es als eine große Gunst betrachtet hätte, wenn er vom Blute Jesu Christi gewesen wäre. Der Jesuitenorden übernahm das Statut der *limpieza de sangre* erst drei Jahrzehnte nach dem Tod seines Stifters im Jahre 1592, wandte es dann aber umso konsequenter an.
Die hundert Jahre zuvor erfolgte Vertreibung aus Spanien markiert also keineswegs das Ende der Leidensgeschichte der Sepharden. Noch viele Generationen danach folgten die Marranen den Vertriebenen in die Diaspora.
Lit.: Heymann, Tod oder Taufe; *Poliakov*, Antisemitismus IV; *Kofler*, Geschichte der bürgerlichen Gesellschaft; *Schubert*, Kultur der Juden II.

II, 1. SPHARADIM IN NORDAFRIKA

Bereits nach den Pogromen des Jahres 1391 waren spanische und portugiesische Juden nach Nordafrika geflüchtet. 1492 erhielten die neu gegründeten Gemeinden einen gewissen Zustrom durch spanische Exulanten. In den portugiesischen Hafenstädten wie etwa Tanger waren jüdische Kaufleute, Agenten und Handwerker den Kolonialherren als Zuwachs für ihre Handels- und Wirtschaftskraft durchaus willkommen. Die Inquisitionsgesetze konnten hier zugunsten einer blühenden Kolonialwirtschaft erfolgreich ignoriert werden. Die Aufnahme der Flüchtlinge in den islamisch regierten Gebieten Nordafrikas war unterschiedlich. In Fez wurde ihre Niederlassung freundlich unterstützt; auch Tunis nahm im 16. Jh. besonders viele Exulanten von der Iberischen Halbinsel auf; anderenorts erwies sich die Ansiedlung als problematischer. Nach den osmanischen Eroberungen genossen die Juden dann in allen türkisch besetzten Ländern Nordafrikas Freizügigkeit.
Lit.: *H. Hirschberg*, Jews in North Africa.

II, 1.1. Besamimbüchse

Silber, gegossen, geschnitten, graviert, getrieben
Nordafrika, um 1800
Höhe: 22 cm
Sammlung Max Berger, IN 208

Hochgewölbter halbkugeliger Fuß auf schmalem, gewelltem Standring. Darauf kurzer sechskantiger Schaft. Darüber der Korpus in amphorenartiger Form: auf Halbkugel hexagonaler, nach oben konisch zulaufender Körper, auslaufend in sechspassigem Wulst, darüber hexagonaler Hals. Auf dem Stöpsel vollplastischer Vogel mit Kette, aus breiten flachen Ringen bestehend (typisch für tunesische Silberschmiedearbeit). Die Wandung des Behältnisses zart ornamental graviert, im unteren Teil geometrisch perforiert, am oberen Teil drei aufgesetzte Voluten mit vollplastischen Vögeln.

II, 1.2. Chanukkia

Marokko, 18./19. Jh.
Messing gegossen

Banktypus; die Rückwand als Dreieck mit mehrfach geschwungenen Seiten angelegt.
Breite: 21 cm, Höhe: 18,1 cm (o. Ring)
Israelitische Kultusgemeinde Wien, IN 154 (alte Inventarnummer im ehemaligen Jüdischen Museum: 627)

Die Rosette im oberen Mittel der Rückwand ist von französischen Chanukkiot übernommen, die wiederum auf die Rosettenfenster der großen französischen Kathedralen zurückgehen. Mit der Rosette und der Hufeisenform der Bögen, die sich in der maurischen Architektur von Toledo bis Fez findet, handelt es sich hier um einen Prototyp nordafrikanischer Chanukkiot, der um die beiden Vögel, die am oberen Drittel der Rückwandseiten montiert sind, bereichert ist. Ikonographisch gehen die Vögel auf die Cheruben zurück, die die Bundeslade bewachten.
Vgl.: Architecutre in the *Hanukkah Lamp,* Nr. 46.

II, 1.3. Jad (Torazeiger)
Metall, schwach versilbert
Nordafrika, 19. Jh.
25,2 cm (o. Kette)
Israelitische Kultusgemeinde Wien, IN 529 (alte Inventarnummer im ehemaligen Jüdischen Museum: 40)

II, 1.4. Megillat Ester (Esterrolle)
Hülle aus Olivenholz gedrechselt
Nordafrika, Mitte 19. Jh.
Handschrift auf Ziegenhaut, aus fünf Teilen zusammengenäht; der Text in achtzehn Kolumnen
Schriftrolle: 17 x 217 cm
Historisches Museum der Stadt Wien, Sammlung Max Berger, IN 617
Judentum in Wien, 2/5.1.8.

II, 1.5. Anhänger
Metall versilbert
Beschauzeichen: orientalisch, 3. V. 19. Jh.
Höhe: 11 cm
Sammlung Max Berger, IN 722

Anhänger in Form eines Schildes, ornamental durchbrochen; mit aufgesetzten Rosetten und einem gefaßten farbigen Glasstein. Im unteren Mittel (später?) aufgesetzter kleiner Magen David mit darin befindlicher hebräischer Inschrift „Zion". Am unteren Rand mit drei Glöckchen behangen.

II, 1.6. Jad (Torazeiger)
Holz
Nordafrika, Ende 19. Jh.
27 cm (o. Band)
Israelitische Kultusgemeinde Wien, IN 484

II, 2. SPHARADIM IM OSMANISCHEN REICH

Der Hauptstrom der sephardischen Flüchtlinge suchte sich eine neue Heimat im Osmanischen Reich, das die Exulanten willkommen hieß. In einem Reich, das aus vielen ethnischen Minderheiten bestand, vor Rebellionen in den neu eroberten Gebieten nie sicher war, kulturell und wirtschaftlich dem Westen noch unterlegen war, stellten die Spharden als Handwerker und Großhändler, als loyale Hofärzte und -bankiers, als Gelehrte auf allen Wissensgebieten, als Buchdrucker sowie als Experten für Feuerwaffen eine Bereicherung dar, die durchaus gewürdigt wurde. In seiner „Tröstung für die Leiden Israels" (Ferrara 1552) schrieb der Chronist Samuel Usque enthusiastisch: „Das große Türkenreich, grenzenlos wie die es umspülenden Meere, tat sich weit vor uns auf. Offen stehen vor dir, du Sohn meines Volkes, die Tore der Freiheit: du darfst dich ohne Scham zu deinem Glauben bekennen, du kannst ein neues Leben beginnen, das Joch der dir von den Völkern aufgezwungen verkehrten Lehren und Bräuchen abschütteln und zu der uralten Wahrheit deiner Vorfahren zurückfinden."

II, 2.1. „Juden Wie sie zu Constantinopll ghen"
Foto nach ÖNB Cod. 8.626, fol. 157

40.000 spanische und portugiesische Juden sollen sich nach 1492 bzw. 1497 in Istanbul niedergelassen haben, wo bereits lange eine bedeutende Gemeinde von Romanioten („Gregos") wie auch eine Karäer-Gemeinde bestand. Gemäß ihrer Herkunft gründeten die Sephardim verschiedene Gemeinden, die alle ihre eigene Synagoge, einen eigenen Rabbiner, eine eigene Talmud-Tora-Schule sowie eigene karitative und administrative Institutionen hatten. Diese diversen Kehalim (Gemeinden) waren in einer Dachorganisation, dem Wa'ad ha-kolel schel ha-kehillot, zusammengeschlossen. Zahlreiche Jeschibhot wurden gegründet, von denen die bekanntesten wohl die „Jeschibhat ha-Gebhira", so benannt nach Doña Gracia (s. II, 3.5.), und die Jeschibha des Joseph Trani waren. Die erste Druckerei, die im Osmanischen Reich eingerichtet wurde, war die hebräische Druckerei der Exulanten David und Samuel ibn Nachmias (1493) in Konstantinopel. Zwischen 1504 und 1530 wurden hier über 100 hebräische Werke herausgegeben. Von den sephardischen Druckereien der Folgezeit sei die der Gebrüder Jabetz genannt (2. H. 16. Jh.), die unter der Patronanz von Reyna Doña Gracia d. J. (s. II, 3.5.) stehende des Joseph ben Jakob aus Aschkelon, die des Salomon ben David und seines Sohnes (17. Jh.), die der Familie Aschkenazi (18. Jh.), die des Elia Pardo (19. Jh.) und die der Familie Castro (19./20. Jh.).

II, 2.2. „Médecin Juif"

Jüdischer Arzt in der Türkei, 16. Jh.
Foto nach einem Stich, der ursprünglich in Nicolas de Nicolays „Les quatres premies livres des navigations et peregrinations orientales", Lyon 1568, erschien.

Dem Bild liegt ein Porträt des Arztes Moses Hamon (ca. 1490–1554) zugrunde, dessen Familie sich 1492 aus Spanien nach Konstantinopel flüchtete. Moses Hamon wurde Hofarzt Süleimans des Prächtigen und konnte politischen Einfluß bei Hofe gewinnen, den er oft genug auch für seine Glaubensgenossen einsetzte. So konnte er beispielsweise einen Firman vom Sultan erwirken, der den Lokalbehörden untersagte, Juden des Mordes an Christen wegen den Prozeß zu machen. Eine solche Anklage mußte von nun an vor den Hof gebracht werden, und nur der hatte das Recht, in einer solchen Causa die Untersuchung zu führen und zu prozessieren. Die Bemühung um ein solches Dekret war berechtigt, da es bereits zu Blutbeschuldigungen und Hinrichtungen Unschuldiger gekommen war. Ebenso nahm Hamon sich der Sicherung religiöser Studien- und Publikationsmöglichkeiten an. So gründete und unterhielt er in Konstantinopel eine Jeschibha und gab ein mehrsprachiges Bibelwerk heraus, das auch die aramäische Onqelos-Übersetzung, die arabische Übersetzung des Saadja Ga'on und die persische Übersetzung des Jakob Taobh beinhaltete. Moses Hamons Sohn Joseph führte die Tradition seines Vaters als Hofarzt, Gelehrter und Philanthrop fort.
Lit.: *Heyd*, Moses Hamon; *Astrologo*, I Medici Ebrei alla Corte del Sultano; *Gross*, La Famille Juive des Hamons; *Two Cities*, Nr. 146.

II, 2.3. „Jude und jüdischer Arzt" in Konstantinopel

Foto nach einem Einzelblatt in Wasserfarben 1574

II, 2.4. „Marchant Juif"

Jüdischer Kaufmann in der Türkei, 16. Jh.
Foto nach einem Stich, der ursprünglich in Nicolas de Nicolays „Les quatres premies livres des navigations et peregrinations orientales", Lyon 1568, erschien.

Neben Ärzten, Handwerkern und den großen Bankiers wie die Familien Nasi/Mendes, Ja'isch und Ankawa, waren zahlreiche Sepharden als Kaufleute tätig, deren Aktivitäten teils lokal beschränkt waren, sich teils aber auch in den Levantehandel erstreckten.
Wirtschaftlich war das 16. Jh. die erfolgreichste Periode der Juden Konstantinopels. Im letzten Viertel dieses Saeculums mußten die Rabbiner und Gemeindevorsteher den Mitgliedern ihrer Kehalim verbieten, mit Schmuck überladen und kostbaren Stoffen angetan auf die Straße zu gehen, um sie vor Übergriffen der solcherart provozierten nichtjüdischen Bevölkerung zu schützen. Mit dem beginnenden Verfall des

Osmanischen Reiches verschlechterte sich auch die ökonomische Situation der Juden im Laufe des 17. Jhs.
Lit.: *Galanté*, Istanbul; *Two Cities*, Nr. 141.

II, 2.5. „Feme Juife Courtiere, qui porte ses merchandises aux jeunes Dames turques qui ne peuvent sortir/Türckische Juden oder Macklerin, welche denen Jungen Türckischen Frauen die nicht aus gehen darffen Wahren zutragt"
Foto nach einem Stich, der ursprünglich in M. de Feriols „Recueil de cent estampes représentant differentes Nations du Levant", Paris 1714, erschien.

Die Frauen im Harem des Sultans, die zwar reich und einflußreich sein konnten, waren offiziell von der Außenwelt, zumal der männlichen, abgeschlossen. Um ihre individuellen Bedürfnisse, die von Kosmetika bis zu Schmuck reichten, trotzdem erfüllen zu können und um finanzielle Transaktionen zu tätigen, nahmen sie vielfach die Dienste jüdischer Händlerinnen und Agentinnen in Anspruch. Eine der bekanntesten Agentinnen in Konstantinopel war Esther Kyra, die Witwe eines Rabbiners, die sich im 16. Jh. bei den Frauen des Harems unabkömmlich machen konnte. In politische Affären verwickelt, wurde sie 1593 ermordet.
Das auf der Abbildung dargestellte Gewand mit der Kopfbedeckung, die eine dünne Metallplatte enthält, ist authentisch.
Lit.: *Galanté*, Istanbul, 14 f.; *Two Cities*, Nr. 142.

II, 2.6. „Jude aus Konstantinopel"
Foto nach einem Stich aus „Recueil d'estampes du Roy de Pologne Classe de Costumes", Bd. II, T 171, um 1780

II, 2.7. Konstantinopler Jüdin in Straßentracht
18./19. Jh.
N. Stavroulakis, Druck

Über ihrer Hauskleidung trägt die dargestellte Dame die typische Pluderhose, zu türkisch „şalvar", an deren Beinabschlüsse „mest", weiche Lederstrümpfe, angenäht waren. Darüber trägt sie Lederstiefel. Der einfache, lange, weite Staubmantel, „ferace" genannt, wird von einem hinten bis zu den Knien reichenden bunten Schultertuch belebt. Um ihre Kopfbedeckung ist turbanartig ein langes weißes Tuch, „makrama", gewickelt, dessen vorn herabhängendes Ende im Bedarfsfall als Gesichtsschleier verwendet werden kann.
Lit.: *Stavroulakis*, Costumes, Nr. 6.

II, 2.8. „Jüdin aus Konstantinopel"
Foto nach einer Ätzung, 1842

II, 2.9. „Jüdische Frauen aus Konstantinopel"
Foto nach einem kolorierten Druck aus Camille Rogier, La Turquie, Paris 1847

II, 2.10. Tass (Toraschild)
Ankara 1865
Silber, getrieben, dreieckförmig, im unteren Teil Plättchenbehang an elf Ketten (eine fehlt). Die Widmungsinschrift beinhaltet die Namen der Frauen, die das Toraschild gestiftet haben: Sara, Saphira, Ribhqa, Ester, Lea, Mirijam, Sulmania, Luna, Simcha, Reina, Recha, Senora Mazal.
37 x 26 cm
Jerusalem, Israel Museum, in 443.69–148/202

Um 1500 wurden in Ankara eine spanische und eine portugiesische Gemeinde gegründet, die sich in der Mitte des 16. Jhs. vereinten. Das Hauptbetätigungsfeld für die Juden Ankaras lag im Seidenhandel. Im 18. und 19. Jh. blühte die Stadt wirtschaftlich auf. Als sich um die Jahrhundertwende ein ökonomischer und kultureller Niedergang abzeichnete, verließen viele Juden Ankara.
Lit.: *Jehude Spharad,* 55.

II, 2.11. „Jüdin aus Izmir"
Foto nach einem Holzdruck, Ende 17. Jh.
Die jüdische Gemeinde Izmirs (Smyrnas) wurde zu Beginn des 17. Jhs. durch spanische und

portugiesische Einwanderer gegründet. Wirtschaftlich wie familiär waren ihre Verbindungen zu den sephardischen Gemeinden auf Rhodos, Samos und Kos immer sehr eng. Ein sehr bewußtes Festhalten an hispanischen Traditionen und Trachten unterschied sie deutlich von den Juden Konstantinopels oder Salonikis. Ökonomisch spielten die Juden Izmirs eine nicht unwesentliche Rolle. Als Gewerbe- und Handelszentrum war die Stadt ab dem 17. Jh. bedeutsam. Bis ins 20. Jh. hinein war sie nach Saloniki die zweitwichtigste Stadt in der Ägäis. In der jüdischen Welt berühmt wurde Izmir als Geburtsort des falschen Messias Schabtai Zwi (s. II,4.9.).
Seit dem 19. Jahrhundert gerieten die Juden Izmirs immer wieder zwischen die Fronten der Kämpfe der Nationalitäten untereinander und gegen die Osmanen auf dem Balkan. In diesem Zusammenhang sind auch die sechs Ritualmordprozesse zu sehen, die allein im vorigen Jahrhundert griechischerseits gegen die Juden Izmirs angestrengt wurden.

II, 2.12. „Jüdin in ihrem Haus"
Izmir (Smyrna) um 1830
Foto nach einem zeitgenössischen Druck

II, 2.13. „Jüdin aus Smyrna auf der Straße"
Izmir (Smyrna) um 1830
Foto nach einem zeitgenössischen Druck

II, 2.14. „Jüdin aus Smyrna"
Izmir (Smyrna) 1838
Foto nach einem zeitgenössischen Druck

II, 2.15. Jude aus Izmir
19. Jh.
N. Stavroulakis, Druck

Der abgebildete Mann trägt einen orangengestreiften „entari", unter der die Pluderhose, „şalvar", zu sehen ist, und als Mantel die lange „aba", so benannt nach einem groben Wollstoff, für dessen Herstellung die Juden Salonikis besonders berühmt waren. Der Entari wird von einer Schärpe, „kuşak", zusammengehalten, die zahlreiche Falten aufweist. Diese Falten dienten als Taschen, in denen Geld, Tabak usw. aufgehoben wurden. Hier sieht man aus einer Faltentasche ein „divit" herausragen, eine Metallbüchse für Federkiele, die mit einem Behältnis für tintengetränkte Rohseidenfäden versehen war. Charakteristisch jüdisch an dieser Tracht ist der besonders hohe, teilweise mit Tüchern umwickelte Filzhut, „kula" genannt.
Lit.: *Stavroulakis*, Costumes, Nr. 12.

II, 2.16. „Tanz der Braut – jüdische Hochzeit in Smyrna"
Foto nach einem kolorierten Druck aus Camille Rogier, La Turquie, Paris 1847

II, 2.17. Parochet (Toravorhang)
Izmir (Smyrna), gewidmet 1900
Der Stoff, aus Kopfkissenbezügen genäht, ist älter
Samt, florale Metallfaden-Stickerei sowie Widmungsinschrift
205 x 150 cm
Jerusalem, Israel Museum, in 152/208–574.86
Lit.: *Jehude spharad,* 69, Nr. 5

II, 2.18. Rimmonim (Toraaufsätze)
Silber, gegossen, getrieben
Izmir (Smyrna) 1923
Höhe: 39 cm, Dm: 11 cm
Jerusalem, Israel Museum, 147/301–1081.86

II, 2.19. „Donna Hebrea d'Andrenopoli"
Jüdin aus Adrianopel, 1568
Foto nach einem Stich, der ursprünglich in Nicolays „Les quatres . . ." erschien.

Eine große Anzahl von Sepharden ließ sich nach 1492 in Adrianopel – nach der Verlegung der ehemaligen osmanischen Hauptstadt Bursa in der 2. Hälfte des 14. Jhs. hierher in Edirne umbenannt – nieder, wo bereits sowohl eine romaniotische als auch eine aschkenazische Gemeinde bestand. Überdies bestand in Adrianopel eine Karäer-Gemeinde, die zeitweise die bedeutendste in Europa war. Die Juden spielten in Adrianopel eine wichtige Rolle als Händler sowie als Pächter der Einfuhrzölle. Nicht nur im 16. Jh., als Joseph Karo eine Zeitlang hier lebte sowie die Familie Ibn Verga und von Salomon und Joseph Jabetz die hebräische Druckerei gegründet wurde, war Adrianopel auch geistesgeschichtlich ein Anziehungspunkt. Noch im 19. Jh. waren Theologen, Pädagogen, Philologen, Musiker und Publizisten (hebräisch- und ladinosprachig) hier aktiv.

II, 2.20. „Donzella Hebrea d'Andrenopoli"
Junge Jüdin aus Adrianopel, 1568
Foto nach einem Stich, der ursprünglich in Nicolays „Les quatres . . ." erschien.

II, 2.21. Jüdin in Adrianopel
16. Jh.
N. Stavroulakis, Druck

Das große Tuch, das die Frau völlig einhüllt, wird im Türkischen als „çarşaf" bezeichnet. Darunter trägt sie das vom mongolischen Kaftan beeinflußte weite „entari" oder „kaba" aus Brokatstoff, dessen Herstellung zu dieser Zeit in Bursa eine Blüte erlebte. An den Füßen sieht man die „mest" genannten weichen Lederstrümpfe und die für die byzantinische und vorderorientalische Tracht so typischen Sandalen, die als „nalin" oder auch „takunya" bekannt sind.
Lit.: *Stavroulakis,* Costumes, Nr. 3.

II, 2.22. Parochet (Toravorhang)
Edirne, um 1900
Wolle, mit verschiedenförmigen gehämmerten Silberapplikationen besetzt, die im Mittel einen Magen David (Davidstern) formen, in dem sich als Herzstück eine Silberplatte mit getriebener Menora befindet.
135 x 202 cm
Jerusalem, Israel Museum, in 746.79; 152/151
Lit.: *Jehude spharad,* 95.

II, 2.23. Entari
Rhodos, Ende 19. Jh.
Seidenbrokat mit Borten aus goldfarbenen Metallschnüren
Länge: 140 cm
Jerusalem, Israel Museum, in 762.81

Die jüdische Gemeinde von Rhodos war eine Schwestergemeinde von Izmir, das, an der Küste Anatoliens liegend, für Rhodos die nächste jüdische Ansiedlung war. Mit seinen Druckereien, Jeschibhot und dem Gerichtshof beeinflußte Izmir Rhodos wesentlich mehr als etwa Saloniki. Die meisten Mitglieder der jüdischen Gemeinde auf Rhodos verstanden sich als türkische Juden, einige definierten sich allerdings als Italiener, da die Insel von 1917 bis zum Ende des faschistischen Italien unter italienischer Oberherrschaft stand.
Lit.: *Jehude spharad,* gegenüber 161.

II, 2.24. Jude auf Rhodos
Mitte 19. Jh.
N. Stavroulakis, Druck

Der Dargestellte trägt einen gestreiften „entari" unter einer dunkeln „cübbe" (s. II, 2.30.) mit weißen Satinaufschlägen. Als Kopfbedeckung trägt er einen flachen Fez, eine Form, die auf türkisch „aziziye" genannt wird, um den ein buntes, gefaltetes Tuch, ein „yemeni", gewickelt ist.
Lit.: *Stavroulakis,* Costumes, Nr. 14.

II, 2.25. Jüdin auf Rhodos
Mitte 19. Jh.
N. Stavroulakis, Druck

Die Frau aus Rhodos trägt über ihrer Pluderhose, dem „şalvar", einen gestreiften „entari" und darüber zu feierlichen Anlässen ein „mimten", ein Seidenentari mit halblangen Ärmeln. Außer dem Stirnband trägt sie ein buntes Kopftuch. Ihre Tracht ist die der jüdischen Frauen Izmirs sehr ähnlich, allerdings bescheidener ausgeführt.
Lit.: *Stavroulakis,* Costumes, Nr. 15.

II, 2.26. Jüdisches Ehepaar
(Nissim Kohen und Rachel Tariqa Kohen)
Rhodos 1905

II, 2.27. Das Rojo-Viertel in Saloniki
aus: Stewart & Reeves, Antiquites, 17. Jh.

Die massive spanisch-portugiesische Einwanderungsbewegung nach Saloniki, die Ende des 15. Jhs. einsetzte, ließ diese für die Osmanen wichtigste Handelsstadt in der Ägäis zur größten sephardischen, ladino-sprachigen Gemeinde im Osmanischen Reich werden. Zahlenmäßig und ihrer eigenen Auffassung nach kulturell der alteingesessenen romaniotischen Gemeinde weit überlegen, absorbierten die Sepharden die Romanioten und trugen letztendlich erheblich dazu bei, daß diese aus der Geschichte verschwanden. Sogleich nach ihrer Gründung verfügte die sephardische Gemeinde über die notwendigen administrativen und karitativen Gemeindeeinrichtungen. Zahlreiche Jeschibhot entstanden. Im Jahre 1500 wurde die erste Druckerei Salonikis von Don Jehuda Gedalja eingerichtet, dem ehemaligen Mitarbeiter des Druckers Eliezer Toledano in Lissabon. 1560 übernahmen die Brüder Schlomo und Joseph Jabetz wie in Konstantinopel auch in Saloniki das Druckwesen. 1590 wurden sie von Schabtai Mattatijahu Baschevis abgelöst. 1633 wurde die Gemeindeschule „Talmud-Tora ha-gadol" gegründet, die im 17. und 18. Jh. als Herausgeberin von einer Reihe religiöser Werke und Gebetbücher für die verschiedenen Gemeinden (katalanisch usw.) aktiv war. In der zweiten Hälfte des 19. Jhs. wurde das Zeitungswesen bedeutend. Vereine wie die „Gemilut Chassidim" oder die „Etz ha-Chajjim"-Gesellschaft unterhielten eigene Druckereien. Für die Zeit zwischen 1814 und 1941 können zwanzig jüdische Druckereien in Saloniki aufgelistet werden, von denen die bekannteste die des I. Jahon war. Bis zur Zeit ihres Niederganges unter griechischer Herrschaft nach dem Zweiten Balkankrieg wurde in Saloniki in zweiunddreißig (!) Synagogen gebetet.
Die einzig erhaltene Darstellung des jüdischen Viertels von Saloniki aus der Zeit vor dem 19. Jh. ist die vorliegende. Das abgebildete Haus einer jüdischen Familie entspricht mit der Säulenkonstruktion und der Loggia dem osmanischen Bautypus. Die hinter diesem Haus zu sehende Steinbalkenkonstruktion, getragen von vier Karyatiden, ist ein Rest der antiken römischen Agora. Die weiblichen Atlantenfiguren gaben dieser Straße ihren Namen, die von den Türken „Süretler", „die Götzen", und von den Juden „Las Inkantadas", „die Sirenen", genannt wurde.
Lit.: *Nehama*, Salonique, III und IV; *Stavroulakis*, Greece, 40 ff.; 84.

II, 2.28. Mischnat Rabbi Eliezer
Saloniki 1853
gedruckt bei Sa'adi ha-Levi Aschkenazi
New York, The Jewish Theological Seminary

Das Werk beinhaltet zeitgenössische Responsen und gibt Einblick in das Leben der Juden im Osmanischen Reich in der Mitte des 19. Jhs. Der Autor drückt seine Besorgnis darüber aus, daß die Gemeinden sich in zunehmendem Maße von ihren alten Gebräuchen lösen und will dieses Brauchtum für die künftigen Generationen sammeln.
Lit.: *Two Cities*, Nr. 169.

II, 2.29. Schlomo ben Nissim Joseph David Kimchi
Sepher Melekhet Schlomo
Saloniki 1862
gedruckt bei Sa'adi ha-Levi
New York, The Jewish Theological Seminary

Das vorliegende Responsenwerk ist insofern eine Rarität, als der damalige Oberrabbiner von Konstantinopel, Jakir Geron, die Verbrennung aller Exemplare dieser Ausgabe anordnete. Anlaß für dieses harte Urteil war die hierin festgehaltene Ansicht des Autors, man solle die Karäer die mündliche Tora nicht lehren, da sie keine Juden seien. Die Karäer-Gemeinde beschwerte sich darüber erzürnt, und Geron sah sich zum Einschreiten gezwungen.
Die Karäer-Gemeinden waren im 8. Jh. in Babylonien entstanden, als Anan, ein Angehöriger der Exilarchenfamilie, bei der Wahl zu diesem Amt übergangen wurde und sich daraufhin erbittert mit seinen Anhängern vom rabbinischen Judentum abspaltete. Ihr Name, „Kara'im", weist auf ihr Selbstverständnis als „Söhne der Schrift" hin, da sie nur die schriftli-

che Tora als gültiges Recht ansehen und die rabbinische Lehr-Tradition als nicht bindend betrachten.
Lit.: *Two Cities*, Nr. 180; *Stemberger*, Das klassische Judentum, 243 ff.

II, 2.30. Jude in Saloniki
Mitte 19. Jh.
N. Stavroulakis, Druck

Als Kopfbedeckung trägt der hier in traditioneller Gewandung Abgebildete einen Fez, um den herum ein „sarik“ gewickelt ist (der weiße Turban war allein Muslimen vorbehalten). Der Mantel, „cübbe“, aus feinem Stoff, pelzgefüttert und -besetzt wird im Türkischen als „ferve i murabba“ bezeichnet. Darunter sind der „entari“, von einer Schärpe zusammengehalten, und die weite Hose, „şalvar“, zu sehen. Mit „entari“ kann im Türkischen übrigens jedes lange oder kurze, offene, mantelähnliche Kleidungsstück, das von Männern wie von Frauen getragen wird, bezeichnet werden. Als Unterwäsche trug man kniekurze Hosen, auf türkisch „dizlik“, auf ladino „pernil“ genannt, und ein Unterhemd, zu türkisch „iç gömlegi“, in ladino als „kamiza“ bezeichnet. Die im Türkischen „merkublar“ genannten Straßenschuhe heißen in Ladino „kaltsados“ oder auch „karvela“.
Lit.: *Stavroulakis*, Costumes, Nr. 10.

II, 2.31. Jüdin in Saloniki
Mitte 19. Jh.
N. Stavroulakis, Druck

Die Tracht der abgebildeten jungen Dame besteht aus einer hinten gebundenen, „devantal“ genannten Seiden- oder gemusterten Baumwollschürze, einem Wickelkleid, dem „sayo“, der weiten Hose, „şalvar“, und einem Plastron, zu türkisch „gögüslük“. Die Unterbekleidung setzte sich aus an den Knien gebundenen Hosen, auf ladino „kalson“, auf türkisch „im“ heißend, dem „bustiko“ und einem langen, weitärmeligen Hemd, dem „kamisa“ zusammen. Bis auf den Devantal entspricht die Kleidung jüdischer Frauen in Saloniki im 19. Jh. derjenigen, die in Konstantinopel ein Jahrhundert früher von Frauen jeder Religionszugehörigkeit getragen wurde. Das Charakteristischste an dieser Tracht ist die besondere Art der Kopfbedeckung, „kofya“ genannt. Die Kofya bestand aus einem kleinen Leinen- oder Baumwollkäppchen, an dem hinten ein breiter und langer, sich nach unten verjüngender Stoffschlauch aus grünem Moiré oder Seidenbrokat angenäht war. Entwickelt hat sich dieser Stoffschlauch aus den breiten Haarbändern, die vormals die Haarflechten umhüllten. Geschmückt wurde das Band am unteren Ende mit einem aufgenähten Stück schwarzen Samtes, der mit kleinen Saatperlen und Goldfäden bestickt war, sowie mit einer abschließenden Fransenborte. Auf das Käppchen wurde ein quadratisches Stück floral gemusterten Samtes gelegt, auf dessen vorderen Teil eine Litze, auf den hinteren ein scharlachrotes Seidenband, das den Samt in der richtigen Position halten sollte. Ein farbiges Band, das über die Stirn verlief und hinten unter dem Haarband verknotet wurde, fixierte die Litze an ihrem Platz. Um diese Konstruktion, aus so vielen verschiedenen Stoffteilen bestehend, zusammenzuhalten, mußte nun ein langes Stoffband von unterhalb des Kinns ausgehend, auf dem Kopf gekreuzt werden, verlief nach hinten, wo es unter dem Haarband nochmals gekreuzt wurde, wurde wieder auf den Kopf geholt, wo es in einem Knoten bzw. in einer Schleife endete.
Lit.: *Stavroulakis*, Costumes, Nr. 11.

II, 2.32. „Junge der Dönme-Gemeinde“
Fotografie
Saloniki, um 1880

Die Gemeinde der Dönme, der zum Islam konvertierten Anhänger Schabtai Zwis (s. II, 4.9.ff.), teilte sich in Saloniki in verschiedene Gruppen, von denen die einen mehr jüdisch als muslimisch, die anderen mehr muslimisch als jüdisch waren; viele waren auch eng mit Derwisch-Gemeinschaften verbunden. Die Knaben der Dönme-Gemeinden wurden im Alter von zwölf Jahren beschnitten und bekamen aus diesem Anlaß eine spezielle Kleidung, wie sie hier in der Art der Tracht der Mevlana-Derwische zu sehen ist.
Lit.: *Stavroulakis*, Greece, 90.

II, 2.33. „Costumes à Salonique“
Jüdische Familie in traditioneller Tracht
Fotografie
Saloniki, Ende 19. Jh.

II, 2.34. „Souvenir de Salonique – Costume de femme juive“
Alltagsgewand einer jüdischen Frau
Fotografie
Saloniki, Ende 19. Jh.

II, 2.35. „Souvenir de Salonique – Deux siècles se rencontrant Juives – La Mère et la Fille“
Zwei Generationen: die Mutter in traditionell jüdischer Tracht, die Tochter nach europäischer Mode gekleidet
Fotografie
Saloniki, um 1900

II, 2.36. „Salonique – Portefaix indigéne / Indigenious Porter“
Jüdischer Lastenträger bei der Arbeit
Fotografie
Saloniki, um 1900

Zu dem typischen Erscheinungsbild Salonikis gehörten die Lastenträger und Stauer, „hamal“ genannt, die in den Hafengebieten immer gebraucht wurden. Der Arbeit als „hamal“ gingen fast ausschließlich Juden nach.

II, 2.37. „Salonique – Portefaix après le travail / Street-Porter at rest“
Jüdischer Lastenträger pausierend
Fotografie
Saloniki, um 1900

II, 2.38. Im jüdischen Viertel – Träger und Getränkeverkäufer
Fotografie
Saloniki, 1912/13

Neben den Trägern prägten die Getränkeverkäufer das Straßenbild Saonikis. Ihre Angebote richteten sich nach der Saison. In der warmen Jahreszeit verkauften sie Aprikosen-, Pflaumen- und Kirschsaft, in den Wintermonaten heißes Sahlep mit Minze- oder Zimtaroma. Auch sie gehörten zum überwiegenden Teil der jüdischen Bevölkerung an.

II, 2.39. „S. Em. Rébi Jacob Méir Grand Rabin de Salonique“
Fotografie
Saloniki, Anfang 20. Jh.

Jacob Meir (1858–1939) erhielt für seine Verdienste um das Heilige Land – er war als Schaliach nach Turkestan wie auch nach Nordafrika gereist und hatte maßgeblichen Anteil an der Einigung der sephardischen und aschkenazischen Gemeinde Jaffas – eine Auszeichnung vom Sultan, der ihn 1908 in das Amt des Oberrabbiners von Saloniki einsetzte. In dieser Funktion, die er bis 1921 innehatte, mußte er seine Gemeinde durch die machtpolitischen Wirren der Zeit führen und sie vor den Gefahren, die die politische Instabilität mit sich brachte, schützen: 1908 Revolution der Jungtürken; 1909 Militärrevolte in Kostantinopel sowie in Griechenland; 1910 scheiterte der türkische Versuch, die Freischärler in Mazedonien zu bezwingen; 1911 kam es aufgrund der Annexion von Tripolis und Cyrenaika durch Italien zum Türkisch-Italienischen Krieg; 1912 Auflösung des türkischen Parlaments; Erster Balkankrieg; 1913 wurde der griechische König Georg I. ermordet; Zweiter Balkankrieg; im Frieden von Bukarest wurde ein Teil Mazedoniens mit Saloniki griechisch; 1914–1918 Erster Weltkrieg; 1917 wurde das jüdische Viertel Salonikis durch einen Großbrand fast vollständig zerstört, und die Bevölkerung saß im wahren Sinne des Wortes auf der Straße; 1920 Ausbruch des Türkisch-Griechischen Krieges. Meirs diplomatischem Geschick war es zu danken, daß nicht nur der griechische König, sondern auch die alliierte Armee ihre Hände schützend über die jüdische Gemeinde hielten.
Lit.: *Nehama*, Salonique, VI/VII, 782 f.

II, 2.40. Toragürtel
Saloniki 1932

Baumwolle, mit Kettenstich aufgestickte Inschrift in hebräischen Lettern: „Señores Schmuel Chananel, Jitzchaq Hakohen Chasid en onor del gazbariko Ja'aqobh Joseph Florenti en schnat 5692.“ 1932 zu Ehren des Schatzmeisters J. J. Florenti gestiftet.
92,5 x 9,5 cm
Jerusalem, Israel Museum, 150/116 – 1884 – 2.50 (durch die Jewish Cultural Reconstruction 1950 ans Israel Museum gelangt)
Lit.: *Jehude spharad,* 257.

II, 2.41. Auf dem jüdischen Friedhof in Saloniki
Fotografie
Saloniki 1918

II, 2.42. Rabbiner auf dem jüdischen Friedhof in Saloniki
Fotografie
Saloniki 1918

Der jüdische Friedhof Salonikis hatte entsprechend der langen jüdischen Tradition in der Stadt um die Jahrhundertwende ein riesiges Ausmaß erreicht. Er näherte sich zunehmend den Stadtmauern, und da die Stadt selbst auch expandierte, waren zukünftige Probleme absehbar. Aufgrund der großen Gemeinde, deren Mitglieder alle Verwandte und Freunde auf dem Friedhof hatten, waren hier immer Besucher und „hanaci“, professionelle Betende, Rabbinatsangehörige und Friedhofsarbeiter anzutreffen. Der Friedhof war daher nicht nur letzte Ruhestätte sondern hatte als Ort der Begegnung ähnlich wie die Synagoge auch einen wichtigen sozialen Charakter.

II, 2.43. Jüdischer Friedhof Saloniki 1943
Während der deutschen Besatzung wurde der Friedhof zerstört und das gesamte Areal eingeebnet. Heute steht auf dem Gelände die Universität Salonikis.

II, 2.44. Saloniki, Freiheitsplatz, 13. Juli 1942
Ungefähr 6.000 Juden wurden an diesem Samstag auf der „Plateia Eleftherias“ zusammengetrieben und zu Zwangsarbeiten verschickt.
Am 6. April 1941 fand die deutsche Invasion in Griechenland statt. Das Land wurde gedrittelt: Bulgarien erhielt Thrakien mit seinen 5.000 bis 6.000 jüdischen Einwohnern, die deutsche Zone bestand aus Mazedonien und Ostthrakien, die italienische aus dem großen Rest Griechenlands. Doch in der italienischen Zone lebten nur 13.000 Juden – und die Italiener wollten von Deportationen nichts wissen –, während in der deutschen 55.000 Juden beheimatet waren. Allein in Saloniki, von ihren Sepharden „Madre de Israel“ genannt, unterstanden nun 53.000 Juden der deutschen Besatzungsmacht. „Das war geographisches Schicksal“ (Hilberg, 737).
Lit.: *Molho*, In Memoriam, 124 ff.; *Sevillias*, Athens – Auschwitz, XIII–XVI; *Hilberg*, Vernichtung, II, 737 ff.; *Roth*, The Last Days.

II, 2.45. Deportation
Anfang 1943 war die Deportation der Juden aus Saloniki beschlossen. Innerhalb weniger Monate war die „Aktion Saloniki“ abgeschlossen. Nach einem Bericht der Reichsbahndirektion Wien die Monate März und April 1943 betreffend, wurden allein in diesen beiden Monaten 20 Sonderzüge eingesetzt, um die Juden aus den deutsch und bulgarisch besetzten Gebieten Griechenlands über Belgrad und Wien in die Konzentrationslager zu bringen. Mit August 1943 waren rund 46.000 salonikische Juden nach Auschwitz deportiert.
Lit.: *Molho*, In Memoriam, 75–117; *Hilberg*, II, 740–747; *Roth*, The Last Days.

II, 2.46. Anordnung
Athen, den 4. 10. 1943 / Korfu 20–11–1943
Der Höhere SS – und Polizeiführer Griechenland gez. Stroop
SS – Brigadeführer und Generalmajor der Polizei

Rund zehn Wochen nach der Landung der Alliierten in Italien und der Verhaftung Mussolinis kündigte Italien am 8. September 1943 das Achsenbündnis. Die Deutschen übernahmen per 9. September die Militärverwaltung in ganz

Griechenland inklusive Albanien und Montenegro. Die Anordnung von General Stroop setzte die Nürnberger Gesetze für die Juden im deutsch besetzten Süd-Griechenland, Korfu und Athen in Kraft. Ein halbes Jahr später wurde die Todesmaschinerie nun auch für die vordem unter italienischer Besatzung lebenden Juden des Festlands und der Inseln in Gang gesetzt.
1939 hatten in Griechenland rund 70.000 Juden gelebt, deren Gemeinden zum Teil auf eine zweitausendjährige Geschichte in diesem Land zurückblicken konnten oder deren Erinnerungen und Identität ins „Goldene Zeitalter" des mittelalterlich-islamischen Spanien zurückreichte. 1945 wurden in Griechenland 10.000 Juden gezählt.
Lit.: *Hilberg*, Vernichtung, II, 749 ff.; *Stavroulakis*, Greece, 53 f.; *Sevillias*, Athens – Auschwitz, XVII–XXII.

II, 2.47. Rimmonim (Toraaufsätze)
Palästina, 1741
Silber, gegossen, getrieben, punziert, graviert
Meisterzeichen: türkische Punzierung
mehrere Kupellenproben
Höhe: 15 cm
Der zweiteilige, aus vier sich nach oben verjüngenden Wülsten bestehende Korpus teilweise schadhaft. Der Kettenbehang am unteren Wulst teils fehlend. Oben auf beiden Aufsätzen die gravierte hebräische Inschrift: „Jerusalem 1741".
Israelitische Kultusgemeinde Wien, IN 23 (alte Inventarnummer im ehemaligen Jüdischen Museum: 26)

Nach der Annexion von Eretz Israel durch das Osmanische Reich 1516 wurde eine Ansiedlung im Heiligen Land besonders attraktiv. Bereits seit dem 15. Jh. waren verstärkt aschkenazische, meist mittellose Juden nach Jerusalem, Safed, Hebron, Sichem und Galiläa eingewandert. Unter der türkischen Oberherrschaft wurden die Lebensbedingungen für die Juden einfacher, und eine Anzahl sephardischer Gemeinden wurde gegründet. Nicht nur spanische Juden ließen sich hier nieder, sondern auch Marranen, die ihren Abfall vom Glauben der Väter an den heiligen Stätten büßen wollten. Die kulturellen, sozialen und ökonomischen Unterschiede zwischen den Spharadim und Aschkenazim führten zu einem eher gespannten Verhältnis unter den Gemeinden. Die frommen Aschkenazim in Eretz Israel lebten hauptsächlich dem Studium und waren auf Spenden aus Europa angewiesen, um existieren zu können. Die sephardische Gemeinde war dagegen wesentlich gemischter, es gab Gelehrte und Geschäftsleute, viele Mittellose und viele Begüterte. Im Ganzen war die sephardische Gemeinde geschäftlich weitaus aktiver als die aschkenazische und reüssierte dementsprechend. Und der wirtschaftlichen Betätigungsmöglichkeiten waren viele: Gold- und Silberschmiede wurden gebraucht, Schneider, Schmiede, Tischler, Weber, Getreide-, Gewürz- und Textilienhändler sowie Geldverleiher.

II, 2.48. Sepher ha-Zohar
Slawita 1794
Sammlung Max Berger

Das pseudepigraphische Hauptwerk der Kabbala, der „Zohar", tauchte Ende des 13. Jhs. in Spanien auf. „Kabbala" bedeutet im Grunde „Überlieferung der Tradition", meint jedoch die „esoterische Überlieferung". Der Zohar besteht aus Kommentaren zum Pentateuch, „Tiqqunim" (Ergänzungen), den „Geheimnissen der Tora", dem „Buch der Verborgenheit", mystischen Erläuterungen zu den Büchern Ruth und Hoheslied, Zahlen- und Buchstabenmystik, Aussagen über die „Merkabha" (himmlischer Thronwagen) und „Hekhalot" (himmlische Paläste), Lehren über die Emanationen der „Sephirot" (verborgene Stufen), über die „Schekhina" (Wesensgegenwart Gottes), ihr Exil und ihre Erlösung. In kabbalistischen Kreisen war der Zohar neben Bibel und Talmud das bedeutendste religiöse Werk, das zur Grundlage der späteren jüdischen Mystik wurde. Scholem definierte diese Mystik als „Theosophie, Versenkung in die Geheimnisse der Welt der Gottheit und ihres Wirkens in ihrer Verbindung mit der Schöpfung und mit dem Rätsel des Daseins der Welt überhaupt" (Mystik in Westeuropa, 73).
Im Zusammenhang mit der jüdischen Mystik

erlangte Safed besondere Bedeutung, wohin es zahlreiche Juden nach der osmanischen Eroberung zog. Dank seiner geographischen Lage, die die Verbindung nach Damaskus und Beirut wie zum Hafen von Akko sicherte, blühte die Stadt in kürzester Zeit wirtschaftlich auf. Berühmt wurde sie allerdings wie gesagt als Zentrum der Mystik. In den Bergen Galiläas, unweit von Safed, sind eine Reihe von Tannaiten begraben, so auch Schimon bar Jochai, dem man die Verfasserschaft des „Zohar" zuschrieb. Er wurde zutiefst verehrt, sein Grab zur Pilgerstätte der kabbalistischen Bewegung. Ein Jahrhundert vor Schabtai Zwi hofften gelehrte Mystiker wie Isaak Luria z. B., in diesem heiligen Umfeld den Messias und damit die Erlösung der Welt herbeiführen zu können.
Lit.: *Scholem*, Mystik in Westeuropa; *Ders.*, Kabbala; *Y. Canaani*, Economic Life in Safed and Its Surroundings in the Sixteenth to Seventeenth Centuries.

II, 2.49. Joseph Karo
Schulchan arukh. Ebhen ha'ezer
Amsterdam, gedruckt bei Joseph und Jakob Proops
Sammlung Max Berger

Der mystisch geprägte Halakhist Joseph Karo (1488–1575) ließ sich 1525 in Safed nieder, wo er dreizehn Jahre später Oberhaupt der Jeschibha wurde. Karos Lebenswerk ist sein „Bet Joseph" genannter Kommentar zu dem Gesetzescodex „Arba'a Turim" des Jakob ben Ascher. Eine gekürzte, auf das Wesentlichste reduzierte Zusammenfassung dieses religionsgesetzlichen Kompendiums nannte er „Schulkhan Arukh", „Gedeckter Tisch". Und als Verfasser des „Schulkhan Arukh" wurde Joseph Karo zur unbestrittenen Autorität der sephardischen und orientalischen Judenheit. Für die aschkenazischen Juden wurde der Codex erst mit den Adaptionen an die aschkenazische Tradition und den erschwerenden Zusätzen des R. Mosche Isserles bindend. Bis heute ist der „Schulkhan Arukh" in der einen oder der anderen Form für alle Juden geltendes Recht (s. auch II, 2.51.).
Lit.: *Stemberger*, Literatur, 114; 131 f.

II, 2.50. Jitzchaq ben Joseph Karo aus Toledo in Kastilien
Toldot Jitchaq
Geschichte Isaaks
Kommentar zur Tora, zum Teil kabbalistische Erläuterungen und Auslegungen
Amsterdam 1708
gedruckt bei Alverez Soto
Wien, Österreichische Nationalbiblitohek, IN 20.K.85

Der Onkel von Joseph Karo, Rabbiner in Toledo und nach der Ausweisung in der Türkei, beeinflußte den nachmaligen Gesetzeskodifikator durch seine Beschäftigung mit der jüdischen Mystik und Kabbala.

II, 2.51. Schlomo ben Mosche ha-Levi Alkabetz
Ajjelet ahabhim
(Kommentar zu Schir ha-schirim)
Venedig 1552
gedruckt bei Daniel Adelkind
Das Vorsatzblatt trägt den Besitzervermerk „Zunz" (Leopold), das Titelblatt einen Stempel des „Judith Lady Montefiore College Ramsgate".
Sammlung Max Berger

Der in der Türkei als Sohn spanischer Eltern geborene, später als mystischer Dichter bekannt gewordene Schlomo Alkabetz (ca. 1505–1576) entschloß sich 1529, nach Eretz Israel auszuwandern. Unterwegs hielt er sich u. a. eine Zeitlang in Nikopol auf, wo er Joseph Karo kennenlernte, der von den Kabbala-Kenntnissen Alkabetz' sehr beeindruckt war und ihm nach Safed folgte. Von den Pijjutim (liturgischen Dichtungen) des Alkabetz ist das berühmteste wohl das Eingangslied zum Schabbat „Lekha dodi liqrat kalla" (Komm, o Freund, der Braut entgegen), das nicht nur in den sephardischen, sondern auch in den aschkenazischen Ritus aufgenommen wurde und Höhepunkt der Schabbat-Liturgie ist. „Lekha dodi" ist nicht allein ein Loblied auf die Vollendung der Schöpfung; es spiegelt auch die eschatologischen Erwartungen des Sefader Kreises wider, indem mit glühenden Worten die Hoffnung auf

den Wiederaufbau des Tempels und die nationale Renaissance des Volkes Israel ihren Ausdruck findet. Neben den Pijjutim verfaßte Alkabetz Kommentare zum Hohen Lied (vorliegend), zu den Büchern Ester, Rut und Hosea.
Lit.: *Steinschneider*, Nr. 6895; *Ben Zvi,* Erez Yisrael under Ottoman Rule.

II, 2.52. Rimmonim (Toraaufsätze)
Sandelholz geschnitzt, mit Granaten und silbernem Glöckchenbehang (eines fehlt)
Palästina, Mitte 19. Jh.
Auf den Sockeln der beiden Aufsätzen die umlaufende, in hebräischen Lettern eingebrannte jiddische Inschrift: „Sandelholz aus Eretz Israel, mitgebracht von Doktor Abraham El'azar Frankl im Jahr 1856."
Höhe: 27,3 cm
Israelitische Kultusgemeinde Wien, IN 20 (alte Inventarnummer im ehemaligen Jüdischen Museum: 20)

Ludwig August Frankl (1810, Chrast, Böhmen – 1894, Wien), aktiver Teilnehmer an der Märzrevolution 1848, Publizist, Literaturhistoriker und Präsident des europäischen Blindenlehrerkongresses, 1877 zum Ritter von Hochwarth geadelt, war seit 1838 Sekretär und Archivar der jüdischen Gemeinde Wiens. 1856 unternahm er eine Orientreise, über die er später zwei Bücher publizierte: „Nach Jerusalem" (1858) und „Aus Ägypten" (1860). Der Zweck seiner Reise war es, im Auftrag von Eliese Herz von Lämel in Jerusalem die „Lämelschule" zu gründen. Neben verschiedenen Kultgeräten brachte Frankl aus Jerusalem einen Grundstein für den von Ludwig Förster errichteten orientalisierenden Tempel in der Leopoldstadt mit, der im Juni 1858 eingeweiht wurde.
Lit.: *Vielmetti; Frankl; Tietze,* Die Juden Wiens; *Judentum in Wien,* 4/1.12.

II, 2.53. Jad (Torazeiger)
Schwache Silberlegierung mit Resten einer alter Vergoldung, Goldfiligran, gefaßten Glassteinen in Blütenform
Palästina, 19. Jh.
nach Wien gebracht von Ludwig August Frankl (s. o.)
Länge: 18,5 cm (o. Kette)
Israelitische Kultusgemeinde Wien, IN 10

II, 2.54. Rimmonim (Toraaufsätze)
Silber, Silberfiligran, graviert, mehrfach repariert, Stern- und Kugelbehang (teilweise fehlend)
Jerusalem, Anfang 20. Jh.
Meisterzeichen: Bezalel
Höhe: 12,7 cm
Israelitische Kultusgemeinde Wien, IN 183

Über dem granatapfelförmigen Korpus der Aufsätze je eine abschließende Platte, die Gesetzestafeln darstellend; diese auf den Vorderseiten mit den Anfängen der Zehn Gebote, rückwärts mit der hebräischen Inschrift „Dies ist die Tora, die Mosche dem Volk Israel übergeben hat". Darüber Krone von zwei Vögeln flankiert. Auf beiden Schäften die gravierte hebräische Widmungsinschrift: „Dies ist ein Geschenk von R. Schim'on ben R. Schlomo ha-Kohen (?) und seiner Gattin Chana."

II, 2.55. Kidduschbecher
zerbrochen; geklebt
Bethlehemstein, geschnitten
Palästina, Anfang 20. Jh.
Die Kuppa mit den umlaufenden Miniaturen: Zionsberg, Grab Davids, Höhle Machpela, Grab unserer Mutter Rachel, Grab des Zacharias, West(Klage)mauer; darunter jeweils die dazugehörigen hebräischen Tituli. Unter dem Mundrand die Inschrift „Jerusalem".
Israelitische Kultusgemeinde Wien, in 431 (alte Inventarnummer im ehemaligen Jüdischen Museum: 3834)

II, 3. SPHARADIM IN ITALIEN UND IM KIRCHENSTAAT

Die Zersplitterung Italiens in verschiedene

Herzog- und Fürstentümer, Stadtstaaten und den Kirchenstaat machte eine einheitliche und konsequente Regelung bezüglich des rechtlichen Status der Juden unmöglich. Am bezeichnendsten für die Beschränkungen, denen die Juden in ganz Italien unterworfen waren, waren die „Ghettos", die ihnen aufgezwungenen, isolierenden Wohnviertel. In das erste italienische Ghetto wurden 1516 die Juden Venedigs verbannt. Dem venezianischen „Vorbild" folgten bald die meisten italienischen Städte ,und der Begriff „Ghetto" bürgerte sich in Kürze für die abgeschlossenen jüdischen Viertel überall in Europa ein. Der Ghettoisierung folgten im 16. und 17. Jahrhundert in Italien zahlreiche Ausweisungen der Juden. Dauerhaft und ungestört konnten sich hier nur die Gemeinden in Pisa und Livorno entwickeln, wo es weder zu wirtschaftlichen noch zu sozialen Restriktionen den Juden gegenüber kam.

II, 3.1. Biblia hispanica
en lengua espanola traduzida
Ferrara 1553
gedruckt bei Tobias Atias
Kolophon: „A gloria y loor de nuestro Senor se acabo la presente Biblia en lengua Espanola traduzida dela verdadera origen Hebrayca por muy excelentes letrados: con yndustria y delegencia de Abraham Usque Portugues: estampada en Ferrara a costa y despesa de Yom Tob Atias hyo de Levi Atias Espanol. 14. de Adar de 5313."
Wien, Österreichische Nationalbibliothek, IN 1.F.1

Bereits 1492, als die ersten Flüchtlinge aus Spanien in Italien landeten, gewährte der Herzog von Este, Ercole I., einigen von ihnen das Niederlassungsrecht in der Stadt Ferrara, die zu dieser Zeit bereits auf eine bemerkenswerte jüdische Tradition zurückblicken konnte. Ercoles Nachfolger erteilte später nicht nur böhmischen und deutschen Juden das Aufenthaltsrecht in der Stadt, sondern lud 1524 und 1538 auch die nach einer neuen Heimat suchenden Marranen ein. Letzteren wurde 1553 erlaubt, offiziell zum jüdischen Glauben zurückzukehren. Als die Stadt 1597 dem Kirchenstaat angegliedert wurde, verschlechterte sich zwar die Lage der Sepharden ebenso wie die aller anderen Juden. Gemessen an Rom jedoch blieb Ferrara eine ihren Minderheiten gegenüber relativ tolerante Stadt.
Lit.: *Roth*, The History of the Jews of Italy.

II, 3.2. Amatus Lusitanus
Curationum medicinalium centuriae VII.
Florenz 1551
Wien, Österreichische Nationalbibliothek, IN 69.051

Zu den herausragendsten jüdischen Persönlichkeiten hispanischer Herkunft zur Zeit der Ansiedlung in Ferrara gehörte neben der Familie Nassi, dem Chronisten Samuel Usque, dem Drucker Abraham Usque und dem Dichter Jakob Foa der Arzt Amatus Lusitanus, mit bürgerlichem Namen Joao Rodrigues de Castelo Branco (1511–1568). Der gebürtige Marrane aus dem portugiesischen Castelo Branco hatte an der spanischen Universität Salamanca Medizin studiert. Als sich die Lage für die Marranen in Portugal verschlechterte, wanderte er nach Antwerpen aus. 1536 erschien sein erstes wissenschaftliches Werk, eine medizinische Botanik unter dem Titel „Index Dioscorides". Ercole II. von Este berief ihn 1540 an die Medizinische Fakultät der Universität Ferrara, wo er sieben Jahre lang tätig war, bis er nach Ancona übersiedelte. Zwischen 1549 und 1561 erschienen von Lusitanus sieben „Centuriae", in denen er Probleme der Anatomie, der internen Medizin und der Dermatologie behandelt. Eine der „Centuriae" widmete er Gracia Nassi. Als Papst Paul IV. begann, im Kirchenstaat gegen die Marranen vorzugehen, wurden das Haus Lusitanus' und seine Bibliothek geplündert. Die gezielte Aktion soll auf den Leibarzt am Wiener Hof, Matthioli, zurückgegangen sein, der den berühmten Kollegen mit seinem Neid verfolgte und ihn der Häresie beschuldigte. Amatus Lusitanus konnte aus Ancona entkommen und nahm eine Einladung der Stadt Ragusa (Dubrovnik) an.

II, 3.3. Machzor (Gebetbuch)
Ferrara 1512

Pergament; 407 fols; sephardische Quadratschrift
Illuminierungen, Goldinitialen, zwei Grisaille-Porträts (fols 12 r und 390r)
Dunkelroter Samteinband auf Karton, ursprünglich mit Schließe. Kolophon fol 397v: „Mosche ben Chajim Aqrisch, Flüchtling aus Spanien, stellte diese Handschrift am 1. Adar 5272 (d. i. 18. Februar 1512) in Ferrara fertig."
Ebenso auf fol 397v der Zensureintrag aus dem Jahre 1600 von Domenico Irosolimitano
Paris, Musee de Cluny, No. Inv. Cl. 13995

Die Diskrepanz zwischen dem rein sephardischen Schrifttypus und der italienisierenden Ornamentik verweist auf das typische Emigrantenschicksal des auf der Iberischen Halbinsel geborenen und 1492 vertriebenen Aqrisch, der zwischen seiner spanischen Tradition und den kulturellen Einflüssen seines neuen Gastlandes steht.
Von Mosche ben Chajim Aqrisch sind noch zwei weitere Handschriften bekannt, deren Illuminationen und Ornamentierungen der vorliegenden sehr ähnlich sind (London, British Library, Add. Ms. 15251: illuminierte Bibelhandschrift mit gereimtem Kolophon; Paris, Bibl. nat., coll. Smith-Lessoueff, ms. 250).
Lit.: *Klagsbald*, Musée de Cluny, Nr. 29; *Schwab*, Manuscrits hébreux du musée de Cluny, 136–139; *Margoliouth*, Catalogue of the Hebrew & Samaritan Manuscripts in the British Museum, I Nr. 61.

II, 3.4. Ketubba (Heiratsvertrag)
Ferrara, 8. Siwan 5470 (1710)
Pergament, koloriert mit Blumen- und Granatapfelranken, Vögeln und Putti
Illustrationen: die Sternzeichen; Jakobs Traum von der Himmelsleiter; die Bindung des Isaak; Miniaturen zu verschiedenen Segenssprüchen; die segnenden Priesterhände (Symbol für die Familie der Braut)
Brautpaar: Joseph ben Schimschon Grego aus Verona und Chana bat Pinchas ha-Kohen aus Ferrara
84 x 57 cm
Israelitische Kultusgemeinde Wien, IN 732; die Ketubba gehört zu den Beständen des alten, von den Nationalsozialisten gewaltsam aufgelösten Jüdischen Museums Wien, dem sie offenbar als Dauerleihgabe vom Naturhistorischen Museum überlassen worden war; sie war unter der Nummer 813 inventarisiert.

Der Name „Grego" weist auf die romaniotische Abstammung des Bräutigams hin. Zur Zeit des mit dieser Ketubba erfolgten Hochzeitsereignisses waren die romaniotischen Gemeinden zum Großteil bereits von den sephardischen absorbiert.

II, 3.5. Portrait-Medaille der Gracia Nassi Bronze
Kopie aus dem 19. Jh. des von dem Medailleur Patorino di Giovan Michele de Pastorini (1508[?]–1592) 1556 in Ferrara angefertigten Originals
Bruststück nach links mit lateinischer und hebräischer Bezeichnung; links: „Gracia Nassi", rechts: „A.A.XVIII" (i. e. Anno Aetatis XVIII)
Dm: 6,5 cm
Musée de Cluny, No. Inv. Cl. 12332

Gracia Nassi die Jüngere, eigentlich Reyna, war die Tochter der Gracia Mendes, die als Marranen Portugal verlassen und sich 1546 in Venedig angesiedelt hatten. Nach ihrer Rekonversion zum Judentum nahm Gracia den Namen Nassi an und wurde in der jüdischen Welt als Patronin einer Wiederansiedlung im Heiligen Land, speziell einer jüdischen Wiederbesiedlung von Tiberias berühmt. 1560 stellte sie einen Antrag an die türkischen Behörden, in dem sie den Wiederaufbau des verfallenen Tiberias unter Hinweis auf geeignete Erwerbsmöglichkeiten vorschlug und sich zu einer Pacht der Stadt für jährlich eintausend Goldstücke bereit erklärte. Nach Genehmigung dieser Pläne ließ Doña Gracias Neffe, Joseph Nassi, das Projekt seiner Tante in die Tat umsetzen. 1565 waren die Stadtmauern von Tiberias wieder aufgebaut, zur Errichtung einer Seidenmanufaktur wurden Maulbeerbäume gepflanzt, und für weitere Textilverarbeitungsmöglichkeiten wurde Wolle aus Spanien importiert. Nach dem Tod Joseph Nassis wurde das Tiberias-Projekt von der

spanisch-türkischen Familie Abenaes weiter betrieben.
1553 ließ Don Joseph Nassi Reyna-Gracia Nassi entführen und erst nach Ferrara, dann nach Ravenna bringen, wo die beiden heirateten. Mit ihrem 18. Geburtstag, zu dessen Anlaß das Original der vorliegenden Medaille geprägt wurde, erbte die mittlerweile ebenfalls zum Judentum zurückgekehrte Gracia Nassi die Jüngere das beträchtliche Vermögen der Mendes-Familie. Das Paar konnte offenbar gemeinsam mit Beatrice-Gracia Nassi durch die Vermittlung des Hofarztes Josef Hamon nach Konstantinopel übersiedeln. Joseph Nassi machte als Finanzberater am Hof Selims II. Karriere und wurde für seine Verdienste vom Sultan zum Herzog von Naxos ernannt.
Der Name der Familie Nassi ist im weiteren eng mit der sogenannten Ancona-Affäre verbunden: Papst Paul IV. wollte im Kirchenstaat keine „Häretiker" dulden und den Marranen Anconas den „rechten" Glauben aufzwingen. Einige retteten sich durch uneingeschränktes Bekenntnis zum Christentum, andere durch Flucht nach Pesaro, 25 wurden zur „höheren Ehre Gottes" 1556 in Ancona auf dem Scheiterhaufen verbrannt. Daraufhin riefen Joseph und Gracia Nassi von Konstantinopel aus die Juden zum Boykott gegen den Hafen von Ancona auf, womit die ökonomische Stärke der Juden im Levantehandel in die Waagschale geworfen werden sollte. Letztlich mußte der Boykott aufgegeben werden, weil sich die zu Rate gezogenen Rabbiner einerseits vor den eventuellen Konsequenzen für die italienischen Juden fürchteten und andererseits aber auch, weil die aschkenazischen Rabbiner den Marranen recht distanziert gegenüberstanden und sie nicht als zur jüdischen Gemeinschaft gehörig akzeptierten.
Lit.: *Klagsbald*, Musée de Cluny, Nr. 58; *Friedenberg*, Jewish Medals from the Renaissance for the Fall of Napoleon, 44 ff.; *Two Cities,* Nr. 144; *Mann*, Gardens and Ghettos, Nr. 169; *Ravid*, Money, Love and Power Politics in Sixteenth-Century Venice; *Ben-Sasson*, Geschichte des jüdischen Volkes, II, 305 ff. u. 332; *Heyd*, Turkish Documents on the Rebuilding of Tiberias in the Sixteenth Century.

II, 3.6. Sephardischer Grabstein auf dem jüdischen Friedhof von Ancona
zeitgenössische Photographie

II, 3.7. Zwei jüdische Frauen
nach einem Wasserfarbenbild, Istanbul, Anonymus, 1574

Die rechts abgebildete Dame trägt im Gegensatz zu der anderen italienische Kleidung. Nur einem jüdischen Haushalt Istanbuls war das Tragen europäischer Kleidung gestattet, nämlich der Familie Mendes-Nassi. Da in dem Album, in welchem das Bild enthalten ist, hauptsächlich konkrete, identifizierbare Personen aus dem Hofkreis Selims II. abgebildet sind, könnte es sich bei der vorliegenden Darstellung u. U. um Doña Gracia Nassi handeln.
Lit.: *Stavroulakis*, Greece, 78.

II, 3.8. Chanukkia (Chanukka-Leuchter)
Italien, Anfang 19. Jh.
Silber, getrieben, reliefiert, punziert
Banktypus; hochrechteckig angelegt, geschweifte Rückwand; im Mittel Menora
Höhe: 40 cm, Breite 35 cm
Jüdische Gemeinde Ancona

II, 3.9. Chizkija de Silva
Majjim chajjim
Amsterdam 1730
gedruckt bei Moschee Frankfurt
Sammlung Max Berger

Die Familie de/da Silva war eine weitverzweigte portugiesische Marranenfamilie, die nach ihrer Auswanderung aus Portugal und der Rückkehr zum Judentum in den verschiedensten Ländern hervorragende Gelehrte stellte.
Chizkija de Silva wurde 1659 in Livorno geboren. Vor 1679 verließ er die Stadt, um bei Mosche ben Jonathan Galante in Jerusalem zu studieren. 1688 wurde er als Emissär der Jerusalemer Gemeinde nach Europa geschickt. In dieser Funktion konnte er in Amsterdam Jakob Pereira von der Notwendigkeit überzeugen, die Mittel für eine neue Jeschibha in

Jerusalem bereitzustellen, die wie ihre Vorgängerin „Bet Ja'aqobh" heißen sollte.
Chizkija de Silva verfaßte eine Reihe religionsgesetzlicher Werke, in denen er sich insbesondere kritisch mit der Gesetzeskodifikation des Joseph Karo auseinandersetzte. Das vorliegende Werk beinhaltet Novellen zu Maimonides sowie Responsen.
Das Livornesische Gesetz, 1590 vom toskanischen Großherzog Ferdinand I. erlassen, erhob Livorno/Leghorn zum Freihafen und ließ die Stadt zum Anziehungspunkt für Neueinwanderer werden. Den Juden, die sich in Livorno oder Pisa niederließen, gewährte der Großherzog in einem Patent von 1591, das 1593 nochmals bestätigt wurde, äußerst generöse Privilegien, die auch später unter der Regierung des Hauses Lothringen nicht beschnitten wurden. Zu den garantierten Rechten gehörte die Religionsfreiheit, die Möglichkeit für Marranen, unbehelligt zum Judentum zu rekonvertieren, die Erlaubnis freien Grundbesitzerwerbs, der Erhalt der toskanischen Bürgerschaft und die Anerkennung der jüdischen Gemeinden als Rechtskörper. Aufgrund dieses Angebots stieg die sephardische Bevölkerung Livornos im 17. und 18. Jh. stetig an. Der Handel mit anderen Hafenstädten blühte ebenso wie die Seife-, Wolle-, Seide- und Papiermanufakturen und die Korallenindustrie. Mehrere hebräische Druckereien wurden gegründet. Ende des 18. Jhs. und im 19. Jh. erlebte die Stadt ein wechselhaftes politisches Schicksal: Mehrmals eroberten die Franzosen die Stadt, bis 1814 das Haus Lorraine sein Großherzogtum wieder einsetzen konnte. Erst mit der Vereinigung der Toskana mit dem Königreich Italien im Jahr 1859 stabilisierten sich die Verhältnisse wieder. Als jedoch 1868 der Freihafen abgeschafft wurde, war die Blütezeit Livornos als Handelsstadt vorbei. Zahlreiche sephardische Gemeindemitglieder wanderten aus, insbesondere nach Tunis, wohin schon lange geschäftliche wie auch familiäre Beziehungen bestanden hatten. Die Livorneser Sepharden in Tunis gründeten dort unter dem Namen „Gorni" (von „Leghorn") eine eigene, noch heute existierende Gemeinde. Die große Synagoge Livornos, 1789 als eine der prächtigsten Synagogen Italiens fertiggestellt, wurde von den Nationalsozialisten zerstört.

Lit.: *Toaff*, Cenni storici sulla Communita ebraica e sulla Synagoga di Livorno; *Attal/Sitbon*, Regards sur les Juifs de Tunisie; *Milano*, Storia degli Ebrei Italiani nel Levante; Steinschneider, Nr. 4749.

II, 3.10. Handschriftlicher Brief des Elia Benamozegh an Leone Racah in Livorno
undatiert
Rom, Privatbesitz

Der Rabbiner und Philosoph Elia Benamozegh (1823, Livorno – 1900, Livorno) war Direktor des Rabbinerseminars von Livorno. Bekannt wurde der traditionalistische Theologe, der sich auch mit kabbalistischer Literatur beschäftigte, durch seine jüdisch-apologetischen Schriften. Zu seinen diesbezüglich bedeutendsten Werken gehören „Israel et l'humanité" und „Morale Juive et Morale Chrétienne".

II, 3.11. Elia Benamozegh
Bet Abh
Ordnung der fünf Fasten nach dem Ritus der Spharadim
Livorno 1899
Wien, Österreichische Nationalbibliothek, in 420.921-B

II, 3.12. Haggada schel Pesach (Pesach Haggada)
mit Erklärungen und liturgischen Anweisungen in Judeoespañol und zahlreichen Illustrationen verschiedener ikonographischer Traditionen
Livorno 1904
gedruckt bei Schlomo Belforti
Sammlung Luise Papo, Wien

II, 3.13. Chanukkia (Chanukka-Leuchter)
Bronze, gegossen
Banktypus
Rückwand: Padua, Anfang 16. Jh.; Seitenwände fehlend
Einfache Ölbrennleiste mit rechteckiger Rückwand, an der rechts oben der Schammasch (Diener) montiert ist. Die Rückwand oben mit

einer Palmettenbekrönung und einem Zinnendekor abschließend, welcher charakteristisch für die italienische Palazzo-Architektur des 16. Jhs. ist. Im Rückwandmittel Medusenkopf, flankiert von zwei Zentauren. In der Palmettenbekrönung ein Pelikan, der seine Jungen mit seinem eigenen Blut nährt.
Höhe: 16,5 cm, Breite: 21 cm
Paris, Musée de Cluny, No. Inv. Cl. 12246

Bei der Rückwand dieser Chanukkia handelte es sich ursprünglich um den Deckel einer Schmuck-Kassette. Daher lassen sich auch die mythologischen Dekore erklären, die um 1500 in Italien sehr beliebt waren. Die Umarbeitung eines profanen Gegenstandes in ein Kultgerät kann sowohl finanzielle als auch ideelle Gründe haben und ist nicht außergewöhnlich. Schon in Bibeltexten ist nachzulesen, daß Gebrauchsgegenstände zur Herstellung von Kultgegenständen verwendet wurden. So wird z. B. in Ex 38,8 darüber berichtet, daß das Becken zum Zweck der rituellen Waschungen im Vorhof des Bundeszeltes, das spätere „eherne Meer", aus Spiegeln gefertigt wurde: „Er (Bezalel) machte das Becken und ein Gestell aus Kupfer, und zwar aus den Spiegeln der Frauen, die am Eingang des Offenbarungszeltes Dienst taten."
Das Motiv des sein Blut lassenden Pelikans mag im ersten Augenblick auf dieser Chanukkia befremden, ist es doch in der christlichen Ikonographie fest verankert. Doch es scheint auch im Wappen der portugiesisch-jüdischen Gemeinde von Amsterdam auf. Das Symbol des sich für seine Jungen opfernden Tieres wurde umgedeutet auf die Leiderfahrung der spanisch-jüdischen, auch der marranischen Schicksalsgemeinschaft. Es steht fortan für die Identität der ihres Glaubens wegen Vertriebenen bzw. derer, die ihren Glauben verteidigten, indem sie die Emigration auf sich nahmen. Auch die Tatsache, daß sich dieses Motiv auf einem Chanukka-Leuchter findet, wird verständlich, bedenkt man das Folgende: Chanukka erinnert an den Sieg der Makkabäer über die Seleukiden, die Hellenisierenden, die den jüdischen Kult untergruben. Auf zahlreichen Chanukka-Leuchtern finden wir die Figur der Judith mit dem Säbel in der einen und dem Haupt des Holophernes in der anderen Hand. Sie symbolisiert den Kampf Israels gegen die anscheinende Übermacht israelfeindlichen Drucks, den sie aufgrund ihrer Gesetzestreue mit Hilfe Gottes gewinnt. Judith, das Haupt des personifizierten Hasses gegen Israel triumphierend hochzeigend, wird Juda Makkabi gleichgesetzt, der im Triumph das Haupt des syrischen Generals Nikanor nach Jerusalem bringt. Judith und die Makkabäer kämpften unter Einsatz ihres Lebens um die politische und religiöse Freiheit. Auch die Marranen auf der Iberischen Halbinsel kämpften im Rahmen ihrer Möglichkeiten um die Wahrung ihrer Religion und ihrer jüdischen Tradition: Wurde entdeckt, daß sie im geheimen ihre alte Religion ausübten und ihre Taufe nur ein formaler Akt geblieben war, warteten auf sie Inquisition und Tod. Der Darstellung des sich opfernden Pelikans kommt nun ein doppelter Sinn zu: Zum einen symbolisiert er die Treue der spanisch/portugiesischen Juden und Marranen zu ihrem Glauben, in Zusammenhang mit Chanukka symbolisiert er überdies den Sieg im Kampf um diesen Glauben.
Lit.: *Klagsbald*, Musée de Cluny, Nr. 19; *Architecture in the Hanukkah Lamp; Narkiss*, The Hanukkah Lamp, Nr. 27; *Belinfante*, Joods Historisch Museum, 80.

II, 3.14. Rimmonim (Toraaufsätze)
Silber, teilweise vergoldet, gegossen, getrieben, graviert, ziseliert
Venedig, 1. H. 18. Jh.
Dreigeschossiger architektonischer Aufbau mit Galerien, Säulen, Blumen, Voluten und Glöckchenbehang an langen Ketten
Höhe: 60 cm
Jüdische Gemeinde Ancona

In den letzten Jahren des 15. Jhs. ließen sich hispanische Juden und Marranen in Venedig nieder. Letztere wurden als Häretiker noch im Jahr ihrer Ansiedlung aus der Stadt gewiesen, kurz darauf wieder zugelassen und 1550 neuerlich ausgewiesen. Aber auch für die Juden, die ab 1516 zum Leben im Ghetto gezwungen waren, war Venedig lange eine unsichere Heimat. Im Laufe des 16. Jhs. wurden mehrmals Ausweisungsbefehle für einen Teil der Gemeinde oder gar alle Juden in Venedig erlassen. 1533 veran-

laßte Papst Julius III. eine Talmudverbrennung. Aber auch innerjüdisch war dieses Jahrhundert für die Juden in Venedig aufregend: Hier trafen sich 1530 der als portugiesischer Marrane geborene, von Josef Taitazak in Saloniki in der Kabbala unterwiesene „Prophet" Schlomo Molcho und der messianische Schwärmer und Hochstapler David Re'ubheni, der sich als Prinz eines souveränen jüdischen Staates im Orient ausgab. Sie versuchten sowohl den Papst als auch Karl V. für einen Krieg gegen die Türken zu gewinnen und prophezeiten eine messianische Wende. 1668, zwei Jahre nach dem Übertritt Schabtai Zwis zum Islam, erreichte dessen „Prophet" Nathan aus Ghaza (s. II, 4.9.) Venedig. Hier zwangen ihn die Rabbiner zu einer schriftlichen Erklärung, in der er seinen Glauben an die Messianität Schabtai Zwis als Irrglauben zugab. Tatsächlich aber setzte er seine sabbatianische Agitation bis zu seinem ungeklärten Verschwinden mit Überzeugung fort.
Zu den Rimmonim vgl.: *Klagsbald*, Nr. 137; *Gardens and Ghettos,* Nr. 196.

II, 3.15. Atara/Keter Tora (Torakrone)
Venedig, 2. H. 18. Jh.
Silber, getrieben, ziseliert, punziert, reliefiert, durchbrochen gearbeitet
Sowohl von der Form als auch von dem aus Ranken-, Blumen- und Muschelwerk bestehenden Dekor her typisch venezianische Arbeit des 18. Jhs. Hebräische Widmungsinschrift am Stirnreif: „Aus den Mitteln des ehrwürdigen und geehrten Herrn Mosche Israel ben Eliezer aus Foligno."
Höhe: 22 cm, Dm: 24 cm
Jüdische Gemeinde Ancona
Zu ähnl. Stücken vgl.: *Židovi na tlu Jugoslavije*, Nr. 6/59; *Gardens and Ghettos,* Nr. 207.

II, 3.16. Jitzchaq ben Jehuda Abrabhanel
Perusch la-Tora
Kommentar zur Tora
hrsg. von Schmuel ben Elchanan Arqevolti
Venedig 1579
gedruckt bei Bragadini
Wien, Österreichische Nationalbibliothek, in 20.C.25

Die Familie Abrabhanel, die sich als Nachfahrin König Davids verstand, war von Spanien nach Portugal gezogen, wo das Familienoberhaupt als Finanz- und Staatsmann reüssieren konnte. Auch der in Lissabon gebürtige Jitzchaq Abrabhanel (1437–1509) wurde Finanzberater von Alfons V., nach dessen Tod er in Kastilien in die Dienste Ferdinands und Isabellas trat. Erfolglos versuchte er, Ferdinand und Isabella zum Widerruf des Ausweisungsbefehles der Juden zu überreden. Nach 1483 verließ er die Iberische Halbinsel und ließ sich als Rabbiner in Neapel nieder. Als die Juden die Stadt verlassen mußten, zog er nach Venedig, wo er sich ganz seinem Studium als Toragelehrter und als – noch in der mittelalterlichen Tradition stehender – Philosoph widmete.
Lit.: *Stembeger*, Literatur, 124.

II, 3. 17. Jitzchaq ben Jehuda Abrahanel
Ateret Zqenim
Erläuterungen zu Exodus 28
Sabbioneta 1557
gedruckt bei Tobias ben Eliezer Foa
New York, Library of the Jewish Theological Seminary of America (NA)

In der Mitte des 16. Jhs. kam es in Italien im Zuge von Auseinandersetzungen zwischen christlichen hebräischen Druckereien in Venedig, den Kämpfen zwischen Reformation und Gegenreformation und dem Fanatismus des Großinquisitors Kardinal Caraffa zur Konfiskation und Verbrennung von Talmudausgaben und anderer religiöser hebräischer Literatur. Die entsprechende Bulle, mit der Papst Julius III. das Autodafé veröffentlichte, trat für Venedig am 21. Oktober 1553 in Kraft. Damit ging die Zeit der großen venezianischen hebräischen Druckereien vorübergehend zu Ende, und die Herausgeber sahen sich genötigt, in toleranteren Städten neue Druckereien zu gründen. So wurde die Foa-Presse in Sabbioneta eingerichtet, an der auch venezianische Drucker wie Adelkind (s. II, 2.51.) arbeiteten. Nachdem 1563 der hebräische Buchdruck in Venedig wieder zugelassen wurde, wurde das Druckhaus in Sabbioneta geschlossen, und die Familie Foa etablierte ihre Druckerei neuerlich in Venedig.

Hier wie auch in Pisa und Amsterdam waren die Foas bis ins 18. Jh. als Verleger hebräischer Werke tätig.
Lit.: *Steinschneider*, Nr. 5302; *Garden and Ghettos*, Nr. 71.

II, 3.18. Juda ben Jitzchaq Abrabhanel
Los Dialogos de amor
de nuevo traduzidos en lengua castellana
Venedig 1568
Wien, Österreichische Nationalbibliothek, IN Be. 7.0.27

Don Jitzchaqs Sohn, der Arzt und Schriftsteller Juda Abrabhanel (1460?–1523), wird zu den bedeutenden Renaissance-Philosophen gezählt. Die Tatsache, daß sein Hauptwerk, die „Dialoghi di amore“ (hier in Übersetzung vorliegend), in dem der Begriff der Liebe im Zentrum steht, zuerst italienisch- und nicht hebräischsprachig erschien, zeigt den Integrationswillen und die Integrationsmöglichkeit jüdischer Gelehrter in die humanistische Kultur der italienischen Renaissance.
Lit.: *Stemberger*, Literatur, 171.

II, 3.19. Chakham David Nieto
in seiner Bibliothek, vor ihm sein Hauptwerk „Matte Dan“.
Nach einem Stich aus dem Jahr 1727

Einer der führenden sephardischen Gelehrten in Venedig des 17. Jhs. war der Arzt, Mathematiker und Rabbiner David Nieto (1654–1728). 1702 verließ er Venedig, um das Rabbinat der sephardischen Gemeinde in London zu übernehmen.
Lit.: *Rubens*, 208, Nr. 1933.

II, 4. SPHARADIM IN NORDWEST-EUROPA

II, 4.1. „Interior of the Spanish and Portuguese Synagogue London To the Members of the Congregation this Plate is most respectfully Dedicated by Isaac Mendes Belisario“
nach einem Stich aus der ersten Hälfte des 18. Jhs.

1656 gab Oliver Cromwell seine Einwilligung zur Aufnahme einer portugiesisch-spanischen Gemeinde in London, die 1701 ihr Gotteshaus unter dem Namen „Bevis-Marks-Synagogue“ einweihte. Offiziell hatte es für die Juden seit 1290 kein Niederlassungsrecht in England gegeben. Der Anstoß für eine Wiederaufnahme in London war von Manasse ben Israel aus Amsterdam gekommen und hing sowohl mit jüdisch-messianischen Ideen, die eine möglichst weite Zerstreuung der Juden in der Diaspora als mögliche Voraussetzung für die Erlösung ansahen, als auch mit den religiösen Zielen protestantischer und puritanischer Sekten zusammen. Um den Widerstand der englischen Bevölkerung gegen eine Wiederzulassung zu entkräften, konnten auch wirtschaftliche Argumente ins Treffen geführt werden, die Manasse ben Israel folgendermaßen formulierte: „Hieraus ist zu ersehen, daß Gott uns nicht verlassen hat; denn wenn uns der eine verfolgt, empfängt uns ein anderer gesittet und höflich; und handelt dieser Fürst an uns schlecht, wird ein anderer uns gut behandeln; verbannt uns der eine aus seinem Land, lädt uns der andere mit tausend Privilegien ein, wie es verschiedene Fürsten in Italien, der allerhöchste König von Dänemark und der mächtige Herzog von Savoyen in Nizza getan. Und sehen wir denn nicht, daß jene Republiken, welche die Israeliten zulassen, blühen und gedeihen und ihren Handel vermehren?“ (The Hope of Israel). Tatsächlich mußte Cromwell gestehen, daß die ökonomische Lage Hollands nicht zuletzt durch die Möglichkeiten der Sepharden, die sie sich aufgrund ihrer bedrohlichen Situation geschaffen hatten, wesentlich besser war als die Englands.
Lit.: *Hyamson*, England; *Rubens*, Iconographie, Suppl., 40, Nr. 778.

II, 4.2. Menasseh Ben Israel Theologus et Philosophus Hebraeus Peregrinando Quaerimus
Nach einem Stich, Manasse ben Israel im Alter von 38 Jahren darstellend

Gestochen wurde das Porträt von Schalom Italia, der durch seine Neuerungen auf dem Gebiet der künstlerischen Ausstattung von Esterrollen bekanntgeworden ist.
Hauptsächlich gründete sich Manasse ben Israels (1604–1657) Ruhm in der jüdischen Welt auf seinen unermüdlichen Aktivitäten, die er für ein jüdisches Siedlungsrecht in England setzte. Der Amsterdamer Rabbiner, aus einer nach Portugal geflüchteten Marranenfamilie stammend, wurde aber auch als Verfasser theologisch-philosophischer und besonders apologetischer Schriften bekannt. Überdies richtete er 1626 die erste hebräische Druckerei in den Niederlanden ein, in der er hebräische und spaniolische Werke herausbrachte. Rembrandt verewigte Manasse ben Israel in dem Gemälde „Der Rabbi".

II, 4.3. Die Portugiesische Synagoge in Amsterdam
Innenansicht
Foto nach: Romeijn de Hooghe, Amsterdam 1675

Die sephardische Gemeinde Amsterdams wurde 1597 gegründet. In Kürze entwickelte sie sich zur größten und bedeutendsten marranischen Niederlassung in Europa. In den Teilen Hollands, in denen sich die Reformation behaupten konnte, konnten die Marranen problemlos zu ihrer alten Religion zurückkehren und diese, ohne irgendwelche Restriktionen fürchten zu müssen, ausüben. Den verschiedenen zeitgenössischen Berichten nach war zumindest die erste Generation der Marranen in Holland bar jedes religiösen Wissens und mußte durch lange Zeit in Basiskenntnissen der jüdischen Religion und Tradition sowie der hebräischen Sprache unterwiesen werden. Ab 1608 konnte die marranische Gemeinde einen eigenen Rabbiner für sich beanspruchen. Im Laufe des 17. Jhs. noch begannen hebräische Druckereien, religiöse Texte in portugiesisch zu drucken. Obschon Sepharden, gaben die Marranen aus Portugal ihre Muttersprache nie zugunsten des Spanischen oder eines spanischen Dialektes auf. Noch heute wird in der sephardischen Synagoge Amsterdams das Gebet, das anläßlich des Geburtstags der holländischen Monarchin gesprochen wird, in portugiesischer Sprache rezitiert. Durch ihre historisch bedingten geschäftlichen, teils auch familiären Beziehungen zu den spanischen und holländischen Besitzungen in der „Neuen Welt" wurden ihre Mitglieder führend im Import von Zucker, Tabak, Gewürzen und Edelsteinen nach Europa. Sie waren die Vermittler im Handel zwischen Portugal und den nordeuropäischen Ländern. Ein Viertel der Aktien an der Holländisch-Ostindischen Kompanie gehörte Ende des 17. Jhs. Mitgliedern der portugiesischen Gemeinde Amsterdams.
Lit.: *Ben-Sasson*, II, 307 ff.; *Poliakov*, IV, 133.

II, 4.4. Kaiserlicher Geleitsbrief für Diego und Manuel Teixeira zum Aufenthalt in Hamburg und zum Handel im Reich, Wien, 1. Mai 1654
Wien, Haus-, Hof- und Staatsarchiv, Geleitsbriefe, Kart. 8/1, fol. 16; 20.

Der portugiesische Marrane Diego Teixeira de Sampayo war seit dem 1. Viertel des 17. Jhs. in Antwerpen als Finanzmann, Versicherungsagent und Lieferant für Spanien und ab 1622 als portugiesischer Konsul tätig. 1646 übersiedelte er nach Hamburg, wo er sich im darauffolgenden Jahr beschneiden ließ und den jüdischen Namen Abraham Señor annahm. Aufgrund dieses „crimen laesae divinae Majestatis" wurde ein Kammerfiskal nach Hamburg geschickt, um den Fall zu untersuchen, und das Reichskammergericht strengte einen Prozeß mit dem Ziel gegen ihn an, sein großes Vermögen zu konfiszieren. Der Jahre dauernde Prozeß ruhte, wenn man die Familie Teixeira aufgrund ihrer Beziehungen zu Spanien, Portugal, Holland, Schweden, Dänemark und deutschen Fürstentümern brauchte. Meinte man, Teixeira entbehren zu können, wurde er wiederbelebt. Königin Christine von Schweden, die während ihrer Aufenthalte in Hamburg in seinem Haus wohnte, intervenierte einige Male zu seinen Gunsten beim Kaiser. Auch der Hamburger Senat wollte Teixeira und sein Vermögen nicht kampflos der Hofkammer überlassen. Das Tauziehen, zu dem der Prozeß sich entwickelte, wurde auch nach Diego Teixeiras Tod im Jahr 1666 fortgesetzt. Nun war sein Sohn Manoel, nach der Re-

Konversion zum Judentum Isaak Señor genannt, Ziel der kaiserlich-fiskalischen Attacke. Erst als dieser 1670 dem Kaiser eine Obligation des verstorbenen Antwerpener Bankiers Centurione über 10.249.700 Silbermaravedis (ca. 170.800 Goldmünzen) abtrat und 3.000 Taler in bar bezahlte, erhielt Manoel eine Absolutions-Urkunde, in der es hieß, daß man „den Prozeß wider des Juden Teixeira Sohn nit beleben sondern es bey den . . . tractaten bewenden" lasse.
Die wirtschaftliche Stellung Diego Teixeiras in Hamburg – Angaben über sein Vermögen schwanken zwischen 300.000 und 1 Million Reichstalern – ermöglichten ihm, in den notwendigen Fällen als „Schtadlan", als Patron und Fürsprecher der Gemeinde bei den Behörden einzuschreiten.
Lit.: *Kellenbenz*, Diego und Manoel Teixeira; *Ders.*, Sephardim an der unteren Elbe; *Cassuto*, Teixeira de Sampayo; *Israel*, European Jewry; *Vierhundert Jahre Juden in Hamburg*, 152 ff.; Nr. 70.

II, 4.5. Grundriß des Hauses von Manoel Teixeira am Kraienkamp in Hamburg
Federzeichnung, 1719
33 x 45 cm
Wien, Hofkammerarchiv, in RA-927/1

Das Haus am Kraienkamp in Hamburg war Manoel Teixeiras Gäste- und Gesellschaftshaus. Nicht nur als Bankier und Resident des schwedischen Könighauses in Hamburg, auch als Diplomat hatte Manoel die Agenden seines verstorbenen Vaters übernommen. Wie die meisten Haushalte der sephardischen Elite in Amsterdam, Haag und London waren die Teixeira'schen Häuser „Schaustücke zeitgenössischer Kultur" (Israel). Hier trafen sich Gesandte aller europäischen Fürstenhöfe, wurden die Hamburger Bürgermeister empfangen, logierte Christine von Schweden, und hier konnte auch der kaiserliche Gesandte Graf Windischgrätz wohnen, nachdem der Prozeß um Teixeira beigelegt war.
Lit.: *Kellenbenz*, Diego und Manoel Teixeira, 314; *Israel*, European Jewry, 143; *Schedlitz*, Leffmann Behrens, 79; 104 f.

II, 4.6. Ecken für den Tallit (Gebetsmantel) mit dem Wappen der Familie Teixeira de Mattos
Holland, 18. Jh.
Seide, bestickt
19 x 19 cm
Joods Historisch Museum Amsterdam, IN 426

Neben den Teixeiras waren die bedeutendsten sephardischen Juden in Hamburg in der zweiten Hälfte des 17. Jhs. die Familien da Costa, Mendes, de Mattos und Silva. Als Manoel Teixeira am 24. Juni 1648 Rachel Ribhqa de Mattos heiratete, verbanden sich die angesehensten und vornehmsten sephardischen Häuser Hamburgs. Ende des 17. Jhs. verließen die wohlhabenden sephardischen Familien die Stadt Hamburg, die ihre Steuerforderungen auf die Spitze trieb, und ließen sich in Amsterdam nieder, wo die wirtschaftlichen Möglichkeiten größer waren.
Lit.: *Vierhundert Jahre Juden in Hamburg*, Nr. 73.

II, 4.7. Seder Haggada schel Pesach (Pesach Haggada)
Amsterdam 1712
gedruckt bei Schlomo ben Joseph Proops
31 Folios
Mit dem Kommentar des Abrabhanel, den Kupferstichen des Abraham bar Ja'aqobh inklusive der Karte des Heiligen Landes. Die liturgischen Anweisungen in Hebräisch, Jiddisch und Judeo-Español.
Sammlung Laura Astrologo
Zu den Illustrationen der Amsterdamer Haggada vgl.: *Wischnitzer*, Amsterdamer Haggadah; *U. Schubert,* Das illustrierte hebräische Buch, II G; *Heimann-Jelinek,* Frankfurter Pessach-Haggadah.

II, 4.8. Rimmonim (Toraaufsätze)
Amsterdam, Ende 18. Jh.
Silber, teilweise vergoldet, gegossen, getrieben, punziert
Oktagonal angelegter, dreigeschossiger Turmaufbau mit durchbrochener Kuppel und ab-

schließender Spangenkrone, reichem Dekor und Glöckchenbehang
Beschauzeichen: Amsterdam, Ende 18. Jh.
Meisterzeichen: nicht bestimmbar
Höhe 48,4/48,2 cm
Dm: 13/13,2 cm
Museum für Hamburgische Geschichte, in 1917, 358A+B
Lit.: *Vierhundert Jahre Juden in Hamburg*, Nr. 80.

II, 4.9. Tiqqun qri'a lekol laila wejom (sabbatianisches Werk)
Amsterdam 1666
gedruckt bei Isaak ben David de Castro Taztes
Frontispitz: Schabtai Zwi in majestätischer Pose auf einem von Löwen flankierten messianischen Thron, der an die Beschreibung und an verschiedene Darstellungen des Salomonischen Thrones erinnert. Über Schabtai Zwi wird eine monumentale Krone von vier Putti gehalten. Neben seinem Thron stehen gläubige Anhänger. Titelseite: Im Kolophon wird das Erscheinungsjahr durch das Chronogramm „h(ineni) mosche'a" (Zach. 8,7: „siehe, ich werde erlösen") angegeben, was die Jahreszahl 1666 ergibt. Vollständig bedeutet das Kolophon: „Das Jahr 1666 ist das Jahr 1 (der Erlösung)."
New York, The Library Of The Jewish Theological Seminary

Die spätere Kabbala, „wie sie sich in ihren klassischen Formen in Safed in Palästina im 16. Jahrhundert entwickelt hat, war ihrer ganzen Anlage nach messianisch geladen und drängte nach einer Entspannung, nach einem messianischen Ausbruch, der in der Tat ungefähr eine Generation nach der Rezeption dieser Kabbala im damaligen Judentum kam. Die von Safed ausgehende Bewegung hat nämlich etwa drei Generationen gebraucht, um sich allgemein durchzusetzen. Nachher aber genügte eine Generation, die in diesen vom Messianismus ganz durchdrungenen Vorstellungen lebte, um eine Situation zu schaffen, in der ein Messias, der diesen Ideen zu entsprechen schien, weiten Widerhall finden konnte" (Scholem, 167 f.).
Eschatologische Spekulationen und Erwartungen, die von dem Sefader Kabbalisten-Kreis ihren Ausgang genommen hatten, die Lehre vom „Tiqqun" als Wiederherstellung der ursprünglichen göttlichen Ordnung, mystische Berechnungen über den Zeitpunkt der Befreiung aus der Diaspora und der Rückkehr des Volkes Israel nach Zion breiteten sich in der jüdischen Welt mehr und mehr aus und bildeten den Nährboden für messianische Bewegungen. 1626 wurde in Izmir (Smyrna) Schabtai Zwi geboren, ein gelehrter Kabbalist, der sich als Messias deklarierte. Nathan von Gaza, im Talmud wie in kabbalistischer Mystik bewandert und offenbar über eine enorme Imaginationskraft verfügend, bestärkte ihn, wurde sein Propagandist, Ideologe und Prophet. Von Jerusalem, Kairo und Konstantinopel aus forderte Schabtai Zwi alle jüdischen Gemeinden auf, aus ihrem Diaspora-Schicksal auszubrechen und verhieß die nahende Erlösung. Die Gemeinden von der Türkei und Persien bis nach Deutschland und Polen wurden von einem messianischen Taumel ergriffen. Zahllose Menschen aller Länder packten ihr Hab und Gut zusammen und wareten nur auf das Signal, nach Eretz Israel auszuwandern. Als die Anhängerschaft Schabtai Zwis stetig wuchs und der „Messias" zu einem politischen Problem zu werden drohte, ließ ihn der Sultan nach Konstantinopel bringen und vor die Wahl zwischen Tod und Konversion stellen. Ende 1666 trat Schabtai Zwi zum Islam über. Zahlreiche seiner Anhänger vollzogen diesen Schritt nach, wodurch die sogenannten „Dönme"-Gemeinden entstanden, Gemeinden islamisierter Juden.
Lit.: *Scholem*, Messianismus; *Ders.*, Sabbatai Sevi, The Mystical Messiah, Princeton 1973; *Schubert* II, 177; *Two Cities*, Nr. 149.

II, 4.10. Schabtai Zwi
1676 starb der falsche Messias. Die Nachricht von seiner Konversion hatte die auf ihn hoffenden Juden zutiefst getroffen. Trotzdem endete die sabbatianische Bewegung nicht abrupt. Sie hatte die jüdischen Gemeinden in jeder Hinsicht erschüttert und wirkte – auch in Form von Verdächtigungen und Beschuldigungen der sabbatianischen Häresie – noch lange nach.

II, 4.11. Nathan von Gaza

Der Prophet Schabbtai Zwis und eine Minderheit glaubten auch nach dessen Übertritt zum Islam noch an die Messianität Zwis. „Sie zogen es vor, zu glauben, daß die Abtrünnigkeit des Messias zum vorgezeichneten Kurs der Erlösung gehörte, und hielten weiter an seinen messianischen Ansprüchen fest. Das führte zu der metaphysischen Schlußfolgerung, daß das Böse ein Werkzeug der göttlichen Vorsehung sein mochte, und schließlich zu der Annahme einer Zweiheit in der Substanz der Gottheit – in den Augen des orthodoxen Judentums pure Ketzerei. In den darauffolgenden hundertfünfzig Jahren jüdischer Geschichte wurde diese Sekte, oder die, die man verdächtigte, ihr anzugehören, durch die Verfechter und Bewacher jüdischer Orthodoxie unablässig verfolgt." (Katz)

Lit.: *Katz*, 34 f.

II, 4.12. Jakob Sasportas

Fotografie nach einem Stich aus dem Jahr 1698 mit der Beischrift: „Retrato es de Jahacob, honor del Mundo / de Ochenta ijochenta anos en la Gloria. del Mauro a Espana Embaxador facundo / tuvo en Tremezen Catreda notoria. en Sale y Londres fue de Ley fecundo / Loa Hamburgoij Liorno su memoria. Eclipsose a Amsterdam, contanto Zelo / que ne cupo en la tierra ij passo al cielo."

Der sephardische Rabbiner Amsterdams, Jakob Sasportas, gehörte zu den vehementesten Gegnern Schabbtai Zwis. Er reiste u. a. nach Hamburg, um die jüdischen Gemeinden vor den falschen Hoffnungen, die durch Schabbtai Zwi geweckt wurden, zu warnen. Trotzdem konnte er die Bestürzung und Verzweiflung seiner Anhänger nach der Konversion Zwis verstehen und in sicher treffende Worte kleiden: „Nun nachdem Freude und Frohsinn vom ganzen Haus Israel genommen wurde . . . schickt sich nur eines, hierüber zu weinen, schickt sich nur eines, hierüber zu trauern. Denn unsere Freude wurde verwandelt in Leid, und insgeheim weint unsere Seele doch, über den überwältigenden Stolz der Nationen und den Stolz Israels, der uns genommen wurde. Denn die Herde des Herren glaubte, daß sie einen König über sich haben werde und einen Hirten für alle. Aber nun wurden ihre Hoffnungen schon bei ihrer Geburt zunichte, und die vielen Sklaven unter den Völkern stürzen hervor . . . und die geringsten . . . speien und lachen uns ins Gesicht, weil wir unsere Hoffnungen auf Falschheit setzten . . . und der Scham und des Zornes sind genug, da die Ehre der Tora geschändet und zu Boden getreten ward."

Lit.: *Jakob Sasportas,* Zizat Novel Zwi, 62.

II, 4.13. Abraham Israel Pereyra
Espejo de la vanidad del mundo

Amsterdam 1671
Universitätsbibliothek Wien, in 178.572

Der als Marrane Thomas Rodrigues benannte Pereyra wurde in Madrid geboren, flüchtete vor der Inquisition nach Venedig und ließ sich schließlich in Amsterdam nieder, wo er 1699 starb. Der Schriftsteller und Philanthrop, der die Talmud-Tora-Schule in Amsterdam reich beschenkte und ein Rabbinerseminar in Hebron gründete, war ein glühender Anhänger Schabbtai Zwis (s. II, 4.9.). In seinen Werken drückt sich eine eher nihilistische Einstellung zur realen Welt aus, andererseits aber auch ein tiefer Glaube an Gott und seine Liebe. In dem „Espejo de la vanidad del mundo" nahm er Sonette des Isaak Orobhi de Castro und des Daniel Levi de Barrios auf.

II, 4.14. Porträtmedaille: Baruch Spinoza

Bronze versilbert
P. Turin, Holland, 1932
Av.: Baruch Spinoza, Brustbild en face. Bezeichnet: „-SPINOZA-".
Rv.: Zweistöckiges Haus, davor Blume mit Dornen (lat. „spina" = Dornenblume/Dornenstrauch), umrandet von einer Schlange, die sich in den Schwanz beißt. Bezeichnet: „MDCXXXII.MDCLXXVII" (Geburts- und Sterbejahr Spinozas).
Dm: 90 mm
Sammlung Max Berger, IN 1002

Baruch Spinoza (1632, Amsterdam – 1677, Haag) entstammte einer spanischen Familie, die

nach Portugal und schließlich nach Amsterdam emigriert war. Nach einer traditionell jüdischen Ausbildung studierte er Latein, Mathematik und Naturwissenschaften. Für seine religionsphilosophische Entwicklung bedeutsam wurde die Kenntnis der Arbeiten von Descartes. Der rationalistische Philosoph verwarf in einer Zeit des messianischen Taumels jegliches messianisches Denken. Spinozas Gottesauffassung, die an der Grenze zum Pantheismus liegt, und seine Ablehnung der praktischen traditionellen Religionsausübung ließ die Amsterdamer Synagoge den „Großen Bann“ über ihn verhängen.
Lit.: *Jaspers*, Spinoza.

II, 4.15. Spinoza vor seinen Richtern
Die Rabbiner waren im Grunde willens, Spinoza in der jüdischen Gemeinschaft zu halten, doch sah Spinoza selbst seine Lösung von ihr als unumgänglich an und setzte die Initiative zum Ausschluß. Er schloß sich nach der Exkommunikation im Jahre 1656 keiner anderen Religionsgemeinschaft an, sondern suchte sein Ziel in der Philosophie. Obwohl zu seinen Lebzeiten als Philosoph angegriffen und verhöhnt, übte er doch nachhaltigen Einfluß auf Mendelssohn, Lessing, Herder, Goethe und Jacobi aus.
Lit.: *Jaspers*, Spinoza.

II, 4.16. Baruch Spinoza
Opera Posthuma
o. O., 1677
Wien, Österreichische Nationalbibliothek, in Be. 1.0.5

Das kurz nach seinem Tod veröffentlichte Buch enthält verschiedene Arbeiten Spinozas: Ethik; Politischer Tractat; Über die Verbesserung des Verstandes; Briefe; Compendium der hebräischen Grammatik.

II, 4.17. Baruch Spinoza
Tractatus Theologico-Politicus
Hamburg 1670
(tatsächlich in Amsterdam erschienen)
Wien, Österreichische Nationalbibliothek, IN Be. 1.0.4

Im Mittelpunkt des vorliegenden Traktates steht Spinozas Bibelkritik. Er hinterfragt die Verfasserschaft der einzelnen Teile der Bibel, lehnt die offenbarungsgläubige Auslegung ab und stellt die zeitlich unbegrenzte Gültigkeit des mosaischen Gesetzes in Frage. Mit diesen kritischen Untersuchungen und Überlegungen nahm Spinoza sowohl Fragen der späteren historischen Bibelwissenschaft als auch der jüdischen Reformbewegung vorweg.
Lit.: *Stemberger*, Literatur, 173 ff.

II, 4.18. Etrogbehälter (o. Deckel)
Silber, gegossen, graviert
Holland, Ende 19. Jh.
Meisterzeichen: R. C.
Israelitische Kultusgemeinde Wien, in 420 (alte IN 742)

Oktagonale Schale auf achtpassigem flachen Standfuß mit gravierten Miniaturen und Blumenornamenten sowie der hebräischen Inschrift: „Sukkot-Fest“. Die beiden ornamentierten Henkel mit Maskarons.

II, 5. SPHARADIM IM HABSBURGERREICH UND AUF DEM BALKAN

Seit dem 16. Jh. folgten Juden aus dem Osmanischen Reich den türkischen Eroberungen und siedelten sich in den neuen Gebieten an. Auf diese Weise kam es zur Gründung der großen sephardischen Balkangemeinden. Bereits zur Zeit des Wiener Ghettos im Unteren Werd hatte es rege Handelsbeziehungen zwischen den Wiener und den türkischen Juden gegeben. 1664 wurde der Handel in und aus der Türkei allerdings aus politischen Gründen verboten. Bis 1669 konnten jedoch noch türkische Juden aus Ofen und Belgrad zu ihren aschkenazischen Geschäftspartnern nach Wien reisen. Die Atempause, die der Friedensschluß von Karlowitz im Jahr 1699 den habsburgisch-osmanischen Beziehungen bis zum neuerlichen Kriegsausbruch 1714 gönnte, schlug sich in der Hin- und Herreise sephardischer Juden von Konstantinopel über ihre Wohnorte auf dem Balkan nach Wien und zurück nieder. So war z. B. der sephardische Kaufmann Ja'aqobh Schabtai aus Belgrad zwischen 1699 und 1710 als Händler wie auch als Armeefinancier mehrere Male in Wien. Dann wurden auch diese Kontakte untersagt. Erst die Friedensverträge mit dem Osmanischen Reich – der von Passarowitz im Jahre 1718 und der von Belgrad 1739 – ermöglichten die Niederlassung sephardisch-türkischer Juden in Wien. Als türkische Staatsbürger genossen sie von nun an das Recht auf Freizügigkeit im Habsburgerreich. Der Schutz, den der Sultan ihnen gewährte, war umfassend und dauerhaft und in keiner Weise mit der intoleranten Judenpolitik der Habsburger vergleichbar. Daher erhielten sie wesentlich mehr Rechte als die Wiener Juden, die Untertanen der Habsburger waren. Die bedeutendsten Handelswaren der sephardischen Juden waren Zukker, Seide, Tabak, Gewürze und Diamanten.

II, 5.1. Jeschajahu ben Joseph
Kabbalistisches Werk, bestehend aus
Sepher etz hachajim, Sepher etz ha-da'at, Sepher gan eden, Sepher ha-kabhod
Spanisch-rabbinische Handschrift auf Papier, 15. Jh.
132 Blätter zu 18–24 Zeilen
Blattgröße 10,8 x 13,8 cm
Besitzervermerk auf fol. 11r: Samuel Oppenheim
Wien, Österreichische Nationalbibliothek, Cod. Hebr. 81

Der Einfluß der Kabbala hatte sich von Frankreich und Spanien ausgehend im 14. Jh. nach Italien, im 16. Jh. nach Palästina und im 17. Jh. – besonders in ihrer lurianischen Variante – auch in den mitteleuropäischen Gemeinden und denen des Balkans ausgebreitet. In Wien erschien in den Jahren 1710 (?), 1713 und 1725 der sephardische Kabbalist Nechemia Chija Chajon aus Jugoslawien, ein Anhänger des Schabtai Zwi (s. II, 4.9.). Möglicherweise gelangten durch reisende Abenteurer wie ihn oder durch sephardische Geschäftsleute wie Ja'aqobh Schabtai kabbalistische Handschriften wie die vorliegende in die Häuser der aschkenazischen Juden Wiens. Samuel Oppenheimer (1630–1703), neben Samson Wertheimer der berühmteste „Hofjude" am Kaiserhof, lebte in jener Epoche in Wien, in der Juden sich nur auf der Basis individueller, zeitlich begrenzter Privilegien hier aufhalten durften. Er war von 1672 an für das kaiserliche Heer tätig und führte seit 1677 den Titel eines „Kaiserlichen Kriegsfaktors", später den eines „Hoffaktors".
Lit.: *Schwarz,* Die hebräischen Handschriften in der Nationalbibliothek, Nr. 125; *Lohrmann,* 1000 Jahre österreichisches Judentum, Nr. 94; *Max Gelber,* The Sephardic Community in Vienna; *Kaul,* Sefardim; *Heimann-Jelinek,* Österreichisches Judentum, I, E 2; I, E 5; I, E 6; *Levy,* Sephardim in Bosnien, 15 ff.

II, 5.1a. Briefwechsel zwischen dem Arzt Joseph und R. Samson Wertheimer
1712–1713
Tinte auf Papier
22,3 x 33,5 cm
New York, Jewish Theological Seminary, 77890

Auch Samson Wertheimer, nach Oppenheimers Tod im Jahre 1703 zu dessen Nachfolger als kaiserlicher Oberhoffaktor in Wien ernannt, pflegte Kontakte mit Glaubensgenossen, die Untertanen des Osmanischen Reiches waren. In der vorliegenden Korrespondenz zwischen ihm und Joseph, einem Hofarzt an der Hohen Pforte, werden Lösungsmöglichkeiten für die Probleme der bei moslemischen Geldverleihern hoch verschuldeten aschkenazischen Gemeinden in Jerusalem diskutiert. Josephs Bemühungen bei den osmanischen Behörden und den Schtadlanim (Fürsprecher; Vertreter jüdischer Interessen vor den nichtjüdischen Behörden) in Europa zugunsten der Jerusalemer Gemeinde zeitigten allerdings keinen Erfolg, und die dortige Gemeinde wurde schließlich vom aufgebrachten Mob überfallen und vorübergehend verjagt.
Lit.: *Two Cities,* Nr. 147.

II, 5.2. Reise-Chanukkia (Chanukka-Leuchter)
Silber, mit Resten einer alten Feuervergoldung; reliefiert, graviert, gegossen

Balkan, um 1700; spätere Umarbeitung dieser ursprünglichen Gürtelschließe in eine Chanukkia mit den entsprechenden Zusätzen. Meisterzeichen: auf der Schließe: vermutlich türkisch (in arabischen Lettern); auf den Zusätzen: keines
Höhe (aufgeklappt): 14,5 cm
Sammlung Max Berger, in 454

Zerleg- und zusammenklappbar. Die ursprüngliche Gürtelschließe in Form eines „Palmwipfels". Die beiden Teile durch Scharnier verbunden, vorne durch Kugelschraube zu verschließen. Beidseitig ornamental reliefiert. Im Mittel der äußeren Wandungen aufgesetzte Filigranarbeit, ebenfalls in Form des Palmwipfels. Aufgeklappt dient der untere Teil als Träger einer Halterung für zwei Leisten mit je vier Ölkännchen, in einer Ebene winkelig zueinander stehend. Der innere obere Teil dient als Rückwand, in die die bekrönten Gesetzestafeln, gehalten von zwei steigenden Löwen, aufgesetzt sind. Am vorderen Rand Vorrichtung zum Einstecken des Schammasch (fehlt). Vier glatte Kugelfüße.

II, 5.3. Chanukkia (Chanukka-Leuchter)
Bronze
Bosnien, Ende 19. Jh.

Über profiliertem, zylindrisch sich verjüngendem Sockel aufgesetzte Halbmondform, in deren Mittel ovale Platte mit dem gravierten Ornament des – vermutlichen – Erstbesitzers „N D" unter Kleeblattkrone montiert ist. Die Platte eingefaßt von vier grünen Glassteinen. Links und rechts auf der Sichel je zwei rote und blaue Glassteine im Wechsel in Rosettenfassung. Auf der Oberkante der Sichel neun fixierte Metallstäbe, bekrönt von fünf roten und vier blauen Glaskugeln. Die Zwischenräume mit je einem Akanthusblattornament ausgefüllt. Dahinter waren die nun fehlenden, die Glaskugeln überragenden acht Ölnäpfe und der Schammasch angebracht.
Höhe: 35 cm, Breite: 70 cm
Samlung Max Berger, in 473

II, 5.4. Sephardische Frauen Bosniens
um 1900

Das Fotomaterial II, 5.4.–II, 5.34. wurde freundlicherweise vom *Jewish Historical Museum, Belgrad,* zur Verfügung gestellt.

II, 5.5. Familienfoto
Bosnien 1898

II, 5.6. Die sephardische Synagoge in Zenica (Bosnien)
um 1900

II, 5.7. Purim in Pristina (Kosovo)
1920

II, 5.8. Interieur der sephardischen Synagoge in Bitolj (Monastir)
Ende 19. Jh.

II, 5.9. Frauen in ihrem Heim
Bitolj, Ende 19. Jh.

II, 5.10. Familienfoto
Bitolj, Ende 19. Jh.

II, 5.11. Sephardischer Kindergarten
Bitolj, Anfang 20. Jh.

II, 5.12. Der sephardische Friedhof in Bitolj
Anfang 20. Jh.

II, 5.13. Hochzeit in Skopje
Ende 19. Jh.

II, 5.14. Die Familien Saporta und Castro
Skopje, Ende 19. Jh.

II, 5.15. Das jüdische Viertel in Belgrad
Anfang 20. Jh.

II, 5.16. Chatam Tora (Bar Mitzwa) in Zemun (Belgrad)
Anfang 20. Jh.

II, 5.17. Jehuda ben Schlomo Chai Alkalai

Der in Sarajevo gebürtige Rabbiner Jehuda Alkalai (1798–1878) entwickelte seine Vorstellungen unter dem Einfluß des Sarajevoer Rabbiners Eliezer Papo sowie eines der Protagonisten der „Chibbat Zion"-Idee, Jehuda ben Schmuel Bibas aus Korfu.
Als Rabbiner von Zemlin erfuhr Alkalai die Auseinandersetzungen, die Serbien, Österreich und die Türkei um die Oberherrschaft führten, aus denen sich für ihn auch die Frage nach dem politischen Schicksal der Juden stellte. Aufmerksam alle antisemitischen Tendenzen und Übergriffe in Europa verfolgend, glaubte er nicht an den Erfolg der Emanzipationsbestrebungen. Seine Konsequenz war die Aufforderung an das jüdische Volk, nach Eretz Israel zu emigrieren. In diesem Sinne veröffentlichte er die Schrift „Mebhaseer Tobh", die auch in englischer Sprache erschien: „Harbringer of Good Tidings. An Address to the Jewish Nation" (1852). Die Aktivitäten, die Jehuda Alkalai zugunsten des Siedlungsprojektes in Eretz Israel selbst, in England, Deutschland, Österreich und Jugoslawien setzte, zeitigten allerdings nur mäßigen Erfolg. Erst nach seinem Tod sollte der Zionismus zur politischen Kraft werden.
Lit.: *Židovi na tlu Jugoslavije.*

II, 5.18. Grundsteinlegung für die neue Belgrader Synagoge 1907 in Anwesenheit des serbischen Königs Peter I. und David Alkalais

Die ursprünglich romaniotisch-jüdische Gemeinde Belgrads war mit Ende des Mittelalters in der zahlenmäßig immer größer werdenden aschkenazischen Gemeinde aufgegangen. Nach der osmanischen Eroberung Belgrads und dem damit verbundenen Zuzug türkischer Juden hielt die sephardische Gemeinde Belgrads die Majorität gegenüber der aschkenazischen. In der Mitte des 16. Jhs. gab es drei Synagogen in Belgrad und eine Jeschibha, die zum Anziehungspunkt für alle jüdischen Balkangemeinden wurde. Die Handelsbeziehungen zwischen dem von 1521 bis 1688 osmanisch besetzten Belgrad ins Habsburger wie auch Osmanische Reich und in die Levante waren für alle Beteiligten wesentlich fruchtbarer als in der Zeit nach der Okkupation durch die Habsburger (1688 und 1718–1739), die viele der Belgrader Juden in elendige Gefangenschaft, wenn nicht gar in den Tod schickten. Erst nach dem Rückzug der Habsburger konnten sich die Belgrader Gemeinden wieder auf jüdisch-kulturellem und auf ökonomischem Gebiet regenerieren.
Lit.: Židovi na tlu Jugoslavije; Schleicher, Geschichte der spaniolischen Juden; *Kaul,* Sefardim.

II, 5.19. David Alkalai
Jehuda Alkalais Großneffe David (1862–1933) war es, der die zionistische Bewegung in Serbien und Jugoslawien gründen konnte. Der gebürtige Belgrader studierte in Wien Jura und war hier in der zionistischen Studentenbewegung „Kadimah" aktiv. Überdies gehörte er demjenigen Wiener Kreis an, der die erste zionistische Zeitschrift, „Selbstemanzipation" (nachmals „Jüdische Volkszeitung") herausgab. Nach seiner Rückkehr nach Belgrad wurde David Alkalai der Führer der jugoslawischen Zionisten und ihr Abgeordneter auf den Zionistenkongressen.

II, 5.20. Die Bet Jisrael-Synagoge in Belgrad,
1908
während des Zweiten Weltkriegs niedergebrannt

II, 5.21. Die sephardische Synagoge von Sarajevo
In den Jahren 1926 bis 1930 ließ sich die wohlsituierte und in sich gefestigte sephardische Gemeinde von Sarajevo, die in der zweiten

Hälfte des 16. Jhs. gegründet worden war, eine monumentale maurisierende Synagoge bauen. Bei der Grundsteinlegung war auch hier der König anwesend, ebenso wie Vertreter der Stadt und des Militärs, Delegierte der jüdischen Gemeinden des Königreichs Jugoslawien sowie Delegierte der sephardischen Gemeinde Wien. Zu Beginn des Krieges wurde das prächtige Gotteshaus zerstört.
Levy, Die Sephardim in Bosnien.

II, 5.22. Die zerstörte Synagoge Sarajevos 1941

II, 5.23. Hausfrau vor dem Warmhaltetopf für den Schabbat
Sarajevo, Ende 19. Jh.

II, 5.24. Hausfrau vor dem Öl-Schabbatleuchter
Sarajevo, Ende 19. Jh.

II, 5.25. Die Familie Atjas aus Sarajevo
um 1900

II, 5.26. Sephardische Hochzeit in Sarajevo
um 1900

II, 5.27. Apotheke im jüdischen Viertel
Sarajevo, um 1900

II, 5.28. Jüdischer Kindergarten in Sarajevo
Anfang 20. Jh.

II, 5.29. Staatliche sephardische Schule in Sarajevo
Anfang 20. Jh.

II, 5.30. Der Kinderausspeisungsverein „Benevolenzia“ in Sarajevo
Anfang 20. Jh.

II, 5.31. Der sephardische Friedhof Sarajevos
Anfang 20. Jh.

II, 5.32. Der Kulturverein „Matatja“ in Sarajevo
1935

II, 5.33. Die jüdische Gasse in Dubrovnik (Ragusa)
Die Gründung der jüdischen Gemeinde im dalmatinischen Dubrovnik ging auf den Zuzug der Sepharden Ende des 15. Jhs. und im 16. Jh. zurück. 1546 wurde ein Ghetto eingerichtet. In ihren rechtlichen Regelungen für die Juden folgte die Republik Ragusa im wesentlichen denen Venedigs. Nach der napoleonischen Besatzung im Jahre 1808 erhielten die Juden die bürgerliche Gleichstellung, die ihnen jedoch nach der Besatzung durch das österreichische Heer wieder entzogen wurde. Erst in der zweiten Hälfte des 19. Jhs. wurde ihnen die Gleichstellung wieder zuerkannt.
Lit.: *Židovi na tlu Jugoslavije.*

II, 5.34. Die jüdische Gasse in Split (Spalato)
Wie in Dubrovnik so erhielt auch die jüdische Gemeinde in Split ihre Bedeutung durch die Zuwanderer der von der Iberischen Halbinsel Vertriebenen. Auch hier entsprach ihre Rechtssituation dem venezianischen Judenrecht, das allerdings nicht so konsequent gehandhabt wurde wie in Venedig. 1778 wurde das Ghetto von Split eingerichtet. Wie in Dubrovnik, so kam es auch in Split nach dem Einmarsch der Franzosen zur bürgerlichen Gleichstellung der Juden, die ihnen 1814 von Österreich wieder entzogen und 1867 neuerlich zuerkannt wurde.
Lit.: *Židovi na tlu Jugolavije.*

II, 5.35. Tas (Toraschild)
Wien 1723
Silber, getrieben, gepunzt
Beschauzeichen: Wiener genossenschaftliche 13lötige Silberpunze 1723 (Rosenberg IV, 7866)
Meisterzeichen: undeutlich eingeschlagen;

wahrscheinlich Franz Antoni Unterhuber (Reitzner, 561)
Höhe: 23 cm
Historisches Musuem der Stadt Wien, Sammlung Max Berger, IN 102

Lebhaft geschweift; der obere Rand in Form einer Draperie, darüber Blumenbekrönung. Im Mittel die Gesetzestafeln flankiert von zwei auf glatten Säulen stehenden Löwen, die eine fünfzackige Krone halten. Neben den Säulen je eine Blattranke. Den unteren Abschluß bilden zwei Voluten und Akanthusblätter, behangen mit drei Glöckchen. Rückseitig drei Ösen mit Kette. Auf den Gesetzestafeln durch gravierte Kartusche abgehobene hebräische Inschrift, die sich in zwei Schriftbändern darunter fortsetzt: „Dies wurde aus der Kasse ‚Öl zur Beleuchtung' unter dem Vorsitzenden des sephardischen Tempels der heiligen Gemeinde Pest, Benjamin Almoznino, gefertigt, im Jahre 485 der kleinen Zeitrechnung" (i. e. 1723).
Das wechselhafte politische Schicksal der Balkanländer, um die Jahrhunderte ein erbitterter Kampf erst zwischen der alliierten christlichen Armee und der osmanischen, später zwischen den einzelnen Nationalstaaten geführt wurde, beeinflußte zwar selbstverständlich das Leben der sephardisch-türkischen Gemeinden, veränderte aber nicht ihre sephardische Tradition, die im allgemeinen türkisch geprägt blieb. Das vorliegende Toraschild bildet insofern eine Ausnahme, als es in seiner kunsthandwerklichen Form und Ausführung völlig dem österreich-ungarischen Typus der Zeit entspricht – es wurde ja schließlich auch von einem Wiener Goldschmied gearbeitet. Da es der sephardischen Gemeinde von Pest gehörte, weist dieses Tas auf den zweifellos regen kulturellen wie auch materiellen Austausch zwischen der Wiener und der Pester sephardischen Gemeinde hin.
Die Familie Almoznino stellte über Jahrhunderte Rabbiner in den verschiedenen Balkanländern. Beispielsweise wirkte der auf philosophischem und astronomischem Gebiet arbeitende Mosche ben Baruch Almoznino im 16. Jh. in Saloniki und Konstantinopel. Im 17. Jh. unterstützte Joseph ben Jitzchaq Almoznino den falschen Messias Schabtai Zwi von Belgrad, Jerusalem und schließlich von Nikopol aus. Wie aus vorliegendem Parochet hervorgeht, war im 18. Jh. Benjamin Almoznino Rabbiner der sephardischen Gemeinde Pest. Im 19. Jh. war es Gabriel Mercado Almoznino, Oberrabbiner der Sofioter Gemeinde, der die bulgarische Judenheit in der konstituierenden Versammlung „Sobranie" repräsentierte.
Zum Toraschild vgl.: *Judentum in Wien*, Nr. 1/6.1.

II, 5.36. Rimmonim (Toraaufsätze)
Siebenbürgen, 2. H. 18. Jh.
Silberfiligran/Metall, reliefiert, gepunzt
Höhe: 35,3 cm
Historisches Museum der Stadt Wien, Sammlung Max Berger, IN 147

Je profilierter Trichterfuß mit flachreliefierter gewulsteter Ornamentbordüre aus Rocaillen und Akanthusranken auf rauh gepunztem Grund. Glatter, abgestufter Übergang zum zylindrischen Schaft mit leicht gewulstetem, ebenfalls rauh gepunztem, stilisiertem Blumen- und Blätterband. Darüber Kringelwerk, das auch den Abschluß des Schaftes bildet sowie den oberen – typisch sephardisch-orientalischen – granatapfelförmigen Aufsatz unten und oben begrenzt. Der Schaft umgeben von ornamentalem Mantel in Filigranarbeit. Der Aufsatz ebenfalls in Filigrantechnik gearbeitet, mit umlaufendem, glattem Band in der Mitte. Daran sechs Ösen mit langen Ketten, an denen je eine kegelförmige Schelle angebracht ist – ein Charakteristikum osmanisch und orientalisch geprägter jüdischer Kultgegenstände. Zwischen Schaft und Aufsatz achtzackiger Kronenreif auf Scheibe, deren aufgebogener Rand von Kordelband umlaufen wird. Den oberen Abschluß bildet ein Zapfenknauf.
Die oben angemerkten Entwicklungen im Zusammenhang mit den Türkenkriegen betrafen auch Transsylvanien, das lange Zeit unter türkischer Oberherrschaft stand, so durch die türkische Kultur geprägt wurde und besonders im 16. Jh. einen starken Zuzug sephardisch-türkischer Juden erlebte.
Zu den Rimmonim vgl.: *Berger/Häusler/Lessing*, Judaica, 241, Abb. 57; *Österreich zur Zeit*

Kaiser Josephs II., Nr. 949; *Judentum in Wien*, Nr. 1/3.7.

II, 5.37. Parochet (Toravorhang)
Siebenbürgen 1886
auberginefarbener Samt, goldfadenbestickt
Rückseitiges Futter: quergerippt, in sich gemusterte Baumwolle
162 x 64,5 cm (o. Fransen)
Historisches Museum der Stadt Wien, Sammlung Max Berger, IN 3.506

Umlaufend aufgenähte goldene Brokatbordüre. Oben applizierte goldfarbene Krone mit Akanthusblattornamenten; der äußere Rand mit Perlstabeinfassung aus Messing (großteils zerstört); links und rechts der Krone die hebräischen Initialen für „Krone der Tora". Darunter die hebräische Inschrift: „(das ewige) Licht ist ein Gebot und die Tora ist Licht." Ober- und unterhalb davon in je einer geschwungenen Zeile: „Zu Sukkot vor dem Toraschrein ist dieser Vorhang / dieser Vorhang soll für euch zwischen Heiligem und Allerheiligstem unterscheiden." Die weitere Inschrift besagt, daß der Vorhang aufgrund der wöchentlich zweimaligen Spende der Gemeindemitglieder in die Kasse „Ewiges Licht" zum Andenken an den Jerusalemer Tempel angefertigt werden konnte. Sie endet mit der Versicherung, daß denen, die sich um das Gemeinwohl bemühen, der Lohn zuteil werden wird und der Jahresangabe „646 nach der kleinen Zeitrechnung" (i. e. 1886).
Auch noch lange nach dem Rückzug der Osmanen blieb Siebenbürgen als jüdisches Siedlungsgebiet attraktiv, da mit dem Übertritt der siebenbürgischen Oberschicht zum Calvinismus man den Juden hier weniger feindselig gegenüberstand als in den katholischen Ländern.
Zum Parochet vgl.: *Kult und Kultur*, Nr. 3.57; *Judentum in Wien*, Nr. 2/3.3.2.

II, 5.38. Parochet (Toravorhang)
türkisch/bulgarisch (?), um 1800
auberginefarbener Samt, goldfaden- und paillettenbestickt
90 x 164 cm
Sammlung Max Berger, IN 859

Umlaufende Bandelwerkbordüre, Blumenbouquets mit Schleifen und Quasten in traditionell türkischer Manier. Im Mittel angenähtes Schild in Form eines Toraschildes aus schwacher Silberlegierung
Das hochrechteckige, oben rundbogenförmig abschließende Schild innen von getriebener Blumenranke umlaufen; im Mittel erhaben getriebenes Viereck mit nicht mehr lesbarer Inschrift (Widmungsinschrift? Angabe eines bestimmten Feiertags?), darüber Krug/Levitenkanne.
In den letzten Jahren des 15. Jhs. kam eine große Welle spanischer Exilanten über Mazedonien, Bosnien und Italien in das von 1396 bis 1878 türkisch beherrschte Bulgarien. Die Sepharadim siedelten sich überall dort an, wo sich bereits aschkenazische Gemeinden befanden: In Sophia, Philippopolis (heute Plovdiv), Jambol und den Orten an der Donau. Ihre Handelsgeschäfte richteten sich hauptsächlich in die Türkei und nach Rumänien, nach Ragusa (Dubrovnik) und Venedig, aber auch an den Kaiserhof in Wien. So war in der Mitte des 18. Jhs. der Sofioter Sepharde Aharon Samuel in Wien als Kommissionär – als Kaufmann, der Waren für Rechnung eines anderen in eigenem Namen kauft oder verkauft – tätig.

II, 5.39. Die Synagoge Maran Bet Joseph in Nikopol
Nicht nur wirtschaftlich, sondern auch geistesgeschichtlich erlangte die sephardisch-bulgarische Judenheit Bedeutung für die Wiener. Der Sabbatianismus stürzte das Land in einen messianischen Taumel, der auch die Nachbarn beeinflußte. Von der Nikopoler Jeschibha gingen bedeutsame Impulse für die Weiterentwicklung der rabbinischen Tradition aus. Die sephardische Gemeinde Nikopols, die unter der Führung von Chaim Albagri entstanden war, erhielt wenige Zeit nach ihrer Gründung Zuwachs von weiteren Einwanderern, an deren Spitze Ephraim Karo aus Toledo stand, dessen Sohn Joseph einst die berühmteste Rabbinerpersönlichkeit Bulgariens werden sollte. Joseph

Karo, der von 1523 bis 1536 in Nikopol lebte, war der Gründer der dortigen Jeschibha. Die nach Karos Arbeit benannte Nikopoler Maran Bet Joseph-Synagoge wurde 1943 von den Nazis zerstört.
Lit.: *Mézan*, Bulgarie; *Rozanes*, Jehudim beturkia; *Stemberger*, Literatur, 114.

II, 5.40. Elias Canetti
Öl auf Leinwand
Brustbild en face
Re. u. bez.: Marie-Louise Motesicky 1960
50 x 39,5 cm
Historisches Museum der Stadt Wien, IN 133.725

Nicht nur in der jüdischen Welt und nicht auf religiösem, sondern auf literarischem Gebiet gelangte ein weiterer Nachkomme der sephardischen Ansiedlung an der unteren Donau, die die Grenze zwischen Bulgarien und Rumänien bildet, zu internationaler Berühmtheit: der 1905 in Rustschuk gebürtige Schriftsteller Elias Canetti. Der Familienname Canetti weist auf die Herkunft der Familie aus der spanischen Stadt Cañete hin, die dem Analytiker von „Masse und Macht“ fast 500 Jahre nach der Vertreibung seiner Familie aus Spanien in einem feierlichen Akt im Dezember 1982 die Ehrenbürgerschaft verlieh (in Abwesenheit des Geehrten).
Canetti bietet uns ein lebhaftes Bild von der ethnischen Vielfalt in seiner Heimat und erklärt damit auch den kosmopolitischen Charakter, der dieser uns aus heutiger Sicht provinziell erscheinenden Region und ihren Einwohnern zu eigen war: „Rustschuk, an der unteren Donau, wo ich zur Welt kam, war eine wunderbare Stadt für ein Kind, und wenn ich sage, daß sie in Bulgarien liegt, gebe ich eine unzulängliche Vorstellung von ihr, denn es lebten dort Menschen der verschiedensten Herkunft, an einem Tag konnte man sieben oder acht Sprachen hören. Außer den Bulgaren, die oft vom Lande kamen, gab es noch viele Türken, die ein eigenes Viertel bewohnten, und an dieses angrenzend lag das Viertel der Spaniolen, das unsere. Es gab Griechen, Albanesen, Armenier, Zigeuner. Vom gegenüberliegenden Ufer der Donau kamen Rumänen, meine Amme, an die ich mich aber nicht erinnere, war eine Rumänin. Es gab, vereinzelt, auch Russen.“ Er erhellt auch mit wenigen Worten die Gründe, die für die nach neuen Heimaten und neuen Erwerbsmöglichkeiten suchenden Sepharadim für eine Ansiedlung in Rustschuk sprachen: „Rustschuk war ein alter Donauhafen und war als solcher von einiger Bedeutung gewesen. Als Hafen hatte er Menschen von überall angezogen, und von der Donau war immerwährend die Rede.“ Ganz deutlich macht Canetti die Selbstdefinition der Bewohner der Gegend als Nicht-Europäer. Nicht nur formal war der Großteil der Sepharden dieses Gebietes auch nach dem Rückzug der Türken vorläufig türkisch geblieben. Die Türkei hatte das Bewußtsein und die Lebensform der Menschen dieser Region geprägt, Europa war für sie in jeder Beziehung eine andere Welt: „Die übrige Welt hieß dort Europa, und wenn jemand die Donau hinauf nach Wien fuhr, sagte man, er fährt nach Europa, Europa begann dort, wo das türkische Reich einmal geendet hatte.“ Diese Aussage ist mehr oder weniger für den gesamten Balkanraum (mit Ausnahme Griechenlands) zutreffend. Sie charakterisiert das Verhältnis der Balkanstädte zu Wien, erklärt die Präsenz jüdischer Kaufleute aus dem Balkan in der k. k. Haupt- und Residenzstadt und weist Wien den Stellenwert zu, den es tatsächlich hatte, den einer Drehscheibe zwischen Kleinasien und Europa.
Lit.: *Canetti*, Die gerettete Zunge, 10 f.

II, 5.41. Sephardisches Beschneidungsservice
bestehend aus halbmondförmigem Messer, Klemme, Schale und Besamimbehälter
Silber, gegossen, ziseliert, graviert
Venedig, 18. Jh.
Klemme: 7,5 x 4,5 cm
Messer: 7,4 x 3,8 cm
Schalendurchmesser: 6,2 cm
Besamimbehälter: Höhe: 5 cm, Dm: 3,2 cm
Beschauzeichen: San Marco, 18. Jh.
Beschauer: FP
Auf der Klemme die hebräische Inschrift: „Bis hierher darfst du und nicht weiter“ (Hiob 38, 11 sowie „Sie schließen durch die Hand einen Bund“).

Das Service gehörte dem sephardischen Mohel (Beschneider) von Triest, Ja'aqobh Vita Russo (um 1760, Spalato – 1832, Triest).
Sammlung Silvio G. Cusin, Triest

Seit 1382, als Triest habsburgisch geworden war, läßt sich eine jüdische Gemeinde in der Hafenstadt belegen. Im 17. und 18. Jh. zogen Sepharden aus dem Mittelmeerraum zu, so z. B. die Familien Alkalai, Almeda, Bolaffio, Salem und Cusin. 1697 ordneten die Behörden die Errichtung eines Ghettos an, jedoch wohnten bereits 50 Jahre später wieder zahlreiche Juden außerhalb des Ghetto-Bezirks. Wenige Zeit nach dem Erlaß des Toleranzpatentes durch Joseph II. wurden die Ghetto-Tore schließlich demontiert.
Lit.: *Stock*, Nel Segno de Geremia; *La Speranza*, Nr. 33.

II, 5.42. Ner Tamid (Ewiges Licht)
Silber, gegossen, getrieben, punziert; an drei Ketten; mit Blatt- und Feston-Ornamenten
Beschauzeichen: Triest um 1800
Meisterzeichen: CF in Rechteck
Kupellenprobe
Länge: 42 cm (hängend)
Israelitische Kultusgemeinde Wien, in 631 (alte Inventarnummer im ehemaligen Jüdischen Museum: 586)

II, 5.43. Im großen Tempel von Triest, 18. August 1942
1938 zählte die jüdische Gemeinde Triests 6.000 Mitglieder. Bis 1940 reduzierte sich diese Zahl aufgrund der zunehmend spürbaren Gefahr auf 2.300. 1942 wurde das Innere des Großen Tempels verwüstet, die vier kleineren Bethäuser Triests von den Faschisten zerstört. Ende 1943/Anfang 1944 wurden 837 Triestiner Juden in das nahegelgene Lager Risiera di San Sabba gebracht, von wo aus sie nach Deutschland deportiert wurden.
Lit.: *Stock*, Nel Segno die Germia; *Hilberg*, 722.

II, 5.44. Verleihung einer spanischen Baronie an Diego de Aguilar
Entwurf
Wien, Allgemeines Verwaltungsarchiv

Aufgrund der günstigen Rechtslage für die türkischen Juden in Wien, der fruchtbaren Handelsbeziehungen zwischen ihnen und den türkischen Juden der Balkangemeinden sowie der Aktivitäten des Diego de Aguilar konnte wohl schon um 1735 eine sephardisch-türkische Gemeinde in Wien gegründet werden. Bis zu ihrer Zerstörung 1938 befanden sich in der sephardischen Synagoge Wiens eine Torakrone und ein Paar Rimmonim mit der hebräischen Widmungsaufschrift „Mosche Lopez Pereyra. 5498" (i. e. 1737/38). Jährlich an Jom Kippur gedachte die Gemeinde bis zu ihrer Vernichtung ihres Gründers mit einem Totengebet. Der legendenumwobenen Diego de Aguilar, mit jüdischem Namen Mosche Lopez Pereyra, dessen Herkunft nicht definitiv geklärt ist, heiratete am 10. Abh 5486 (i. e. 1726) in Amsterdam Simcha bat Isaac da Fonseca. Danach wurde er von Karl VI. nach Wien berufen, um die Reorganisation des österreichischen Tabakgefälles zu übernehmen. Einen Teil seiner Familie brachte er mit nach Wien: Seine Mutter Sara Pereyra, sein Vater Abraham Lopez Pereyra, zwei seiner Kinder sowie sein Schwager Jakob ben Jeschurun Alvarez wurden auf dem Jüdischen Friedhof in der Seegasse beigesetzt. Für seine wirtschaftlichen Erfolge, die er als Pächter des Gefälles für den Ärar erzielen konnte – eine Arbeit, die er auch unter Maria Theresia fortsetzte –, wurde er vom Kaiser, der zu der Zeit noch den Titel „König von Spanien" führte, mit einem spanischen Adelsprädikat ausgezeichnet.
Lit.: *Grunwald*, Geschichte der Juden in Wien; *Ders.*, Samuel Oppenheimer, 295–300; *Wachstein*, Inschriften, Nr. 811, 859, 875; *Kaul*, Sefarden; *Heimann-Jelinek*, Österreichisches Judentum, 27 f.

II, 5.44a. Hofdekret per 12. Dezember 1741 „der Pächter des Tabacks-gefälls Diego Aguilar" hat sich zur Zahlung des verfallenden Quartals bis Juni 1742 erklärt.
Wiener Stadt- und Landesarchiv, Alte Reg. 94/1741

Aguilars ursprüngliche Forderung, als offizieller Administrator des Tabakgefälls anerkannt zu werden, wurde allerdings abgelehnt. So sehr man seine Dienste auch benötigte, so konnte man es doch nicht zulassen, „einem Juden den Karakter eines Direktors, und General=Superintendenten über das Tabakgefäll in allen kaiserl. königl. Erblanden zu geben, noch mehr aber ihm bey der vorgeschlagenen Giunta oder Hofkommission, Sitz und Stimme zu bewilligen; ein solches laufe wider die löblichste, und allerpreiswürdigste Intention und positive Resolution des Kaisers, kraft welcher Allerhöchst derselbe in den böhmischen Landen die Judenschaft so viel möglich zu restringiren Allergnädigst beschlossen haben. Aguilar würde die Länder mit Juden anhäufen, weil ihm als einem Juden die Christen, es sey denn gegen große Besoldungen, welche aber nicht zu bestreiten wären, nicht dienen würden. Auch hätte Se. Majestät entschlossen, daß die Wiener Juden nach Verlauf ihrer Privilegien die Stadt Wien räumen sollen, und seyen Dieselben ernstlichen Willen, die österreichischen Erbländer von der Judenschaft gänzlich zu reinigen. Ingleichen sey in Innerösterreich seit jeher ein so scharfes Verbot gegen die Judenschaft, daß auch niemals einiges Privilegium sich dahinerstreckt habe; die Juden seyn alda so verhaßt, daß man kaum den Aguilar für seine Person in die Wirklichkeit seiner dießfälligen Verrichtung würde setzen können" (Retzer, 39 ff.). Demütigte man Aguilar auf diese Weise einerseits, so waren die in ihn gesetzten ökonomischen Erwartungen andererseits sehr hoch. Er sollte für die ersten drei Pachtjahre für den Ärar Mehreinnahmen von 50.000 fl, für weitere drei Jahre von 100.000 fl und für nachfolgende zwei Jahre sogar Mehreinnahmen von 500.000 fl garantieren. Trotz allem übernahm er – um der Form Genüge zu tun mit einem christlichen Kompagnon – das österreichische und böhmische Tabakappalto bis 1748 und führte es im Sinne des Staatsinteresses äußerst erfolgreich.

Aguilars Anwesenheit in Wien und die Gründung der Gemeinde ließ nun vermehrt Sendboten aus anderen sephardischen Gemeinden hierher kommen und auf die Wohltätigkeit der Glaubensbrüder hoffen. Mehrere Grabsteine auf dem Friedhof in der Seegasse weisen die Namen sephardischer Juden ohne Angabe ihres Status', ihrer Tätigkeit oder ihres Alters auf, weswegen man in ihnen solche Sendboten vermuten darf: Abraham aus Korfu, gest. 1736, Daniel Henriques aus Smyrna, gest. 1744; Jitzchaq Alphandri, gest. 1762; Ja'aqobh Majim aus Adrianopel, gest. 1764; Abraham Manoach aus Belgrad, gest. 1786. Auch von den frühen Mitgliedern der Wiener sephardischen Gemeinde sind einige namentlich bekannt: Schlomo Konfino, Jitzchaq ben Schlomo, Matatijahu Kobi und Jisra'el Schabtai.

Lit.: *Retzer*, Tabakpachtung, 39 ff.; *Wachstein* II; *Schleicher*, Geschichte der spaniolischen Juden.

II, 5.45. Adolf von Zemlinsky
Geschichte der türkisch-israelitischen Gemeinde zu Wien von ihrer Gründung bis heute nach historischen Daten

Wien 1888
deutsche Fassung mit judeospanischer Übersetzung durch Michael Papo

Nach ihrer Gründung wurde der „türkischen Colonie in Wien" die Freiheit des Gottesdienstes per kaiserlichem Patent zugesichert. Die Urkunde fiel allerdings 1824 einem Feuer zum Opfer. Im Haus Nr. 307 innerhalb der Stadtmauern hielt die kleine sephardische Gemeinde offenbar jahrzehntelang ihre Gottesdienste ab. Rund 40 Jahre später übersiedelte man mit dem Bethaus in die Obere Donaustraße. Erst zu dieser Zeit sollte das Bestehen der Gemeinde behördlich legitimiert werden. 1778 setzte die k. k. Regierung einen Kommissär zur Überprüfung der wirtschaftlichen Situation der sephardischen Gemeinschaft ein. Aus diesem Vorgang resultierte der Vorschlag, für die Gemeinde eine verbindliche Regulation auszuarbeiten. Diese in vierzehn „Puncten" abgefaßte Regulation für die türkisch-israelitische Gemeinde trat am 17. Juni 1778 in Kraft. Die Paragraphen der Regulation lassen erkennen, daß es den Behörden hauptsächlich darum zu tun war, sich einen Überblick über die Finanzgebarung der Gemeinde zu bewahren. Die Original„Puncten" fielen der Vernichtung anheim und bestehen nur mehr in Druckwerken wie dem vorliegenden:

„Puncten, die der in Sachen aufgestellte Kais. Königl. Comissarius der gesamten Alhier sich befindenden Türkischen Judenschaft um die alhiessige Türkische Jüdischen Synagoge in gute Ordnung zu bringen und in selber zu erhalten ex offo aufgesetzt. Vorgetragen und von ganzen Gemeinde einstimmig sind angenommen worden:

1. Vor allen anderen sollen alle der Synagoge ausständige Schulden eincassiret werden;

2. Solle über die neue einnahm und ausgaben der Synagoge ein ordentliches Buch oder Protocol gehalten, das Alte, weillen es Mengelhaft und unrichtig geführt worden, dem hiezu aufgestellten K. K. Comissari ad Cassandum übergeben werden.

3. Solle die Gemeinde alljährlich einen Vorsteher in gegenwart des obgedachten K. K. Comissari wählen und den entweder neu erwählten oder confirmierten Vorsteher allen gebührenden Respact erweisen dieser Würde werden alle sich nennenden Sefaradim ausser denen Bedienten fähig seyn. Jedoch.

4. Solle die Gemeinde Jederzeit einen des Lesens und Schreibens kündigen zum Vorsteher ernennen, wenn aber wider alles Vermutten einer des Lesens und Schreibens unkundiger sollte gewählt werden, so so solle ihm von der Gemeinde ad latus zur Führung der Controlerii des Buchs zugegeben werden.

5. Solle der Vorsteher der Gemeinde die Rechnung alljährlich in gegenwart des öfter gedachten K. K. Comissari anbefohlenermassen legen, auch bey Veränderung desselben den neu aufgestellten Vorsteher ebenfalls in gegenwart des kurz gedachten Comissari alle der Synagoge zu gehörige Geräthschaften (welche alle specificirt werden sollen) übergeben.

6. Solle weder dem Vorsteher noch Jemand anderer aus der Gemeinde erlaubt seyn, das mindeste ausser dem Vorsteher die Täglichen Nothwendigkeiten ohne Vorwissen der ganzen Gemeinde ...

7. Solle der Vorsteher einem Jeden alle halbe Jahr die Rechnung über die erkaufte Functionen machen, und die derowegen ausständige Schulden in erstgedachten Termin eincassiren, sollte aber Jemand vor diesem halben Jahr verreisen oder auf Jemanden ein Verdacht der Flucht fallen, so solle der Vorsteher das ausständige Quantum auch vor diesen halben Jahr einzucassiren befugt sein.

8. Solle der Vorsteher keinen sich anmeldenden Armen oder sonst einen Rabiner aus der Synagogen-Casse ohne Vorwissen der ganzen Gemeinde etwas zu geben befugt seyn.

Die Stunde des Gebets anbetreffend:

9. Solle der Vorsteher mit einverständnis der ganzen Gemeinde alle Viertl Jahr die Stunde des Gebets bestimmen, und diese bestimte Stunde auch alle Viertl Jahr dem öfter gedachten aufgestellten K. K. Comissari und damit derselbe anbefohlenermassen zur unbestimter Zeit die Synagoge visitiren und darauf halten könne anleiten.

10. Solle der Schulsinger eine halbe Stund vor der bestimmten Morgen, Abend und Nachtsgebetzeit die Synagoge eröffnen, alles zum Gebet zubereiten und das gebet zur bestimmten Zeit nicht früher oder später ohne rücksicht auf die später ankommende, oder gar ausbleibende zuwarten anstimmen und ununterbrochen fortsetzen; sodann

11. Solle kurz gedachter Schulsinger dem Vorsteher alle Sontag oder bei Ausgang des Sabats die eingegangene Opfergelder damit selbe ordentlich protokolirt werden können, getreulich anzeigen, auch alle übrige seine schuldigkeiten empsig und fleissig bey Verlust seines Dienstes beobachten. Dahingehen

12. Solle ihrer Schulsinger auch Jederzeit sein gebührender Respect von der Gemeinde gegeben werden.

13. Auch seine von gedachter Gemeindeneinstimig bestimte Besoldung Wochentlich per dreyeinhalb gulden abgereichet werde: Jedoch steht ihr Gemeinde bevor, allenfalls diese obgedachten Schulsinger derzeit bestimte Besoldung bey abnahme oder abgang der vorräthigen Cassa zu minder oder such bey zuwachs derselben zu vemehren, in gleichen auch Mehrheit der Stimmen einen anderen Schulsinger nach vorhergehenden ein Monatlicher aufkündigung des alten aufzunehmen.

Endlichen

14. Wird der Türkischen Judenschaft besonders eingebunden, auf die Synagoge keine fremde Schulden bey ansonst auf sich ladender schärfster Verantwortung, je nach gestalt der Sachen auch bey Verlust der Synagoge zumachen.

Folgt die spanische hebräische Übersetzung das diese von K. K. n. ö. Hr. Regirungs, Secritari v. adami als in Sachen aufgestellte Comissari in original teutscher Sprache aufgesetzte Puncten von mir hier unten gefärtigten in die spanische sprach auf behöhl seiner K. K. n. ö. Justiz Banco Deputaion treylich übersetzt worden und dieses dem originali gänzlich gleichlautend ist, bescheinig und vedemire hiemit wien den 17. Juni 1778.
Per sacrae Caesarea Majestatis Deputationen Bancalem in Justialibities.
Unterzeichner: Franz Adami, 17. Juni 1778; Carl Ludwig Mayer m. p. K. K. n. ö. Seine Stellung, Justiz Banco Deputation geschworne Türk. partheyn Dolmetsch."

II, 5.46. Fundación de la comunidad judia española (sepharadit) en Viena
Übersetzung ins Judeoespañol von Michael Papo
Wien o. J.
gedruckt bei Moritz Knöpflmacher
Wien, Österreichische Nationalbibliothek, in 103.494-C

II, 5.47. Schlomo Ben Aderet, Sche'elot uteschubhot
Responsenwerk
Wien 1817
gedruckt bei Anton Schmidt
Sammlung Max Berger

Der Beiname „El Rabh d'Espana" weist auf die bedeutende Autorität des Barcelonaer Rabbiners Schlomo Ben Adret (um 1235–1310) hin. Der Schüler des Nachmanides beteiligte sich an den Religionsdisputationen seiner Zeit, indem er auf Raymund Martinis „Pugio fidei adversus mauros et judaeos" mit einer scharfsinnigen apologetischen Schrift antwortete. Als er in dem Streit zwischen den rationalistischen Maimonisten und den der mystischen Strömung anhängenden Antimaimonisten Stellung beziehen sollte, erwies er sich als kompromißbereiter Mann der Mitte, der interne jüdische Auseinandersetzungen zu vermeiden suchte. Aderets religionsgesetzliche Entscheidungen, die in Responsenwerken wie dem vorliegenden gesammelt sind, wurden auch außerhalb Spaniens anerkannt und erlebten immer wieder Neudrucke.
Lit.: *Ben-Sasson,* II, 193 ff.; *Steinschneider*, Nr. 6891.

II, 5.48. Ein Paar Rollengriffe
Zinn, gegossen, punziert, graviert
sephardisch
Österreich, um 1830
Höhe: 24 cm
Sammlung Max Berger, IN 135

Rund. Glatter Fuß mit Perlstabmustern. Der Griff stark gewulstet. Auf eingezogenem Hals Krone mit abschließendem Kugelknauf. An den beiden Sockeln die umlaufenden hebräischen Inschriften: „Gehört dem ehrenwerten Herrn, unserem Lehrer Rabh Re'ubhen Türk, sein Licht leuchte / und seiner Gattin, Frau Ribhqa, Tochter des Jesajas Türk, sie möge leben."
Lit.: *Judentum in Wien,* Nr. 1/2.1.

II, 5.49. Ein türkischer Jude mit seiner Familie in Wien
kolorierter Aquatintastich nach Opitz, um 1815
Historisches Museum der Stadt Wien, Sammlung Max Berger, IN 1.813

Gemäß einem osmanisch-türkischen Abkommen aus den sechziger Jahren des 17. Jhs. war das Niederlassungsrecht für türkische Untertanen im Habsburgerreich nicht als „unbeschränkt und immerwährend" zu betrachten, sondern es wurde ihnen „nur der zum Betriebe ihres Handels mit türkischen Erzeugnissen im Großen, und zur Marktzeit auch im Kleinen nothwendige zeitliche Aufenthalt in den österreichischen Staaten zugestanden". Zu Beginn des 19. Jhs. verstärkte sich der Zuzug jüdischer Untertanen des Osmanischen Reiches nach Wien, denen die Niederlassung für die Dauer ihrer Handelsgeschäfte gewährt wurde. Nach Ablauf ihrer Aufenthaltsgenehmigung konnten sie zumeist um Verlängerung derselben ansuchen, was eine rein formale Angelegenheit war.

Trotzdem war dieser Status vielen zu unsicher, und immer wieder wurden Eingaben um unbeschränkte Aufenthaltsdauer gemacht. Doch der einzige Sepharde, der zu dieser Zeit in den Genuß uneingeschränkter Toleranz kam, war der aus Amsterdam zugezogene Heinrich Peireira.
Lit.: *Judentum in Wien,* Nr. 7. *Barthenheim,* Politische Verfassung der Israeliten im Lande unter der Enns, § 48; *Kaul,* Sefardim, 86 ff.

II, 5.50. Heinrich Freiherr von Pereira
Lithographie von Louis Pereira-Arnstein
Brustbild
34,7 x 50 cm
Historisches Museum der Stadt Wien, IN 79.181

Heinrich Pereira, ein Nachkomme Diego d'Aguilars, kam zu Beginn des 19. Jhs. aus Amsterdam nach Wien und assoziierte sich mit dem Bankhaus Arnstein. Nathan Adam von Arnstein und Bernhard von Eskeles waren als „Bankhaus Arnstein & Eskeles", das durch Jahrzehnte das führende Bankhaus Wiens war, maßgeblich an der Gründung der Sparkasse sowie der Oesterreichischen Nationalbank beteiligt gewesen. Nach dem Eintritt Heinrich Pereiras in dieses Bankhaus wurde er von Nathan von Arnstein adoptiert und nannte sich seit 1810 Pereira-Arnstein. In demselben Jahr wurde er als Freiherr in den Adelsstand erhoben.
Lit.: *Tietze,* Die Juden Wiens.

II, 5.51. Henriette von Pereira-Arnstein
Lithographie von Kriebhuber, 1841
Druck von J. Höfelich
Bruststück
56,2 x 35,1 cm
Historisches Museum der Stadt Wien, Sammlung Max Berger, IN 1.969

Henriette von Pereira-Arnstein wurde am 29. November 1780 in Berlin als Tochter des Nathan und der Franziska, genannt Fanny Arnstein, geboren. 1802 heiratete sie in Wien Heinrich Pereira. Gleich ihrer Mutter und Tante wurde sie ob ihres unermüdlichen Einsatzes für karitative Zwecke gerühmt. „. . . als neben der Mutter bereits die all ihre Gaben erbende Tochter Henriette, . . ., die Regierung führte, nannte Gentz das Arnsteinsche Haus ‚die größte und gewissermaßen die einzige Ressource aller hier ankommenden Fremden, deren glänzende Schar fast vollzählig durch diesen Salon defilierte'. Eines der angestaunten Feste des Hauses schildert Graf de la Garde . . . in überschwänglichen Worten: ‚Die seltensten Blumen, allen Klimas entlehnt, schmücken die Treppen, die Salons, die Tanzsäle mit reichestem Farbenglanze und ausgezeichnetstem Duft. Tausende von Kerzen und Spiegeln, Gold und Seide glänzen überall. Eine ausgezeichnete Musik, wie man sie damals nur in Wien hören konnte, bezauberte das Ohr... Ein Raffinement des Luxus, das hier zum ersten Male an den Tag gelegt wurde... Es war mit einem Wort eines der unvergleichlichsten Resultate, welche der Reichtum erlangt, wenn er vom Geschmack unterstützt wird'."
Lit.: *Judentum in Wien,* Nr. 7/12.3; *Tietze,* Die Juden Wiens, 141 f.; *Hilde Spiel,* Fanny von Arnstein oder die Emanzipation.

II, 5.52. Baron Louis von Pereira, Henriette und Heinrich von Pereira-Arnsteins Sohn
Lithograpahie von Kriehuber, 1842
gedruckt bei J. Rauh
Bruststück
44,3 x 31 cm
Historisches Museum der Stadt Wien, IN 11.306

II, 5.53. Baron Adolph von Pereira, Henriette und Heinrich von Pereira-Arnsteins Sohn
Lithographie von Kriehuber, 1842
gedruckt bei J. Rauh
Bruststück
47 x 31 cm
Historisches Museum der Stadt Wien, IN 11.307

II, 5.54. Wiener Zeitung, Sonntag, 23. August 1931

„Am 21. d. M. ist in seiner Wohnung, Wien, Praterstraße 14, der 87jährige außerordentliche Gesandte und bevollmächtigte Minister i. P. Fregattenkapitän a. D. Alfons Pereira-Arnstein nach längerem Leiden verstorben. Er war einer der letzten Kämpfer in der Seeschlacht bei Lissa. Der Verstorbene, der einem alten portugiesischen Adelsgeschlecht entstammte, war der Enkel des Bankiers Heinrich Pereira, der im Jahre 1810 als Freiherr Pereira-Arnstein in den österreichischen Adelsstand erhoben wurde. Er war im Jahre 1845 in Wien geboren worden, besuchte die Marineakademie in Fiume und trat dann als Linienschiffsfähnrich in die österreichische Kriegsmarine ein. In dieser Charge machte er im Jahre 1866 die Seeschlacht bei Lissa mit, über die er später eine Broschüre veröffentlicht hat. Er blieb weiter in der Kriegsmarine und machte im Gefolge des Kaisers Maximilian auf der ‚Novara' dessen Fahrt nach Mexiko mit, um dann wieder zurückzukehren. Im Jahre 1869 beteiligte er sich an der ostasiatischen Expedition des Admirals Beck und versah wichtige Kulturdienste, indem er die ersten Handelsverträge mit Siam, China und Japan zur Unterschrift nach Wien und dann wieder in diese Staaten zurückbeförderte. Er verbrachte damals auch längere Zeit auf Java. Im Jahre 1873 verheiratete er sich und ergriff die diplomatische Karriere. Er wurde zunächst als Botschaftssekretär der österreichischen Gesandtschaft in Rom zugeteilt. Im Jahre 1882 wurde er als außerordentlicher Gesandter nach Stuttgart berufen, wo er Österreich am württembergischen Hofe vertrat. Vor ungefähr drei Jahrzehnten trat er aus dem aktiven politischen Dienst und lebte seither, den Künsten und Studien hingegeben, in Wien. Er hinterläßt drei Söhne und eine Tochter."
Universitätsbibliothek Wien, Wiener Zeitung 193/3

II, 5.55. Megillat Ester (Esterrolle)
Silberhülle, teilweise vergoldet, gegossen, getrieben, punziert, reliefiert
Alt-Wiener Radelpunze 1844
Meisterzeichen nicht lesbar
Handhabe zum Einrollen fehlt
Länge: 75 cm
Rolle: hebräische Quadratschrift auf Pergament
Länge: 51 cm, Kolumnenbreite: 16,5 cm
Israelitische Kultusgemeinde Wien, in 406

Oben und unten vergoldete, breite flachornamentierte laufende Endigung in einer sehr beliebten Kombination aus Regency-Flechtband und Sima-Ornamentik. Unter aufgesetztem plastischen Adler in Kartuschenschild die hebräische Widmungsinschrift: „Diese in reiner Hülle befindliche schöne Megilla wurde von hervorragenden Menschen in das Gotteshaus hier in Wien, der Herr möge die Stadt schützen, gebracht und angefertigt zur Amtszeit unserer verehrten Mitglieder und Synagogenvorsteher Aharon de Majo und Gabriel ha-Kohen." In darunter befindlicher, von hochplastischem Biedermeier-Rosenwerk umlaufenden Vignette die Datierung: „5604" ausgeschrieben und durch hebräischen Zahlenwert angegeben (i. e. 1844).
Lit.: *Rohrwasser*, Österreichs Punzen, 74.

II, 5.56. Der Großhändler Menachem Abraham Russo
Lithographie von Kriehuber, 1845
gedruckt bei J. Rauch
Kniestück
42,5 x 31,5 cm
Historisches Museum der Stadt Wien, IN 11.506

II, 5.57. Das Palais Ephrussi am Schottentor
Die sephardische Familie Ephrussi gehörte zu den bedeutendsten Bankiers der Wiener Gründerzeit
Photographie von 1870

II, 5.58. Emma von Ephrussi
geborene Freifrau Schey von Koromla
Photo: um 1910

II, 5.59. Israel Bekhor Chajim
Feyertags=Gebete der Sephardim
3 Bde.
Wien 1836

Wien, Österreichische Nationalbibliothek, IN 68.540-B

Der in Belgrad gebürtige Rabbiner Israel Bekhor Chajim war seit ungefähr 1777 in Wien tätig. Gemeinsam mit Salomon Kappon war Chajim seit 1778 Vorsteher der Sepharden, und als Repräsentant der türkisch-israelitischen Gemeinde Wiens findet sich seine Unterschrift auf den der Gemeinde gegebenen „Puncten" (s. o.) Israel Bekhor Chajim war bedeutend als Herausgeber verschiedener religiöser Werke. Zehn Jahre lang war er mit Anton Schmidts Wiener Druckerei assoziiert. Zu den von ihm in Wien publizierten Büchern gehören eine judeospanische Bibelübersetzung (1813), ein Siddur, „Chokhmat ben Sira" (beide 1819), ein Machzor (1820), „Azharot" des Schlomo ibn Gabirol, zwei Hebräischlehrbücher mit den Titeln „Otzar hachajim" (1823) und „Chinukh lano'ar" (1828) sowie das vorliegende Gebetbuch.

II, 5.60. Seder rina u-tephilla
Gebetbuch nach sephardischem Ritus
herausgegeben von Jacob Schlossberg
Wien 1861
Wien, Österreichische Nationalbibliothek, IN 68. 255-B

II, 5.61. Machzor sepharad mime nora'im
Gebetbuch für die Hohen Feiertage nach dem Ritus der spanischen Juden
Czernowitz 1863
Wien, Österreichische Nationalbibliothek, IN 63.008

II, 5.62. Doppelwanduhr von Michael Papo
Gold
London 1888
Marke: „A. Madisson London/Fournisseur du Palais Royal" unter englischem Wappen
auf dem Deckel unter Krone mit kleinem Halbmond Abdul Hamids Initialen „A H"
Dm: 5 cm
Sammlung Luise Papo, Wien

II, 5.63. El Correo de Viena
Ladinosprachige Zeitschrift in hebräischen Lettern
(die Anzeigen teilweise deutsch)
Wien, 8. Januar 1877 – 3. Januar 1884
Eigentümer: A. Semo (teilweise gemeinsam mit Prof. J. Saxl)
Verantwortlicher Redakteur: Adolf von Zemlinsky
Redaktion: Pazmanitengasse 16, Leopoldstadt
Universitätsbibliothek Wien, III 28.052

Im 19. und beginnenden 20. Jh. war Wien ein Publikationszentrum für die judeo-spanische Presse im Habsburgerreich und auf dem Balkan, soweit er dem wachsenden Einfluß des Kaiserreiches unterstand. Doch auch Publizisten aus der Türkei und aus Nordafrika wandten sich nach Wien, um ihre Schriften hier herausgeben zu lassen. Allein zwischen 1856 und 1923 sollen 18 judeo-spanische Zeitschriften hier gedruckt worden sein.
Der Eigentümer des „Correo de Viena" war mit dem sephardischen Journalisten und Redakteur Schem Tobh Semo verwandt, der sich in Wien für die Ziele der Alliance Israelite Universelle einsetzte. Die Ideale der Alliance, „kultureller Fortschritt", „Emanzipation" und „Einheit des jüdischen Volkes" verband Semo mit zionistischen Ideen. Mit dem Programm der 1860 gegründeten Alliance wurde „auf der Ebene einer formalen Organisation demonstriert, daß die Integration der Juden in ihren verschiedenen Ländern nicht gleichbedeutend mit der Auflösung internationaler Bindungen war. Sowohl die Richtung als auch die Tätigkeit der Alliance ... läutete die jüdische Nationalrenaissance ein ..." (Katz, 238). Semo war einer der frühen Propagandisten der aufklärerischen und jüdisch-nationalen Ideen der Alliance, die ab 1870 die organisierte jüdische Kolonisierung in Eretz Israel betrieb.
Lit.: *Katz*, Aus dem Ghetto in die bürgerliche Gesellschaft.

II, 5.64. Eliezer Papo
Pele Jo'etz
Wien, 1876
gedruckt bei Josef Schlesinger

II, 5.65. Machzor für Rosch ha-Schana nach sephardischem Ritus (Gebetbuch für Neujahr)
Wien 1867
gedruckt bei Josef Schlesinger
weißer Seideneinband mit Blumen bestickt und Goldmonogramm
Historisches Museum der Stadt Wien, Sammlung Max Berger
Lit.: *Judentum in Wien,* Nr. 2/4.1.5.

II, 5.66. Megillat Ester (Esterrolle)
für die sephardische Gemeinde Wien
Tujaholz gedrechselt
Nordafrikanisch, spätes 19. Jh.
Länge: 21,5 cm
Schriftrolle: 6,6 x 236 cm
Historisches Museum der Stadt Wien, Sammlung Max Berger, IN 612

Oben typisch nordafrikanisches Turmzinnenornament mit abschließendem Kugelknauf. Der gewulstete und profilierte Handgriff ebenfalls mit Kugelknauf. Die Schriftrolle: Tusche auf Pergament, teilweise mit Wasserfarben koloriert. Das Pergament aus acht Teilen zusammengenäht, der Text in 39 Kolumnen.
Lit.: *Judentum in Wien,* Nr. 1/9.34.

II, 5.67. Innenansicht des sephardisch-türkischen Tempels in Wien
Aquarell
Wien, um 1890
Signiert li. u.: F. Reinhold
Historisches Museum der Stadt Wien, IN 66.602

Nachdem das Gebäude, in dem ein sephardisches Bethaus untergebracht war, durch einen Brand im Jahre 1824 vernichtet worden war, übersiedelte man in ein Haus in der Großen Hafnergasse 321 (später Große Mohrengasse) in der Wiener Leopoldstadt. Die Räumlichkeiten wurden zwar restauriert, doch erwiesen sie sich bald als unzureichend. Nach Intervention des Sultans konnte die Gemeinde schließlich einen Bauplatz in der Großen Fuhrmanngasse 401 (später Zirkusgasse 22), ebenfalls in der Leopoldstadt gelegen, käuflich erwerben. Die hier 1867–1868 erbaute Tempel wies jedoch in kurzer Zeit derartige bauliche Mängel auf, daß man 1885 beschloß, ihn abzureißen und einen Neubau in Auftrag zu geben. Dieser wurde von dem Architekten Hugo von Wiedenfeld als achteckiger Kuppelbau geplant. Stilistisch gehörte er zu den im 19. Jh. auch in Wien beliebten orientalisierenden Bauwerken. Vieles an Form und Dekor der Synagoge war dem maurischen Stil Nordafrikas und Südspaniens, aber auch der türkischen Baukunst entlehnt: Die Säulen des Hauptportals verwiesen auf die Alhambra, das Portal selbst war von der türkischen Architektur des 17. Jhs. beeinflußt, der Vorraum war mit islamisch ornamentierten Balken und Kassetten gedeckt, der Hauptraum reich mit maurischem Dekor, Blendfenstern und einem Stalaktitenfries ausgestattet. Die Frauenempore war zweigeschossig und verfügte über 100 Sitzplätze. Für die Männer standen im Erdgeschoß 314 Sitzplätze zur Verfüfung. Die Grundsteinlegung für den türkischen Tempel in Wien war am 16. November 1885. Die Einweihung fand am 17. September 1887 statt.
Lit.: *Künzl,* Synagogenbau, 390 ff.; *Judentum in Wien,* Nr. 4/2.21.

II, 5.68. Abdul Hamid Khan
Franz Josef I.

Die Grundsteinurkunde für den sephardischen Tempel begann mit den Worten: „Unter der glorreichen Regierung Sr. k. k. apostolischen Majestät Franz Josef I., Kaiser von Oesterreich und Sr. Majestät unseres Sultans Abdul Hamid, Kaiser des ottomanischen Reiches; zur Zeit als Sadulah Pascha Repräsentant des ottomanischen Reiches in Wien und Eduard Uhl Bürgermeister der Stadt Wien war; Marcus M. Russo als Präses und die Herren Josef J. Eskenasy, Vorsteher, Gabriel H. Adutt, Abraham Men. Elias und Salomon Dav. Asriel, Beiräthe der türkischen Israeliten=Gemeinde zu Wien waren, wurde mit dem Baue dieses Hauses, welches der Andacht für sephardische Glaubensgenossen gewidmet ist, begonnen“. Ölgemälde beider Herrscher hingen im Vorraum der Synagoge, und an den Geburtstagen der Regen-

ten wurde ihrer im Gottesdienst mit eigenen Gebeten gedacht.
Lit.: *Zemlinsky*, 11.

II, 5.69. Innenansicht des sephardisch-türkischen Tempels in Wien
Federzeichnung
Wien, um 1890
41 x 32 cm
Historisches Museum der Stadt Wien, Sammlung Max Berger, IN 2.029

„Schon das Aeußere des Tempels macht einen überraschenden Eindruck mit seiner reichgegliederten Abschlußmauer, welche nach der Straße die Inschrift trägt: ‚Zu Ehren des ehrwürdigen und ehrfurchtbaren Namen', die beiden großen Einfahrtsgitter, welche portalartig mit Marmorsäulen und Marmorverkleidungen sowie zwei minaretartigen Verzierungen ausgeschmückt sind, mit seinem so reichen und doch wieder einfachen Arcadenhofe, dessen Säulen aus reinem Marmor bestehen, mit seiner die ganze Front entlang laufenden Freitreppe und den in den Arcaden angebrachten Sitzbänken und grünen Marmortafeln.
Links vom Vestibule befindet sich das Trauungszimmer, rechts das Sitzungszimmer, beide Räume ihrer Bestimmung nach architectonisch reich decorirt und eingerichtet. Von hier gelangt man in einen Corridor, an dessen beiden Enden Treppen zu der im ersten Stock gelegenen Frauengallerie, dem Empore und mittelst der am rechten Ende liegenden Treppe außerdem in's Souterrain, den zweiten Stock und Dachboden.
Drei mittelst Spielthüren abgeschlossene Oeffnungen führen in die reichgeschmückte Halle, von welcher aus man den Anblick des eigentlichen Tempelraumes, sowie des Allerheiligsten genießt. Dieselbe ist mit Marmorwänden und Marmorsäulen ausgestattet, auf welchen der reich ornamentirte arabische Balken-Cassettendecken-Plafond ruht. Von da aus kommt man durch drei zwischen Säulenstellungen befindliche reichvergoldete Gitterthore in den eigentlichen Tempelraum. Derselbe repräsentirt sich als großer achteckiger Kuppelbau mit seitlichen Gängen und vier halbkreisförmigen Nischen. Daselbst befinden sich gegenwärtig 314 Sitze, doch kann die Anzahl im Bedarfsfalle um 280 vermehrt werden und ist außerdem noch für 500 Stehplätze Raum.
Über den Säulen befindet sich in der Höhe des ersten Stockes die Frauengallerie mit 100 gepolsterten Sitzen und 250 Stehplätzen, an welche sich dem Altar gegenüber das reich decorirte Frauenempore, durch zwei Etagen gehend, anschließt. Dieser Raum ist mit einem Stalaktiten-Gesimse und Ornamenten ausgeschmückt und schließt nach oben mit einem Spiegelgewölbe mit einem beleuchtbaren farbenreichen Zieroberlichte ab. Der Fußboden ist treppenartig und sind daselbst nebst der zehn Register starken Orgel 48 Sitze und 30 Stehplätze, die letzteren für den Chor, untergebracht.
In der Frauengallerie befinden sich ebenfalls Seitengänge und Marmorsäulen, in welchen sich wie im Parterre reich polychromirte Luster befinden. Auf dem obersten Gesimse des Tempels, vor Beginn der Kuppel sind 26 oben halbrunde Fenster mit färbig deffinirtem Glas. Mit einem reich polychromirten Stalaktiten-Gesimse schließen die Umfassungsmauern in einer Höhe von 17 Metern ab. Von hier erhebt sich die 12 Meter hohe, durch acht plastische Rippen in Felder getheilte Kuppel, welche mit einer 4 Meter weiten Laterne bekrönt ist. In den vier größeren Feldern sind vier sternförmige große Oberlichterfenster mit ebenfalls färbig deffinirtem Glas, welche nebst der Laterne, den von Nachbarhäusern eingeschlossenen Tempelbau taghell beleuchten.
Am Kranzgesimse der Laterne sind 44 Flammen angebracht, welche die mit einem sternförmigen maurischen Motive netzartig in Goldlinien und Ornamenten reich bemalten Kuppelflächen äußerst effectvoll beleuchten.
Dem Eingange in den Tempelraum gegenüber erhebt sich auf einer vier Stufen hohen Terrasse der Altar. Die Terrasse ist mit einer von Säulchen getragenen Marmorbrüstung, in welche vergoldete Gitter eingesetzt sind, eingefriedet und enthält in der Mitte die Thewa. Das Allerheiligste um weitere sechs Stufen höher liegend, ist in eine Nische eingebaut und enthält im Inneren die Thorarollen aufbewahrt; selbes ist in Marmor ausgeführt, die vorspringenden Gesimse von Serpentinsäulen getragen und mit

einer mit Goldschuppen bedeckten Kuppel bekrönt. Das Innere, mit kostbaren in Gold gestickten Stoffen verkleidet, ist mit reicher Malerei ausgeschmückt. Ueber den reich ornamentirten Thürflügeln sind in einer Nische die Zehn-Gebote Gottes aufgestellt. Als fernere Zierde des Altars dient der neu entworfene und ausgeführte Vorhang aus Seide mit reicher Goldstickerei, eine Spende sämmtlicher Damen aus der Familie des Präses, Herrn Marcus M. Russo, sowie ein ebenfalls neu gespendeter Vorhang des Herrn Men. Abr. Elias und eine Prachtvolle ewige Lampe von Frau Esther Farchi.
Die Altarnische ist mit einem mächtigen, reichgegliederten Bogen überspannt und mit plastischen Ornamenten ausgefüllt. Die Wände und Säulen des Tempelraumes im Parterre und ersten Stock, sowie Halle und Vestibule sind in Marmor ausgeführt. Aus der Halle gelangt man ferner links in das Chorzimmer, das durch einen seitlichen Gang mit dem Tempelraum in Verbindung steht, sowie auch zur Closetanlage. Rechts von der Halle ist die Garderobe angebracht.
Im ersten Stock befindet sich im Vorbaue, die ganze Länge und Tracttiefe desselben einnehmend, der Winterbetsaal mit vier auf den Balcon aufgehenden Glasthüren mit färbiger Bleiverglasung. Derselbe enthält nebst dem Altar 105 Sitze und dient zur Abhaltung kleinerer Gottesdienste, hauptsächlich im Winter, wegen schnellerer Beheizung. Im zweiten Stock befindet sich die Kanzlei und Secretärswohnung.
Beide Stiegenhäuser schließen mit reich gegliederten Gesimsen ab und sind mittelst färbig deffinirten Zieroberlichtern beleuchtet. Mit Ausnahme des Sitzungszimmers, sowie des zweiten Stockwerkes sind alle Räume mit Luftheizung und der entsprechenden Ventilation versehen und befindet sich die Centralanlage hierfür im Souterrain, woselbst noch Magazine und die Hausmeisterwohnung untergebracht sind. Die Facade gegen den Vorhof ist ganz aus Stein.
Im Parterre befinden sich außer dem aus Säulen und profilirten Gurten mit Bildhauerarbeit gezierten Haupteingange vier Ausgangs-Glasthüren mit reich ornamentirten Thürbögen und zierlichen Maßwerken, welche vom Trauungs- und Sitzungszimmer auf den durchgehenden Perron führen. Im ersten Stock, u. zw. in der Höhe des Arcadendaches befindet sich ein ebenfalls von Marmorsäulen und Consolen getragener Balcon mit einer Brüstung aus Steinpostamenten und eingesetzten schmiedeeisernen Gittern bestehend.
Der übrige Theil der Facade weist reiche Fensterarchitecturen und Sohlbankgesimse mit in den Stein gehauenen Ornamenten auf und schließt mit einem kräftigen Stalaktitengesimse ab, worauf sich in der Mitte ein nischenartiger Aufbau, die Zehn-Gebote Gottes enthaltend, erhebt, an den sich zu beiden Seiten eine zierliche Ballustrade anschließt. Die über den Fenstern und Thüröffnungen befindlichen Ornamente, sowie die reich in Stein gehauenen Verzierungen der Gesimse der Hauptfacade und des Vorhofes sind reich polychromirt und in echter Vergoldung ausgeführt."
Lit.: *Zemlinsky*, 12 ff.

II, 5.70. „Umbau des Tempels der Türk. Israelitischen Gemeinde"
Bauplan von Hugo von Wiedenfeld
Wien 1885
Lit.: *Genée*, Wiener Synagogen, 87

II, 5.71. „Umbau des Tempels der Türk. Israelitischen Gemeinde"
Grundriß der Gebäude ohne den Vorhof
Bauplan von Hugo von Wiedenfeld
Wien 1885
Lit.: *Genée*, Wiener Synagogen, 87.

II, 5.72. Der türkische Tempel in der Zirkusgasse
Photographie
Wien, um 1920

II, 5.73. Vorhof des türkischen Tempels
Photographie
Wien, um 1920

II, 5.74. Vorhof des türkischen Tempels, November 1938

Wien 1938
Dokumentationsarchiv des österreichischen Widerstandes
Das prachtvolle maurische Gotteshaus wurde in der sogenannten Reichskristallnacht völlig zerstört.

II, 5.75. Akte über die Anleihe der türkisch-sephardischen Gemeinde Wien für den Bau des türkischen Tempels 1889
Wiener Stadt- und Landesarchiv, Hpt. Reg. 397.525/1889

Die Akte beinhaltete neben den verschiedenen Bearbeitungen des Magistrats der Stadt Wien, der Finanz-Landes-Direction und der niederösterreichischen Statthalterei auch ein Schreiben der „Türkischen Israeliten=Gemeinde zu Wien (Sephardim)" in dieser Angelegenheit vom 14. November 1889.

II, 5.76. Korrespondenz zwischen Jakob Bauer und Eduard Birnbaum, die Musik-Reform für den türkischen Tempel betreffend
Hebrew Union College, Cincinnati, Birnbaum Collection, Mus. Add. 25; Birnbaum Collection, Bl. H. 60; Birnbaum Collection, Bl. H. 61

Unter Markus M. Russo, der 1880 zum Präsidenten der Gemeinde gewählt worden war, wurde beschlossen, den Gottesdienst musikalisch zu reformieren. Diese Aufgabe fiel dem Grazer Kantor Jakob Bauer und dem Chorleiter Isidor Loewit zu. Beide Kantoren waren Aschkenazim, da sich in der sephardischen Gemeinde niemand fand, der diese Funktionen hätte übernehmen können. Bauer und Loewit schufen einen neuen synagogalen Gesang nach türkisch-sephardischem Muster. Michael Papo, der mit den traditionellen sephardischen Liedern aufgewachsen war, sang diese Loewit vor, der die Melodien zu Papier brachte. Loewit komponierte aber auch zahlreiche orientalische Melodien neu. Die Reform war so erfolgreich, daß an den Feiertagen vielfach aschkenazische Juden in den türkischen Tempel gingen, nur um die Orgelmusik und den Chor zu hören, dem Mitglieder der Wiener Staatsoper angehörten.
Lit.: *Papo*, The Sephardi Community in Vienna; *Genée*, Wiener Synagogen, 89; *Kaul*, Sefardim, 161 ff.

II, 5.77. Medschidje-Orden 4. Klasse Michael Papo verliehen
Silber
Türkei, 1852 (es ist das Jahr 1268 der Hedschra angegeben)
Sternförmiger Orden, im Mittel eingelassene vergoldete Plakette mit dem Siegel von Konstantinopel und umlaufendem türkischem Leitspruch; an Halbmond mit Stern aus rot emailliertem Messing und Band.
Länge: 7,5 cm (o. Band)
Dm: 6 cm
Schatuelle: außen mit rotem Samt bezogen und aufgeprägtem Siegel Konstantinopels; innen mit blauem Samt bzw. im Deckel mit cremefarbener Seide ausgeschlagen.
Sammlung Luise Papo, Wien
1905 verlieh der Sultan Rabbiner Michael Papo und Oberkantor Bauer in Anerkennung ihrer mehr als dreißigjährigen Tätigkeit für die sephardische Gemeinde Wiens den Medschidje-Orden 4. Klasse.
Lit.: *Papo*, 341.

II, 5.78. Jad (Torazeiger)
Silber vergoldet, gegossen, punziert, ziseliert, Steinbesatz
Sephardisch
Letztes Viertel 19. Jh.
Beschauzeichen: österreichische Amtspunze seit 1872
Länge: 26,5 cm
Historisches Museum der Stadt Wien, Sammlung Max Berger, IN 61

Birnenknauf mit Öse, zylindrischer Handgriff mit profilierten Wulsten. Kurzer, zarter Schaft mit reliefierter Hand, bis zum kurzen Schaftansatz durchgehend. Auf rauh gepunztem Grund ornamental flachziseliert. Mit gefaßten Türkisen sowie Similifarbsteinen besetzt.
Lit.: *Rosenberg* IV, 434, Nr. 7867; *Kaiser Franz*

Joseph, II, 377, Nr. 20.6.17; *Berger/Häusler/ Lessing,* Judaica, 234, Abb. S. 233; *Judentum in Wien,* Nr. 1/7.13

II, 5.79. Parochet (Toravorhang)
Sephardisch
Wien 1932
Blaue Seide/brauner Samt, mit Perlen, Metallplättchen und Brokatkordel reich bestickt
Futter auf der Rückseite: erdfarbene Baumwolle
98 x 86,6 cm
Historisches Museum der Stadt Wien, Sammlung Max Berger, IN 3.509

Im Mittel eingesetzter Spiegel aus braunem Samt mit mehrfarbig gestickter Säulenarchitektur, die beiden Säulen Jachin und Boaz des Jerusalemer Tempels symbolisierend. Darüber gelb grundierte, bunt bestickte Krone zwischen den hebräischen Anfangsbuchstaben für „Krone der Tora". Zwischen den Säulen Beginn des hebräischen Gebets, das zur Eröffnung der Toralesung gesprochen wird: „Unser Vater, unser König, öffne die Pforte des Himmels für unser Gebet" sowie die Datierung „im Jahr 692" (i. e. 1932).
Lit.: *Judentum in Wien,* Nr. 1/9.14.

II, 5.80. Statut der Türkischen Israeliten-Gemeinde zu Wien 1881
Die österreichischen Behörden strebten seit den sechziger Jahren des 19. Jhs. eine einheitliche rechtliche Regelung für die Mitglieder jüdischer Vereinigungen an. Allein aus finanziellen Gründen wollte die sephardische Gemeinde jedoch von der Israelitischen Kultusgemeinde unabhängig bleiben. Letztere bat die Behörden um Überprüfung der rechtlichen Grundlage für eine eigenständige sephardische Gemeinde, die man ihr letztlich absprach. 1881 reichte die sephardische Gemeinde neue Statuten bei dem für Religionsfragen zuständigen Unterrichtsministerium ein, die jedoch nicht behandelt wurden, da man behördlicherseits erst auf das neue Israelitengesetz warten wollte.
Lit.: *Schleicher,* Geschichte der spaniolischen Juden in Wien.

II, 5.81. Trauungsbuch der türkischen israelitischen Gemeinde Wien von 1857 bis 1938
(unvollständig)
Wiener Stadt- und Landesarchiv, Israelitische Kultusgemeinde, Akten A2-1

Aufgrund des neuen Israelitengesetzes von 1890 verlor die sephardische Gemeinde ihren Autonomiestatus. Sie sollte in die Israelitische Kultusgemeinde eingegliedert werden und dem israelitischen Religionsgesetz unterstehen. Jahrelange Verhandlungen, Interventionen des türkischen Botschafters in Wien, sowie die Intervention des Sultans führten im Regulativ von 1909 zu einigen Zugeständnissen an die nunmehr „Verband der türkischen Israeliten" genannte Gemeinde, wie z. B. eine bedingte Unabhängigkeit in der Matrikenführung.
Lit.: *Gelber,* The Sephardie Community in Vienna, 385 f.; *Kaul,* Sefardim, 132 ff.

II, 5.82. Mitteilungen der Türkischen Israeliten-Gemeinde (Sephardim) zu Wien
I. Jahrgang 1919
Wien, Österreichische Nationalbibliothek, IN 333.878-C

Nach dem Zusammenbruch der Monarchie wurde auch das Unterrichtsministerium aufgelöst. Die Sepharden interpretierten dies auch als Aufhebung der Religionsgesetze und nützten diese Chance, um ihre Gemeindeautonomie zu proklamieren. Diese Proklamation wurde in dem neu gegründeten Organ der Gemeinde veröffentlicht:
„In der am 6. November 1918 stattgehabten, durch die Beiziehung aller Kupotvorsteher und der Tempelvorsteher erweiterten Vorstandssitzung des früheren Vorstands hat Vizepräsident Leon Haim die Wiederherstellung der alten Gemeindeautonomie und die vollkommene Unabhängigkeit unseres Gemeinwesens verkündet. Zur Proklamation der Gemeindeautonomie wurden für den 9. November 1918 alle Gemeindegenossen in den Tempel zur Entgegennahme dieser feierlichen Erklärung eingeladen. Ueberaus zahlreiche Sephardim leisteten der Einladung Folge. Unter allgemeiner Zustimmung hielt Vizepräsident Leon Haim vom

Echal aus die nachfolgende spaniolische Ansprache an die versammelte Gemeinde: . . . (Deutsch schließend) Meine Herren! Kraft meines Amtes als Vizepräsident des Verbandes der türkischen Israeliten (Sephardim) zu Wien proklamiere ich mit dem heutigen Tage unser Gemeinwesen als eine von der Wiener isr. Kultus-Gemeinde vollkommen unabhängige und in jeder Beziehung autonome sephardisch-jüdische Gemeinde unter dem Namen Türkische Israeliten-Gemeinde (Sephardim). Indem ich hiemit die Loslösung unserer Gemeinde von der Wiener Isr. Kultus-Gemeinde ausspreche, erkläre ich gleichzeitig, daß wir uns in der Judenfrage mit unseren aschkenasischen Brüdern in unentwegter Treue solidarisch fühlen und mit ihnen stets gemeinsam handeln werden. Es lebe unsere Türkische Israeliten-Gemeinde (Sephardim)."

Die Autonomie konnte jedoch nicht lange aufrecht erhalten werden. Die Religionsgesetze der Monarchie wurden auch von der Republik als bindend betrachtet. 1922 wurde die sephardische Gemeinde – mit erheblichen Privilegien ausgestattet – wieder der Israelitischen Kultusgemeinde angegliedert.

Lit.: *Papo*, The Sephardi Community in Vienna, 344.

II, 5.83. Kippa

Anfang 20. Jh.
schwarze Baumwolle, bunt bestickt
Historisches Museum der Stadt Wien, Sammlung Max Berger, IN 3.640
Lit.: *Judentum in Wien,* Nr. 2/6.1.31

II, 5.84. Mitglieder des akademischen Kulturvereins „Esperanza"

Sarajevo, um 1930

Der Verein „Esperanza" wurde 1900 als „Sociedad Academica de los judios espanoles en Viena" von einem Medizinstudenten aus Sarajevo gegründet. Die sephardische Gemeinde stellte der Vereinigung Räumlichkeiten in der Novaragasse 27 im zweiten Wiener Gemeindebezirk zur Verfügung, die als Clubräume und Bibliothek genutzt wurden. In den beginnenden zwanziger Jahren stieg die Zahl der Mitglieder, die fast ausschließlich aus Balkangemeinden kamen, so an, daß der Verein mit der Herausgabe einer eigenen Zeitschrift, „El Mundo Sefardi" begann. Nach dem Tod Michael Papos diente die „Esperanza" seinem Nachfolger Chakham Ovadja als Vorbild zur Gründung eines ähnlichen Kulturvereins auf Gemeindeebene, der „Union Española". Mit der wirtschaftlich bedingten Abwanderung vieler Sepharden aus Wien bzw. der Rückkehr zahlreicher Studenten in ihre Heimatgemeinden auf dem Balkan ab den mittzwanziger Jahren wurde der Wiener „Esperanza"-Verein aufgelöst. Da viele sephardische Studenten in Wien in Sarajevo beheimatet waren, nahm die „Esperanza" dort ihre Tätigkeit wieder auf.

Lit.: *Schleicher*, Geschichte der spaniolischen Juden in Wien; *Papo*, The Sephardi Community in Vienna; *Kaul*, Sefardim.

II, 5.85. Abraham A. Cappon
Poesías

Judeoespañol in lateinischen Buchstaben
2 Bände
Wien 1922
gedruckt bei der „Union"

Die unter Chakham Ovadja gegründete „Union Española" verfügte über eine eigene Druckerei, in der nicht nur gemeindeeigene Mitteilungen und Schriften herausgegeben wurden, sondern die auch verschiedene literarische Werke wie die des Belgrader Dichters Cappon druckte.

II, 5.86. „Bethausverein „Kehilath Jakob"
„Bet ha-knesst sepharad ‚kehilat Jakob' "

Sephardisches Bethaus in Wien
Photographie von Abraham Pisarek, um 1930

Obwohl die sephardische Bevölkerung Wiens in den zwanziger Jahren des 20. Jhs. durch die Auswanderung des Chakham (Oberrabbiners) Obhadja, dem zahlreiche Anhänger gefolgt waren, erheblich reduziert war, lebten hier um 1930 noch immer fast 1000 Sepharden.

II, 5.87. Alexander von Zemlinsky

um 1905

Der Sohn (1871, Wien – 1942, Larchmond) des Chronisten der sephardischen Gemeinde Wiens, Adolf von Zemlinsky, studierte am Wiener Konservatorium. 1907/08 arbeitete er als Dirigent an der Wiener Oper, 1911–1927 als Direktor der Oper am Deutschen Landestheater Prag, bis 1933 bei Otto Klemperer an der Berliner Oper. Er kehrte in seine Heimatstadt zurück, die er nach dem Anschluß Österreichs an Hitler-Deutschland verließ. Canetti schrieb über den Musiker: „Bei der ersten Station, am Kaasgraben, stieg Zemlinsky ein, den ich als Dirigent, nicht als Komponisten kannte, ein schwarzer Vogelkopf, mit vorspringender Dreiecksnase, dem jedes Kinn fehlte. Ich sah ihn sehr oft, er beachtete mich nicht, er war wirklich in Gedanken, in Ton-Gedanken wohl versunken, während ich nur zum Schein las. Ich sah ihn nie, ohne nach seinem Kinn zu suchen. Erschien er in der Tür des Tramwagens, fuhr ich leicht auf und begann mit der Suche. Hat er es jetzt, hat er es nicht, hat er es endlich gefunden? Er hatte es nie und führte auch ohne Kinn ein sehr aktives Leben. Er galt mir als der Stellvertreter des Mannes, der zu meiner Zeit nicht in Wien war, Schönberg. Nur um zwei Jahre jünger als Zemlinsky, war Schönberg sein Schüler gewesen und hatte ihm mit der Verehrung gedankt, die das Tragende seiner Natur war und die seine eigenen Schüler Berg und Webern dann ihm entgegenbrachten.... Nie sah ich Zemlinsky, ohne an Schönberg zu denken, seine Schwester war während 22 Jahren Schönbergs Frau gewesen. Ich sah ihn nie ohne Scheu, ich spürte die Konzentration dieses sehr kleinen Kopfes, von puren geistigen Abläufen gezeichnet, streng, beinah karg, nichts von der Aufgeblasenheit des Dirigenten, der er doch schließlich war. Unermeßlich war das Ansehen, das Schönberg bei jüngeren, ernstzunehmenden Menschen genoß, damit mag es zusammenhängen, daß von Zemlinskys eigener Musik nie die Rede war, ich ahnte nicht, wenn ich ihn ansah, daß es Musik von ihm gab. Wohl aber wußte ich, daß Alban Berg ihm seine ‚Lyrische Suite' gewidmet hatte. Berg war nicht mehr am Leben, Schönberg nicht in Wien, ich war immer davon berührt, wenn Zemlinsky, der Stellvertreter, am Kaasgraben einstieg."

II, 5.88. Josip Papo
Fotografie um 1920

Die weitverzweigte Familie Papo, teils in Belgrad, teils in Sarajevo ansässig, stellte nicht nur Rabbiner und Gelehrte, sondern auch Künstler wie Josip Papo (1881, Belgrad – 1927, Wien), der in Wien als Schauspieler wirkte.
Lit.: Židovi na tlu Jugoslavije.

II, 5.89. Manfred Papo
Die sexuelle Ethik in Qoran und Bibel
Dissertation, Wien 1921
Universitätsbibliothek Wien, D 13.847

Manfred Papo (gest. 1966) wurde als Sohn des Chakham Michael Papo 1898 in Wien in der Novaragasse Nr. 27 geboren. Er studierte Semitistik an der Wiener Universität und erhielt vom jugoslawischen Chakham Alkalai 1925 sein Rabbinerdiplom. Ab 1920 hielt er den Religionsunterricht an der Schwarzwaldschule und am Gymnasium Mödling ab.

II, 5.90. Manfred Papo
Scha'are Tora
Hebräisches Lesebuch aus der Heiligen Schrift. Nach dem Lehrplan für den israelischen Religionsunterricht an den österreichischen Mittelschulen
Teil I
Scha'are Tehilla unebhu'a
Hebräisches Lesebuch aus der Heiligen Schrift
Teil II
Wien 1932, Phaidon Verlag (Eigentümer: Bela Horovitz)

II, 5.91. Manfred Papo
in Ornat als Landesrabbiner von Salzburg, einem Amt, das er drei Jahre lang innehatte.
Zeitgenössische Fotografie
Sammlung Luise Papo, Wien

II, 5.92. Ankündigung im Internierungslager
Ramsey 1940
Wasserfarbe auf Tapete

Ausschnittartig gestaltete orientalisch-levantinische Landschaft
Text: „Dienstag 3.12./17³⁰/Synagoge Haus 25 Prof. Dr. Papo: Vom Sephardischen Judentum vorher Herr Leisner: Presseschau"
32 x 29 cm
Sammlung Luise Papo, Wien

Am 10. November 1938 wurde Manfred Papo verhaftet und nach Dachau verschickt. Mit Hilfe von Freunden in England und dem Londoner Chakham Gaster gelang es seiner Frau, im Februar 1939 die Entlassung Papos zu erwirken. Das Ehepaar flüchtete nach England, wo es im Montefiore College Ramsgate für jüdische Gelehrte untergebracht war. Die aus Altersgründen in Wien gebliebene Mutter Manfred Papos und eine seiner Schwestern wurden 1942 deportiert und umgebracht.

II, 5.93. Ludwig Meidner
Porträt Manfred Papos
Ramsey 1941
Bleistift auf Papier
bez. u. li.: „Herrn Dr. Papo freundlichst zugeeignet von Ludwig Meidner / Ramsey 5. Nissan 5701 (4. April)"
29 x 20 cm
Sammlung Luise Papo, Wien

Am 13. Mai 1940 wurde Manfred Papo für 11 Monate als feindlicher Ausländer im Lager auf der Isle of Man interniert. Er übernahm hier die Funktion des Rabbiners und Lehrers.

II, 5.94. Abschied vom Internierungslager
Dankesbrief der sephardischen Lagerinsassen an Manfred Papo
„To Prof. Manfred Papo Ph. D./Rabbi of our Congregation/respectfully/dedicated/by it's members/4 Nisan 5701/April 1st 1941/Ramsey, Isle of Men – Mooragh Camp"
Sammlung Luise Papo, Wien

Nach seiner Entlassung aus dem Internierungslager wurde Manfred Papo in Manchester, wo es zwei spaniolische und eine orientalische Gemeinde gab, zum „acting Honorary Ministre to the Withington Congregation of Spanish and Portuguese Jews" bestellt.

II, 5.95. Dankschreiben der „Withington Congregation of Spanish and Portuguese Jews" an „Rabbi Dr. Manfred Papo"
Manchester 1943
Illuminierter Brief in Ledereinband
Einband mit Goldprägungen; im Mittel Davidstern und die Initialen „M P".
Das Dankschreiben der Gemeinde „Scha'are rachamim" von den „Gentlemen of the Mahamad" unterschrieben.
34 x 24 cm (geschlossen)
Sammlung Luise Papo, Wien

Im Februar 1944 nahm Papo eine Berufung als Rabbiner in Salisbury, Rhodesien, an. Als „Minister und Spiritual Head" diente er der dortigen Gemeinde, die um die Jahrhundertwende hauptsächlich von Sepharden aus Rhodos gegründet worden war und durch Flüchtlinge aus Europa erheblich gewachsen war, zwanzig Jahre lang.

II, 5.96. Manfred Papo
Scha'are Tephilla
Special Prayer Book for Youth Service
Edited on behalf of the Sephardic Benevolent Cultural and Youth Hebrew Congregation of Rhodesia
Part I Sabbath Afternoon Service
Salisbury 5709–1949
(hand- und maschinenschriftlich)
Sammlung Luise Papo, Wien

II, 5.97. Tortenheber
versilbert, Holzgriff
Salisbury 1957
Gravierte Inschrift: „Presented by THE SEPHARDI HEBREW CONGREGATION OF RHODESIA to RABBI DR. M. PAPO PH.D. on the occasion of his laying the SOUTH WEST CORNER STONE of the ‚SHAARE SHALOM' SYNAGOGUE 17 March 1957 – 14 Adar Sheni 5717"
Länge: 25 cm
Sammlung Luise Papo, Wien

II, 5.98. Jeanne Heskia, geb. Baruch
Benjamin Heskia
aquarellierte Fotos in Biedermeierrahmen
Höhe: 19 cm
Sammlung Jeanne Frankl, Wien

Die Familie des 1828 in Bukarest gebürtigen Benjamin Heskia war von Malta ins Osmanische Reich eingewandert. 1835 ließ sich die Familie in Wien nieder und gründete ein Textilgeschäft, das hauptsächlich Baumwolle aus Ägypten und Südamerika importierte. Die Familienmitglieder blieben türkische Untertanen, die Firma war unter türkischen Gesellschaftsfirmen registriert. Benjamin Heskia übernahm die Großhandlungsfirma als öffentlicher Gesellschafter, wirkte „durch mehrere Jahrzehnte für sich allein, in Ehren als protokollierter Kaufmann" und machte das Geschäft zu „der rühmlichst bekannten Firma", als welche sie in der Verlassenschaftsabhandlung vom 29. November 1902 bezeichnet wird.

II, 5.99. Grabstätte des Benjamin Heskia

Benjamin Heskia starb am 8. November 1902 und wurde auf dem Wiener Zentralfriedhof, 1. Tor, beigesetzt.

II, 5.100. Sigmund Heskia
Fotografie
Sammlung Jeanne Frankl, Wien

Benjamin Heskias Sohn Sigmund, der Erbe der väterlichen Firma, die ihren Sitz am Franz Josefs-Kai 17 im ersten Wiener Gemeindebezirk hatte, war sehr an den Belangen der sephardischen Gemeinde Wiens interessiert und ließ sich zum Präsidenten wählen. Er sollte der letzte Präsident der Wiener Sepharden sein. 1938 konnte er mit seiner Frau Regina geb. Fermo nach England emigrieren. Das Unternehmensvermögen wurde arisiert und die Firma aufgelöst. Im Rahmen der Wiedergutmachung konnte Sigmund Heskias Sohn 1947 das zwangsaufgelöste Unternehmen neu begründen.

Abgekürzt angegebene Literatur:

A Tale of two Cities. Jewish Life in Frankfurt and Istanbul 1750–1870, Ausstellungskatalog des Jewish Museum New York, 1982.

Architecture in the Hanukkah Lamp, Katalog der gleichnamigen Ausstellung im Israel Museum, Jerusalem 1978.

Laura Astrologo, I Medici Ebrei alla Corte del Sultano, in: Abstracta XXXIV, 1989.

R. Attal/C. Sitbon, Regards sur les Juifs de Tunisie, Paris 1979.

Johann Barth von Barthenheim, Politische Verfassung der Israeliten im Lande unter der Enns, Wien 1821.

Judith Belinfante, Joods Historisch Museum, Amsterdam 1978.

Haim Hillel Ben-Sasson (Hrsg.), Geschichte des jüdischen Volkes, 3 Bde., München 1978–190.

Y. Ben Zvi, Erez Yisrael under Ottoman Rule, Jerusalem 1967 (hebr.).

Max Berger/Wolfgang Häusler/Erich Lessing, Judaica. Die Sammlung Max Berger. Kult und Kultur des europäischen Judentums, Wien – München 1979.

Y. Canaani, Economic Life in Safed and Its Surroundings in the Sixteenth to Seventeenth Centuries, in: Zion 6, 1936, 172–217 (hebr.).

Elias Canetti, Die gerettete Zunge, München – Wien 1977.

Cassuto, Die Familie des Dom. Diego Senjor Teixeira de Sampayo, in: Jüdische Familienforschung 5, 1929, 115–117.

Daniel M. Friedenberg, Jewish Medals from the Renaissance to the Fall of Napoleon (1503–1815), New York 1970.

Das Zeitalter Kaiser Franz Josephs, Katalog der gleichnamigen Ausstellung auf Schloß Grafenegg, 2 Bde., Wien 1984.

Abraham Galanté, Histoire des Juifs d'Istanbul, 2 Bde., Istanbul 1942.

Max Gelber, The Sephardic Community in Vienna, in: Jewish Social Studies X, 1948, 359–396.

Pierre Genée, Wiener Synagogen 1825–1938, Wien 1987.

V. H. Gross, La Famille Juive des Hamons, in: REJ LVI, 1908.

Max Grunwald, Geschichte der Juden in Wien 1625–1740, in: Geschichte der Stadt Wien V, Wien 1913.

Ders., Samuel Oppenheimer und sein Kreis. Ein Kapitel aus der Finanzgeschichte Österreichs, Wien – Leipzig 1913.

Felicitas Heimann-Jelinek, Die Frankfurter Pessach-Haggadah und ihre Illustrationen, in: Die Frankfurter Pessach-Haggada. Eine Illustrierte Handschrift des Jakob ben Michael May Segal von 1731 im Jüdischen

Museum der Stadt Frankfurt am Main. Kommentar-Band zur Faksimile-Ausgabe, Frankfurt am Main – Berlin 1988, 31–52.
Dies., Österreichisches Judentum zur Zeit des Barock, in: Kurt Schubert (Hrsg.), Die österreichischen Hofjuden und ihre Zeit, Studia Judaica Austriaca XII, Eisenstadt 1991, 8–62.
Uriel Heyd, Moses Hamon, Chief Jewish Physician to Sultan Suleyman the Magnificent, in: Oriens XVI, 1963.
Ders., Turkish Documents on the Rebuilding of Tiberias in the Sixteenth Century, in: Sefunot 10, 1966, 193–210 (hebr.).
Fritz Heymann, Tod oder Taufe. Die Vertreibung der Juden aus Spanien und Portugal im Zeitalter der Inquisition, Frankfurt am Main 1988.
Raul Hilberg, Die Vernichtung der europäischen Juden, 3 Bde., Frankfurt/Main [2]1990.
H. Hirschberg, A History of the Jews in North Africa, 2 Bde., Jerusalem 1965 (hebr.).
A. M. Hyamson, The Sephardim of England, London 1951.
Jonathan I. Israel, European Jewry in the Age of Mercantilism 1550–1750, Oxford [2]1989.
Karl Jaspers, Spinoza, München [2]1986.
Jehude spharad ba'imperia ha'ottomanit (hebr.; Sephardische Juden im Osmanischen Reich), Katalog der gleichnamigen Ausstellung im Israel Museum, Jerusalem 1990.
Judentum in Wien. Sammlung Max Berger, Katalog der gleichnamigen Sonderausstellung im Historischen Museum der Stadt Wien, Wien, 1987.
Jacob Katz, Aus dem Ghetto in die bürgerliche Gesellschaft. Jüdische Emanzipation 1770–1870, Frankfurt am Main 1986.
Christina Kaul, Die spanischen Juden (Sefardim) in Wien, Diplomarbeit, Salzburg 1989.
Hermann Kellenbenz, Diego und Manoel Teixeira und ihr Hamburger Unternehmen, in: Vierteljahrschrift für Sozial- und Wirtschaftsgeschichte, 42, 1955, 289–352.
Ders., Sephardim an der unteren Elbe. Ihre wirtschaftliche und politische Bedeutung vom Ende des 16. bis zum Beginn des 18. Jahrhunderts, Wiesbaden 1958.
Victor Klagsbald, Catalogue raisonné de la collection juive du musée de Cluny, Paris 1981.
Leo Kofler, Zur Geschichte der bürgerlichen Gesellschaft, Darmstadt [5]1974.
Hannelore Künzl, Islamische Stilelemente im Synagogenbau des 19. und frühen 20. Jahrhunderts, Frankfurt am Main – Bern – New York – Nancy 1984.
La Speranza. Attraverso l'Ebraismo Goriziano, Ausstellungskatalog Gorizia 1991.
Moritz Levy, Die Sephardim in Bosnien, Sarajevo 1911.
Klaus Lohrmann (Hrsg.), 1000 Jahre österreichisches Judentum, Studia Judaica Austriaca IX, Eisenstadt 1982.
Vivian B. Mann (ed.), Gardens and Ghettos. The Art of Jewish Life in Italy, New York 1989.
G. Margoliouth, Catalogue of the Hebrew & Samaritan Manuscripts in the British Museum, 4 Bde., London 1965.
Saul Mézan, Les Juifs Espagnols de Bulgarie, Sofia 1925.
Attilio Milano, Storia degli Ebrei Italiani nel Levante, Florenz 1949.
Michael Molho, In Memoriam. Hommage aux Victimes Juives des Nazis en Grèce, Thessalonique [2]1988.
Mordechai Narkiss, The Hanukkah Lamp (hebr.), Jerusalem 1939.
Joseph Nehama, Histoire des Israélites de Salonique, 7 Bde.; I–IV: Salonique 1935–36; V: Salonique 1959; VI/VII, eine nach dem Krieg von Molho überarbeitete und komplettierte Ausgabe von I–IV: Thessalonique 1978.
Manfred Papo, The Sephardi Community in Vienna, in: Josef Fraenkel (Hrsg.), The Jews of Austria, London 1967, 327–346.
Léon Poliakov, Geschichte des Antisemitismus, 8 Bde., Worms 1978–1988.
Benjamin Ravid, Money, Love and Power Politics in Sixteenth-Century Venice, in: Italia Judaica, Rom 1983, 159–181.
Josef von Retzer, Tabakpachtung in den österreichischen Ländern von 1670 bis 1783, Wien 1783.
Alfred Rohrwasser, Österreichs Punzen. Edelmetall-Punzierung in Österreich von 1524–1987, Perchtoldsdorf [2]1987.
Marc Rosenberg, Der Goldschmiede Merkzeichen, 4 Bde., Frankfurt am Main [3]1922.
Cecil Roth, The Last Days of Jewish Salonica, in: Commentary, Juli 1950.
Ders., A History of the Marranos, Philadelphia 1932.
Ders., The History of the Jews of Italy, Philadelphia 1946.
Schlomo Rozanes, Korot ha-jehudim be-turkia ube'arzot qedem, Tel Aviv 1930.
Alfred Rubens, A History of Jewish Costume, London 1973.
Bernd Schedlitz, Leffmann Behrens. Untersuchungen zum Hofjudentum im Zeitalter des Absolutismus, Hildesheim 1984.
M. Schlomo Schleicher, Geschichte der spaniolischen Juden in Wien, Diss. Wien 1934.
Gershom Scholem, Jüdische Mystik in Westeuropa im 12. und 13. Jh., in: Judaica 3, Frankfurt am Main [2]1977, 71–97.
Ders., Der Name Gottes und die Sprachtheorie der Kabbala, in: Judaica 3, Frankfurt am Main [2]1977, 7–70.
Kurt Schubert, Die Kultur der Juden II. Judentum im Mittelalter, Wiesbaden 1979.

Ursula Schubert, Das illustrierte hebräische Buch im 17. und 18. Jahrhundert, in: Kurt Schubert (Hrsg.), Die österreichischen Hofjuden und ihre Zeit, Studia Judaica Austriaca XII, Eisenstadt 1991, 63–120.
Moise Schwab, Manuscripts hébreux du musée de Cluny, in: Revue des Etudes juives, L, 1905, 136–139.
Arthur Zacharias Schwarz, Die hebräischen Handschriften in der Nationalbibliothek in Wien, Wien – Prag – Leipzig 1925.
Errikos Sevillias, Athens – Auschwitz, Hrsg: Nikos Stavroulakis, Athen 1983.
Hilde Spiel, Fanny von Arnstein oder die Emanzipation, Frankfurt am Main ²1981.
Nicholas Stavroulakis, The Jews of Greece, Athens 1990.
Ders., Sephardi & Romaniot Jewish Costumes in Greece & Turkey, Athens 1988.
Moritz Steinschneider, Catalogus Librorum Hebraeorum in Bibliotheca Bodleiana, reprogr. Ndr. d. Ausgabe Berlin 1852–1960, Hildesheim 1964.
Günter Stemberger, Das klassische Judentum. Kultur und Geschichte der rabbinischen Zeit, München 1979.
Ders., Geschichte der jüdischen Literatur, München 1977.
Hans Tietze, Die Juden Wiens. Geschichte, Wirtschaft, Kultur, Ndr. d. Ausgabe Wien 1933, Himberg/Wien 1987.
H. S. Toaff, Cenni storici sulla Communita ebraica e sulla Synagoga di Livorno, 1955.
Nikolaus Vielmetti, Der Wiener jüdische Publizist Ludwig August Frankl und die Begründung der Lämelschule in Jerusalem 1856, in: Jahrbuch des Instituts für Deutsche Geschichte IV, 1975, 167–204.
Vierhundert Jahre Juden in Hamburg, Katalog der gleichnamigen Ausstellung im Museum für Hamburgische Geschichte, Hamburg 1991.
Bernhard Wachstein, Die Inschriften des alten Judenfriedhofs in Wien, II, 1696–1783, Wien – Leipzig 1917.
Adolf von Zemlinsky, Geschichte der türkisch-israelitischen Gemeinde zu Wien von ihrer Gründung bis heute nach historischen Daten, Wien 1888.
Deutsche Fassung mit judeospanischer Übersetzung durch Michael Papo.
Židovi na tlu Jugoslavije, Katalog der gleichnamigen Ausstellung in Zagreb 1988.

Abb. 24. Besamimbüchse, Nordafrika, Kat. Nr. II, 1.1 (Fotostudio C)

Abb. 25. Juden in Konstantinopel, Kat. Nr. II, 2.1 (mit freundlicher Genehmigung der Österreichischen Nationalbibliothek)

Abb. 26. Jüdin auf Rhodos, Kat. Nr. II, 2.25

Abb. 27. Jude in Saloniki, Kat. Nr. II, 2.30

Abb. 28. Jüdin in Saloniki, Kat. Nr. II, 2.31

Abb. 29. Jakob Sasportas, Kat. Nr. II, 4.12

(mit freundlicher Genehmigung des Jüdischen Museums Amsterdam)

Abb. 30/31. Porträtmedaille: Baruch Spinoza, Rv. und Av., Kat. Nr. II, 4.14

Abb. 32. Spinoza von seinen Richtern, Kat. Nr. II, 4.15 (mit freundlicher Genehmigung des Jüdischen Museums Amsterdam)

Abb. 33. Menasseh Ben Israel, Kat. Nr. II, 4.2 (mit freundlicher Genehmigung des Jüdischen Museums Amsterdam)

Abb. 34. Rimmonim, Jerusalem 1741, Kat. Nr. II, 2.47 (Fotostudio C)

Abb. 35. Rimmonim, Jerusalem, Mitte 19. Jh., Kat. Nr. II, 2.52 (Fotostudio C)

Abb. 36. Jad, Palästina, 19. Jh., Kat. Nr. II, 2.53 (Fotostudio C)

Abb. 37. Reise-Chanukkia, Balkan, um 1700, Kat. Nr. II, 5.2 (Fotostudio C)

Abb. 38. Reise-Chanukkia, Balkan, um 1700, Kat. Nr. II, 5.2 (Fotostudio C)

Abb. 39. Chanukkia, Bosnien, Ende 19. Jh., Kat. Nr. II, 5.3 (Fotostudio C)

Abb. 40. Rimmonim, Jerusalem, Anfang 20. Jh., Kat. Nr. II, 2.54 (Fotostudio C)

Abb. 41. Louis von Pereira, Kat. Nr. II, 5.53

Abb. 42. Adolph von Pereira, Kat. Nr. II, 5.54

Abb. 43. Megillat Ester, Wien 1844, Kat. Nr. II, 5.55 (Fotostudio C)

Abb. 44. Der sephardische Tempel in Wien, Kat. Nr. II, 5.67

Abb. 45. Abdul Hamid Khan, Kat. Nr. II, 5.68